최단기 왕초ㅂ 탈ㅊ ... 첫걸음,
일본어 ... 아줄

해커스일본어 200% 활용법!

본 교재 인강

<해커스 일본어 첫걸음>을 동영상강의로 만나보세요!

무료 MP3

해커스일본어 사이트(japan.Hackers.com) 접속 후 로그인 ▶
상단의 [교재/MP3 → MP3/자료]를 클릭하세요.

일본어회화 무료 동영상강의

해커스일본어(japan.Hackers.com) 접속 ▶
[무료강의/자료] ▶ [무료강의]를 클릭하세요.

무료 JLPT N5·N4 실전모의고사(PDF+MP3) & 폰 안에 쏙! Day별 일본어 단어 익히기(PDF)

해커스일본어(japan.Hackers.com) 접속 후 로그인 ▶
상단의 [교재/MP3 → MP3/자료]를 클릭하세요.

무료 「15분 만에 끝내는」 히라가나, 가타카나 암기 동영상

「15분 만에 끝내는」 히라가나, 가타카나 암기 동영상을
해커스일본어 공식 유튜브 채널에서 만나보세요!

무료 해커스 일본어 첫걸음 어플

▲ [해커스 일본어 첫걸음] 어플 다운로드

<해커스 일본어 첫걸음> 어플을 통해 일본어
문자와 DAY 별 단어, 회화까지 편리하게 학습할 수 있어요.

해커스일본어 단과/종합 인강 30% 할인쿠폰

K67A-K08A-F36B-5000

* 쿠폰 유효기간: 쿠폰 등록 후 30일

[이용 방법]

해커스일본어 사이트(japan.Hackers.com) 접속 후 로그인 ▶
메인 우측 하단 [쿠폰&수강권 등록]에서 쿠폰번호 등록 후 강의 결제 시 사용 가능

* 본 쿠폰은 1회에 한해 등록 가능합니다.
* 이 외 쿠폰과 관련된 문의는 해커스 고객센터(02-537-5000)로 연락 바랍니다.

해커스일본어
사이트 바로 가기 ▶

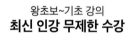

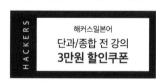

기초 문형으로 회화부터 JLPT까지

해커스 일본어 첫걸음

해커스 어학연구소

목차

부록
- 히라가나/가타카나/기초 단어 쓰기 노트 [별책]
- 기본 문형 입에 붙이기 워크북 [별책]
- 히라가나/가타카나 문자표 [앞표지 책날개]
- 동사 활용표 [뒤표지 책날개]

해커스일본어 다운로드 japan.Hackers.com
- 폰 안에 쏙! Day별 일본어 단어 익히기
- JLPT N5 하프모의고사

<해커스 일본어 첫걸음> 어플 & 유튜브 무료 영상
- [안드로이드/iOS] <해커스 일본어 첫걸음> 어플
- [유튜브 「해커스 일본어」 채널] 히라가나/가타카나 암기 동영상

일본어 첫걸음 문형리스트 이런 말을 할 수 있어요

Day 1 명사 문형 1 p.28

문형 1 저 예요. ➜ わたし です。

문형 2 점장 이에요? ➜ てんちょう ですか。

문형 3 친구 가 아니에요. ➜ ともだち じゃ ないです。

문형 4 엄마 가 아니에요? ➜ おかあさん じゃ ないですか。

Day 2 명사 문형 2 p.38

문형 1 월요일 이었어요. ➜ げつようび でした。

문형 2 맑음 이었어요? ➜ はれ でしたか。

문형 3 회식 이 아니었어요. ➜ のみかい じゃ なかったです。

문형 4 커피 가 아니었어요? ➜ コーヒー じゃ なかったですか。

Day 3 な형용사 문형 p.48

문형 1 좋아 해요. ➜ すき です。

문형 2 예쁘 지 않아요. ➜ きれい じゃ ないです。

문형 3 성실 했어요. ➜ まじめ でした。

문형 4 불안하 지 않았어요. ➜ ふあん じゃ なかったです。

Day 4 い형용사 문형 p.58

문형 1 상냥해 요. ➜ やさしい です。

문형 2 외롭 지 않아요. ➜ さびし くないです。

문형 3 즐거 웠어요. ➜ たのし かったです。

문형 4 나쁘 지 않았어요. ➜ わる くなかったです。

Day 5 い・な형용사의 수식과 연결 문형 p.68

문형 1 따뜻한 봄 이에요. ➜ あたたかい はる です。

문형 2 간단 한 요리 예요. ➜ かんたん な りょうり です。

문형 3 싸 고 맛있 어요. ➜ やす くて おいしい です。

문형 4 성실하 고 정직 해요. ➜ まじめ で まっすぐ です。

Day 6 조사 사용 문형 1 p.78

문형 1 저 는 회사원 이에요. ➜ わたし は かいしゃいん です。

문형 2 딸 이 의사 예요. ➜ むすめ が いしゃ です。

문형 3 저 의 취미 예요. ➜ ぼく の しゅみ です。

문형 4 아내 도 경찰관 이에요. ➜ つま も けいさつかん です。

Day 7 취향・필요・능력 관련 문형 p.88

문형 1 고기 를 좋아해요. ➜ おにく が すきです。

문형 2 텔레비전 을 원해요. ➜ テレビ が ほしいです。

문형 3 노래 를 잘하네요. ➜ うた が じょうずです。

문형 4 수영 을 잘해요. ➜ およぎ が とくいです。

Day 8 위치・장소를 묻는 문형 p.98

문형 1 이것 은 무엇이에요? ➜ これ は なんですか。

문형 2 이 사람 은 누구예요? ➜ この ひと は だれですか。

문형 3 접수처 는 어디예요? ➜ うけつけ は どこですか。

문형 4 매표소 는 어느 쪽이에요? ➜ きっぷうりば は どちらですか。

Day 9 숫자・정보를 묻는 문형 p.108

문형 1 생일 은 언제예요? ➜ たんじょうび は いつですか。

문형 2 가격 은 얼마예요? ➜ ねだん は いくらですか。

문형 3 정답 은 몇 번이에요? ➜ せいかい は なんばんですか。

문형 4 지금 은 몇 시예요? ➜ いま は なんじですか。

Day 10 범위・비교 관련 문형 p.118

문형 1 소금 이 아니라 설탕 이에요. ➜ しお じゃ なくて さとう です。

문형 2 이번 주 부터 다음주 까지예요. ➜ こんしゅう から らいしゅう までです。

문형 3 서울 은 부산 보다 추워 요.
➡ ソウル は プサン より さむい です。

문형 4 버스 보다 택시 쪽이 비싸 요.
➡ バス より タクシー の ほうが たかい です。

Day 11 동사 문형 p.128

문형 1 먹습 니다. ➡ 食べ ます。

문형 2 알 지 않습니다. ➡ 分かり ません。

문형 3 말했 습니다. ➡ 言い ました。

Day 12 조사 사용 문형 2 p.140

문형 1 선물 을 삽 니다. ➡ プレゼント を 買い ます。

문형 2 카페 에서 마십 니다. ➡ カフェ で 飲み ます。

문형 3 백화점 에 갑 니다. ➡ デパート に 行き ます。

Day 13 동사 ます형 활용문형 p.152

문형 1 만납 시다. ➡ 会い ましょう。

문형 2 마시 고 싶습니다. ➡ 飲み たいです。

문형 3 놀 러 갑니다. ➡ 遊び に 行きます。

Day 14 동사 て형 활용문형1 p.164

문형 1 보내 주십시오. ➡ 送っ て ください。

문형 2 물어 보겠습니다. ➡ 聞い て みます。

문형 3 만들 고 있습니다. ➡ 作っ て います。

Day 15 동사 て형 활용문형2 p.176

문형 1 (사진을) 찍어 도 됩니까? ➡ 撮っ ても いいですか。

문형 2 끝나 버렸습니다. ➡ 終わっ て しまいました。

문형 3 보 고 정합 니다. ➡ 見 て きめ ます。

Day 16 동사 た형 활용문형 p.188

문형 1 들은 적이 있습니다. ➡ 聞い た ことが あります。

문형 2 막 도착했 습니다. ➡ 着い た ばかりです。

문형 3 듣 거나 읽 거나 합니다.
➡ 聞い たり 読ん だり します。

Day 17 동사 ない형 활용문형 p.200

문형 1 보 지 않습니다. ➡ 見 ないです。

문형 2 쉬 지 않고 일했 습니다.
➡ 休ま ないで はたらき ました。

문형 3 지키 지 않으면 안 됩니다.
➡ まもら なければ なりません。

Day 18 동사 기본형 활용문형 p.212

문형 1 타 려고 합니다. ➡ 乗る つもりです。

문형 2 혼잡할 지도 모릅니다. ➡ こむ かもしれません。

문형 3 사용할 수 있습니다. ➡ 使う ことが できます。

Day 19 순서를 말하는 문형 p.224

문형 1 만들기 전에 알아봅 니다.
➡ 作る 前に しらべ ます。

문형 2 (불을) 끈 후에 외출합 니다.
➡ 消し た あとで でかけ ます。

문형 3 들으 면서 걸습 니다.
➡ 聞き ながら 歩き ます。

Day 20 생각・의견을 말하는 문형 p.236

문형 1 먹 기 쉽습니다. ➡ 食べ やすいです。

문형 2 어울린다 고 생각합니다. ➡ にあう と 思います。

문형 3 가을 이 되었습니다. ➡ 秋 に なりました。
덥 게 되었습니다. ➡ あつ く なりました。

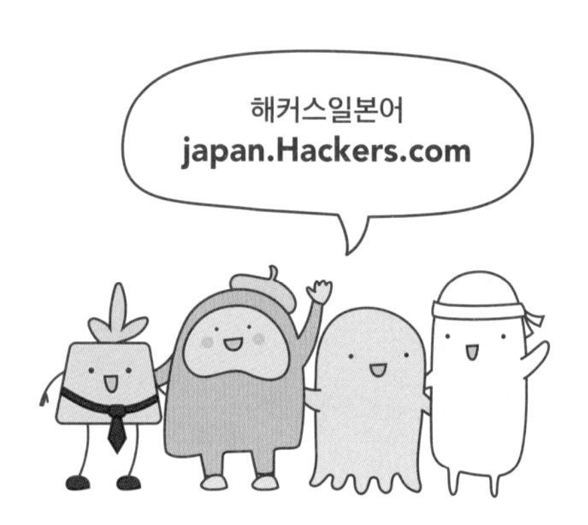
해커스일본어
japan.Hackers.com

익히는 재미가 솔솔,

일본어의 기본기

일본어를 처음 시작할 때 꼭 알아야 하는 일본어 문자인 히라가나와 가타카나, 일본어 숫자, 그리고 일본어 인사말과 일본 사람들이 일상 생활에서 흔히 사용하는 상황별 기초 회화를 익혀 보아요.

- 일본어, 이것만은 알고 시작해요!
- 히라가나와 가타카나 문자·발음 마스터하기
- 콘니찌와! 인사말과 기초 회화 익히기

일본어, 이것만은 알고 시작해요!

① 일본어의 문자는 세 종류, 히라가나, 가타카나, 한자!

일본어는 히라가나, 가타카나, 한자 세 종류의 문자를 사용해요.

히라가나「ひらがな」는 일본어의 기본 문자로, 외래어를 제외한 모든 일본어와 한자 발음을 표기할 수 있는 문자예요.

가타카나「カタカナ」는 커피(**コーヒー**), 콜라(**コーラ**)와 같은 외래어나 문장에서 특별히 강조하고 싶은 단어에 사용해요.

한자「漢字」는 문장의 내용을 전달하는 중요한 단어에 사용해요. 일본 문부과학성은 총 2,136개의 상용한자를 지정해 놓았어요. 그 중 1,026개를 초등학교에서 배우고, 나머지 1,110개를 중학교에서 배운다고 해요.

* 본 교재에서는 학습자가 히라가나와 가타카나에 먼저 익숙해지도록 Day10까지는 한자를 쓰지 않았고, Day11부터 JLPT N5와 N4 수준의 단어만 한자로 표기했어요. 단, 이름이나 지명같은 고유명사는 처음부터 한자로 표기했어요.

② 우리말과 말의 순서가 비슷해서 배우기 쉬운 일본어!

일본어는 우리말과 말의 순서가 비슷해서 배우고 익히는 것이 쉬워요. 그래서 기초 단어만 알면 금방 문장을 만들 수 있어요.

우리말	나	는	학생	입니다.	/	이것	은	무엇	입니까?
	↓	↓	↓	↓		↓	↓	↓	↓
	와따시	와	각세-	데스		코레	와	난	데스까
일본어	私	は	学生	です。	/	これ	は	何	ですか。

③ 일본어에 없는 세 가지! 띄어쓰기, 받침, 물음표

일본어에는 우리말과 달리 없는 것이 있어요.

먼저 띄어쓰기가 없어요. 그래서 일본어 문장을 쓸 때에는 모두 붙여 쓴답니다. 하지만 세 종류의 문자(히라가나, 가타카나, 한자)를 사용하기 때문에 헷갈리지 않고 쉽게 구분할 수 있어요.

* 본 교재에서는 일본어 첫 학습에 도움이 되도록 띄어쓰기를 하고 있어요.

두 번째로 일본어 발음에는 받침이 없어요. 그래서 '김치'를 '키무치'로, '콜라'를 '코-라'라고 발음해요.

마지막으로 일본어 문장에는 의문문인데도 물음표가 없어요. 대신, 문장 끝에 **か**(까)가 있으면 의문문이 된답니다.

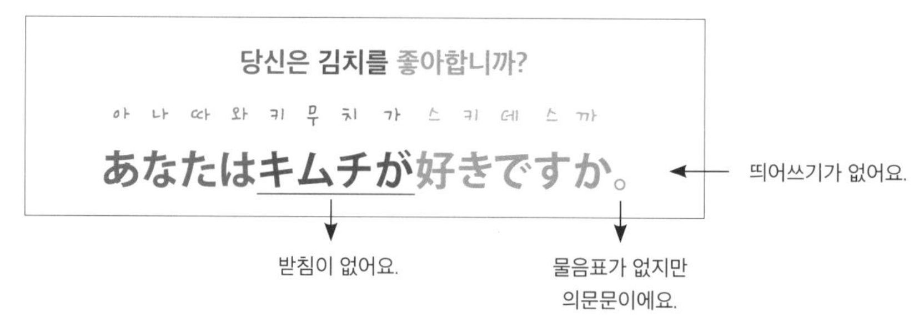

당신은 김치를 좋아합니까?
아 나 따 와 키 무 치 가 스 키 데 스 까
あなたはキムチが好きですか。
띄어쓰기가 없어요.
받침이 없어요.
물음표가 없지만 의문문이에요.

④ 일본어는 한자 읽는 법이 두 가지! 훈독 VS 음독

일본어 한자를 읽는 방식으로 훈독(**訓読み**)과 음독(**音読み**) 두 가지가 있어요. 훈독은 한자의 훈, 즉 뜻을 읽는 방법이고, 음독은 한자의 음, 즉 소리를 읽는 방법이에요. 같은 한자라도 읽는 방법이 여러 가지이기 때문에 한자 위에 작게 읽는 방법을 적어 놓기도 해요. 이것을 후리가나(**振り仮名**)라고 해요.

	훈독	음독
우리말	사람(뜻)	인(소리)
일본어	히또 ひと	닌 にん
	히또 가 오오 이 ひと おお 人が多い 사람이 많다	타 닌 데 스 た にん → 후리가나 他人です 타인입니다.

⑤ 일본어도 '가다 / 갑니다 / 갔습니다'와 같이 단어를 변형한다!

우리말의 동사 '가다'를 상황에 따라 '갑니다 / 갔습니다 / 갑시다'와 같이 어미를 바꾸어 사용하듯이, 일본어도 단어의 어미를 바꾸어 의미를 전달해요. 이렇게 단어의 어미를 바꾸는 것을 '활용'이라고 해요. 또한 우리말에서 동사에 '~하고 싶어요'를 붙여 '가고 싶어요 / 먹고 싶어요 / 보고 싶어요'라고 하듯이 일본어도 동사 뒤에 '~하고 싶어요'에 해당하는 말을 붙여서 말하는데, 이러한 말을 '문형'이라고 해요.

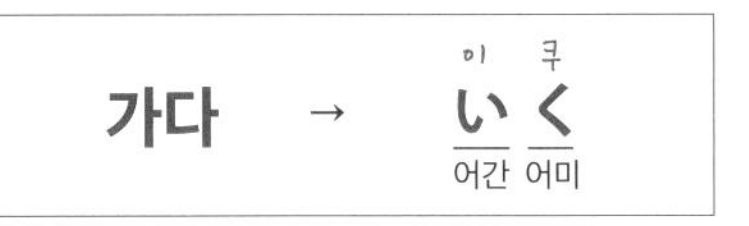

		활용	문형
갑니다	→	이 키 いき	마 스 ます
갔습니다	→	이 키 いき	마 시 따 ました
갑시다	→	이 키 いき	마 쇼- ましょう

		활용	문형
가고 싶어요	→	이 키 いき	따 이 데 스 たいです
먹고 싶어요	→	타 베 たべ	따 이 데 스 たいです
보고 싶어요	→	미 み	따 이 데 스 たいです

히라가나와 가타카나 문자 • 발음 마스터하기

히라가나와 가타카나 오십음도 한 눈에 보기

① 히라가나 청음 오십음도

♬ 청음 오십음도.mp3

일본어의 가장 기본이 되는 문자이면서 발음이기도 한 히라가나에요. 오십음도라고 하지만, 실제로는 46개랍니다. 성대를 울리지 않고 맑은 소리가 난다고 해서 청음이라고 해요. 음원을 들으며 큰 소리로 따라 읽으면서 발음을 익혀보아요. 그리고 별도로 제공되는 쓰기노트와 <해커스 일본어 첫걸음> 어플을 활용하여 히라가나를 직접 쓰면서 익혀보세요.

단 / 행	あ단	い단	う단	え단	お단
あ행	あ a 아	い i 이	う u 우	え e 에	お o 오
か행	か ka 카	き ki 키	く ku 쿠	け ke 케	こ ko 코
さ행	さ sa 사	し shi 시	す su 스	せ se 세	そ so 소
た행	た ta 타	ち chi 치	つ tsu 츠	て te 테	と to 토
な행	な na 나	に ni 니	ぬ nu 누	ね ne 네	の no 노
は행	は ha 하	ひ hi 히	ふ fu 후	へ he 헤	ほ ho 호
ま행	ま ma 마	み mi 미	む mu 무	め me 메	も mo 모
や행	や ya 야		ゆ yu 유		よ yo 요
ら행	ら ra 라	り ri 리	る ru 루	れ re 레	ろ ro 로
わ행	わ wa 와				を wo 오
			ん n 응		

② 가타카나 청음 오십음도

가타카나 청음도 히라가나와 동일하게 46개이며, 히라가나 오십음도표와 일대일로 대응되는 글자예요. 히라가나가 주로 순수 일본어를 표기한다면, 가타카나는 버스(バス), 토마토(トマト)와 같은 외래어나 특별히 강조하고 싶은 말이 있을 때 사용해요. 음원을 들으며 큰 소리로 따라 읽으면서 발음을 익혀보아요. 그리고 별도로 제공되는 쓰기노트와 <해커스 일본어 첫걸음> 어플을 활용하여 가타카나를 직접 쓰면서 익혀보세요.

행 \ 단	ア단	イ단	ウ단	エ단	オ단
ア행	ア a 아	イ i 이	ウ u 우	エ e 에	オ o 오
カ행	カ ka 카	キ ki 키	ク ku 쿠	ケ ke 케	コ ko 코
サ행	サ sa 사	シ shi 시	ス su 스	セ se 세	ソ so 소
タ행	タ ta 타	チ chi 치	ツ tsu 츠	テ te 테	ト to 토
ナ행	ナ na 나	ニ ni 니	ヌ nu 누	ネ ne 네	ノ no 노
ハ행	ハ ha 하	ヒ hi 히	フ fu 후	ヘ he 헤	ホ ho 호
マ행	マ ma 마	ミ mi 미	ム mu 무	メ me 메	モ mo 모
ヤ행	ヤ ya 야		ユ yu 유		ヨ yo 요
ラ행	ラ ra 라	リ ri 리	ル ru 루	レ re 레	ロ ro 로
ワ행	ワ wa 와				ヲ wo 오
			ン n 응		

청음 문자와 발음 마스터 하기

앞에서 확인한 히라가나와 가타카나의 생김새와 발음을 한 행씩 찬찬히 익혀보아요.

① あ・ア행 ♬ 청음 あ행.mp3

일본어의 あ・い・う・え・お는 일본어의 기본 모음이에요. 우리말의 '아, 이, 우, 에, 오'보다 입을 약간 작게 벌려 발음해요. 이때, う・ウ(우 우)는 '우'와 '으'의 중간 발음이기 때문에 입술을 너무 내밀지 말고 발음해야 해요. 히라가나는 쓰기노트 p.4에서, 가타카나는 p.28에서 직접 써볼 수 있어요.

히라가나	あ	い	う	え	お
가타카나	ア	イ	ウ	エ	オ
	a 아	i 이	u 우	e 에	o 오

② か・カ행 ♬ 청음 か행.mp3

일본어의 か・き・く・け・こ는 우리말의 '카, 키, 쿠, 케, 코'와 비슷해요. 만약 단어의 중간이나 끝에 올 때에는 우리말 '까, 끼, 꾸, 께, 꼬'와 비슷하게 발음해요. 히라가나는 쓰기노트 p.5에서, 가타카나는 p.29에서 직접 써볼 수 있어요.

히라가나	か	き	く	け	こ
가타카나	カ	キ	ク	ケ	コ
	ka 카	ki 키	ku 쿠	ke 케	ko 코

③ さ・サ행 ♬ 청음 さ행.mp3

일본어의 さ・し・す・せ・そ는 우리말 '사, 시, 스, 세, 소'와 비슷해요. 우리말보다 살짝 약하게 발음해야 해요. 히라가나는 쓰기노트 p.6에서, 가타카나는 p.30에서 직접 써볼 수 있어요.

히라가나	さ	し	す	せ	そ
가타카나	サ	シ	ス	セ	ソ
	sa 사	shi 시	su 스	se 세	so 소

④ た・タ행 ♬ 청음 た행.mp3

일본어의 た・ち・つ・て・と는 우리말의 '타, 치, 츠, 테, 토'와 비슷해요. 만약 단어의 중간이나 끝에 올 때에는 '따, 찌, 쯔, 떼, 또'와 비슷하게 발음해요. 히라가나는 쓰기노트 p.7에서, 가타카나는 p.31에서 직접 써볼 수 있어요.

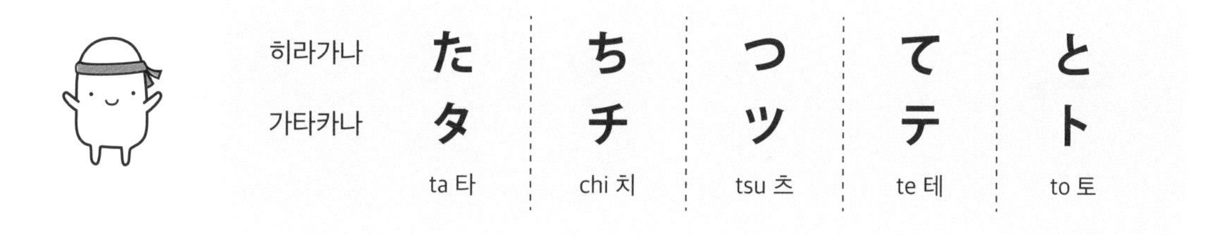

히라가나	た	ち	つ	て	と
가타카나	タ	チ	ツ	テ	ト
	ta 타	chi 치	tsu 츠	te 테	to 토

⑤ な・ナ행 ♬ 청음 な행.mp3

일본어의 な・に・ぬ・ね・の는 우리말 '나, 니, 누, 네, 노'와 비슷해요. 이때, ぬ(누)・ヌ(누)는 우리말 '누'와 '느'의 중간 발음이기 때문에 입술을 동그랗게 말되, 많이 내밀지 말아야 해요. 히라가나는 쓰기노트 p.8에서, 가타카나는 p.32에서 직접 써볼 수 있어요.

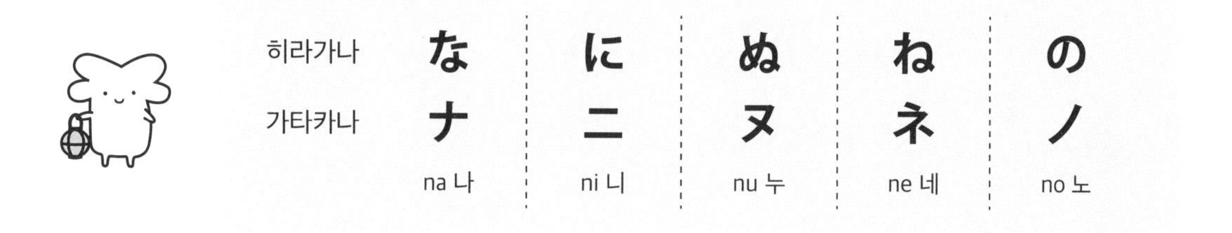

히라가나	な	に	ぬ	ね	の
가타카나	ナ	ニ	ヌ	ネ	ノ
	na 나	ni 니	nu 누	ne 네	no 노

⑥ は・ハ행 ♬ 청음 は행.mp3

일본어의 は・ひ・ふ・へ・ほ는 우리말의 '하, 히, 후, 헤, 호'와 비슷하지만, 숨을 내 쉴 때처럼 바람이 새는 듯한 느낌으로 발음해야 해요. 히라가나는 쓰기노트 p.9에서, 가타카나는 p.33에서 직접 써볼 수 있어요.

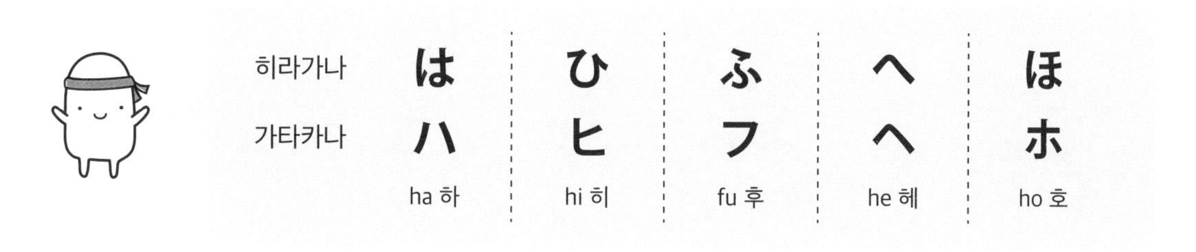

히라가나	は	ひ	ふ	へ	ほ
가타카나	ハ	ヒ	フ	ヘ	ホ
	ha 하	hi 히	fu 후	he 헤	ho 호

⑦ ま・マ행 ♬ 청음 ま행.mp3

일본어의 ま・み・む・め・も는 우리말 '마, 미, 무, 메, 모'와 비슷해요. ま(마)행에서 め(메)는 な(나)행의 ぬ(누)와 생김새가 비슷해서 틀리기 쉬우니 글자를 쓸 때나 읽을 때 주의해야 해요. 히라가나는 쓰기노트 p.10에서, 가타카나는 p.34에서 직접 써볼 수 있어요.

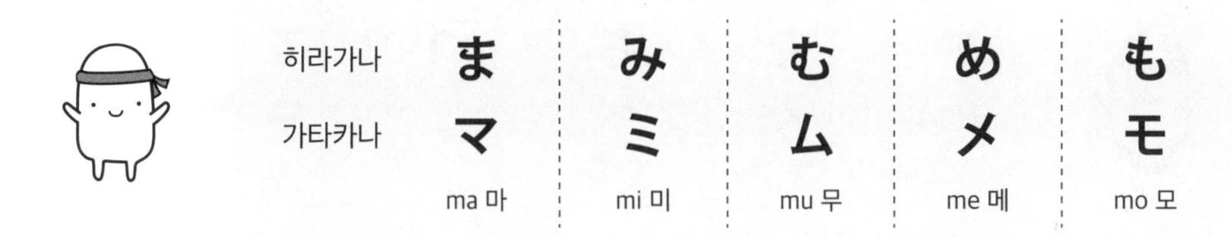

히라가나	ま	み	む	め	も
가타카나	マ	ミ	ム	メ	モ
	ma 마	mi 미	mu 무	me 메	mo 모

⑧ や・ヤ행 ♬ 청음 や행.mp3

일본어의 や・ゆ・よ는 우리말의 '야, 유, 요'와 비슷해요. 이때, 가타카나의 ヨ(요)와 가타카나 カ(카)행의 コ(코)는 생김새가 비슷하므로 글자를 쓸 때나 읽을 때 주의해야 해요. 히라가나는 쓰기노트 p.11에서, 가타카나는 p.35에서 직접 써볼 수 있어요.

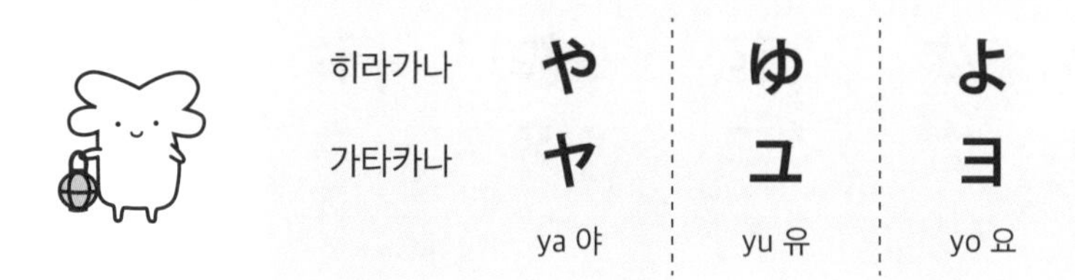

히라가나	や	ゆ	よ
가타카나	ヤ	ユ	ヨ
	ya 야	yu 유	yo 요

⑨ ら・ラ행 ♬ 청음 ら행.mp3

일본어의 ら・り・る・れ・ろ는 우리말 '라, 리, 루, 레, 로'와 비슷해요. る(루)는 '루'와 '르'의 중간 발음이기 때문에 입술을 동그랗게 말되, 앞으로 많이 내밀지 말아야 해요. る(루)와 ろ(로)는 생김새가 비슷하니 글자를 쓸 때나 읽을 때 주의하세요. 히라가나는 쓰기노트 p.12에서, 가타카나는 p.36에서 직접 써볼 수 있어요.

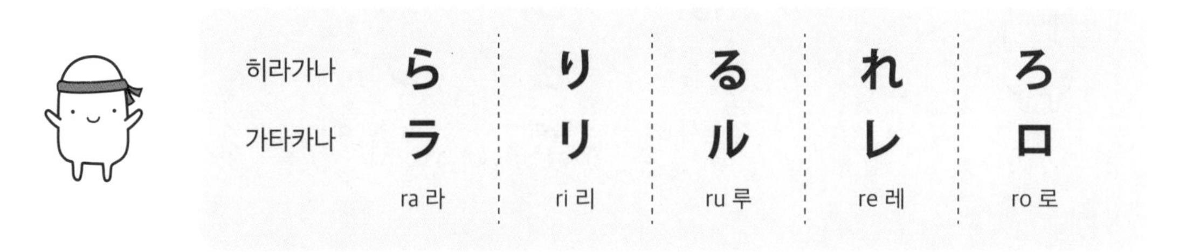

히라가나	ら	り	る	れ	ろ
가타카나	ラ	リ	ル	レ	ロ
	ra 라	ri 리	ru 루	re 레	ro 로

⑩ わ・ワ와 を・ヲ와 ん・ン ♬ 청음 わ·を·ん.mp3

일본어의 わ•を•ん은 우리말의 '와, 오, 응'과 비슷해요. を(오)는 あ(아)행의 お(오)와 발음이 같으며 조사로 사용해요. 히라가나는 쓰기노트 p.13에서, 가타카나는 p.37에서 직접 써볼 수 있어요.

히라가나	わ	を	ん
가타카나	ワ	ヲ	ン
	wa 와	wo 오	n 응

탁음·반탁음 문자와 발음 마스터 하기

♬ 탁음·반탁음 따라 발음하기.mp3

① 히라가나 탁음 '゛'

히라가나와 가타카나에 '゛'와 같은 기호가 붙으면 발음이 변하는데, 성대를 울리는 탁한 소리가 난다고 해서 '탁음'이라고 해요. 탁음은 か행, さ행, た행, は행에만 붙어요. 어떻게 발음하는지 음원을 들으며 따라 읽어 보아요. 쓰기노트 p.14에서 직접 써볼 수 있어요.

행 \ 단	あ단	い단	う단	え단	お단
か행	が ga 가	ぎ gi 기	ぐ gu 구	げ ge 게	ご go 고
さ행	ざ za 자	じ ji 지	ず zu 즈	ぜ ze 제	ぞ zo 조
た행	だ da 다	ぢ ji 지	づ zu 즈	で de 데	ど do 도
は행	ば ba 바	び bi 비	ぶ bu 부	べ be 베	ぼ bo 보

② 히라가나 반탁음 '゜'

히라가나와 가타카나에는 동그란 기호 '゜'가 붙기도 하는데, 이 기호가 붙으면 반탁음이라고 해요. 반탁음은 오직 は행에만 있답니다. 쓰기노트 p.18에서 직접 써볼 수 있어요.

행 \ 단	あ단	い단	う단	え단	お단
は행	ぱ pa 파	ぴ pi 피	ぷ pu 푸	ぺ pe 페	ぽ po 포

③ 가타카나 탁음 '゛'

가타카나에도 탁음이 있어요. 발음은 히라가나의 탁음과 동일해요. 쓰기노트 p.38에서 직접 써볼 수 있어요.

행＼단	ア단	イ단	ウ단	エ단	オ단
カ행	ガ ga 가	ギ gi 기	グ gu 구	ゲ ge 게	ゴ go 고
サ행	ザ za 자	ジ ji 지	ズ zu 즈	ゼ ze 제	ゾ zo 조
タ행	ダ da 다	ヂ ji 지	ヅ zu 즈	デ de 데	ド do 도
ハ행	バ ba 바	ビ bi 비	ブ bu 부	ベ be 베	ボ bo 보

④ 가타카나 반탁음 '゜'

가타카나의 반탁음도 확인해보아요. 발음은 히라가나의 반탁음과 동일해요. 쓰기노트 p.42에서 직접 써볼 수 있어요.

행＼단	ア단	イ단	ウ단	エ단	オ단
ハ행	パ pa 파	ピ pi 피	プ pu 푸	ペ pe 페	ポ po 포

요음 문자와 발음 마스터하기 ♬ 요음 따라 발음하기.mp3

① 히라가나 요음 ゃ·ゅ·ょ

일본어에도 우리말 ㅑ, ㅠ, ㅛ와 같은 발음이 있어요. 각 행의 い단에 작은 ゃ·ゅ·ょ를 붙이면 되는데, 이 발음을 '요음'이라고 해요. 두 글자가 합쳐졌지만, 우리말 캬, 큐, 쿄처럼 한 음절로 읽어요. 어떻게 발음하는지 음원을 들으며 따라 읽어보아요. 쓰기노트 p.19에서 직접 써볼 수 있어요.

행 \ 단	い단 + ゃ	い단 + ゅ	い단 + ょ
か행	きゃ kya 캬	きゅ kyu 큐	きょ kyo 쿄
	ぎゃ gya 갸	ぎゅ gyu 규	ぎょ gyo 교
さ행	しゃ sha 샤	しゅ shu 슈	しょ sho 쇼
	じゃ ja 쟈	じゅ ju 쥬	じょ jo 죠
た행	ちゃ cha 챠	ちゅ chu 츄	ちょ cho 쵸
な행	にゃ nya 냐	にゅ nyu 뉴	にょ nyo 뇨
は행	ひゃ hya 햐	ひゅ hyu 휴	ひょ hyo 효
	びゃ bya 뱌	びゅ byu 뷰	びょ byo 뵤
	ぴゃ pya 퍄	ぴゅ pyu 퓨	ぴょ pyo 표
ま행	みゃ mya 먀	みゅ myu 뮤	みょ myo 묘
ら행	りゃ rya 랴	りゅ ryu 류	りょ ryo 료

② 가타카나 요음 ャ•ュ•ョ

가타카나에도 요음이 있어요. 발음은 히라가나의 요음과 동일해요. 쓰기노트 p.43에서 직접 써볼 수 있어요.

단 행		イ단 + ャ	イ단 + ュ	イ단 + ョ
カ행		キャ kya 캬	キュ kyu 큐	キョ kyo 쿄
		ギャ gya 갸	ギュ gyu 규	ギョ gyo 교
サ행		シャ sha 샤	シュ shu 슈	ショ sho 쇼
		ジャ ja 쟈	ジュ ju 쥬	ジョ jo 죠
タ행		チャ cha 챠	チュ chu 츄	チョ cho 쵸
ナ행		ニャ nya 냐	ニュ nyu 뉴	ニョ nyo 뇨
ハ행		ヒャ hya 햐	ヒュ hyu 휴	ヒョ hyo 효
		ビャ bya 뱌	ビュ byu 뷰	ビョ byo 뵤
		ピャ pya 퍄	ピュ pyu 퓨	ピョ pyo 표
マ행		ミャ mya 먀	ミュ myu 뮤	ミョ myo 묘
ラ행		リャ rya 랴	リュ ryu 류	リョ ryo 료

촉음 / ん발음 / 장음 발음 마스터하기

① 촉음 っ•ッ ♬ 촉음 따라 발음하기.mp3

촉음(促音)은 つ•ツ를 작게 표시한(っ•ッ) 문자예요. 뒤에 오는 글자에 따라 'ㄱ, ㅅ, ㄷ, ㅂ 받침'처럼 발음돼요. 하지만 발음이 받침 같이 들릴 뿐, 받침이 아니라 엄연한 한 글자이기 때문에 한 박자로 발음해야 해요. 예를 들어, ざっし의 경우 '잣시'라고 발음하지만, 자/ㅅ/시, 이렇게 세 박자로 읽어야 한답니다.

• 촉음(っ) 뒤에 か행(か•き•く•け•こ)이 오면, 「ㄱ받침」 처럼 발음해요.

시 ㄱ 까 리 **しっかり** 단단히	가 ㄱ 끼 **がっき** 악기	이 ㄱ 꼬 **いっこ** 한 개

• 촉음(っ) 뒤에 さ행(さ•し•す•せ•そ)이 오면, 「ㅅ받침」 처럼 발음해요.

자 ㅅ 시 **ざっし** 잡지	케 ㅅ 세 끼 **けっせき** 결석	사 ㅅ 소 꾸 **さっそく** 당장

• 촉음(っ) 뒤에 た행(た•ち•つ•て•と)이 오면, 「ㄷ받침」 처럼 발음해요.

아 사 ㄷ 떼 **あさって** 모레	야 ㄷ 쯔 **やっつ** 여덟	치 케 ㄷ 또 **チケット** 티켓

• 촉음(っ) 뒤에 ぱ행(ぱ•ぴ•ぷ•ぺ•ぽ)이 오면, 「ㅂ받침」 처럼 발음해요.

이 ㅂ 빠 이 **いっぱい** 가득	카 ㅂ 뿌 **カップ** 컵	시 ㅂ 뽀 **しっぽ** 꼬리

② ん발음 ♬ ん발음 따라 발음하기.mp3

ん･ン은 뒤에 오는 글자에 따라 'ㅁ, ㄴ, ㅇ, 콧소리 ㅇ 받침'처럼 발음돼요. 하지만 받침처럼 들릴 뿐, 받침이 아니라 엄연한 한 글자이기 때문에 한 박자로 발음해야 해요. 이때, 앞 글자를 길게 늘려서 발음하는 게 포인트인데요, 예를 들어 さんま의 경우, 삼마가 아닌 **사암마**라고 길게 늘어뜨려 발음하면 보다 자연스럽게 들린답니다.

- ん 뒤에 ま, ば, ぱ행이 오면「ㅁ 받침」처럼 발음해요.

사 앙 마
さんま 꽁치

코 옴 부
こんぶ 다시마

시 잉 빠 이
しんぱい 걱정

- ん 뒤에 さ, ざ, た, だ, な, ら행이 오면「ㄴ받침」처럼 발음해요.

카 안 지
かんじ 한자

아 안 나 이
あんない 안내

베 엔 리
べんり 편리

- ん 뒤에 か, が행이 오면「ㅇ받침」처럼 발음해요.

카 앙 가 에
かんがえ 생각

테 엥 끼
てんき 날씨

오 옹 가 꾸
おんがく 음악

- ん 뒤에 あ, は, や, わ행이 오거나 ん으로 끝나면「ㅇ받침」이지만, 콧소리에 가깝게 발음해요.

호 옹 야
ほんや 책방

데 엥 와
でんわ 전화

호 옹
ほん 책

③ 장음 ♬ 장음 따라 발음하기.mp3

장음(長音)은 각 단의 글자 뒤에 あ행(あ·い·う·え·お)이 오면, あ행의 발음을 생략하고 길게 발음하는 것을 가리켜요. 예를 들어, まあ는 '마아'라고 글자를 하나하나 발음하는 게 아니라, '마-'라고 앞 글자를 길게 발음한답니다.

• あ단과 요음 や 뒤에, 「あ」가 오면 장음으로 발음해요.

おかあさん(오 까- 상) 엄마　**おばあさん**(오 바- 상) 할머니　**じゃあ**(쟈-) 그럼

• い단 뒤에, 「い」가 오면 장음으로 발음해요.

おにいさん(오 니- 상) 형, 오빠　**おじいさん**(오 지- 상) 할아버지　**ちいさい**(치- 사 이) 작다

• う단과 요음 ゅ의 뒤에, 「う」가 오면 장음으로 발음해요.

すうがく(스- 가 쿠) 수학　**くうき**(쿠- 키) 공기　**きゅうり**(큐- 리) 오이

• え단 뒤에, 「い」와 「え」가 오면 장음으로 발음해요.

えいが(에- 가) 영화　**けいかく**(케- 카 쿠) 계획　**おねえさん**(오 네- 상) 누나, 언니

- お단과 요음 ょ 뒤에, 「う」와 「お」가 오면 장음으로 발음해요.

오 또- 상 **おとうさん** 아빠	코- 리 **こおり** 얼음	쿄- **きょう** 오늘

- 가타카나가 장음일 경우, 기호 「ー」를 사용해요.

코- 히- **コーヒー** 커피	코- 라 **コーラ** 콜라	시- 또 **シート** 시트

콘니찌와! 인사말과 기초 회화 익히기

일본어 인사말 익히기 ♬ 인사말 따라 말하기.mp3

만날 때, 헤어질 때, 고마울 때, 사과할 때 쓰는 가장 기본적인 인사말을 익혀보아요.

① 만날 때

콘 니 찌 와
こんにちは。 (낮 인사) 안녕하세요.

하루 중 어느 때고 만나서 반가움을 나타내는 말이에요. 낮에 주로 사용한답니다.

오 하 요- 고 자 이 마 스
おはようございます。 (아침 인사) 안녕하세요, 좋은 아침이에요.

좋은 하루가 되기를 바라는 마음을 전하는 말이에요. 아침에 주로 사용해요.

콤 방 와
こんばんは。 (저녁 인사) 안녕하세요.

좋은 저녁을 보내길 바라는 마음을 전하는 말이에요. 저녁에 주로 사용해요.

하 지 메 마 시 떼
はじめまして。 처음 뵙겠습니다.

처음 만나 뵈어서 반갑다는 마음을 전할 때 사용해요.

오 히 사 시 부 리 데 스
おひさしぶりです。 오랜만이에요.

몇 달 만에, 며칠 만에 만났든 오랜만이라고 느낄 때 반갑다는 마음을 전하는 표현이에요.

② 헤어질 때

쟈 마따
じゃ、また。 그럼 안녕.

또 만나고 싶다는 마음을 표현할 때 사용해요. 주로 가까운 사이에서 사용해요.

사 요- 나 라
さようなら。 안녕. / 영원히 안녕.

오랫동안 못보게 될 때나 작별을 고할 때 사용해요.

③ 자러 갈 때

오 야 스 미 나 사 이
おやすみ(なさい)。 안녕히 주무세요. / 잘 자요.

잠들기 전에 사용해요. 친한 사이에서는 なさい를 생략하기도 해요.

④ 고마울 때

아 리 가 또- 고 자 이 마 스
ありがとう ございます。 감사합니다.

상대에게 고마운 마음을 표현할 때 사용해요.

⑤ 사과할 때

스 미 마 셍
すみません。 미안합니다. / 실례합니다. / 저기요. / 고맙습니다.

미안함을 전할 때, 낯선이에게 말을 걸 때, 가게에서 점원을 부를 때, 나를 위해 번거롭게 애써준 것에 대한 미안함과 고마움을 같이 전하고 싶을 때 등 매우 다양한 상황에서 사용해요.

고 멘 나 사 이
ごめんなさい。 죄송합니다.

마음속 깊은 곳에서 상대에게 미안한 마음을 전달할 때 사용해요.

상황별 기초 회화 익히기 ♬ 상황별 기초 회화 따라 말하기.mp3

일본인들이 일상에서 흔히 사용하는 기본 중의 기본 회화를 상황별로 익혀보아요.

① 외출할 때

인 떼 키 마 스
いってきます。 다녀오겠습니다.

인 떼 랏 샤 이
いってらっしゃい。 다녀오세요

출근이나 등교로 집을 나서는 사람과 배웅하는 사람의 대화예요.

② 외출 후 집에 들어설 때

타 다 이 마
ただいま。 다녀왔습니다.

오 까 에 리 나 사 이
おかえり(なさい)。 어서 와요.

직장이나 학교에서 돌아온 사람과 맞이하는 사람의 대화예요. 손아랫사람에게는 なさい를 생략하기도 해요.

③ 먼저 돌아갈 때

오 사 끼 니 시 쯔 레- 시 마 스
おさきに しつれいします。 먼저 실례하겠습니다.

오 츠 카 레 사 마 데 시 따
おつかれさまでした。 수고하셨어요.

직장이나 모임에서 먼저 떠나는 사람과 남아 있는 사람이 자주 나누는 대화예요.

④ 서로 소개할 때

요 로 시 꾸 오 네 가 이 시 마 스
よろしく おねがいします。 잘 부탁 드립니다.

코 찌 라 코 소 요 로 시 꾸 오 네 가 이 시 마 스
こちらこそ よろしく おねがいします。 저야말로 잘 부탁 드려요.

처음 만나 서로 소개한 후 자주 나누는 대화예요.

⑤ 축하할 때

오 메 데 또- 고 자 이 마 스
おめでとう ございます。 축하합니다.

아 리 가 또- 고 자 이 마 스
ありがとう ございます。 감사합니다.

생일과 같은 날, 또는 좋은 일이 있을 때, 축하하는 사람과 축하를 받은 사람의 대화예요.

⑥ 사과할 때

고 멘 나 사 이 스 미 마 셍
ごめんなさい。(すみません。) 죄송합니다.

이- 에 다 이 죠- 부 데 스
いいえ、だいじょうぶです。 아뇨, 괜찮아요.

실례를 저질렀을 때 마음을 담아 사과하고, 그 사과를 너그럽게 받아주는 사람들의 대화예요.

⑦ 권하고 수락할 때

도- 조
どうぞ。 여기요. / 드세요. / 하세요.

도- 모
どうも。 감사합니다.

どうぞ는 물건을 줄 때나 호의를 베풀 때 사용하고, どうも는 호의에 대한 감사를 표현할 때 사용해요.

Day 1

저예요.

와 따 시 데 스
わたしです。

한 번에 학습하기

OPEN
네, 저예요!
하이 와따시데스
はい、わたしです!
센쨩! 센쨩!
센 쨩 센 쨩
せんちゃん!せんちゃん!

이런 말을 할 수 있어요.

문형 1
저
예요.
와 따 시
わたし
데 스
です。
문형 2
점장
이에요?
텐 쵸-
てんちょう
데 스 까
ですか。
문형 3
친구
가 아니에요.
토 모 다 찌
ともだち
쟈 나 이 데 스
じゃ ないです。
문형 4
엄마
가 아니에요?
오 까- 상
おかあさん
쟈 나 이 데 스 까
じゃ ないですか。

우리말에서 '나(저)', '점장', '친구', '엄마'와 같은 명사 뒤에 '이에요.', '이에요?', '가 아니에요.'와 같은 말을 붙이면, '저예요.', '점장이에요?', '친구가 아니에요.'와 같은 말이 되듯이, 일본어도 똑같아요. 사람이나 사물을 나타내는 말 즉, 명사 뒤에 간단한 문형만 붙이면 상황에 따라 다양한 말을 할 수 있어요. 첫 Day에서는, 이처럼 일본에서 가장 기본이 되는 명사 문형을 일상에서 흔히 사용하는 여러 명사와 함께 배워볼 거예요.

문형으로 말문트기

음성을 듣고 문장을 큰 소리로 따라 말해 보세요.

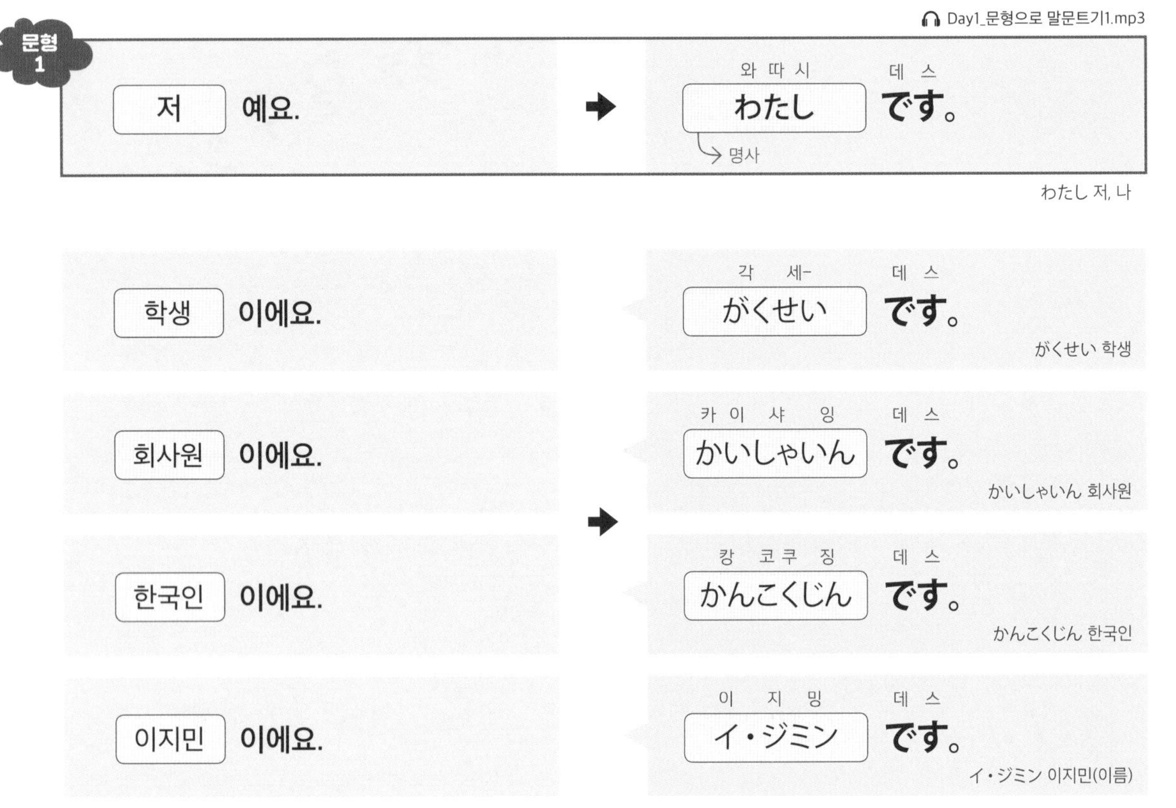

Day1_문형으로 말문트기1.mp3
문형 1
저 예요.
와 따 시 데 스
わたし です。
명사
わたし 저, 나
학생 이에요.
각 세- 데 스
がくせい です。
がくせい 학생
회사원 이에요.
카 이 샤 잉 데 스
かいしゃいん です。
かいしゃいん 회사원
한국인 이에요.
캉 코쿠 징 데 스
かんこくじん です。
かんこくじん 한국인
이지민 이에요.
이 지 밍 데 스
イ・ジミン です。
イ・ジミン 이지민(이름)

문형 탐구

1. 우리말 "저예요."는 일본어로 "わたしです(와 따 시 데 스)。"예요. 일본어는 명사 뒤에 です(데 스)를 붙이면 '~이에요' 또는 '~입니다' 라는 뜻의 정중한 말이 돼요.

'나, 너, 우리'와 같은 사람을 가리키는 명사나 직업, 신분, 이름 및 사물을 나타내는 명사 다음에 자주 쓰여요.

2. 아래의 명사에도 ~です(데 스)。(~이에요.)를 붙여 따라 말해 보아요.

- にほんじん(니 혼 징) 일본인 → にほんじん**です**(니 혼 징 데 스)。 일본인**이에요**.
- 松本 希美(まつもと のぞみ / 마츠모토 노조 미) 마츠모토 노조미(이름) → 松本 希美**です**(まつもと のぞみ / 마츠모토 노조 미 데 스)。 마츠모토 노조미**입니다**.

Day1_문형으로 말문트기2.mp3

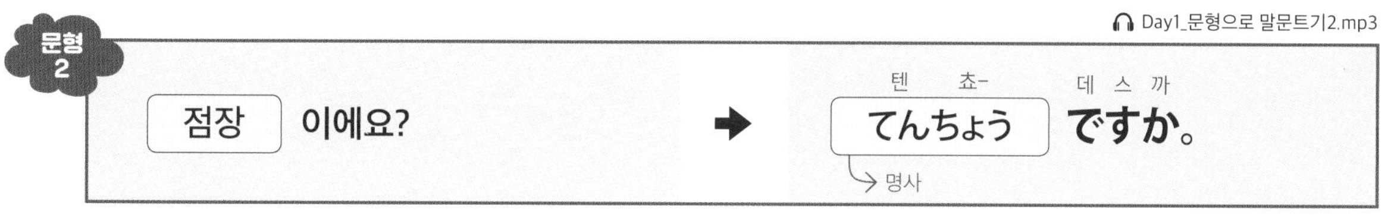

문형 2
점장 이에요?
텐 쵸-
てんちょう
데 스 까
ですか。
명사

てんちょう 점장(님)

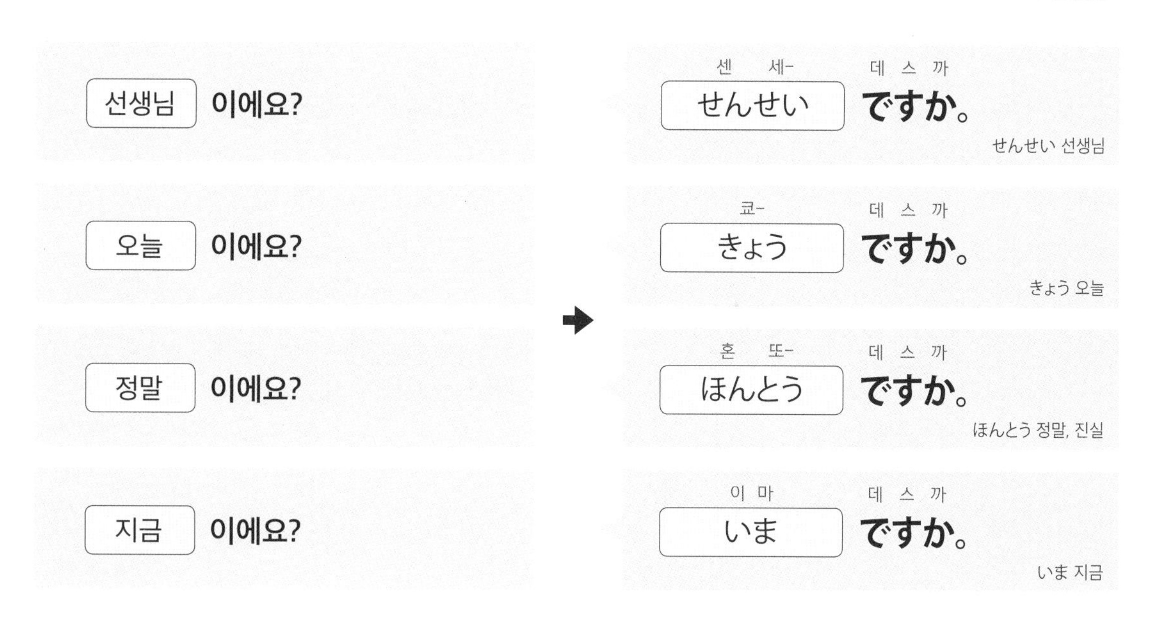

선생님 이에요?
센 세-
せんせい
데 스 까
ですか。
せんせい 선생님
오늘 이에요?
쿄-
きょう
데 스 까
ですか。
きょう 오늘
정말 이에요?
혼 또-
ほんとう
데 스 까
ですか。
ほんとう 정말, 진실
지금 이에요?
이 마
いま
데 스 까
ですか。
いま 지금

DAY 1

해커스 일본어 첫걸음

문형 탐구

1. 우리말 "점장이에요?"는 일본어로 "てんちょうですか。(텐쵸-데스까)"예요. 일본어는 말의 끝에 か(까)를 붙이면 의문문이 돼요. 따라서 です(데스) 다음에 か(까)를 붙여 ですか(데스까)라고 하면 '~이에요?' 또는 '~입니까?'라는 말이 돼요.

일본어는 의문문의 끝에 물음표(?)를 붙이지 않고 대신 마침표(。)를 붙인다는 것도 알아두세요.

2. 아래의 명사에도 ~ですか。(데스까)(~이에요?)를 붙여 따라 말해 보아요.

- シェフ(셰후) 셰프 → シェフ**ですか**。(셰후데스까) 셰프**예요?**
- プログラマー(푸로구라마-) 프로그래머 → プログラマー**ですか**。(푸로구라마-데스까) 프로그래머**입니까?**

문형으로 말문트기

음성을 듣고 문장을 큰 소리로 따라 말해 보세요.

Day1_문형으로 말문트기3.mp3

문형 3

친구 가 아니에요. → ともだち(토모다찌) じゃ(쟈) ないです(나이데스)。

명사

ともだち 친구

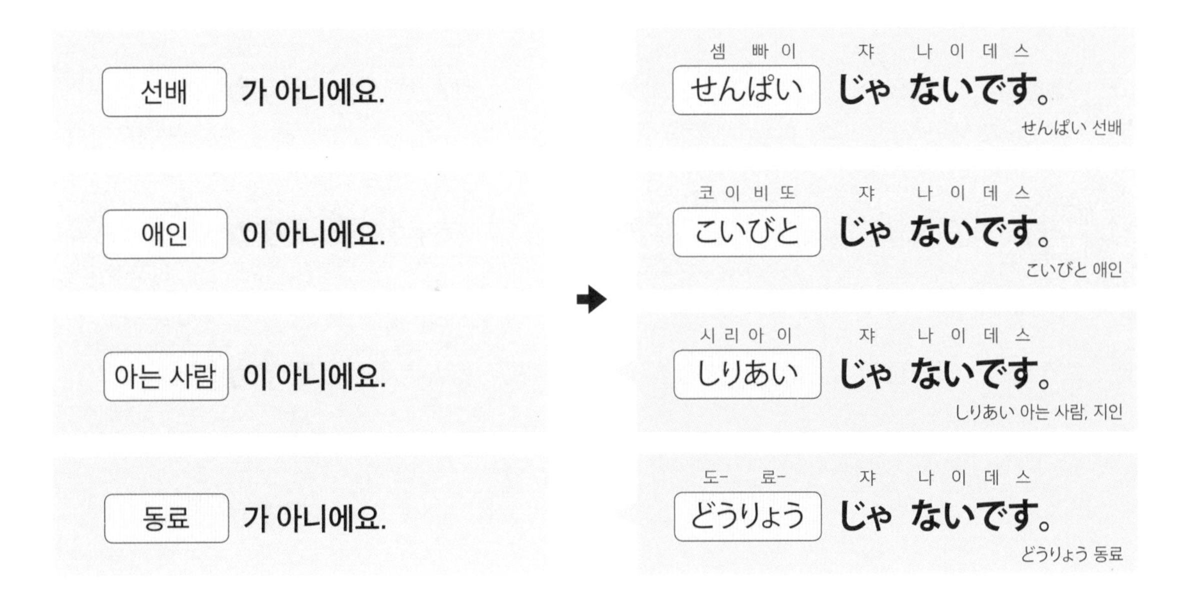

선배 가 아니에요. → せんぱい(셈빠이) じゃ(쟈) ないです(나이데스)。

せんぱい 선배

애인 이 아니에요. → こいびと(코이비또) じゃ(쟈) ないです(나이데스)。

こいびと 애인

아는 사람 이 아니에요. → しりあい(시리아이) じゃ(쟈) ないです(나이데스)。

しりあい 아는 사람, 지인

동료 가 아니에요. → どうりょう(도-료-) じゃ(쟈) ないです(나이데스)。

どうりょう 동료

문형 탐구

1. 우리말 "친구가 아니에요."는 일본어로 "ともだちじゃ ないです(토모다찌쟈 나이데스)。"예요. 명사 뒤에 じゃ ないです(쟈 나이데스)를 붙이면 '~이/가 아니에요'라는 뜻의 정중하게 부정하는 말이 돼요.

+플러스포인트 じゃ ないです(쟈 나이데스) 대신 では ありません(데와 아리마셍)으로 말해도 똑같은 의미예요. 대신 조금 더 공손한 느낌을 전달할 수 있어요.

예 ともだち**じゃ ないです**(토모다찌쟈 나이데스)。 = ともだち**では ありません**(토모다찌데와 아리마셍)。 친구**가 아닙니다**.

2. 아래의 명사에도 ~じゃ ないです(쟈 나이데스)。(~이/가 아니에요.)를 붙여 따라 말해 보아요.

- こども(코도모) 아이 → こども**じゃ ないです**(코도모쟈 나이데스)。 아이**가 아니에요**.
- こうはい(코-하이) 후배 → こうはい**じゃ ないです**(코-하이쟈 나이데스)。 후배**가 아닙니다**.

🎧 Day1_문형으로 말문트기4.mp3

문형 4

엄마	가 아니에요?	→	おかあさん(오 까- 상) じゃ(쟈) ないですか(나 이 데 스 까)。

おかあさん → 명사

おかあさん 엄마

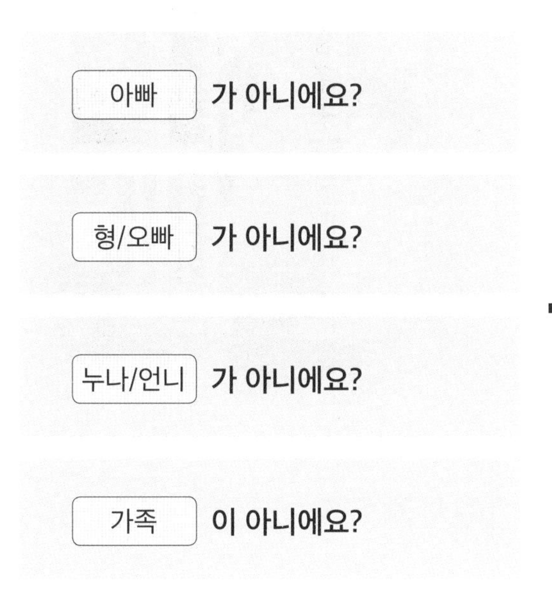

아빠 가 아니에요?
형/오빠 가 아니에요?
누나/언니 가 아니에요?
가족 이 아니에요?

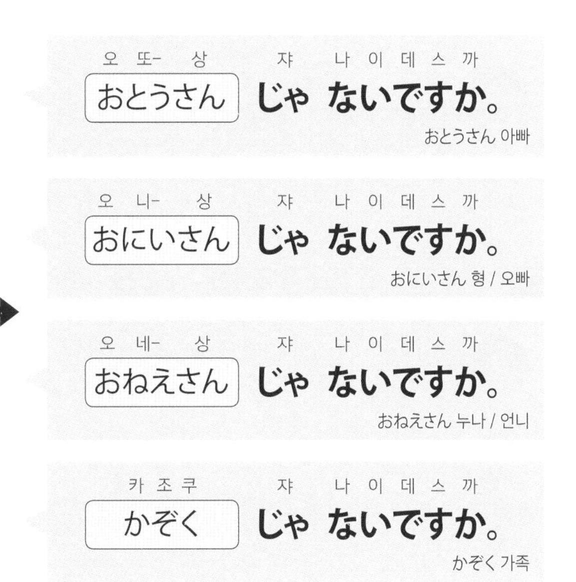

おとうさん(오 또- 상) じゃ(쟈) ないですか(나 이 데 스 까)。
おとうさん 아빠
おにいさん(오 니- 상) じゃ(쟈) ないですか(나 이 데 스 까)。
おにいさん 형 / 오빠
おねえさん(오 네- 상) じゃ(쟈) ないですか(나 이 데 스 까)。
おねえさん 누나 / 언니
かぞく(카 조 쿠) じゃ(쟈) ないですか(나 이 데 스 까)。
かぞく 가족

문형 탐구 🎧

1. 우리말 "엄마가 아니에요?"는 일본어로 "おかあさんじゃ ないですか(오 까- 상 쟈 나이데스까)。"예요. '~じゃ ないです(쟈 나이데스)(~이/가 아니에요)' 뒤에 か(까)를 붙여 '~じゃ ないですか(쟈 나이데스까)'라고 하면 '~이/가 아닙니까?'라는 뜻의 의문문이 돼요.

우리말과 마찬가지로, 모르는 것을 묻거나 알고 있는 것이 맞는지 다시 한 번 확인할 때 사용해요.

+플러스포인트 じゃ ないですか(쟈 나이데스까) 대신 では ありませんか(데와 아리마셍까)로 말하면 좀 더 공손한 느낌을 전달할 수 있어요.

예 おかあさん**じゃ ないですか**(오 까- 상 쟈 나이데스까)。 = おかあさん**では ありませんか**(오 까- 상 데와 아리마셍까)。 엄마**가 아닙니까?**

2. 아래의 명사에도 ~じゃ ないですか(쟈 나이데스까)。(~이/가 아니에요?)를 붙여 따라 말해 보아요.

- おとうと(오 또- 또) 남동생 → おとうと さん**じゃ ないですか**(오 또- 또 *상 쟈 나이데스까)。 남동생 분**이 아니에요?**

  *다른 사람의 남동생, 여동생을 정중하게 부르고 싶을 때는 さん(상)을 붙여 말해요.

- いもうと(이 모- 또) 여동생 → いもうと さん**じゃ ないですか**(이 모- 또 상 쟈 나이데스까)。 여동생 분**이 아닙니까?**

실생활 회화 자동발사!

Day1_실생활 회화 자동발사.mp3

먼저 듣기 mp3로 대화를 들어보며 어떤 내용인지 생각해 보세요. 그 다음 따라 말하기 mp3로 따라 말해보세요.

1 라멘집 앞, 입장 차례를 기다리는 지민

점원

이 상 이 지 밍 상

イ さん! イ・ジミン さん!

→ 이지민은 외국인이므로 이름을 가타카나로 표기해요.

지민

하 이 와 따 시 데 스

はい、わたしです!

2 지민, 친구의 휴대폰에 있는 사진을 보며

지민

토 모 다 찌 데 스 까

ともだちですか。

친구

이- 에 토 모 다 찌 쟈 나 이 데 스 셈 빠 이 데 스

いいえ、ともだちじゃ ないです。せんぱいです。

3 길에서 친구와 그녀의 가족을 마주친 지민

친구

오 까- 상 데 스

おかあさんです。

지민

에 오 네- 상 쟈 나 잉 데 스 까

え? おねえさんじゃ ないんですか。

→ 강조하거나 재차 확인할 때에 자주 ん을 붙여 말해요. い형용사, 동사에만 사용합니다.

1 점원 : 이 씨! 이지민 씨!
지민 : 네, 저예요!

2 지민 : 친구예요?
친구 : 아니요, 친구가 아니에요. 선배예요.

3 친구 : 엄마예요.
지민 : 네? 언니 분이 아닌 거예요?

단어

1. **〜さん** [~상] ~씨 **はい** [하이] 네 **わたし** [와따시] 저, 나
2. **ともだち** [토모다찌] 친구 **いいえ** [이-에] 아니요 **せんぱい** [셈빠이] 선배
3. **おかあさん** [오까-상] 엄마, 어머니 **え** [에] 네?, 어?(놀라는 말투) **おねえさん** [오네-상] 언니, 누나

4 패밀리 레스토랑에 아르바이트 면접을 보러 온 지민

지민
오 하 요- 고 자 이 마 스
おはよう ございます!

나카무라
오 하 요- 고 자 이 마 스 이 지 밍 상 데 스 까
おはよう ございます。イ・ジミン さんですか。

지민
하 이 하 지 메 마 시 떼 이 지 밍 데 스
はい! はじめまして。イ・ジミンです!

나카무라
하 지 메 마 시 떼 나카무라 나오 키 데 스
はじめまして。中村 直樹です。
なかむら なおき
텐 쵸- 데 스
てんちょうです。

지민
아- 텐 쵸- 상 요 로 시 꾸 오 네 가 이 시 마 스
ああ、てんちょう さん! よろしく おねがいします!

면접을 위해 てんちょう(점장)를 처음 만나는 상황이어서 さん을 붙여 말했어요. 보통은 직장 상사의 직책명에 さん을 붙이지 않아요.

나카무라
코 찌 라 코 소 요 로 시 꾸 오 네 가 이 시 마 스
こちらこそ よろしく おねがいします。

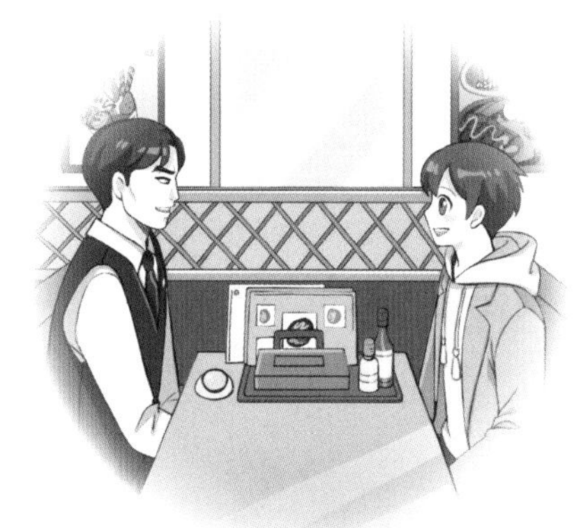

4 지민 : 안녕하세요!
나카무라 : 안녕하세요. 이지민 씨인가요?
지민 : 네! 처음 뵙겠습니다. 이지민입니다!
나카무라 : 처음 뵙겠습니다. 나카무라 나오키예요. 점장이에요.
지민 : 아, 점장님! 잘 부탁드립니다!
나카무라 : 저야말로 잘 부탁드립니다.

단어

4. **おはよう ございます** [오하요- 고자이마스] 안녕하세요(아침 인사)
はじめまして [하지메마시떼] 처음 뵙겠습니다
てんちょう [텐쵸-] 점장(님)
よろしく おねがいします [요로시꾸 오네가이시마스] 잘 부탁드립니다
こちらこそ [코찌라코소] 저야말로

연습문제로 실력 확인하기

Day1_연습문제로 실력 확인하기.mp3

1 단어 듣고 골라 써보기

음성으로 들려주는 단어를 보기에서 골라 써 보세요. 그 다음 단어의 뜻을 써 보세요.

보기 がくせい　ほんとう　シェフ　おにいさん

1) ________________ (뜻 :　　　　　)

2) ________________ (뜻 :　　　　　)

3) ________________ (뜻 :　　　　　)

2 문장 읽고 뜻 써보기

다음 문장을 큰 소리로 읽은 후 뜻을 써 보세요. 그 다음 음성을 들으며 한 번 더 읽어 보세요.

1) せんせいですか。(뜻 :　　　　　)

2) おとうさんじゃ ないですか。(뜻 :　　　　　)

3) こいびとじゃ ないです。(뜻 :　　　　　)

3 질문에 답하기

제시된 단어를 사용하여 질문에 알맞은 답변을 빈칸에 써 보세요. 그 다음 큰 소리로 따라 읽어 보세요.

1) てんちょうですか。 점장이에요?

→ はい、________________。(てんちょう) 네, 점장이에요.

2) しりあいですか。 아는 사람입니까?

→ いいえ、________________。(しりあい) 아니요. 아는 사람이 아닙니다.

3) ともだちじゃ ないですか。 친구가 아니에요?

→ はい、________________。(ともだち) 네, 친구가 아니에요.

4 빈칸 채우기 JLPT N4, N5 문법 대비 유형

빈칸에 들어갈 단어를 골라 문장을 완성하세요. 그 다음 큰 소리로 읽어 보세요.

1) A「せんせいですか。」

B「いいえ、せんせい (　　　　　)。」

① じゃ ないです　② じゃ ないですか　③ です

2) A「B さん！B さん！」

B「はい！わたし (　　　　　)！」

① じゃ ないですか　② じゃ ないです　③ です

3) A「プログラマー (　　　　　)。」

B「はい。わたし、プログラマーです。」

① です　② ですか　③ じゃ ないです

5 문장 완성하기 JLPT N4, N5 문법 대비 유형

선택지를 올바르게 배열하여 문장을 완성한 다음 ★ 에 들어갈 선택지를 고르세요.

1) A「おかあさんです。」

B「え? ＿＿ ★ ＿＿ 。」

① か　② です　③ おかあさん

2) ともだちです。＿＿ ★ ＿＿ 。

① こいびと　② ないです　③ じゃ

<해커스 일본어 첫걸음> 어플로
단어 게임을 해보세요!

연습문제 정답 p.248

DAY 1

해커스 일본어 첫걸음

Day 2

월요일이었어요.

게쯔 요- 비 데 시 따
げつようびでした。

어라, 낫짱.
회의, 오늘이 아니었어요?

아레 낫 쨩
あれ、なっちゃん。

카이기 쿄- 쟈 나깟 따데스까
かいぎ、きょうじゃ なかったですか。

아니요,
월요일이었어요.

이- 에 게쯔 요- 비데시따
いいえ、げつようびでした。

이런 말을 할 수 있어요.

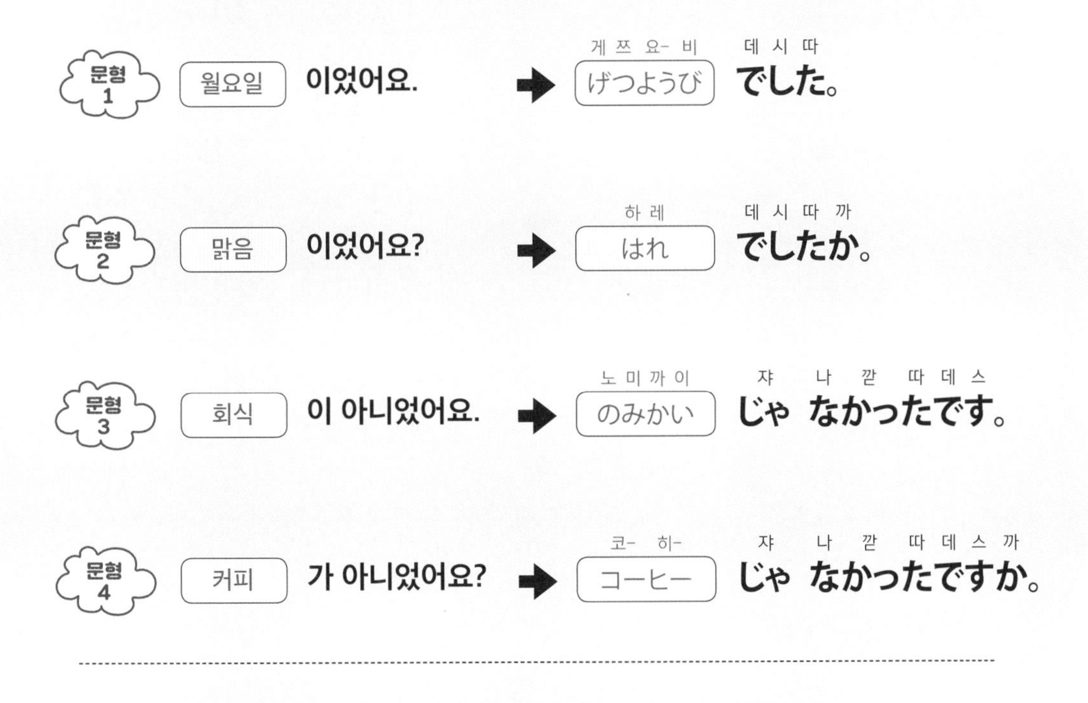

문형 1
월요일 이었어요.
게 쯔 요- 비 데 시 따
げつようび でした。
문형 2
맑음 이었어요?
하 레 데 시 따 까
はれ でしたか。
문형 3
회식 이 아니었어요.
노 미 까 이 쟈 나 깓 따 데 스
のみかい じゃ なかったです。
문형 4
커피 가 아니었어요?
코- 히- 쟈 나 깓 따 데 스 까
コーヒー じゃ なかったですか。

우리말에서 '월요일' 뒤에 '이었어요.'나 '이었어요?'와 같은 말을 붙이면, '월요일이었어요.', '월요일이었어요?'와 같이 과거를 나타내는 말이 돼요. 마찬가지로 일본어에도 명사 뒤에 붙여 과거의 일을 나타내는 문형들이 있어요. Day2에서는 명사 뒤에 붙여 쓰는 과거 문형들을 다양한 명사와 함께 배워볼 거예요.

문형으로 말문트기

음성을 듣고 문장을 큰 소리로 따라 말해 보세요.

Day2_문형으로 말문트기1.mp3

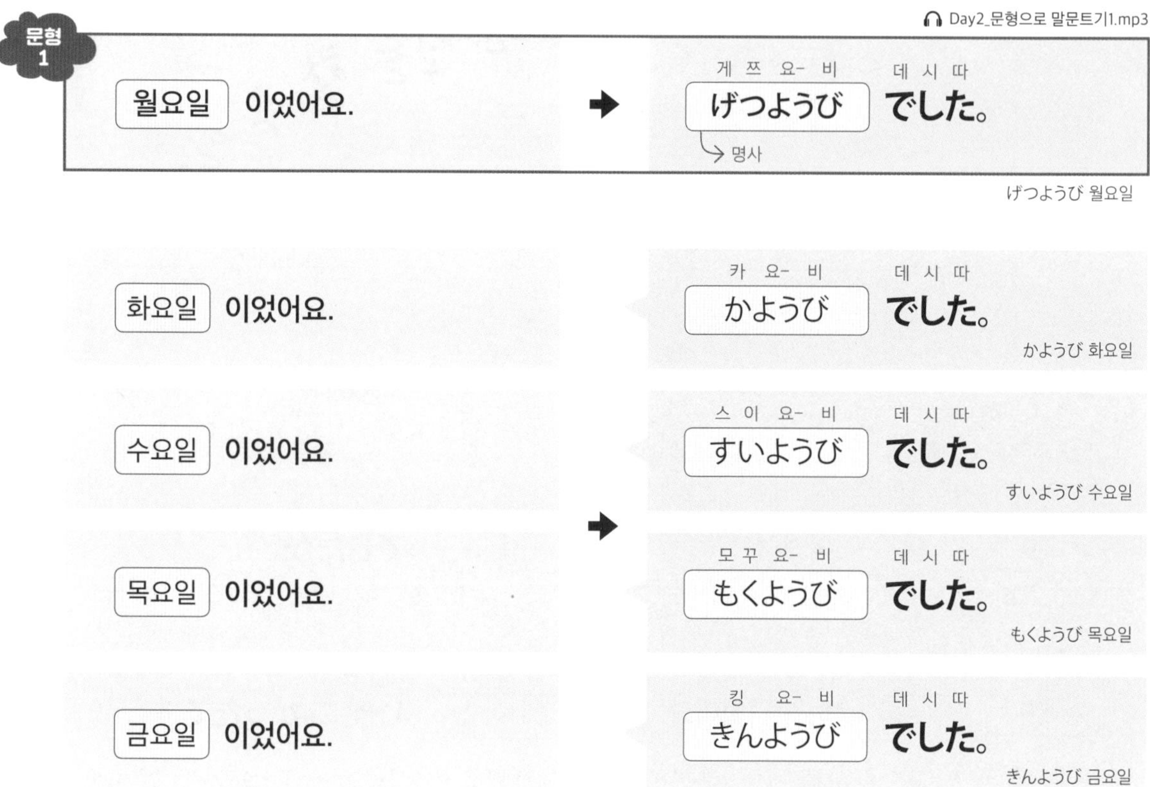

문형 1
월요일 이었어요.
게 쯔 요- 비 데 시 따
げつようび でした。
명사
げつようび 월요일
화요일 이었어요.
카 요- 비 데 시 따
かようび でした。
かようび 화요일
수요일 이었어요.
스 이 요- 비 데 시 따
すいようび でした。
すいようび 수요일
목요일 이었어요.
모 꾸 요- 비 데 시 따
もくようび でした。
もくようび 목요일
금요일 이었어요.
킹 요- 비 데 시 따
きんようび でした。
きんようび 금요일

문형 탐구

1. 우리말 "월요일이었어요."는 일본어로 "げつようびでした。(게쯔요-비데시따)"예요. **명사** 뒤에 でした(데시따)를 붙이면 '~이었어요' 또는 '~이었습니다'라는 뜻으로, 과거의 일을 정중하게 나타내는 말이 돼요.

2. 아래의 명사에도 ~でした。(데시따)(~이었어요.)를 붙여 따라 말해 보아요.

- どようび(도요-비) 토요일 → どようび**でした**。(도요-비데시따) 토요일**이었어요.**
- にちようび(니찌요-비) 일요일 → にちようび**でした**。(니찌요-비데시따) 일요일**이었습니다.**

Day2_문형으로 말문트기2.mp3

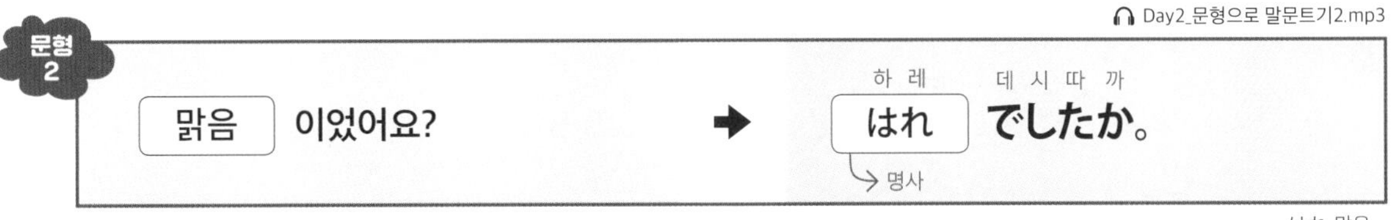

문형 2

맑음	이었어요?	→	はれ(하레) **でしたか。**(데시따까)

명사

はれ 맑음

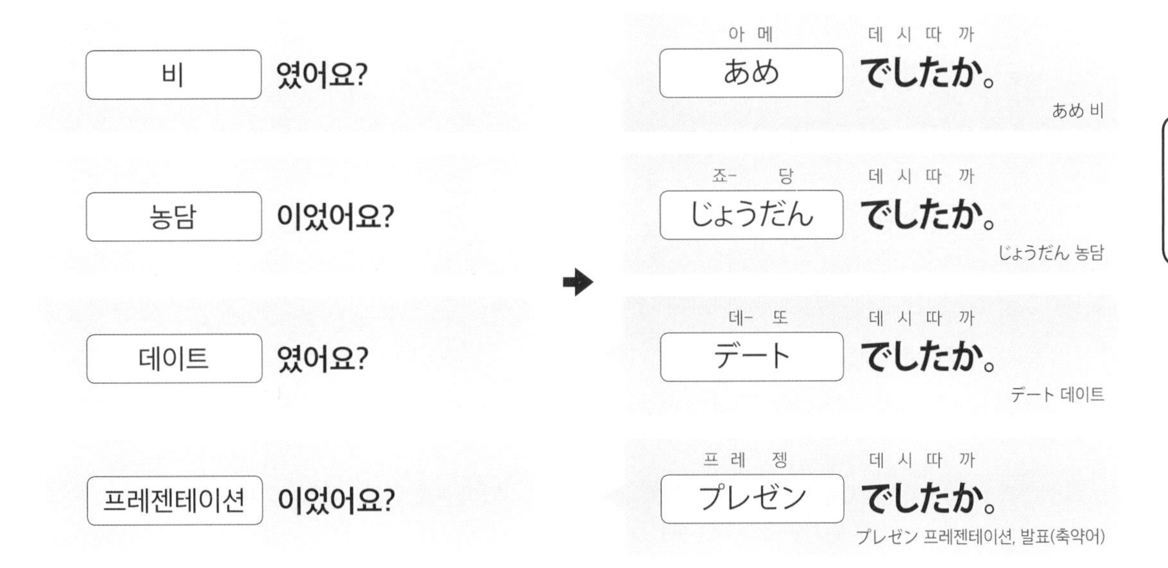

비	였어요?	→	あめ(아메) **でしたか。**(데시따까)
농담	이었어요?	→	じょうだん(죠-당) **でしたか。**(데시따까)
데이트	였어요?	→	デート(데-또) **でしたか。**(데시따까)
프레젠테이션	이었어요?	→	プレゼン(프레젱) **でしたか。**(데시따까)

あめ 비

じょうだん 농담

デート 데이트

プレゼン 프레젠테이션, 발표(축약어)

문형 탐구

1. '～でした(데시따)(~이었어요)' 뒤에 か(까)를 붙여 '～でしたか(데시따까)'라고 하면, '~이었어요?' 또는 '~이었습니까?'라는 뜻의 의문문이 돼요.

2. 아래의 명사에도 ～でしたか。(데시따까)(~이었어요?)를 붙여 따라 말해 보아요.

- くもり(쿠모리) 흐림 → くもり**でしたか**。(쿠모리데시따까) 흐림이었어요?
- ゆき(유키) 눈 → ゆき**でしたか**。(유키데시따까) 눈이었습니까?

문형으로 말문트기

음성을 듣고 문장을 큰 소리로 따라 말해 보세요.

Day2_문형으로 말문트기3.mp3

문형 3

회식 이 아니었어요.	→	のみかい(노미까이) じゃ なかったです。(쟈 나깓따데스)

→ 명사

のみかい 회식

야근 이 아니었어요.	ざんぎょう(장교-) じゃ なかったです。(쟈 나깓따데스) ざんぎょう 야근
회의 가 아니었어요.	かいぎ(카이기) じゃ なかったです。(쟈 나깓따데스) かいぎ 회의
휴가 가 아니었어요.	やすみ(야스미) じゃ なかったです。(쟈 나깓따데스) やすみ 휴가, 휴일
시험 이 아니었어요.	テスト(테스또) じゃ なかったです。(쟈 나깓따데스) テスト 시험

문형 탐구

1. 우리말 "회식이 아니었어요."는 일본어로 "のみかいじゃ なかったです。"(노미까이 쟈 나깓따데스)예요. じゃ ないです(쟈 나이데스)(이/가 아니에요)가 현재의 일을 부정하는 말이라면, じゃ なかったです(쟈 나깓따데스)(이/가 아니었어요)는 과거의 일을 부정하는 말이에요.

+플러스포인트 じゃ なかったです(쟈 나깓따데스) 대신 では ありませんでした(데와 아리마셍 데시따)로 말해도 똑같은 의미예요. 대신 조금 더 공손한 느낌을 전달할 수 있어요.

예 のみかい**じゃ なかったです**。(노미까이 쟈 나깓따데스) = のみかい**では ありませんでした**。(노미까이데와 아리마셍 데시따) 회식**이 아니었습니다.**

2. 아래의 명사에도 ~じゃ なかったです。(쟈 나깓따데스)(~이/가 아니었어요.)를 붙여 따라 말해 보아요.

- しゅっちょう(슏쬬-) 출장 → しゅっちょう**じゃ なかったです**。(슏쬬- 쟈 나깓따데스) 출장**이 아니었어요.**
- たんじょうび(탄죠-비) 생일 → たんじょうび**じゃ なかったです**。(탄죠-비 쟈 나깓따데스) 생일**이 아니었습니다.**

Day2_문형으로 말문트기4.mp3

문형 4

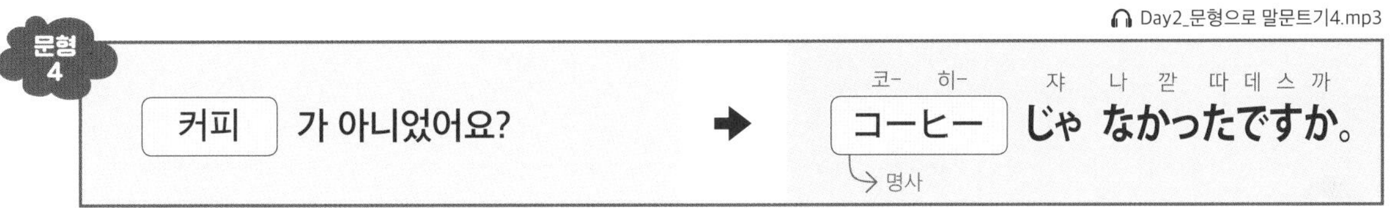

コーヒー 커피

밀크티 가 아니었어요?
미 루 쿠 티- 쟈 나 깓 따 데 스 까
ミルクティー じゃ なかったですか。
ミルクティー 밀크티
물 이 아니었어요?
미 즈 쟈 나 깓 따 데 스 까
みず じゃ なかったですか。
みず 물
우유 가 아니었어요?
규- 뉴- 쟈 나 깓 따 데 스 까
ぎゅうにゅう じゃ なかったですか。
ぎゅうにゅう 우유
푸딩 이 아니었어요?
푸 링 쟈 나 깓 따 데 스 까
プリン じゃ なかったですか。
プリン 푸딩

문형 탐구

1. 쟈 나 깓 따 데 스 / 까 / 쟈 나 깓 따 데 스 까

'~じゃ なかったです(~이/가 아니었어요)'에 か를 붙여 '~じゃ なかったですか'라고 하면, '~이/가 아니었어요?'라는 뜻의 의문문이 돼요. 과거의 일과 관련하여 모르는 것을 묻거나, 알고 있던 것이 맞는지 다시 한 번 확인할 때 사용해요.

쟈 나 깓 따 데 스 까 / 데 와 아 리 마 셍 데 시 따 까

+플러스포인트 じゃ なかったですか 대신 では ありませんでしたか로 말하면 조금 더 공손한 느낌이 들어요.

코- 히- 쟈 나 깓 따 데 스 까 / 코- 히- 데 와 아 리 마 셍 데 시 따 까

예 コーヒーじゃ なかったですか。 = コーヒーでは ありませんでしたか。 커피가 아니었습니까?

2. 쟈 나 깓 따 데 스 까

아래의 명사에도 ~じゃ なかったですか。(~이/가 아니었어요?)를 붙여 따라 말해 보아요.

라- 멩 / 라- 멩 쟈 나 깓 따 데 스 까
- ラーメン 라멘 → ラーメンじゃ なかったですか。 라멘이 아니었어요?

통 카 츠 / 통 카 츠 쟈 나 깓 따 데 스 까
- とんかつ 돈가스 → とんかつじゃ なかったですか。 돈가스가 아니었습니까?

실생활 회화 자동발사!

Day2_실생활 회화 자동발사.mp3

먼저 듣기 mp3로 대화를 들어보며 어떤 내용인지 생각해 보세요. 그 다음 따라 말하기 mp3로 따라 말해보세요.

1 휴게실에 있는 노조미에게 후배 켄타가

켄타
셈 빠 이 가 이 기 교- 쟈 나 깓 따 데 스 까
せんぱい。かいぎ、きょうじゃ なかったですか。

노조미
이- 에 게 쯔 요- 비 데 시 따
いいえ、げつようびでした。

2 음료를 잘못 사 온 켄타

노조미
아 레 미 루 쿠 티- 와 따 시 코- 히- 데 시 따
あれ、ミルクティー？ わたし、コーヒーでした。

→ 명사를 です없이 끝만 살짝 올려서 말하면 조금 당황했음을 나타낼 수 있어요.

켄타
미 루 쿠 티- 쟈 나 깓 따 데 스 까 스 미 마 셍
ミルクティーじゃ なかったですか。すみません。

3 출근 직후 피곤해 보이는 노조미

켄타
셈 빠 이 기 노- 장 교- 데 시 따 까
せんぱい、きのう ざんぎょうでしたか。

노조미
이- 에 장 교- 쟈 나 깓 따 데 스 노 미 까 이 데 시 따
いいえ、ざんぎょうじゃ なかったです。のみかいでした。

1 켄타 : 선배. 회의, 오늘이 아니었어요?
노조미 : 아니요, 월요일이었어요.

2 노조미 : 어라, 밀크티? 저, 커피였어요.
켄타 : 밀크티가 아니었어요? 죄송해요.

3 켄타 : 선배, 어제 야근이었어요?
노조미 : 아니요, 야근이 아니었어요. 회식이었어요.

단어

1. **せんぱい** [셈빠이] 선배 **かいぎ** [카이기] 회의 **きょう** [쿄-] 오늘 **げつようび** [게쯔요-비] 월요일
2. **あれ** [아레] 어라, 어(놀라는 말투) **ミルクティー** [미루쿠티-] 밀크티 **わたし** [와따시] 저, 나 **コーヒー** [코-히-] 커피 **すみません** [스미마셍] 죄송합니다, 실례합니다
3. **きのう** [키노-] 어제 **ざんぎょう** [장교-] 야근 **のみかい** [노미까이] 회식

4 월요일 아침, 노조미와 야마모토 부장

노조미

야마모토 부 쵸- 오 히 사 시 부 리 데 스
山本 ぶちょう、おひさしぶりです!
やまもと → 야마모토 요-코 山本 陽子(やまもと ようこ) 부장의 성씨예요.

야마모토

아 마츠모토 상 오 하 요- 히 사 시 부 리 데 스
あ、松本 さん、おはよう。ひさしぶりです。
まつもと → 마츠모토 노조 미 松本 希美(まつもと のぞみ)의 성씨예요.

노조미

부 쵸- 센 슈- 슛 쬬- 데 시 따 요 네
ぶちょう、せんしゅう しゅっちょうでしたよね。
→ 문장 끝에 오는 '~よね'는 '~지요?'라는 뜻이에요. 동의를 구하거나 확인할 때 사용해요.

야마모토

하 이 소- 데 스 오키나와 데 시 따
はい、そうです。沖縄でした。
おきなわ

노조미

오키나와 하 레 데 시 따 까
沖縄 はれでしたか。
おきなわ

야마모토

이- 에 즛 또 아 메 데 시 따
いいえ、ずっと あめでした。
아 소- 소- 도- 조 오 미 야 게 데 스
あ、そうそう! どうぞ、おみやげです。

4 노조미 : 야마모토 부장님, 오래간만이에요!
야마모토 : 아, 마츠모토 씨, 좋은 아침. 오랜만이에요.
노조미 : 부장님, 지난주 출장이었지요?
야마모토 : 네, 맞아요. 오키나와였어요.
노조미 : 오키나와 맑았나요?
야마모토 : 아니요, 계속 비였어요.
아, 맞다 맞다! 받으세요, 선물이에요.

단어

4. **ぶちょう** [부쵸-] 부장(님)
おひさしぶりです [오히사시부리데스] 오래간만이에요
おはよう [오하요-] 좋은 아침, 안녕 **せんしゅう** [센슈-] 지난주
しゅっちょう [슛쬬-] 출장 **そうです** [소-데스] 맞아요, 그래요
沖縄 [오키나와] 오키나와(지명) **はれ** [하레] 맑음
ずっと [즛또] 계속, 줄곧 **あめ** [아메] 비
そうそう [소-소-] 맞다 맞다(깜빡한 걸 떠올림)
どうぞ [도-조] 받으세요(무언가 건넬 때)
おみやげ [오미야게] (여행지에서 사온)선물, 기념품

연습문제로 실력 확인하기

Day2_연습문제로 실력 확인하기.mp3

1 단어 듣고 골라 써보기

음성으로 들려주는 단어를 보기에서 골라 써 보세요. 그 다음 단어의 뜻을 써 보세요.

보기 のみかい　テスト　すいようび　ラーメン

1) ______________________ (뜻 :　　　　　　)

2) ______________________ (뜻 :　　　　　　)

3) ______________________ (뜻 :　　　　　　)

2 문장 읽고 뜻 써보기

다음 문장을 큰 소리로 읽은 후 뜻을 써 보세요. 그 다음 음성을 들으며 한 번 더 읽어 보세요.

1) げつようびでした。(뜻 :　　　　　　　　　　　　)

2) たんじょうびでしたか。(뜻 :　　　　　　　　　　　　)

3) ゆきじゃ　なかったです。(뜻 :　　　　　　　　　　　　)

3 질문에 답하기

제시된 단어를 사용하여 질문에 알맞은 답변을 빈칸에 써 보세요. 그 다음 큰 소리로 따라 읽어 보세요.

1) デートでしたか。데이트였어요?

→ はい、______________________ 。(デート)　네, 데이트였어요.

2) あめでしたか。비였습니까?

→ いいえ、______________________ 。(あめ)　아니요, 비가 아니었습니다.

3) やすみじゃ　なかったですか。휴가가 아니었어요?

→ はい、______________________ 。しゅっちょうでした。(やすみ)

네, 휴가가 아니었어요. 출장이었어요.

4 빈칸 채우기 JLPT N4, N5 문법 대비 유형

빈칸에 들어갈 단어를 골라 문장을 완성하세요. 그 다음 큰 소리로 읽어 보세요.

1) A「きのう、かいぎでしたか。」

B「はい、そうです。きのう かいぎ (　　　　)。」

① でしたか　　② でした　　③ じゃ なかったです

2) A「沖縄(おきなわ)、はれでしたか。」

B「いいえ、はれ (　　　　)。」

① じゃ なかったです　　② でしたか　　③ じゃ なかったですか

3) A「わたし、ミルクティーでした。」

B「ぎゅうにゅう (　　　　)。すみません。」

① じゃ なかったです　　② でした　　③ じゃ なかったですか

5 문장 완성하기 JLPT N4, N5 문법 대비 유형

선택지를 올바르게 배열하여 문장을 완성한 다음 ★ 에 들어갈 선택지를 고르세요.

1) A「きのう、ざんぎょうでしたか。」

B「いいえ、____ ★ ____。のみかいでした。」

① じゃ　　② なかったです　　③ ざんぎょう

2) え、____ ★ ____。じょうだんじゃ なかったんですか。

① か　　② でした　　③ ほんとう

별책으로 제공되는 워크북(p.2)으로
명사 문형 전체를 한 번에 학습해 보세요.

연습문제 정답 p.248

좋아해요.

스 키 데 스
すきです。

정말 예뻐요.
눈, 좋아해요.

혼 또- 니 키 레- 데스
ほんとうに きれいです。
유키 스키데스
ゆき、すきです。

와아! 눈이에요!

와- 유키데스
わあ! ゆきです!

이런 말을 할 수 있어요.

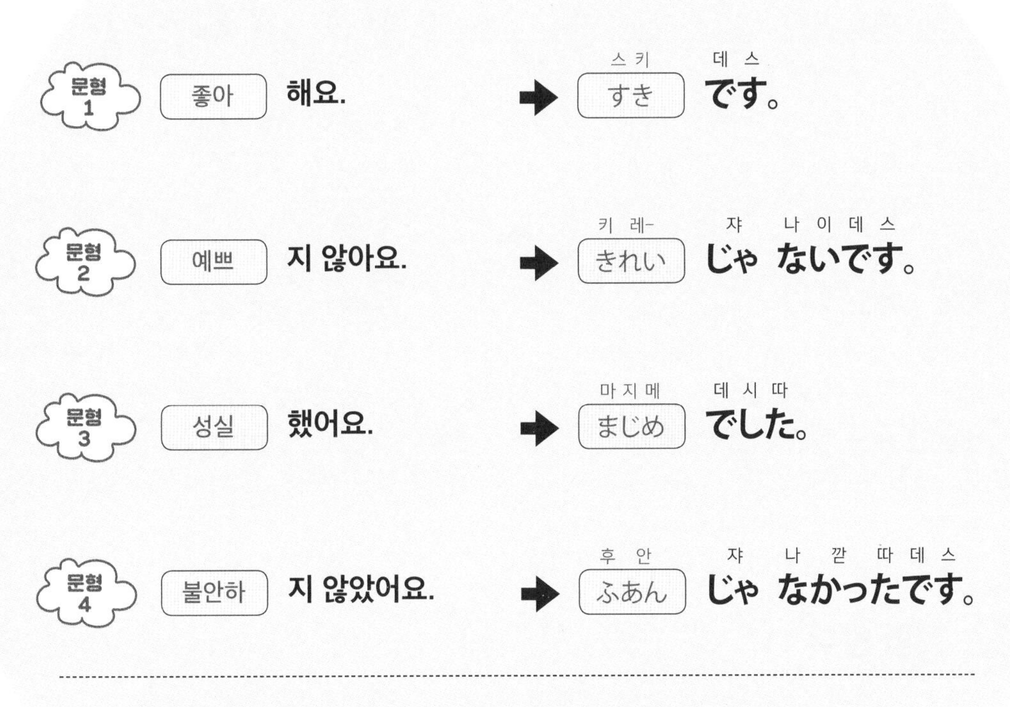

문형 1
좋아 해요.
스키 데스
すき です。
문형 2
예쁘 지 않아요.
키레- 쟈 나이데스
きれい じゃ ないです。
문형 3
성실 했어요.
마지메 데시따
まじめ でした。
문형 4
불안하 지 않았어요.
후안 쟈 나깟따데스
ふあん じゃ なかったです。

이번 Day에서는 '좋아하다', '예쁘다'와 같이 형용사를 사용하는 문형을 배울 거예요. 우리말 '좋아하다'를 상황에 따라 '좋아해요.', '좋아하지 않아요.', '좋아했어요.'와 같이 바꾸어 말하는 것처럼, 일본어도 형용사 뒤에 간단한 문형을 붙여서 긍정/부정/과거를 나타내는 말을 할 수 있어요. 특히 이번 Day에서는 일본어 형용사 중에서도 な(나)형용사에 쓰이는 문형을 익힐 건데요, 앞서 배운 명사 문형과 똑같아서 쉽게 익힐 수 있을 거예요.

문형으로 말문트기

🎧 음성을 듣고 문장을 큰 소리로 따라 말해 보세요.

🎧 Day3_문형으로 말문트기1.mp3

문형 1
좋아 해요.
스키 데스
すき です。
나
な형용사
すきだ 좋아하다
싫어 해요.
키라이 데스
きらい です。
きらいだ 싫어하다
행복 해요.
시아와세 데스
しあわせ です。
しあわせだ 행복하다
편리 해요.
벤리 데스
べんり です。
べんりだ 편리하다
평범 해요.
후쯔- 데스
ふつう です。
ふつうだ 평범하다, 보통이다

문형 탐구 🎧

1. 우리말 "좋아해요."는 일본어로 "すきです。(스키데스)"예요. 이처럼 な(나)형용사의 기본형에서 だ(다)를 떼고 です(데스)를 붙이면 '~해요.' 또는 '~합니다.'라는 뜻의 정중한 말이 돼요. 이를 な(나)형용사의 정중형이라고 해요.

명사 문형과 마찬가지로 です(데스)의 끝에 か(까)를 붙여 '~ですか(데스까)'라고 하면 의문문이 돼요.

+플러스포인트 일본어의 형용사에는 な(나)형용사와 い(이)형용사가 있으며, 아래와 같은 차이가 있어요.

な형용사	기본형이 だ로 끝나요. **すきだ** 좋아하다	기본형에서 だ를 떼고 문형을 붙여요. **すき**です 좋아합니다	명사를 꾸밀 때 だ가 な로 바뀌어요. 그래서 な형용사예요. **すきな** ひと 좋아하는 사람
い형용사	기본형이 い로 끝나요. **かわいい** 귀엽다	기본형 그대로 문형을 붙여요. **かわいい**です 귀엽습니다	명사를 꾸밀 때 기본형을 그대로 사용해요. **かわいい** ひと 귀여운 사람

* い형용사 문형은 Day 4에서, な/い형용사가 명사를 꾸미는 문형은 Day 5에서 배울 거예요.

Day3_문형으로 말문트기2.mp3

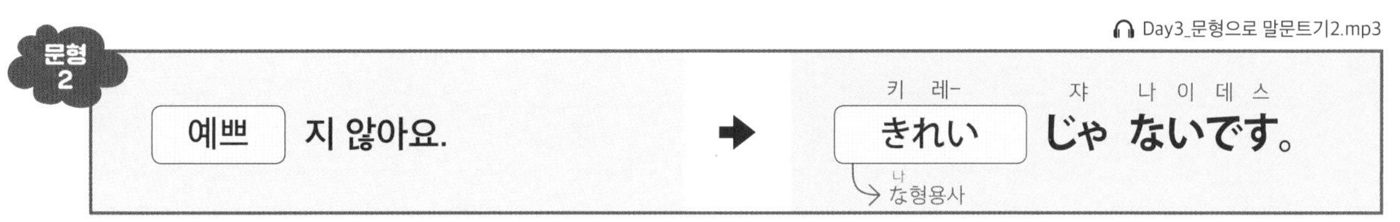

문형 2
예쁘 지 않아요.
키 레-
きれい
쟈 나 이 데 스
じゃ ないです。
나
な형용사

きれいだ 예쁘다, 깨끗하다

핸섬하 지 않아요.
한 사 무
ハンサム
쟈 나 이 데 스
じゃ ないです。
ハンサムだ 핸섬하다
화려하 지 않아요.
하 데
はで
쟈 나 이 데 스
じゃ ないです。
はでだ 화려하다
이상하 지 않아요.
헨
へん
쟈 나 이 데 스
じゃ ないです。
へんだ 이상하다
세련되 지 않아요.
오 샤 레
おしゃれ
쟈 나 이 데 스
じゃ ないです。
おしゃれだ 세련되다

문형 탐구

1. 우리말 "예쁘지 않아요."는 일본어로 "きれいじゃ ないです。(키레- 쟈 나이데스)"예요. 이처럼 な(나)형용사의 정중형을 부정하고 싶을 때에는 な(나)형용사 기본형에서 だ(다)를 떼고 じゃ ないです(쟈 나이데스)를 붙이면 돼요.

명사와 마찬가지로, じゃ ないです(쟈 나이데스)를 では ありません(데와 아리마 셍)으로 말하면 조금 더 공손한 표현이 돼요.

예 きれい**じゃ ないです**。(키레- 쟈 나이데스) = きれい**では ありません**。(키레-데와 아리마 셍) 예쁘**지 않습니다**.

+플러스포인트 か(까)를 붙여서 '〜じゃ ないですか(쟈 나이데스까)(~지 않아요?)'라고 말하면, 상대방에게 묻거나 동의를 구하는 말이 돼요.

예 きれいじゃ ないです**か**。(키레- 쟈 나이데스까) 예쁘지 않아요?

2. 아래의 な(나)형용사도 だ(다)를 떼고 〜じゃ ないです。(쟈 나이데스)(~지 않아요.)를 붙여 따라 말해 보아요.

- とくべつだ(토쿠베쯔다) 특별하다 → とくべつ**じゃ ないです**。(토쿠베쯔 쟈 나이데스) 특별하**지 않아요**.
- ふつうだ(후쯔-다) 평범하다 → ふつう**じゃ ないです**。(후쯔- 쟈 나이데스) 평범하**지 않습니다**.

문형으로 말문트기

음성을 듣고 문장을 큰 소리로 따라 말해 보세요.

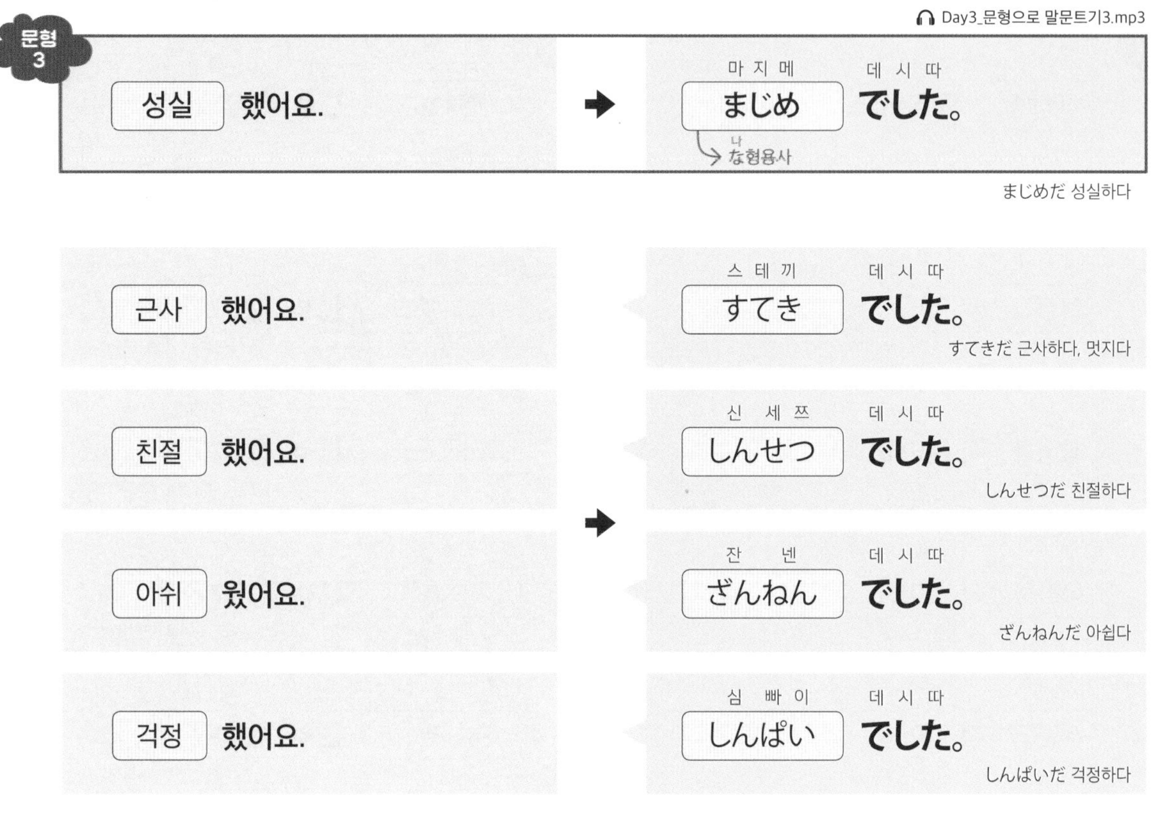

Day3_문형으로 말문트기3.mp3
문형 3
성실 했어요.
마지메 데시따
まじめ でした。
나
な형용사
まじめだ 성실하다
근사 했어요.
스테끼 데시따
すてき でした。
すてきだ 근사하다, 멋지다
친절 했어요.
신세쯔 데시따
しんせつ でした。
しんせつだ 친절하다
아쉬 웠어요.
잔넨 데시따
ざんねん でした。
ざんねんだ 아쉽다
걱정 했어요.
심빠이 데시따
しんぱい でした。
しんぱいだ 걱정하다

문형 탐구

1. 우리말 "성실했어요."는 일본어로 "まじめでした。(마지메데시따)"예요. 이처럼 な(나)형용사로 과거의 상태나 상황을 정중하게 말할 때에는, な(나)형용사 기본형에서 だ(다)를 떼고 でした(데시따)를 붙이면 돼요.

でした(데시따)(했어요) 뒤에 か(까)를 붙이면 상대방에게 묻는 말이 돼요.

예 まじめでした。(마지메데시따) 성실했어요. → まじめでした**か**。(마지메데시따까) 성실했어요?

2. 아래의 な(나)형용사도 だ(다)를 떼고 ~でした。(데시따)(~했어요.)를 붙여 따라 말해 보아요.

- すなおだ(스나오다) 솔직하다 → すなお**でした**。(스나오데시따) 솔직**했어요**.
- ゆうめいだ(유-메-다) 유명하다 → ゆうめい**でした**。(유-메-데시따) 유명**했습니다**.

Day3_문형으로 말문트기4.mp3

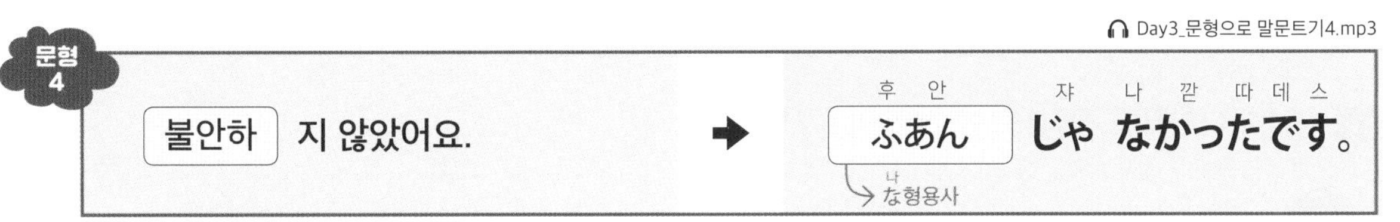

ふあんだ 불안하다

괜찮 지 않았어요.
だいじょうぶ じゃ なかったです。
다이죠-부 쟈 나깟따데스
だいじょうぶだ 괜찮다
떠들썩하 지 않았어요.
にぎやか じゃ なかったです。
니기야까 쟈 나깟따데스
にぎやかだ 떠들썩하다, 번화하다
한가하 지 않았어요.
ひま じゃ なかったです。
히마 쟈 나깟따데스
ひまだ 한가하다
충분하 지 않았어요.
じゅうぶん じゃ なかったです。
쥬-분 쟈 나깟따데스
じゅうぶんだ 충분하다

문형 탐구

1. 우리말 "불안하지 않았어요."는 일본어로 "ふあんじゃ なかったです。(후안 쟈 나깟따데스)"예요. 이처럼 な(나)형용사로 과거의 상태나 상황을 정중하게 부정할 때에는, な(나)형용사 기본형에서 だ(다)를 떼고 じゃ なかったです(쟈 나깟따데스)를 붙이면 돼요.

명사와 마찬가지로 じゃ なかったです(쟈 나깟따데스) 대신 では ありませんでした(데와 아리마셍데시따)를 쓰면 조금 더 공손한 느낌을 전달할 수 있어요.

예 ふあん**じゃ なかったです。**(후안 쟈 나깟따데스) = ふあん**では ありませんでした。**(후안 데와 아리마셍데시따) 불안하**지 않았습니다.**

+플러스포인트 끝에 か(까)를 붙여 ~じゃ なかったですか(쟈 나깟따데스까)(~지 않았어요?)라고 하면, 상대에게 동의를 구하거나 상황을 파악하는 말이 돼요.

예 ふあんじゃ なかったです。(후안 쟈 나깟따데스) 불안하지 않았어요. → ふあんじゃ なかったです**か**。(후안 쟈 나깟따데스까) 불안하지 않았어요?

2. 아래의 な(나)형용사도 だ(다)를 떼고 ~じゃ なかったです。(쟈 나깟따데스)(~지 않았어요.)를 붙여 따라 말해 보아요.

- しずかだ(시즈카다) 조용하다 → しずか**じゃ なかったです。**(시즈카 쟈 나깟따데스) 조용하**지 않았어요.**
- ゆたかだ(유타카다) 풍부하다 → ゆたか**じゃ なかったです。**(유타카 쟈 나깟따데스) 풍부하**지 않았습니다.**

실생활 회화 자동발사!

Day3_실생활 회화 자동발사.mp3

먼저 듣기 mp3로 대화를 들어보며 어떤 내용인지 생각해 보세요. 그 다음 따라 말하기 mp3로 따라 말해보세요.

1 지민과 나카무라 점장, 퇴근하는데 눈이 내린다.

지민

와- 유키데스 키레-데스
わあ！ ゆきです！ きれいです。

나카무라

혼또-니 키레-데스네 유키 스키데스
ほんとうに きれいですね。ゆき すきです。

→ '~ね'는 '~네요'라는 뜻이에요. 동의하거나 감탄할 때 사용해요.

2 새 옷을 입고 온 동료 사쿠라

사쿠라

춋또 하데쟈 나이데스까
ちょっと はでじゃ ないですか。

지민

이-에 하데쟈 나이데스 토테모 스테끼데스
いいえ、はでじゃ ないです。とても すてきです。

3 지민, 며칠 아픈 뒤 출근한 사쿠라에게

지민

사쿠라 상 다이죠-부데스까 심빠이데시따
桜さん、だいじょうぶですか。しんぱいでした。

さくら → 田中 桜(타나카 사쿠라, たなか さくら)의 이름이에요. 친근한 사이에서는 이름으로 불러요.

사쿠라

하이 모- 다이죠-부데스 아리가또- 고자이마스
はい。もう だいじょうぶです。ありがとう ございます。

---

1 지민 : 와! 눈이에요! 예뻐요.
나카무라 : 정말 예쁘네요. 눈 좋아해요.

2 사쿠라 : 조금 화려하지 않아요?
지민 : 아니요, 화려하지 않아요. 대단히 근사해요.

3 지민 : 사쿠라 씨, 괜찮아요? 걱정이었어요.
사쿠라 : 네. 이제 괜찮아요. 고마워요.

단어

1. **わあ** [와-] 와(감탄) **ゆき** [유키] 눈
きれいだ [키레-다] 예쁘다, 깨끗하다 **ほんとうに** [혼또-니] 정말
すきだ [스키다] 좋아하다
2. **ちょっと** [춋또] 조금, 잠깐 **はでだ** [하데다] 화려하다
とても [토테모] 대단히, 무척 **すてきだ** [스테끼다] 근사하다
3. **だいじょうぶだ** [다이죠-부다] 괜찮다 **しんぱいだ** [심빠이다] 걱정이다
もう [모-] 이제, 더는

4 영업 시작 전, 커피를 마시는 지민과 사쿠라

지민

사쿠라 상 이츠모 레모네-도 쟈 나깓따데스까
桜(さくら) さん、いつも レモネードじゃ なかったですか。

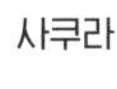
사쿠라

하이 소-데스 코-히- 아마리 스키쟈 나이데스
はい、そうです。コーヒー、あまり すきじゃ ないです。

지민

쟈 도-시떼 코-히-데스까
じゃ、どうして コーヒーですか。

사쿠라

쿄- 춈또 네부소꾸데스
きょう ちょっと ねぶそくです。

지민

아 키노- 탄죠-비 파-티-데시따요네
あ、きのう たんじょうび パーティーでしたよね。

사쿠라

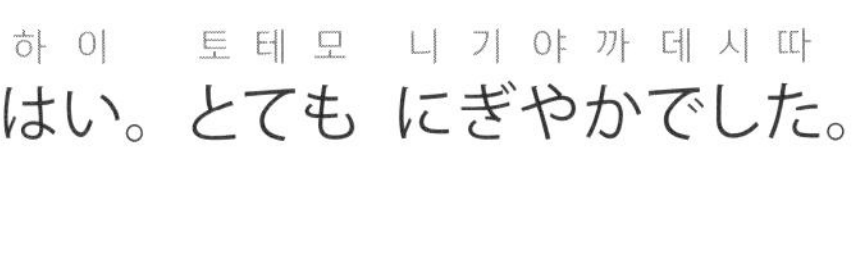
하이 토테모 니기야까데시따
はい。とても にぎやかでした。

4 지민 : 사쿠라 씨, 항상 레모네이드이지 않았어요?
사쿠라 : 네, 맞아요. 커피, 그다지 좋아하지 않아요.
지민 : 그럼, 어째서 커피예요?
사쿠라 : 오늘 조금 수면부족이에요.
지민 : 아, 어제 생일 파티였었죠?
사쿠라 : 네. 무척 떠들썩했어요.

단어

4. **いつも** [이츠모] 항상, 늘 **レモネード** [레모네-도] 레모네이드
そうです [소-데스] 맞아요, 그래요 **コーヒー** [코-히-] 커피
あまり [아마리] 그다지, 너무 **すきだ** [스키다] 좋아하다
じゃ [쟈] 그럼 **どうして** [도-시떼] 어째서 **きょう** [쿄-] 오늘
ちょっと [춈또] 조금, 잠깐 **ねぶそく** [네부소꾸] 수면부족
きのう [키노-] 어제 **たんじょうび** [탄죠-비] 생일
パーティー [파-티-] 파티 **とても** [토테모] 무척, 대단히
にぎやかだ [니기야까다] 떠들썩하다, 번화하다

연습문제로 실력 확인하기

Day3_연습문제로 실력 확인하기.mp3

1 단어 듣고 골라 써보기

음성으로 들려주는 단어를 보기에서 골라 써 보세요. 그 다음 단어의 뜻을 써 보세요.

보기 まじめだ　べんりだ　しずかだ　すなおだ

1) ________________ (뜻 :   )

2) ________________ (뜻 :   )

3) ________________ (뜻 :   )

2 문장 읽고 뜻 써보기

다음 문장을 큰 소리로 읽은 후 뜻을 써 보세요. 그 다음 음성을 들으며 한 번 더 읽어 보세요.

1) じゅうぶんじゃ ないです。(뜻 :   )

2) しんせつでしたか。(뜻 :   )

3) ひまです。(뜻 :   )

3 질문에 답하기

제시된 단어를 사용하여 질문에 알맞은 답변을 빈칸에 써 보세요. 그 다음 큰 소리로 따라 읽어 보세요.

1) ゆうめいでしたか。 유명했나요?

→ はい、________________________。(ゆうめいだ) 네, 유명했어요.

2) へんでしたか。 이상했습니까?

→ いいえ、________________________。(へんだ) 아니요. 이상하지 않았습니다.

3) きらいじゃ ないですか。 싫어하지 않나요?

→ はい、________________________。すきです。(きらいだ)

네, 싫어하지 않아요. 좋아해요.

4 빈칸 채우기 JLPT N4, N5 문법 대비 유형

빈칸에 들어갈 단어를 골라 문장을 완성하세요. 그 다음 큰 소리로 읽어 보세요.

1) A「ゆきです！きれいです。」

B「そうですね。ほんとうに きれい (　　　　) ね。」

① でした　　② です　　③ じゃ なかったです

2) A「ちょっと はでじゃ ないですか。」

B「はで (　　　　) 。とても すてきです。」

① じゃ ないです　　② でした　　③ じゃ ないですか

3) きのう たんじょうび パーティーでした。とても にぎやか (　　　　)。

① でした　　② じゃ ないです　　③ です

5 문장 완성하기 JLPT N4, N5 문법 대비 유형

선택지를 올바르게 배열하여 문장을 완성한 다음 ★ 에 들어갈 선택지를 고르세요.

1) A「ふあんでしたか。」

B「いいえ、＿＿ ★ ＿＿ 。」

① なかったです　　② ふあん　　③ じゃ

2) A「B さん、＿＿ ★ ＿＿ 。しんぱいでした。」

B「はい。もう だいじょうぶです。ありがとう ございます。」

① だいじょうぶ　　② か　　③ です

별책으로 제공되는 워크북(p.12)으로
な형용사 문형 전체를 한 번에 학습해 보세요.

연습문제 정답 p.249

상냥해요.

야 사 시- 데 스
やさしいです。

한 번에 학습하기

고마워요.
상냥하네요.
아리가 또- 고자이마스
ありがとう ございます。
야사 시- 데스네
やさしいですね。

드세요, 아이스 커피예요.
도- 조 아이스 코- 히- 데스
どうぞ、アイスコーヒーです。

이런 말을 할 수 있어요.

문형 1
상냥해 요.
야사시- 데스
やさしい です。
문형 2
외롭 지 않아요.
사비시 꾸 나이데스
さびし く ないです。
문형 3
즐거 웠어요.
타노시 깟 따데스
たのし かったです。
문형 4
나쁘 지 않았어요.
와루 꾸 나 깟 따데스
わる く なかったです。

이번 Day에서는 단어의 끝이 い(이)로 끝나는 い(이)형용사를 사용하는 문형들을 배울 거예요.
앞 Day에서 배운 な(나)형용사와 마찬가지로 い(이)형용사도 상태나 상황을 나타내며,
뒤에 간단한 문형을 붙여서 긍정/부정/과거를 나타내는 말을 할 수 있어요. 오늘의
문형들을 다양한 い(이)형용사와 함께 익히면, '상냥해요.', '외롭지 않아요.',
'즐거웠어요.'와 같이 상태나 상황을 나타내는 다양한 표현을
일본어로 쉽게 말할 수 있을 거예요.

문형으로 말문트기

음성을 듣고 문장을 큰 소리로 따라 말해 보세요.

Day4_문형으로 말문트기1.mp3

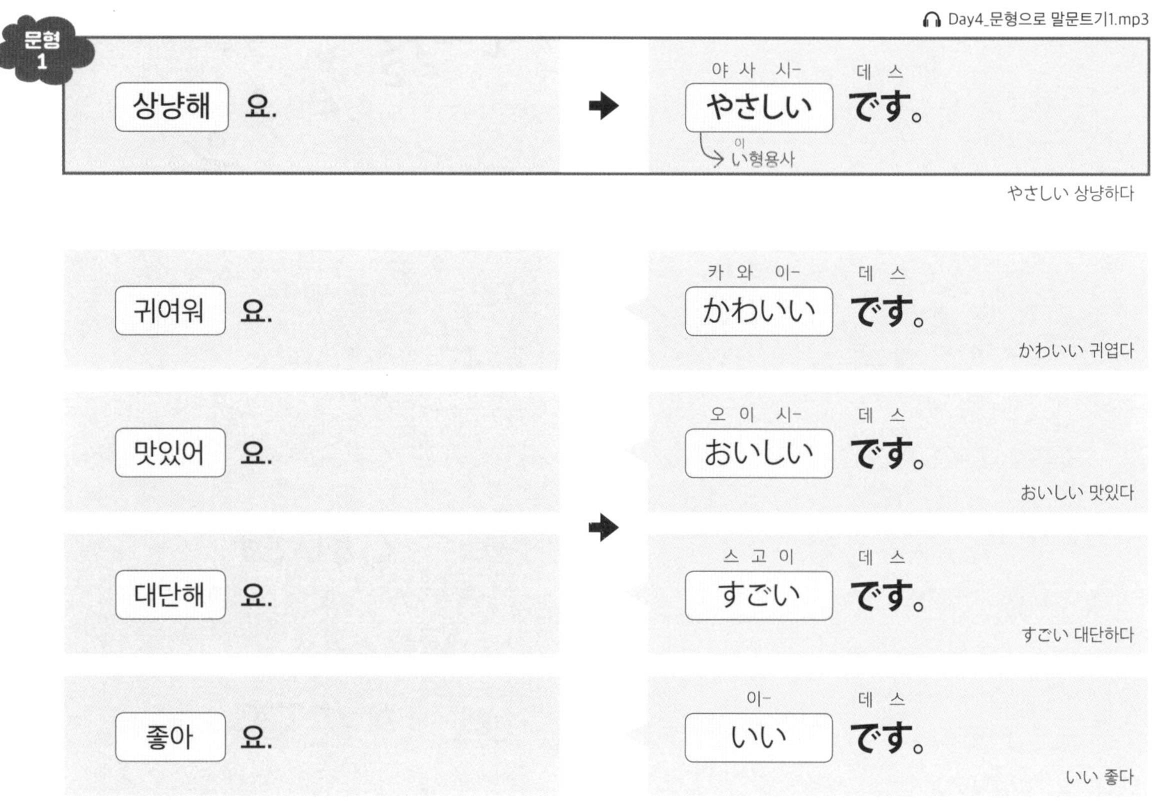

문형 1
상냥해 요.
야사 시-　데 스
やさしい です。
이
い형용사
やさしい 상냥하다
귀여워 요.
카 와 이-　데 스
かわいい です。
かわいい 귀엽다
맛있어 요.
오 이 시-　데 스
おいしい です。
おいしい 맛있다
대단해 요.
스 고 이　데 스
すごい です。
すごい 대단하다
좋아 요.
이-　데 스
いい です。
いい 좋다

문형 탐구

1. **우리말 "상냥해요."는 일본어로 "やさしいです(야사 시- 데 스)。"예요. 여기서 やさしい(야사 시-)(상냥하다)는 い(이)형용사예요. な(나)형용사의 정중형은 기본형에서 だ(다)를 떼고 です(데 스)를 붙였지만, い(이)형용사의 정중형은 아무것도 바꾸지 않고 기본형 뒤에 です(데 스)만 붙이면 돼요.**

   '~です(데 스)' 끝에 か(까)를 붙이면 의문문이 돼요.

   예 やさしいです(야사 시 - 데 스)。 상냥해요. → やさしいですか(야사 시 - 데 스 까)。 상냥해요?

2. **아래의 い(이)형용사에도 ~です(데 스)。(~해요.)를 붙여 따라 말해 보아요.**

   - うれしい(우 레 시-) 기쁘다 → うれしい**です**(우 레 시- 데 스)。 기뻐**요**.
   - おもしろい(오 모 시 로 이) 재미있다 → おもしろい**です**(오 모 시 로 이 데 스)。 재미있**습니다**.

Day4_문형으로 말문트기2.mp3

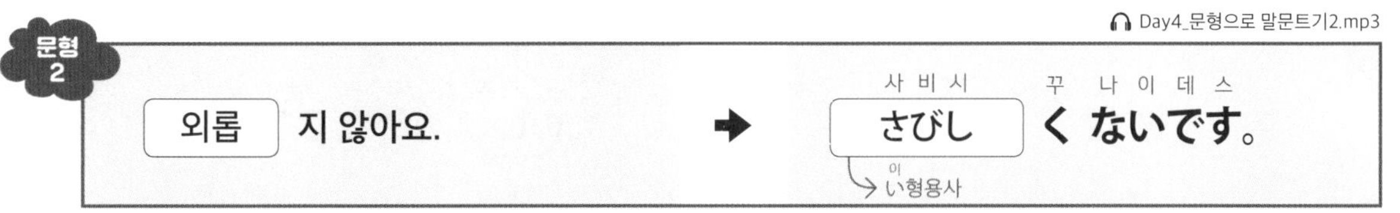
문형 2

외롭 지 않아요. → さびし(사비시) く ない です。(꾸 나 이 데 스)

い(이)형용사

さびしい 외롭다

슬프 지 않아요. → かなし(카나시) く ないです。(꾸 나이데스)

かなしい 슬프다

맛없 지 않아요. → まず(마즈) く ないです。(꾸 나이데스)

まずい 맛없다

부럽 지 않아요. → うらやまし(우라야마시) く ないです。(꾸 나이데스)

うらやましい 부럽다

어렵 지 않아요. → むずかし(무즈까시) く ないです。(꾸 나이데스)

むずかしい 어렵다

문형 탐구

1. 우리말 "외롭지 않아요."는 일본어로 "さびしく ないです(사비시꾸 나이데스)。"예요. 이처럼 い(이)형용사의 정중형을 부정하고 싶을 때에는, い(이)형용사 기본형 끝의 い(이)를 떼고 く ないです(꾸 나이데스)를 붙이면 돼요.

く ないです(꾸 나이데스) 대신 く ありません(꾸 아리마셍)을 사용하여 조금 더 공손하게 말할 수 있답니다.

예 さびしく **ないです**(사비시꾸 나이데스)。 = さびしく **ありません**(사비시꾸 아리마셍)。 외롭**지 않습니다**.

2. 아래의 い(이)형용사도 い(이)를 떼고 ～く ないです(꾸 나이데스)。(~지 않아요.) 를 붙여 따라 말해 보아요.

- ほしい(호시-) 바라다, 원하다 → ほし**く ないです**(호시꾸 나이데스)。 바라**지 않아요**.
- ねむい(네무이) 졸리다 → ねむ**く ないです**(네무꾸 나이데스)。 졸리**지 않습니다**.

DAY 4

해커스 일본어 첫걸음

문형으로 말문트기

🎧 음성을 듣고 문장을 큰 소리로 따라 말해 보세요.

🎧 Day4_문형으로 말문트기3.mp3

문형 3
즐거 웠어요. → たのし かったです。 (타노시 깓 따데스)
い형용사
たのしい 즐겁다
부끄러 웠어요. → はずかし かったです。 (하즈까시 깓 따데스)
はずかしい 부끄럽다
아름다 웠어요. → うつくし かったです。 (우츠꾸시 깓 따데스)
うつくしい 아름답다
위험 했어요. → あぶな かったです。 (아부나 깓 따데스)
あぶない 위험하다
시끄러 웠어요. → うるさ かったです。 (우루사 깓 따데스)
うるさい 시끄럽다

문형 탐구 🎧

1. 우리말 "즐거웠어요."는 일본어로 "たのしかったです。(타노시 깓 따데스)"예요. 이처럼 い(이)형용사로 과거의 상태나 상황을 정중하게 말하고 싶을 때에는, い(이)형용사 기본형에서 い(이)를 떼고 かったです(깓 따데스)를 붙이면 돼요.

2. 아래의 い(이)형용사도 い(이)를 떼고 ~かったです。(깓 따데스)(~웠/했어요.)를 붙여 따라 말해 보아요.

- ひどい(히도이) 심하다 → ひど**かったです**。(히도 깓 따데스) 심**했어요**.
- こわい(코와이) 무섭다 → こわ**かったです**。(코와 깓 따데스) 무서**웠습니다**.

Day4_문형으로 말문트기4.mp3

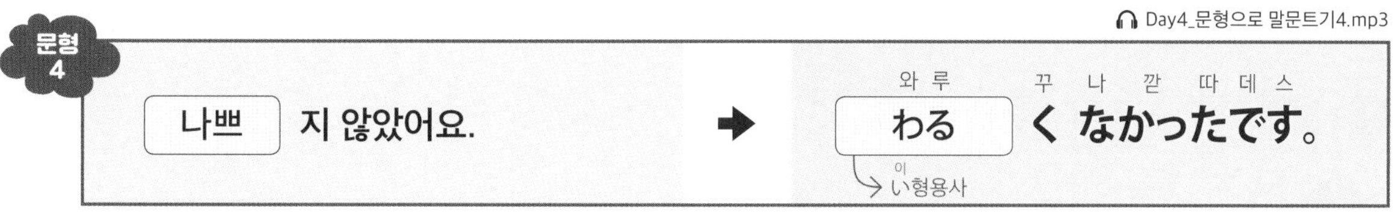

문형 4
나쁘 지 않았어요.
わる く なかったです。
い형용사

わるい 나쁘다

아프 지 않았어요.
いた く なかったです。
いたい 아프다
바쁘 지 않았어요.
いそがし く なかったです。
いそがしい 바쁘다
비싸 지 않았어요.
たか く なかったです。
たかい 비싸다, 높다
달 지 않았어요.
あま く なかったです。
あまい 달다

문형 탐구

1. 우리말 "나쁘지 않았어요."는 일본어로 "わるく なかったです。"예요. 이처럼 い형용사로 과거의 상태나 상황을 정중하게 부정할 때에는, い형용사 기본형에서 い를 떼고 く なかったです를 붙이면 돼요.

단, いいです(좋아요)의 부정형과 과거형은 뜻이 같은 よい(좋다)를 기본형으로 하여 변형해요.

いい 좋다	いいです 좋아요	よく ないです 좋지 않아요	よかったです 좋았어요	よくなかったです 좋지 않았어요

よかったです。(좋았어요.)는 '다행이에요.' 또는 '잘 되었네요.'라는 뜻으로도 매우 자주 쓰여요.

2. 아래의 い형용사도 い를 떼고 ~く なかったです。(~지 않았어요.)를 붙여 따라 말해 보아요.

- しょっぱい 짜다 → しょっぱ**く なかったです**。 짜지 않았어요.
- からい 맵다 → から**く なかったです**。 맵지 않았습니다.

실생활 회화 자동발사!

Day4_실생활 회화 자동발사.mp3

먼저 듣기 mp3로 대화를 들어보며 어떤 내용인지 생각해 보세요. 그 다음 따라 말하기 mp3로 따라 말해보세요.

1 나른한 오후, 노조미가 후배 켄타에게

노조미

켄타 상 네무꾸 나이데스까 도-조 아이스코-히-데스

健太さん、ねむく ないですか。どうぞ、アイスコーヒーです。

けんた → 竹山 健太(たけやま けんた, 타케야마 켄타)의 이름이에요. 친근한 사이에서는 이름으로 불러요.

켄타

아리가또- 고자이마스 셈빠이 야사시-데스네

ありがとう ございます、せんぱい。やさしいですね。

2 발표를 끝낸 노조미에게 야마모토 부장이

야마모토

프레젱 와루꾸 나깝따데스

プレゼン、わるく なかったです。

노조미

후- 요깝따- 아리가또- 고자이마스

ふう、よかったー。ありがとう ございます。

→ 회화에서 い/な형용사의 기본형이나 과거형을 です없이 말하면 혼잣말이나 감탄하는 말이 돼요.

3 월요일 아침, 노조미와 켄타

노조미

켄타 상 데-또 타노시깝따데스까

健太さん。デート、たのしかったですか。

けんた

켄타

이-에 아마리 타노시꾸 나깝따데스요

いいえ、あまり たのしく なかったですよ…。

'~よ'는 '~예요'라는 뜻이에요. 상대방의 주의를 끌거나 강조할 때 사용해요.

1 노조미 : 켄타 씨, 졸리지 않아요? 드세요, 아이스 커피예요.
켄타 : 고마워요, 선배. 상냥하시네요.

2 야마모토 : 프레젠테이션, 나쁘지 않았어요.
노조미 : 후유, 다행이다. 감사합니다.

3 노조미 : 켄타 씨. 데이트, 즐거웠어요?
켄타 : 아니요, 그다지 즐겁지 않았어요….

단어

1. **ねむい** [네무이] 졸리다 **どうぞ** [도-조] (권유할 때) 드세요
アイスコーヒー [아이스코-히-] 아이스 커피 **せんぱい** [셈빠이] 선배
やさしい [야사시-] 상냥하다, 친절하다
2. **プレゼン** [프레젱] 프레젠테이션, 발표(축약어) **わるい** [와루이] 나쁘다
ふう [후-] 후유(한숨) **よかった** [요깓따] 다행이다
3. **デート** [데-또] 데이트 **たのしい** [타노시-] 즐겁다
あまり [아마리] 그다지, 너무

4 단골 가게에서 저녁 식사 중인 노조미

노조미

마 스 타- 고 찌 소- 사 마 데 시 따
マスター、ごちそうさまでした。

마스터

마 이 도 아 리 가 또- 고 자 이 마 스 카 라 꾸 나 깓 따 데 스 까
まいど ありがとう ございます。からく なかったですか。

노조미

이- 에 젠 젱 카 라 꾸 나 깓 따 데 스 스 고 꾸 오 이 시 깓 따 데 스 요
いいえ、ぜんぜん からく なかったです。すごく おいしかったですよ。

마스터

하 하 요 깓 따 데 스 마츠모토 상 도- 조 데 자- 토 데 스
はは、よかったです。松本(まつもと) さん、どうぞ、デザートです。

노조미

와- 푸 링 데 스 네 이 타 다 끼 마 스
わあ! プリンですね。いただきます!

마스터

테 즈 쿠 리 데 스 오 이 시- 데 스 까
てづくりです。おいしいですか。

노조미

하 이 토 테 모 오 이 시- 데 스 아 시 아 와 세
はい! とても おいしいです! あ~ しあわせ~。

4 노조미 : 마스터, 잘 먹었습니다.
마스터 : 매번 감사합니다. 맵지 않았어요?
노조미 : 아니요, 전혀 맵지 않았어요. 대단히 맛있었어요.
마스터 : 하하, 다행이에요. 마츠모토 씨, 드세요, 디저트예요.
노조미 : 와! 푸딩이네요. 잘 먹겠습니다!
마스터 : 수제예요. 맛있어요?
노조미 : 네! 대단히 맛있어요! 아~ 행복해~.

단어

4. **マスター** [마스타-] 마스터, (가게)주인
ごちそうさまでした [고찌소-사마데시따] 잘 먹었습니다
まいど [마이도] 매번 **からい** [카라이] 맵다 **ぜんぜん** [젠젱] 전혀
すごく [스고꾸] 대단히, 무척 **おいしい** [오이시-] 맛있다
はは [하하] 하하(웃음소리) **よかった** [요깓따] 다행이다
どうぞ [도-조] (권유할 때) 드세요 **デザート** [데자-토] 디저트
わあ [와-] 와(감탄) **プリン** [푸링] 푸딩
いただきます [이타다끼마스] 잘 먹겠습니다 **てづくり** [테즈쿠리] 수제
とても [토테모] 대단히, 무척 **しあわせだ** [시아와세다] 행복하다

연습문제로 실력 확인하기

Day4_연습문제로 실력 확인하기.mp3

1 단어 듣고 골라 써보기

음성으로 들려주는 단어를 보기에서 골라 써 보세요. 그 다음 단어의 뜻을 써 보세요.

보기 かわいい　はずかしい　うつくしい　あまい

1) ______________________ (뜻 :　　　　　　)

2) ______________________ (뜻 :　　　　　　)

3) ______________________ (뜻 :　　　　　　)

2 문장 읽고 뜻 써보기

다음 문장을 큰 소리로 읽은 후 뜻을 써 보세요. 그 다음 음성을 들으며 한 번 더 읽어 보세요.

1) いたく なかったです。(뜻 :　　　　　　　　　　)

2) うるさいです。(뜻 :　　　　　　　　　　)

3) あぶなかったです。(뜻 :　　　　　　　　　　)

3 질문에 답하기

제시된 단어를 사용하여 질문에 알맞은 답변을 빈칸에 써 보세요. 그 다음 큰 소리로 따라 읽어 보세요.

1) うれしいですか。 기뻐요?

→ はい、______________________。(うれしい)　네, 기뻐요.

2) おもしろかったですか。 재미있었습니까?

→ いいえ、______________________。(おもしろい)

아니요, 재미있지 않았습니다.

3) いいですか。 좋아요?

→ いいえ、______________________。(いい)　아니요, 좋지 않아요.

4 빈칸 채우기 JLPT N4, N5 문법 대비 유형

빈칸에 들어갈 단어를 골라 문장을 완성하세요. 그 다음 큰 소리로 읽어 보세요.

1) A「B さん、ねむいですか。」

B「はい、(　　　　　)。」

① ねむく ないです　② ねむいです　③ ねむいでした

2) A「プレゼン、わるく(　　　　　)。」

B「ほんとうですか。ありがとう ございます。」

① なかったです　② かったです　③ です

3) A「しょっぱく なかったですか。」

B「はい、しょっぱく なかったです。とても (　　　　　)。」

① おいしいでした　② おいしく ないです　③ おいしかったです

5 문장 완성하기 JLPT N4, N5 문법 대비 유형

선택지를 올바르게 배열하여 문장을 완성한 다음 ★ 에 들어갈 선택지를 고르세요.

1) A「B さん、＿＿ ★ ＿＿。」

B「いいえ、ぜんぜん からく ないです。」

① か　② からい　③ です

2) きのう、デートでした。とても ＿＿ ★ ＿＿。

① です　② かった　③ たのし

별책으로 제공되는 워크북(p.22)으로
い형용사 문형 전체를 한 번에 학습해 보세요.

연습문제 정답 p.249

Day 5

따뜻한 봄이에요.

아 타 따 까 이
あたたかい
하 루 데 스
はるです。

한 번에 학습하기

따뜻한 봄이에요.

아타따까이 하루데스
あたたかい はるです。

그러게요. 좋은 날씨예요.

소- 데스네 이- 텡 끼데스
そうですね。いい てんきです。

이런 말을 할 수 있어요.

문형 1
따뜻한 봄 이에요.
아타따까이 あたたかい 하루 はる 데스 です。
문형 2
간단 한 요리 예요.
칸딴 かんたん 나 な 료-리 りょうり 데스 です。
문형 3
싸 고 맛있 어요.
야스 やす 꾸떼 くて 오이시- おいしい 데스 です。
문형 4
성실하 고 정직 해요.
마지메 まじめ 데 で 맛스구 まっすぐ 데스 です。

우리말에 '따뜻한 봄'이나, '싸고 맛있어요.'라는 표현이 있듯이, 일본어에도 형용사로 명사를 꾸미거나, 형용사 여러 개를 연결해서 말할 때 사용하는 문형들이 있어요. 이러한 일본어 문형을 익히면 "따뜻한 봄이에요.", "간단한 요리예요.", "싸고 맛있어요.", "성실하고 정직해요."와 같은 말을 일본어로 쉽게 말할 수 있어요.

문형으로 말문트기

음성을 듣고 문장을 큰 소리로 따라 말해 보세요.

Day5_문형으로 말문트기1.mp3

문형 1
따뜻한 봄 이에요. → あたたかい はる です。
아타따까이 하루 데스
い형용사
명사
あたたかい 따뜻하다 / はる 봄
더운 여름 이에요. → あつい なつ です。
아쯔이 나쯔 데스
あつい 덥다 / なつ 여름
선선한 가을 이에요. → すずしい あき です。
스즈시- 아키 데스
すずしい 선선하다 / あき 가을
추운 겨울 이에요. → さむい ふゆ です。
사무이 후유 데스
さむい 춥다 / ふゆ 겨울
좋은 날씨 예요. → いい てんき です。
이- 텡끼 데스
いい 좋다 / てんき 날씨

문형 탐구

1. 우리말 "따뜻한 봄이에요."는 일본어로 "あたたかい はるです。"예요. 이처럼 い형용사로 명사를 수식할 때에는, い형용사의 기본형을 그대로 명사 앞에 써주기만 하면 돼요.

2. 아래의 い형용사들로 명사들을 수식하여 따라 말해 보아요.

- なつかしい(나쯔까시-) 그립다 / おもいで(오모이데) 추억 → なつかしい おもいで**です**。(나쯔까시- 오모이데데스) 그리운 추억**이에요**.
- あたらしい(아따라시-) 새롭다 / けいたい(케-타이) 휴대폰 → あたらしい けいたい**です**。(아따라시- 케-타이데스) 새로운 휴대폰**입니다**.

Day5_문형으로 말문트기2.mp3

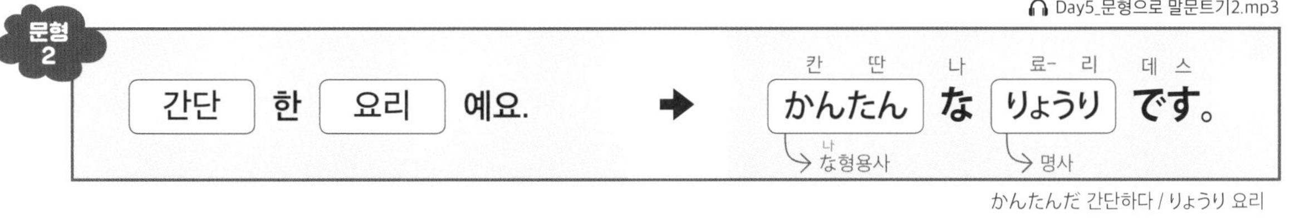

문형 2
간단 한 요리 예요. → かんたん な りょうり です。
칸 딴 나 료- 리 데 스
な형용사
명사

かんたんだ 간단하다 / りょうり 요리

필요 한 물건 이에요. → ひつよう な もの です。
히 쯔 요- 나 모 노 데 스
근사 한 사람 이에요. → すてき な ひと です。
스 테 끼 나 히 또 데 스
유명 한 이야기 예요. → ゆうめい な はなし です。
유- 메- 나 하 나 시 데 스
이상 한 느낌 이에요. → へん な かんじ です。
헨 나 칸 지 데 스

ひつようだ 필요하다 / もの 물건, 것

すてきだ 근사하다 / ひと 사람

ゆうめいだ 유명하다 / はなし 이야기

へんだ 이상하다 / かんじ 느낌

문형 탐구

1. 우리말 "간단한 요리예요."는 일본어로 "かんたんな りょうりです。"예요. 이처럼 な형용사로 명사를 수식할 때에는, 기본형의 だ를 な로 바꾸고 명사 앞에 써주면 돼요.

이렇게 명사를 꾸며줄 때, 기본형의 끝이 な로 바뀌기 때문에 な형용사라고 부른답니다.

2. 아래의 な형용사들로 명사들을 수식하여 따라 말해 보아요.

- だいすきだ 매우 좋아하다 / たべもの 음식 → だいすき**な** たべもの**です。** 매우 좋아**하는** 음식**이에요.**
- たいせつだ 소중하다 / もの 것, 물건 → たいせつ**な** もの**です。** 소중**한** 것**입니다.**

문형으로 말문트기

음성을 듣고 문장을 큰 소리로 따라 말해 보세요.

Day5_문형으로 말문트기3.mp3
문형 3
싸 고 맛있 어요. → やす くて おいしい です。
야스 꾸떼 오이시- 데스
い형용사 い형용사
やすい 싸다 / おいしい 맛있다
크 고 무거 워요. → おおき くて おもい です。
오-키 꾸떼 오모이 데스
おおきい 크다 / おもい 무겁다
즐겁 고 재미있 어요. → たのし くて おもしろい です。
타노시 꾸떼 오모시로이 데스
たのしい 즐겁다 / おもしろい 재미있다
좁 고 복잡 해요. → せま くて ふくざつ です。
세마 꾸떼 후꾸자쯔 데스
な형용사
せまい 좁다 / ふくざつだ 복잡하다
밝 고 활기차 요. → あかる くて げんき です。
아카루 꾸떼 겡끼 데스
あかるい 밝다 / げんきだ 활기차다, 건강하다

문형 탐구

1. 우리말 "싸고 맛있어요."는 일본어로 "やすくて おいしいです。"예요. 이처럼 い형용사를 앞에 써서 두 개의 형용사를 연결할 때에는, 기본형 끝의 い를 떼고 くて를 붙인 다음 다른 い/な형용사와 연결하면 돼요.

(야스꾸떼 오이시- 데스 / 이 / 이 / 꾸떼 / 이 나)

+플러스포인트 いい(좋다)와 かっこいい(멋지다)는 예외적으로 각각 よくて(좋고)와 かっこよくて(멋있고)의 형태로 형용사를 수식해요.

(이- / 칵꼬이- / 요꾸떼 / 칵꼬요꾸떼)

예 よくて やすいです。좋고 싸요.　かっこよくて あかるいです。멋있고 밝아요.

(요꾸떼 야스이데스 / 칵꼬요꾸떼 아카루이데스)

2. 아래의 형용사들도 연결하여 따라 말해 보아요.

- ちいさい 작다 / かるい 가볍다 → ちいさ**くて** かるい**です**。작고 가벼**워요**.
  (치-사이 / 카루이 / 치-사꾸떼 카루이데스)
- かっこいい 멋있다 / はでだ 화려하다 → かっこよ**くて** はで**です**。멋있고 화려**합니다**.
  (칵꼬이- / 하데다 / 칵꼬요꾸떼 하데데스)

Day5_문형으로 말문트기4.mp3

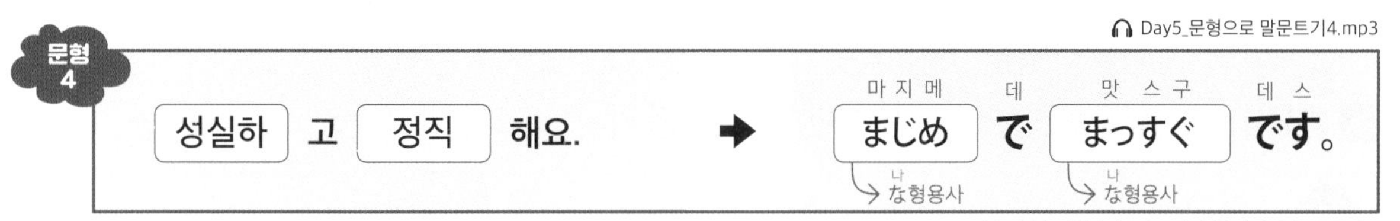

문형 4

성실하 고 정직 해요. → まじめ で まっすぐ です。

(마지메 데 맛스구 데스)

まじめ → な형용사 / まっすぐ → な형용사

まじめだ 성실하다 / まっすぐだ 정직하다, 올곧다

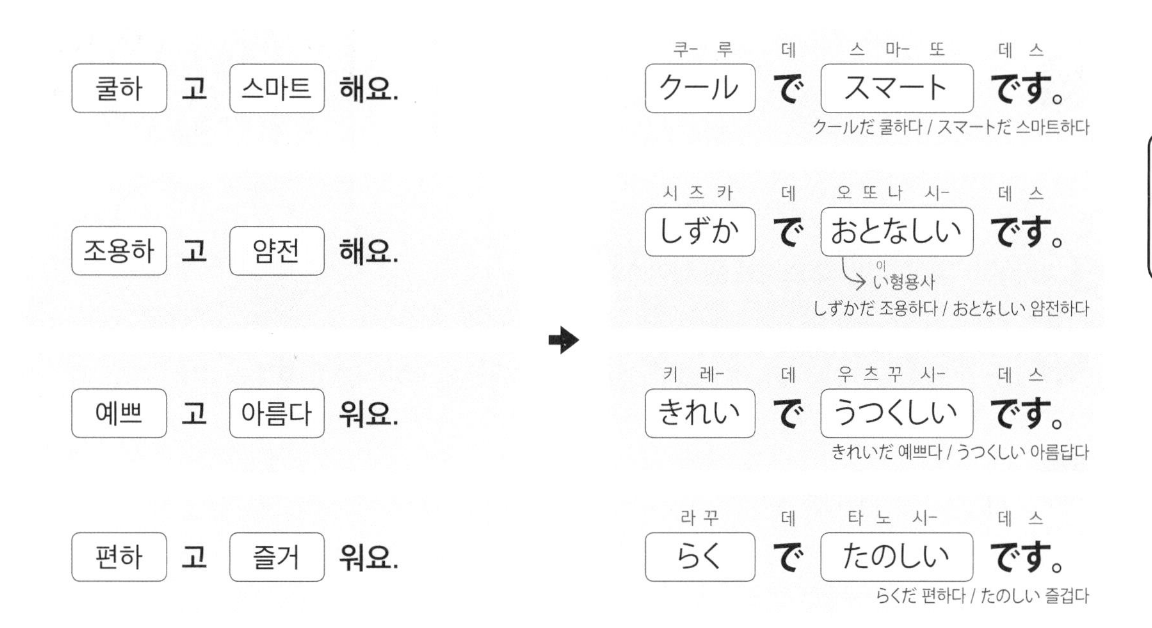

쿨하 고 스마트 해요. → クール で スマート です。 (쿠-루 데 스마-또 데스)

クールだ 쿨하다 / スマートだ 스마트하다

조용하 고 얌전 해요. → しずか で おとなしい です。 (시즈카 데 오또나시- 데스)

おとなしい → い형용사

しずかだ 조용하다 / おとなしい 얌전하다

예쁘 고 아름다 워요. → きれい で うつくしい です。 (키레- 데 우츠꾸시- 데스)

きれいだ 예쁘다 / うつくしい 아름답다

편하 고 즐거 워요. → らく で たのしい です。 (라꾸 데 타노시- 데스)

らくだ 편하다 / たのしい 즐겁다

문형 탐구

1. 우리말 "성실하고 정직해요."는 일본어로 "まじめで まっすぐです。(마지메데 맛스구데스)"예요. 이처럼 な(나)형용사를 앞에 써서 두 개의 형용사를 연결할 때에는, 기본형에서 だ(다)를 떼고 で(데)를 붙인 다음, 다른 い/な(이/나) 형용사와 연결하면 돼요.

2. 아래의 형용사들도 연결하여 따라 말해 보아요.

- すなおだ(스나오다) 솔직하다 / やさしい(야사시-) 친절하다, 상냥하다 → すなおで やさしいです。(스나오데 야사시-데스) 솔직하고 친절해요.
- シンプルだ(심푸루다) 심플하다 / かわいい(카와이-) 귀엽다 → シンプルで かわいいです。(심푸루데 카와이-데스) 심플하고 귀엽습니다.

실생활 회화 자동발사!

Day5_실생활 회화 자동발사.mp3

먼저 듣기 mp3로 대화를 들어보며 어떤 내용인지 생각해 보세요. 그 다음 따라 말하기 mp3로 따라 말해보세요.

1 휴식시간, 창밖의 벚꽃을 바라보는 지민과 동료 사쿠라

지민

모- 아타따까이 하루데스네
もう あたたかい はるですね。

사쿠라

이- 텡끼데스네
いい てんきですね。

2 나카무라 점장, 지민의 스마트폰 케이스를 보고

나카무라

아따라시- 스마호케-스 심푸루데 카와이-데스네
あたらしい スマホケース、シンプルで かわいいですね。

지민

하이 소레니 야스꾸떼 이-데스
はい。それに、やすくて いいです。

3 연예 뉴스를 보는 지민과 사쿠라

지민

키무라 타쿠야 혼또-니 쿠-루데 칵꼬이-데스네
木村 拓哉、ほんとうに クールで かっこいいですね。
きむら たくや

사쿠라

소-데스네 스고꾸 스테끼나 히또데스
そうですね。すごく すてきな ひとです。

1 지민 : 벌써 따뜻한 봄이네요.
사쿠라 : 좋은 날씨네요.

2 나카무라 : 새 스마트폰 케이스, 심플하고 귀엽네요.
지민 : 네. 게다가, 싸고 좋아요.

3 지민 : 기무라 타쿠야, 정말 쿨하고 잘생겼네요.
사쿠라 : 그러게요. 대단히 근사한 사람이에요.

단어

1. **もう** [모-] 벌써, 이제 **あたたかい** [아타따까이] 따뜻하다 **はる** [하루] 봄
いい [이-] 좋다 **てんき** [텡끼] 날씨
2. **あたらしい** [아따라시-] 새롭다 **スマホケース** [스마호케-스] 스마트폰 케이스
シンプルだ [심푸루다] 심플하다 **かわいい** [카와이-] 귀엽다
それに [소레니] 게다가 **やすい** [야스이] 싸다 **いい** [이-] 좋다
3. **木村拓哉** [키무라 타쿠야] 기무라 타쿠야(배우) **ほんとうに** [혼또-니] 정말, 진짜
クールだ [쿠-루다] 쿨하다 **かっこいい** [칵꼬이-] 잘생겼다
そうですね [소-데스네] 그러게요 **すごく** [스고꾸] 대단히
すてきだ [스테끼다] 근사하다, 멋지다 **ひと** [히또] 사람

4 포장 배달 중인 지민과 사쿠라, 유원지를 보고

지민
와- 사쿠라 상 칸 란 샤 데 스
わあ！ 桜 さん、かんらんしゃです！
さくら

사쿠라
소- 데 스 네 지 밍 상 칸 란 샤 스 키 데 스 까
そうですね。ジミン さん、かんらんしゃ すきですか。

지민
하 이 다 이 스 키 데 스 타 노 시 꾸 떼 오 모 시 로 꾸 나 이 데 스 까
はい。だいすきです。たのしくて おもしろく ないですか。

사쿠라
웅 타 노 시- 데 스 케 도
うん…、たのしいですけど…。
→ 문장의 끝에 けど를 붙여 말끝을 약간 흐리면, 조금 다른 생각이라는 의도를 넌지시 나타낼 수 있어요.

지민
아 레 사쿠라 상 칸 란 샤 키 라 이 데 스 까
あれ、 桜 さん、かんらんしゃ きらいですか。
さくら

사쿠라
하 이 스 키 쟈 나 이 데 스 코 와 이 데 스
はい。すきじゃ ないです。こわいです。

지민
소- 데 스 까 잔 넨 데 스 네
そうですか。ざんねんですね…。

4 지민 : 와아! 사쿠라 씨, 관람차예요!
사쿠라 : 그러네요. 지민 씨, 관람차 좋아해요?
지민 : 네. 매우 좋아해요. 즐겁고 재밌지 않아요?
사쿠라 : 음…, 즐겁습니다만….
지민 : 어라, 사쿠라 씨, 관람차 싫어해요?
사쿠라 : 네. 좋아하지 않아요. 무서워요.
지민 : 그런가요? 아쉽네요….

단어
4. **かんらんしゃ** [칸란샤] 관람차 **そうですね** [소-데스네] 그러네요(동의)
すきだ [스키다] 좋아하다 **だいすきだ** [다이스키다] 매우 좋아하다
たのしい [타노시-] 즐겁다 **おもしろい** [오모시로이] 재미있다
~けど [~케도] ~입니다만, ~지만 **きらいだ** [키라이다] 싫어하다
こわい [코와이] 무섭다 **そうですか** [소-데스까] 그런가요?
ざんねんだ [잔넨다] 아쉽다

연습문제로 실력 확인하기

Day5_연습문제로 실력 확인하기.mp3

1 단어 듣고 골라 써보기

음성으로 들려주는 단어를 보기에서 골라 써 보세요. 그 다음 단어의 뜻을 써 보세요.

보기 なつかしい　はなし　りょうり　すなおだ

1) ______________________ (뜻 : 　　　　　)

2) ______________________ (뜻 : 　　　　　)

3) ______________________ (뜻 : 　　　　　)

2 문장 읽고 뜻 써보기

다음 문장을 큰 소리로 읽은 후 뜻을 써 보세요. 그 다음 음성을 들으며 한 번 더 읽어 보세요.

1) しずかで おとなしいです。(뜻 : 　　　　　　　　　　)

2) あたたかい はるです。(뜻 : 　　　　　　　　　　)

3) まじめで まっすぐです。(뜻 : 　　　　　　　　　　)

3 질문에 답하기

제시된 단어를 사용하여 질문에 알맞은 답변을 빈칸에 써 보세요. 그 다음 큰 소리로 따라 읽어 보세요.

1) たいせつな ものですか。 소중한 것이에요?

→ はい、______________________。(たいせつだ / もの) 네, 소중한 것이에요.

2) きれいで うつくしかったですか。 예쁘고 아름다웠습니까?

→ はい、______________________。(きれいだ / うつくしい)
네, 예쁘고 아름다웠습니다.

3) おおきくて おもいですか。 크고 무거워요?

→ いいえ、______________________。(ちいさい / かるい) 아니요, 작고 가벼워요.

4 빈칸 채우기 JLPT N4, N5 문법 대비 유형

빈칸에 들어갈 단어를 골라 문장을 완성하세요. 그 다음 큰 소리로 읽어 보세요.

1) まじめ (　　　　) まっすぐな ひとです。

① くて　　② で　　③ な

2) ほんとうに すてき (　　　　) ひとですね。

① い　　② で　　③ な

3) A「(　　　　) スマホケースですか。」

B「はい。シンプルで かわいいです。」

① あたらしくて　　② あたらしな　　③ あたらしい

5 문장 완성하기 JLPT N4, N5 문법 대비 유형

선택지를 올바르게 배열하여 문장을 완성한 다음 ★ 에 들어갈 선택지를 고르세요.

1) 木村(きむら) 拓哉(たくや)、とても ____ ★ ____ ですね。

① で　　② かっこいい　　③ クール

2) A「かんらんしゃ、すきですか。」

B「はい、すきです。たのし ____ ★ ____ 。」

① くて　　② おもしろい　　③ です

<해커스 일본어 첫걸음> 어플로
단어 게임을 해보세요!

연습문제 정답 p.250

Day 6

저는 회사원이에요.

와 따 시 와
わたしは
카 이 샤 잉 데 스
かいしゃいんです。

한 번에 학습하기

아니요, 저는 회사원이에요.
이- 에 와따시와 카이 샤 잉 데스
いいえ、わたしは かいしゃいんです。
대학생이에요?
다이 각 세- 데스까
だいがくせいですか。

이런 말을 할 수 있어요.

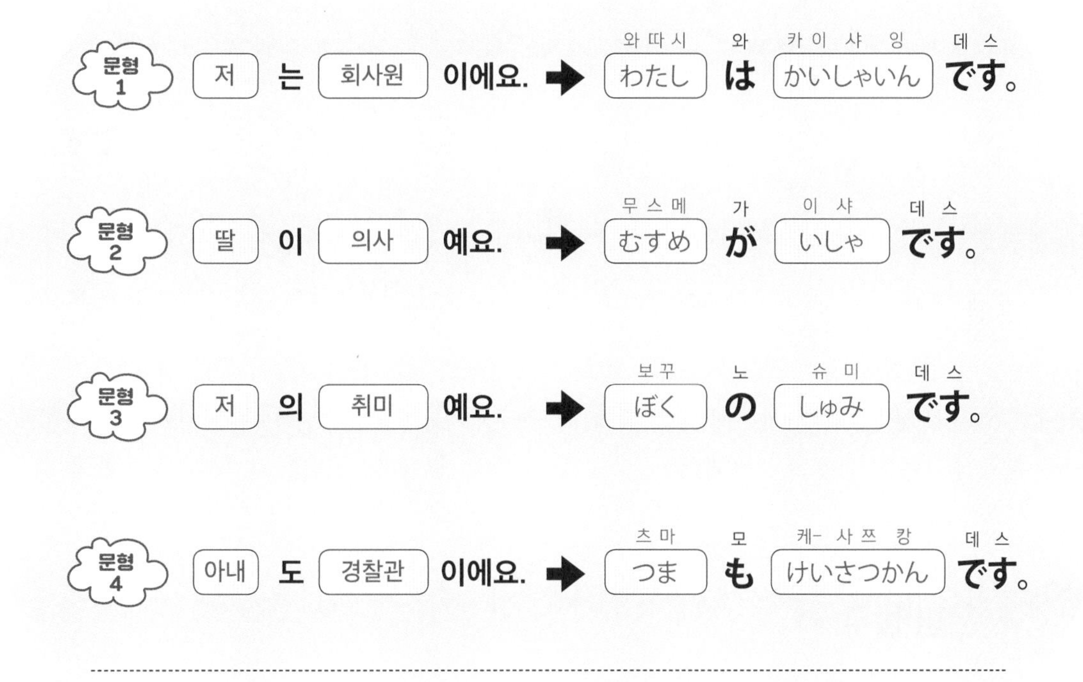

문형 1
저 는 회사원 이에요.
와따시 와 카이샤잉 데스
わたし は かいしゃいん です。
문형 2
딸 이 의사 예요.
무스메 가 이샤 데스
むすめ が いしゃ です。
문형 3
저 의 취미 예요.
보꾸 노 슈미 데스
ぼく の しゅみ です。
문형 4
아내 도 경찰관 이에요.
츠마 모 케-사쯔캉 데스
つま も けいさつかん です。

우리말 문장 '저는 회사원이에요.'의 '~는'처럼 문장의 주어를 만들거나, '저의 취미'에서 '의'처럼 명사와 명사를 연결해주는 조사가 일본어에도 똑같이 있어요. 오늘은 이와 같은 '~은/는', '~이/가', '~의', '~도'의 뜻을 지닌 일본어 조사를 배울 거예요. 문장에서 사용하는 방법이 우리말 조사와 거의 똑같아서 매우 쉽게 익힐 수 있어요. 조사를 익힘으로써 비로소 주어가 포함된 좀 더 긴 문장을 말할 수 있게 될 거예요.

문형으로 말문트기

🎧 음성을 듣고 문장을 큰 소리로 따라 말해 보세요.

Day6_문형으로 말문트기1.mp3
문형 1
저 는 회사원 이에요.
와 따 시 / 와 / 카 이 샤 잉 / 데 스
わたし は かいしゃいん です。
명사
명사
わたし 저, 나 / かいしゃいん 회사원
오늘 은 축제 예요.
쿄- / 와 / 마 쯔 리 / 데 스
きょう は まつり です。
きょう 오늘 / まつり 축제
나이 는 비밀 이에요.
넨 레- / 와 / 히 미 쯔 / 데 스
ねんれい は ひみつ です。
ねんれい 나이, 연령 / ひみつ 비밀
인생 은 짧 아요.
진 세- / 와 / 미 지 까 이 / 데 스
じんせい は みじかい です。
형용사
じんせい 인생 / みじかい 짧다
부장님 은 친절 해요.
부 쬬- / 와 / 신 세 쯔 / 데 스
ぶちょう は しんせつ です。
ぶちょう 부장(님) / しんせつだ 친절하다

문형 탐구 🎧

1. 앞서 배운 문형 '명사/형용사です(데스)' 앞에 '명사は(와)'를 쓰면 '~은/는 ~이에요/해요'라는 뜻의 문형이 돼요.

は(와)는 우리말 '은/는'과 마찬가지로 일본어 문장에서 주어를 만들어주는 조사예요. 히라가나 は는 원래 '하[ha]'라고 발음하지만, 조사로써 '은/는'의 뜻으로 쓰일 때에는 '와[wa]'로 발음해야 해요.

2. 아래 두 개의 단어를 사용한 문장도 따라 말해 보아요.

- たなか(타나까) さん(상) 다나카 씨 / だいがくせい(다이각세-) 대학생 → たなか さん**は** だいがくせい**です**。(타나까 상 와 다이각 세- 데스)
  다나카 씨는 대학생**이에요**.
- こころ(코꼬로) 마음 / わかい(와까이) 젊다 → こころ**は** わかい**です**。(코꼬로와 와까이데스) 마음은 젊**습니다**.

Day6_문형으로 말문트기2.mp3

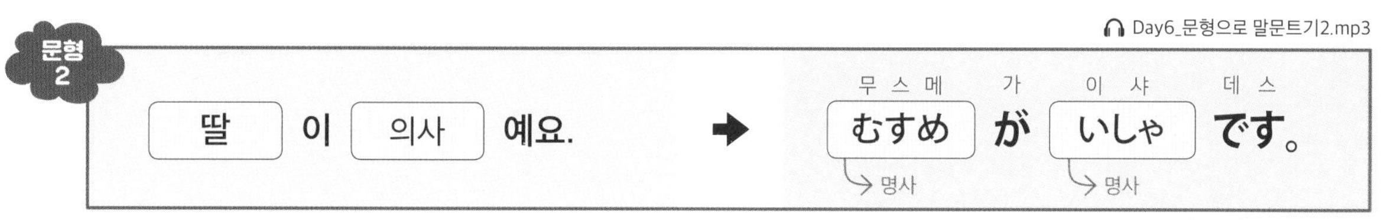

문형 2
딸 이 의사 예요.
무스메 가 이 샤 데 스
むすめ が いしゃ です。
명사
명사

むすめ 딸 / いしゃ 의사

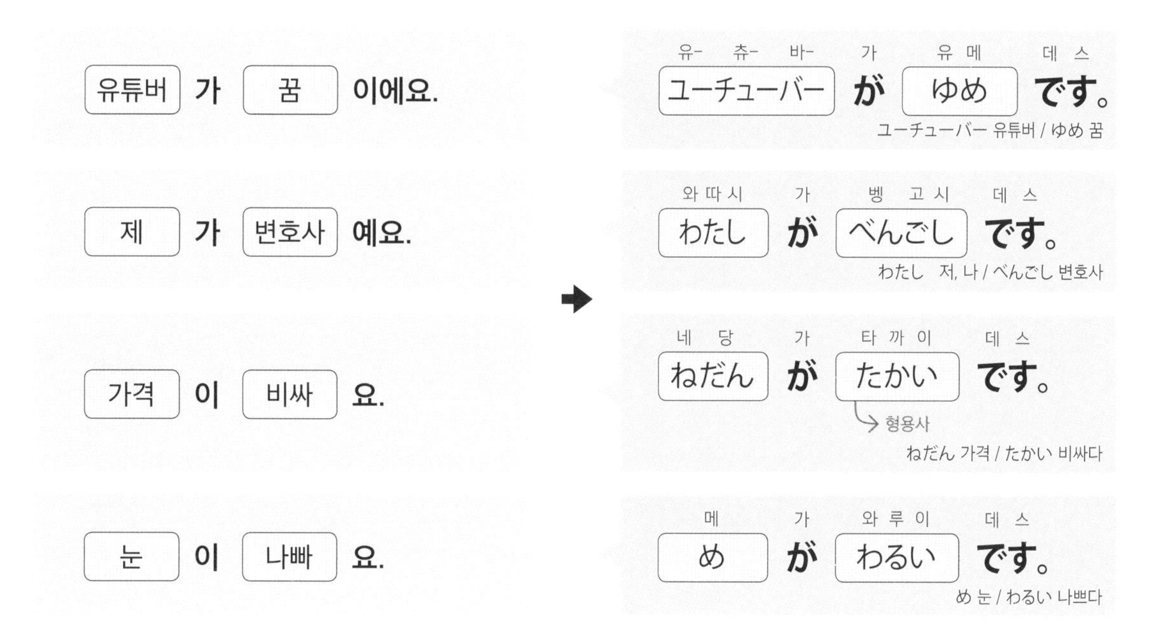

유튜버 가 꿈 이에요.
유- 츄- 바- 가 유 메 데 스
ユーチューバー が ゆめ です。
ユーチューバー 유튜버 / ゆめ 꿈
제 가 변호사 예요.
와 따 시 가 벵 고 시 데 스
わたし が べんごし です。
わたし 저, 나 / べんごし 변호사
가격 이 비싸 요.
네 당 가 타 까 이 데 스
ねだん が たかい です。
형용사
ねだん 가격 / たかい 비싸다
눈 이 나빠 요.
메 가 와 루 이 데 스
め が わるい です。
め 눈 / わるい 나쁘다

DAY 6

해커스 일본어 첫걸음

문형 탐구

1. '명사/형용사です(데스)' 앞에 '명사が(가)'를 쓰면 '~이/가 ~이에요./해요.'라는 뜻의 문형이 돼요.

は(와)와 마찬가지로 が(가)(이/가)도 일본어 문장에서 주어를 만들어주는 조사예요.

2. 아래 두 개의 단어를 사용한 문장도 따라 말해 보아요.

- あじ(아지) 맛 / ふかい(후까이) 진하다, 깊다 → あじ**が** ふかい**です**。(아지가 후까이데스) 맛**이** 진**해요.**
- はなび(하나비) 폭죽 / ゆうめいだ(유-메-다) 유명하다 → はなび**が** ゆうめい**です**。(하나비가 유-메-데스) 폭죽**이** 유명**합니다.**

문형으로 말문트기

음성을 듣고 문장을 큰 소리로 따라 말해 보세요.

Day6_문형으로 말문트기3.mp3

문형 3

저 의 취미 예요.	→	ぼく(보꾸) の(노) しゅみ(슈미) です(데스)。

ぼく → 명사, しゅみ → 명사

ぼく (남자가 사용하는) 저, 나 / しゅみ 취미

BTS 의 앨범 이에요.	→	BTS(비-티-에스) の(노) アルバム(아루바무) です(데스)。
친구 의 우산 이에요.	→	ともだち(토모다찌) の(노) かさ(카사) です(데스)。
일본어 (의) 선생님 이에요.	→	にほんご(니홍고) の(노) せんせい(센세-) です(데스)。
이웃 (의) 집 이에요.	→	となり(토나리) の(노) いえ(이에) です(데스)。

BTS 방탄소년단(아이돌) / アルバム 앨범

ともだち 친구 / かさ 우산

にほんご 일본어 / せんせい 선생님

となり 이웃, 옆 / いえ 집

문형 탐구

1. '명사です(데스)' 앞에 '명사の(노)'를 쓰면 '~의 ~이에요'라는 뜻의 문형이 돼요.

の(노)는 '~의'라는 뜻으로 두 개의 명사를 연결해주는 조사예요. にほんごの(니홍고노) せんせい(센세-)(일본어 선생님)와 같이 우리말에서는 '의'를 생략하기도 하지만 일본어에서는 반드시 の(노)를 써야 하는 것에 주의해야 해요.

+플러스포인트 の는 '~의 것'이라는 뜻으로도 쓰여요.

예 わたしのです(와따시노데스)。 저의 것이에요.(제거예요.)

2. 아래 두 개의 단어를 사용한 문장도 따라 말해 보아요.

- うち(우찌) 우리집 / くるま(쿠루마) 자동차 → うち**の** くるま**です**(우찌노 쿠루마데스)。 우리집**(의)** 자동차**예요**.
- くだもの(쿠다모노) 과일 / き(키) 나무 → くだもの**の** き**です**(쿠다모노노 키데스)。 과일**(의)** 나무**입니다**.

🎧 Day6_문형으로 말문트기4.mp3

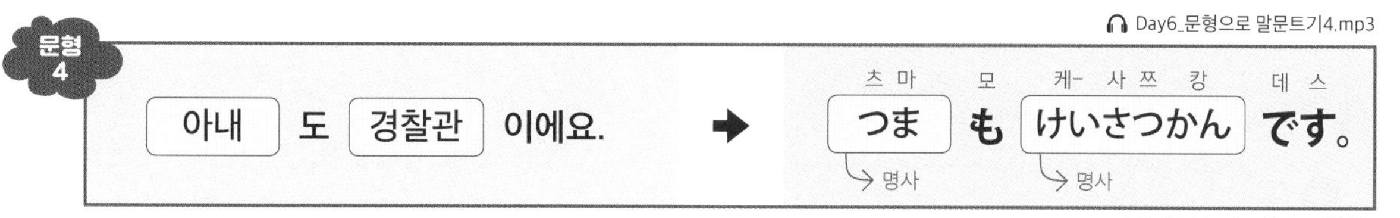

문형 4
아내 도 경찰관 이에요.
츠마 모 케- 사쯔 캉 데스
つま も けいさつかん です。
명사
명사

つま 아내 / けいさつかん 경찰관

올해 도 끝 이에요.
코또시 모 오와리 데스
ことし も おわり です。
ことし 올해 / おわり 끝
아들 도 축구 선수 예요.
무스꼬 모 삭 까- 센 슈 데스
むすこ も サッカー せんしゅ です。
むすこ 아들 / サッカー せんしゅ 축구 선수
사과 도 무척 좋아 해요.
링 고 모 다이스키 데스
りんご も だいすき です。
형용사
りんご 사과 / だいすきだ 무척 좋아하다
날씨 도 좋아 요.
텡 끼 모 이- 데스
てんき も いい です。
てんき 날씨 / いい 좋다

문형 탐구 🎧

1. '명사/형용사です(데스)' 앞에 '명사も(모)'를 쓰면 '~도 ~이에요/해요'라는 뜻의 문형이 돼요.

も(모)는 '~도'라는 뜻의 조사로, 비슷한 것을 첨가하거나 열거할 때 사용해요.

예 첨가 わたしは けいさつかんです。つま**も** けいさつかんです。(와따시와 케-사쯔캉데스 츠마모 케-사쯔캉데스) 저는 경찰관이에요. 아내**도** 경찰관이에요.

열거 バナナ**も** りんご**も** だいすきです。(바나나모 링고모 다이스키데스) 바나나**도** 사과**도** 무척 좋아해요.

2. 아래 두 개의 단어를 사용한 문장도 따라 말해 보아요.

- おっと(옫또) 남편 / ぎんこういん(깅꼬-잉) 은행원 → おっと**も** ぎんこういん**です**。(옫또모 깅꼬-잉데스) 남편**도** 은행원**이에요**.
- ひと(히또) 사람 / おおい(오-이) 많다 → ひと**も** おおい**です**。(히또모 오-이데스) 사람**도** 많**습니다**.

실생활 회화 자동발사!

Day6_실생활 회화 자동발사.mp3

먼저 듣기 mp3로 대화를 들어보며 어떤 내용인지 생각해 보세요. 그 다음 따라 말하기 mp3로 따라 말해보세요.

1 은행에서 신용카드를 신청 중인 노조미

은행 직원

다 이 각 세- 데 스 까
だいがくせいですか。

노조미

이- 에 다 이 각 세- 데 와 아 리 마 셍 와 따 시 와 카 이 샤 잉 데 스
いいえ、だいがくせいでは ありません。わたしは かいしゃいんです。

2 노조미의 생일에 후배 켄타가

켄타

섬 빠 이 오 탄 죠- 비 오 메 데 또- 고 자 이 마 스
せんぱい! おたんじょうび おめでとう ございます!

→ 명사 앞에 お나 ご를 붙이면 조금 더 정중한 말이 돼요.

도- 조 프 레 젠 또 데 스
どうぞ、プレゼントです。

노조미

와- 비- 티- 에스 노 아 루 바 무 데 스 네
わあ! B T S の アルバムですね。

아 리 가 또- 고 자 이 마 스
ありがとう ございます!

3 주말에 교토 시내에 외출한 노조미와 노조미 엄마

엄마

쿄- 와 텡 끼 모 요 꾸 떼 히 또 모 오- 이 데 스 네
きょうは てんきも よくて、ひとも おおいですね。

노조미

야 하 리 슈- 마 쯔 노 카 와라마찌 와 스 고 꾸 니 기 야 까 데 스 네
やはり しゅうまつの 河原町は すごく にぎやかですね。

かわらまち → 교토의 번화가

---

1 은행 직원 : 대학생인가요?
노조미 : 아니요, 대학생이 아니에요. 저는 회사원이에요.

2 켄타 : 선배! 생일 축하합니다! 받으세요, 선물이에요.
노조미 : 와! BTS 앨범이네요. 감사합니다!

3 엄마 : 오늘은 날씨도 좋고, 사람도 많네요.
노조미 : 역시 주말의 카와라마치는 무척 떠들썩하네요.

단어

1. **だいがくせい** [다이각세-] 대학생 **わたし** [와따시] 저, 나
かいしゃいん [카이샤잉] 회사원
2. **せんぱい** [셈빠이] 선배 **たんじょうび** [탄죠-비] 생일
どうぞ [도-조] (무언가 건낼 때) 받으세요
プレゼント [프레젠또] 선물, 프레젠트 **アルバム** [아루바무] 앨범
3. **きょう** [쿄-] 오늘 **てんき** [텡끼] 날씨 **いい** [이-] 좋다
ひと [히또] 사람 **おおい** [오-이] 많다 **やはり** [야하리] 역시
しゅうまつ [슈-마쯔] 주말 **河原町** [카와라마찌] 카와라마치(지명)
すごく [스고꾸] 무척 **にぎやかだ** [니기야까다] 떠들썩하다, 번화하다

4 퇴근 중인 노조미와 켄타

켄타

노조미　셈빠이　아시따　이요이요　마쯔리데스네
希美 せんぱい、あした いよいよ まつりですね。
のぞみ

노조미

아　소-데시따　타시까　하나비가　유-메-나　마쯔리데스요네
あ！ そうでした。たしか、はなびが ゆうめいな まつりですよね。

켄타

하이　하나비가　혼또-니　키레-데스
はい。はなびが ほんとうに きれいです。

토꾸니　휘나-레가　스고이데스
とくに フィナーレが すごいです。

노조미

소-데스네
そうですね。

켄타

마따　야타이모　오-이데스요네
また、やたいも おおいですよね。

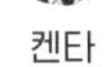

스고꾸　타노시미데스
すごく たのしみですー。

노조미

하하　타베모노모　마쯔리노　타노시미노　히또쯔데스요네
はは、たべものも まつりの たのしみの ひとつですよね。

4 켄타 : 노조미 선배, 내일 드디어 축제네요.
노조미 : 아! 맞아요. 분명, 폭죽이 유명한 축제지요?
켄타 : 네. 폭죽이 정말 예뻐요. 특히 피날레가 대단해요.
노조미 : 맞아요.
켄타 : 또, 노점도 많죠? 무척 기대돼요~.
노조미 : 하하, 먹거리도 축제의 즐거움 중 하나지요.

단어

4. **せんぱい** [셈빠이] 선배 **あした** [아시따] 내일 **いよいよ** [이요이요] 드디어
まつり [마쯔리] 축제 **そうでした** [소-데시따] 맞아요 **たしか** [타시까] 분명
はなび [하나비] 폭죽 **ゆうめいだ** [유-메-다] 유명하다
ほんとうに [혼또-니] 정말, 진짜 **きれいだ** [키레-다] 예쁘다
とくに [토꾸니] 특히 **フィナーレ** [휘나-레] 피날레
すごい [스고이] 대단하다 **また** [마따] 또 **やたい** [야타이] 노점
おおい [오-이] 많다 **すごく** [스고꾸] 무척 **たのしみ** [타노시미] 기대, 즐거움
たべもの [타베모노] 먹거리 **ひとつ** [히또쯔] 하나, 한 가지

연습문제로 실력 확인하기

Day6_연습문제로 실력 확인하기.mp3

1 단어 듣고 골라 써보기

음성으로 들려주는 단어를 보기에서 골라 써 보세요. 그 다음 단어의 뜻을 써 보세요.

보기 ひみつ　　りんご　　しゅみ　　てんき

1) ________________ (뜻 :　　　　　　)

2) ________________ (뜻 :　　　　　　)

3) ________________ (뜻 :　　　　　　)

2 문장 읽고 뜻 써보기

다음 문장을 큰 소리로 읽은 후 뜻을 써 보세요. 그 다음 음성을 들으며 한 번 더 읽어 보세요.

1) じんせいは みじかいです。(뜻 :　　　　　　　　　　　　)

2) ねだんが たかいです。(뜻 :　　　　　　　　　　　　)

3) くだものの きです。(뜻 :　　　　　　　　　　　　)

3 질문에 답하기

제시된 단어를 사용하여 질문에 알맞은 답변을 빈칸에 써 보세요. 그 다음 큰 소리로 따라 읽어 보세요.

1) いもうと さんも ぎんこういんですか。 여동생 분도 은행원이에요?

→ はい、________________。(いもうと / ぎんこういん)
네, 여동생도 은행원이에요.

2) ともだちの かさですか。 친구의 우산입니까?

→ いいえ、________________。(わたし / かさ) 아니요. 나의 우산입니다.

3) たなか さんは かいしゃいんですか。 다나카 씨는 회사원이에요?

→ いいえ、________________。(たなか さん / かいしゃいん)
아니요, 다나카 씨는 회사원이 아니에요.

4 빈칸 채우기 JLPT N4, N5 문법 대비 유형

빈칸에 들어갈 단어를 골라 문장을 완성하세요. 그 다음 큰 소리로 읽어 보세요.

1) ともだちは　だいがくせいじゃ　ないです。わたし (　　　　) だいがくせいです。

① が　　② の　　③ も

2) A「どうぞ、プレゼントです。」

B「わあ！BTS (　　　　) アルバムですね。ありがとう　ございます！」

① の　　② が　　③ は

3) A「ひとが　おおいですね。」

B「そうですね。やはり　しゅうまつ (　　　　) にぎやかですね。」

① の　　② が　　③ は

5 문장 완성하기 JLPT N4, N5 문법 대비 유형

선택지를 올바르게 배열하여 문장을 완성한 다음 ★ 에 들어갈 선택지를 고르세요.

1) うちの　むすめの ＿＿ ＿＿ ★ ＿＿ 。

① です　　② いしゃ　　③ は　　④ ゆめ

2) おっとは　めが　わるいです。むすこ ＿＿ ＿＿ ★ ＿＿ です。

① め　　② も　　③ が　　④ わるい

<해커스 일본어 첫걸음> 어플로
단어 게임을 해보세요!

연습문제 정답 p.250

DAY 6

해커스 일본어 첫걸음

Day 7

고기를 좋아해요.

오 니 꾸 가 스 키 데 스
おにくが すきです。

한 번에 학습하기

나는 고기를 좋아해요.

와따시와 오니꾸가 스키데스
わたしは おにくが すきです。

나도 무척 좋아해요.

와따시모 다이스키데스
わたしも だいすきです。

이런 말을 할 수 있어요.

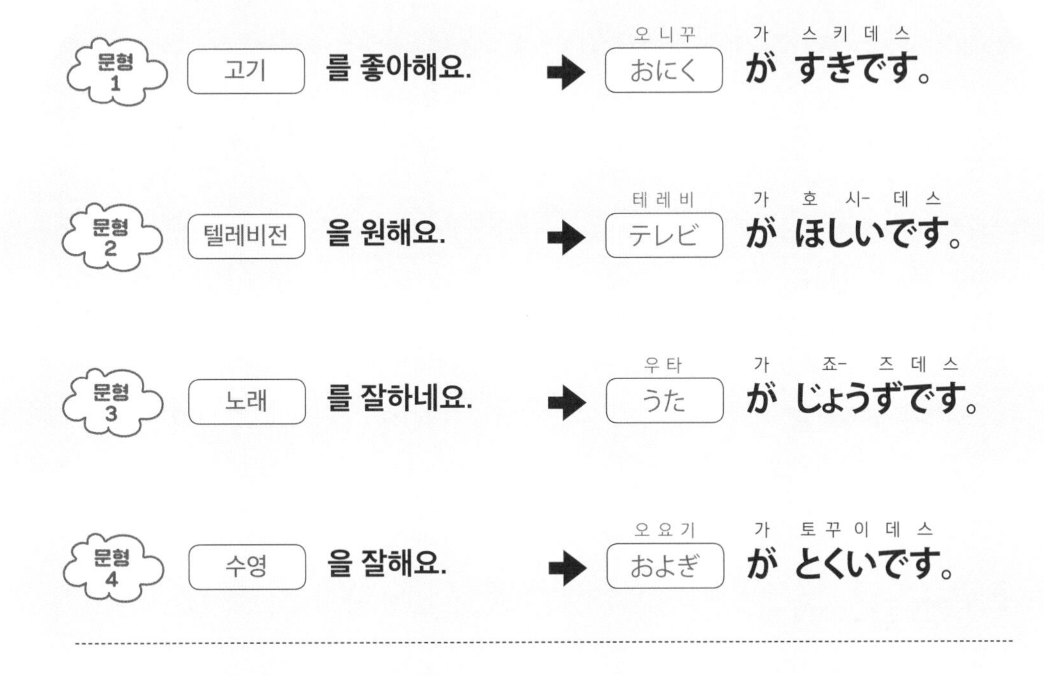

문형 1
고기 를 좋아해요.
오니꾸 가 스키데스
おにく が すきです。
문형 2
텔레비전 을 원해요.
테레비 가 호 시- 데 스
テレビ が ほしいです。
문형 3
노래 를 잘하네요.
우타 가 죠- 즈 데 스
うた が じょうずです。
문형 4
수영 을 잘해요.
오요기 가 토꾸이 데 스
およぎ が とくいです。

이번 Day에서는 취향, 희망, 그리고 능력을 나타내는 문형을 배울 거예요. 오늘의 문형들은 '좋아하다', '원하다', '잘하다'라는 뜻의 일본어 형용사를 각각 사용해요. 특별히 오늘의 문형들에서는 Day6에서 '이/가'라는 뜻으로 배운 조사 が(가)가 '을/를'이라는 뜻으로 쓰인다는 것에 주의해야 해요.

※ 참고로, '책을 읽어요'나 '공부를 해요'와 같이 동사 앞에서 '을/를'의 뜻으로 쓰이는 조사는 Day12에서 배울 거예요.

문형으로 말문트기

음성을 듣고 문장을 큰 소리로 따라 말해 보세요.

Day7_문형으로 말문트기1.mp3

문형 1

고기 를 좋아해요.	→	おにく(오니꾸) が(가) すきです(스키데스)。

おにく 고기

당신 을 좋아해요.	→	あなた(아나따) が(가) すきです(스키데스)。
여행 을 좋아해요.	→	りょこう(료꼬-) が(가) すきです(스키데스)。
고양이 를 좋아해요.	→	ねこ(네꼬) が(가) すきです(스키데스)。
개 를 좋아해요.	→	いぬ(이누) が(가) すきです(스키데스)。

あなた 당신 / りょこう 여행 / ねこ 고양이 / いぬ 개

문형 탐구

1. 우리말 '~을/를 좋아해요'는 일본어로 '~が(가) すきです(스키데스)'예요.

すきです(스키데스)(좋아해요)는 기본형이 すきだ(스키다)(좋아하다)인 な(나)형용사예요. 앞에서 익힌 조사 が(가)(이/가)가 형용사 すきです(스키데스)의 앞에 오면 '을/를'이라는 뜻이 돼요.

+플러스포인트 '~을/를 싫어해요'라고 말하고 싶을 때에는 '~が(가) きらいです(키라이데스)'라고 하면 돼요.

2. 아래의 단어를 사용한 문장도 따라 말해 보아요.

- やきゅう(야큐-) 야구 → やきゅうが(야큐-가) **すきです(스키데스)。/ きらいです(키라이데스)。** 야구를 좋아해요. / 싫어해요.
- サッカー(삭까-) 축구 → サッカーが(삭까-가) **すきです(스키데스)。/ きらいです(키라이데스)。** 축구를 좋아합니다. / 싫어합니다.

Day7_문형으로 말문트기2.mp3

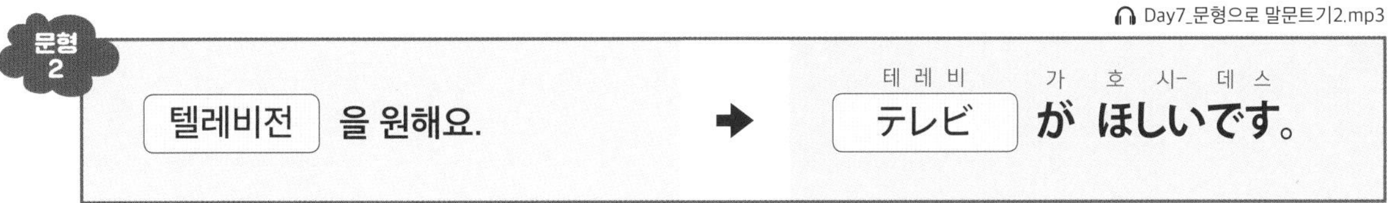
문형 2

텔레비전 을 원해요. → テレビ(테레비) が(가) ほしいです(호시-데스)。

テレビ 텔레비전

컴퓨터 를 원해요. → パソコン(파소콩) が(가) ほしいです(호시-데스)。

パソコン 컴퓨터

의자 를 원해요. → いす(이스) が(가) ほしいです(호시-데스)。

いす 의자

사전 을 원해요. → じしょ(지쇼) が(가) ほしいです(호시-데스)。

じしょ 사전

어드바이스 를 원해요. → アドバイス(아도바이스) が(가) ほしいです(호시-데스)。

アドバイス 어드바이스, 조언

문형 탐구

1. 우리말 '~을/를 원해요'는 일본어로 '~が ほしいです(가 호시-데스)'예요.

원하는 것, 갖고 싶은 것, 필요로 하는 것에 대해 말할 때 사용하는 문형이며, 상황에 따라 '~을/를 갖고 싶어요', '~이/가 필요해요'라는 말을 하고 싶을 때에도 쓰여요. 사물뿐만 아니라 '어드바이스'나 '시간'과 같은 명사도 이 문형에 쓸 수 있어요. 참고로, ほしいです(호시-데스)는 い(이)형용사 ほしい(호시-)(바라다, 탐나다)의 정중형이에요.

+플러스포인트 ほしい(호시이)는 い(이)형용사이기 때문에 '~은/는 원하지 않습니다'라고 말하고 싶을 때는 '~は ほしく ないです(와 호시꾸 나이데스)'라고 하면 돼요.

2. 아래의 단어를 사용한 문장도 따라 말해 보아요.

- つくえ(츠꾸에) 책상 → つくえ**が ほしいです**(츠꾸에가 호시-데스)。 책상을 원해요. / つくえ**は ほしく ないです**(츠꾸에와 호시꾸 나이데스)。 책상은 원하지 않아요.
- おかね(오까네) 돈 → おかね**が ほしいです**(오까네가 호시-데스)。 돈을 원합니다. / おかね**は ほしく ないです**(오까네와 호시꾸 나이데스)。 돈은 원하지 않습니다.

문형으로 말문트기

음성을 듣고 문장을 큰 소리로 따라 말해 보세요.

Day7_문형으로 말문트기3.mp3

문형 3

노래 를 잘하네요. → うた(우타) が(가) じょうずです(죠-즈데스)。

うた 노래

요리 를 잘하네요. → りょうり(료-리) が(가) じょうずです(죠-즈데스)。

りょうり 요리

운전 을 잘하네요. → うんてん(운텡) が(가) じょうずです(죠-즈데스)。

うんてん 운전

한국어 를 잘하네요. → かんこくご(캉코꾸고) が(가) じょうずです(죠-즈데스)。

かんこくご 한국어

일본어 를 잘하네요. → にほんご(니홍고) が(가) じょうずです(죠-즈데스)。

にほんご 일본어

문형 탐구

1. '~が(가) じょうずです(죠-즈데스)'는 상대방의 기술이나 능력이 뛰어나서 잘한다고 칭찬할 때 쓰는 문형이에요.

다른 사람을 칭찬할 때 쓰이는 말이므로 자기 자신에 대해서는 잘 사용하지 않아요. 참고로, じょうずです(죠-즈데스)는 な(나)형용사 じょうずだ(죠-즈다)(잘하다, 능숙하다)의 정중형이에요.

+플러스포인트 반대로 '~을/를 못하네요'는 '~が(가) へたです(헤타데스)'라고 하면 돼요. 이 말은 나와 상대방 모두에게 사용할 수 있어요.

2. 아래의 단어를 사용한 문장도 따라 말해 보아요.

- えいご(에-고) 영어 → えいごが(에-고가) **じょうずです(죠-즈데스)。/ へたです(헤타데스)。** 영어를 잘하네요. / 못하네요.(못해요.)
- ちゅうごくご(츄-고꾸고) 중국어 → ちゅうごくごが(츄-고꾸고가) **じょうずです(죠-즈데스)。/ へたです(헤타데스)。** 중국어를 잘하네요. / 못하네요.(못해요.)

Day7_문형으로 말문트기4.mp3

문형 4

수영 을 잘해요. → およぎ(오요기) が(가) とくいです(토꾸이데스)。

およぎ 수영

달리기 를 잘해요. → はしり(하시리) が(가) とくいです(토꾸이데스)。

はしり 달리기

공부 를 잘해요. → べんきょう(벵꾜-) が(가) とくいです(토꾸이데스)。

べんきょう 공부

기타 를 잘해요. (잘 쳐요.) → ギター(기타-) が(가) とくいです(토꾸이데스)。

ギター 기타

피아노 를 잘해요. (잘 쳐요.) → ピアノ(피아노) が(가) とくいです(토꾸이데스)。

ピアノ 피아노

문형 탐구

1. '~が(가) とくいです(토꾸이데스)'는 칭찬하는 뉘앙스 없이 어떤 것을 잘한다는 사실을 나타낼 때 사용하는 문형이에요.

칭찬하는 뉘앙스가 없기 때문에 나와 다른 사람 모두에 대해 사용할 수 있어요. 참고로, とくいです(토꾸이데스)는 な(나)형용사 とくいだ(토꾸이다)(잘하다, 자신있다)의 정중형이에요.

+플러스포인트 '~が(가) とくいです(토꾸이데스)'의 반대말은 '~が(가) にがてです(니가떼데스)(~을/를 못해요)'예요. 못한다는 사실을 전달할 때에도 사용하고, '서툴러서 꺼려진다'라는 마음을 나타내고 싶을 때에도 사용해요.

2. 아래의 단어를 사용한 문장도 따라 말해 보아요.

- ゲーム(게-무) 게임 → ゲームが(게-무가) **とくいです(토꾸이데스)。/ にがてです(니가떼데스)。** 게임을 **잘해요. / 못해요.**
- え(에) 그림 → えが(에가) **とくいです(토꾸이데스)。/ にがてです(니가떼데스)。** 그림을 **잘 그립니다. / 못 그립니다.**

실생활 회화 자동발사!

Day7_실생활 회화 자동발사.mp3

먼저 듣기 mp3로 대화를 들어보며 어떤 내용인지 생각해 보세요. 그 다음 따라 말하기 mp3로 따라 말해보세요.

1 점심 메뉴를 고민하는 지민과 동료 사쿠라

지민

사쿠라 상 와 오 니 꾸 가 스 키 데 스 까
桜(さくら) さんは おにくが すきですか。

사쿠라

모 찌 롱 데 스 다 이 스 키 데 스 요
もちろんです。だいすきですよ。

2 일에 대해 도움이 필요한 지민, 나카무라 점장에게

지민

아 노- 텐 쬬- 춋 또 아 도 바 이 스 가 호 시 잉 데 스 케 도
あのう、てんちょう。ちょっと アドバイスが ほしいんですけど…。

나카무라

아 도 바 이 스 난 노 아 도 바 이 스 데 스 까
アドバイス? なんの アドバイスですか。

3 지민, 외국인 접대를 마친 나카무라 점장에게

지민

텐 쬬- 에- 고 가 오 죠- 즈 데 스 네 페 라 페 라 데 스 고 이 데 스
てんちょう、えいごが おじょうずですね。ペラペラで すごいです。

→ お를 붙여 おじょうずです라고 하면 조금 공손히 상대를 칭찬하는 말투가 돼요.

나카무라

이 야 이 야 마 다 마 다 헤 타 데 스 요
いやいや、まだまだ へたですよ。

1 지민 : 사쿠라 씨는 고기를 좋아하나요?
사쿠라 : 물론이죠. 무척 좋아해요.

2 지민 : 저어, 점장님. 조금 어드바이스를 원합니다만….
나카무라 : 어드바이스? 어떤 어드바이스인가요?

3 지민 : 점장님, 영어를 잘하시네요. 술술 말하고 대단해요.
나카무라 : 아뇨아뇨, 아직 못해요.

단어

1. **おにく** [오니꾸] 고기 **すきだ** [스키다] 좋아하다
   もちろん [모찌롱] 물론 **だいすきだ** [다이스키다] 무척 좋아하다
2. **てんちょう** [텐쬬-] 점장(님) **ちょっと** [춋또] 조금, 잠깐
   アドバイス [아도바이스] 어드바이스 **ほしい** [호시-] 원하다, 필요하다
   なんの [난노] 어떤
3. **えいご** [에-고] 영어 **おじょうずだ** [오죠-즈다] 잘하시다
   ペラペラだ [페라페라다] 술술 말하다 **すごい** [스고이] 대단하다
   いやいや [이야이야] 아뇨아뇨 **まだまだ** [마다마다] 아직
   へただ [헤타다] 못하다

4 야구 중계를 보고 있는 지민과 나카무라 점장

나카무라

야마시타 센 슈 감 바 레
山下 せんしゅ! がんばれ! → がんばれ는 '힘내라, 파이팅'이라는 뜻이에요. 응원할 때 자주 사용해요.
やました

지민

아 레 텐 쬬- 쟈 이 안 츠 노 환 데 스 까
あれ? てんちょう、ジャイアンツの ファンですか。

나카무라

하 이 쟈 이 안 츠 노 환 데 스 요
はい! ジャイアンツの ファンですよ。

토 꾸 니 야마시타 센 슈 가 다 이 스 키 데 스
とくに、山下 せんしゅが だいすきです。
やました

지민

야마시타 센 슈 하 시 리 가 토 꾸 이 데 스 요 네
山下 せんしゅ… はしりが とくいですよね。
やました

나카무라

오 지 밍 상 모 야 큐- 가 스 키 데 스 까
お、ジミン さんも やきゅうが すきですか。

지민

하 이 스 키 데 스
はい、すきです。

와 따 시 와 쟈 이 안 츠 노 라 이 바 루 타 이 가- 스 노 환 데 스
わたしは ジャイアンツの ライバル、タイガースの ファンです。

4 나카무라 : 야마시타 선수! 힘내라!
지민 : 어라? 점장님, 자이언츠 팬이에요?
나카무라 : 네! 자이언츠 팬이에요.
특히, 야마시타 선수를 무척 좋아해요.
지민 : 야마시타 선수… 달리기를 잘하지요?
나카무라 : 오, 지민 씨도 야구를 좋아하나요?
지민 : 네, 좋아해요.
저는 자이언츠의 라이벌, 타이거스의 팬이에요.

단어

4. **せんしゅ** [센슈] 선수 **がんばれ** [감바레] 힘내라, 파이팅
てんちょう [텐쬬-] 점장(님) **ファン** [환] 팬 **とくに** [토꾸니] 특히
だいすきだ [다이스키다] 무척 좋아하다 **はしり** [하시리] 달리기
とくいだ [토꾸이다] 잘하다 **やきゅう** [야큐-] 야구
すきだ [스키다] 좋아하다 **わたし** [와따시] 저, 나
ライバル [라이바루] 라이벌

연습문제로 실력 확인하기

Day7_연습문제로 실력 확인하기.mp3

1 단어 듣고 골라 써보기

음성으로 들려주는 단어를 보기에서 골라 써 보세요. 그 다음 단어의 뜻을 써 보세요.

보기 ねこ　おかね　かんこくご　べんきょう

1) ____________________ (뜻 :　　　　　　)

2) ____________________ (뜻 :　　　　　　)

3) ____________________ (뜻 :　　　　　　)

2 문장 읽고 뜻 써보기

다음 문장을 큰 소리로 읽은 후 뜻을 써 보세요. 그 다음 음성을 들으며 한 번 더 읽어 보세요.

1) にほんごが じょうずです。(뜻 :　　　　　　　　　　)

2) アドバイスが ほしいですか。(뜻 :　　　　　　　　　　)

3) えが にがてです。(뜻 :　　　　　　　　　　)

3 질문에 답하기

제시된 단어를 사용하여 질문에 알맞은 답변을 빈칸에 써 보세요. 그 다음 큰 소리로 따라 읽어 보세요.

1) つくえが ほしいですか。 책상을 원해요?

→ はい、____________________。(つくえ) 네, 책상을 원해요.

2) はしりが にがてですか。 달리기를 못합니까?

→ いいえ、____________________。(わたし / はしり)
아니요, 저는 달리기를 잘합니다.

3) ジミン さんは やきゅうが すきですか。 지민 씨는 야구를 좋아해요?

→ いいえ、____________________。(わたし / やきゅう) 아니요, 저는 야구를 싫어해요.

4 빈칸 채우기 JLPT N4, N5 문법 대비 유형

빈칸에 들어갈 단어를 골라 문장을 완성하세요. 그 다음 큰 소리로 읽어 보세요.

1) A「B さん、えいごが じょうずですね。」

B「いいえ、まだまだ (　　　　) です。」

① ほしい　② きらい　③ へた

2) A「B さんも おにくが すきですか。」

B「いいえ、わたしは おにくが (　　　　)。」

① すきじゃ ないです　② ほしく ないです　③ すきかったです

3) A「B さんは ピアノが じょうずですか。」

B「はい。わたし、ピアノが (　　　　) です。」

① とくい　② きらい　③ ほしい

5 문장 완성하기 JLPT N4, N5 문법 대비 유형

선택지를 올바르게 배열하여 문장을 완성한 다음 ★ 에 들어갈 선택지를 고르세요.

1) A「B さんも ＿＿ ＿＿ ★ ＿＿ か。」

B「はい。わたしも すきです。」

① です　② が　③ いぬ　④ すき

2) わたしは りょうりが にがてです。でも、おとうとは ＿＿ ＿＿ ★ ＿＿ 。

① です　② りょうり　③ じょうず　④ が

<해커스 일본어 첫걸음> 어플로 단어 게임을 해보세요!

연습문제 정답 p.251

Day 8

이것은 무엇이에요?

코레와 난 데스까
これは なんですか。

한 번에 학습하기

어라, 유키,
이것은 무엇이에요?
아레 유키 쨩 코레와 난 데스까
あれ、ゆきちゃん、これは なんですか。

그것은 감기약이에요.
소레와 카제구스리데스
それは かぜぐすりです。

이런 말을 할 수 있어요.

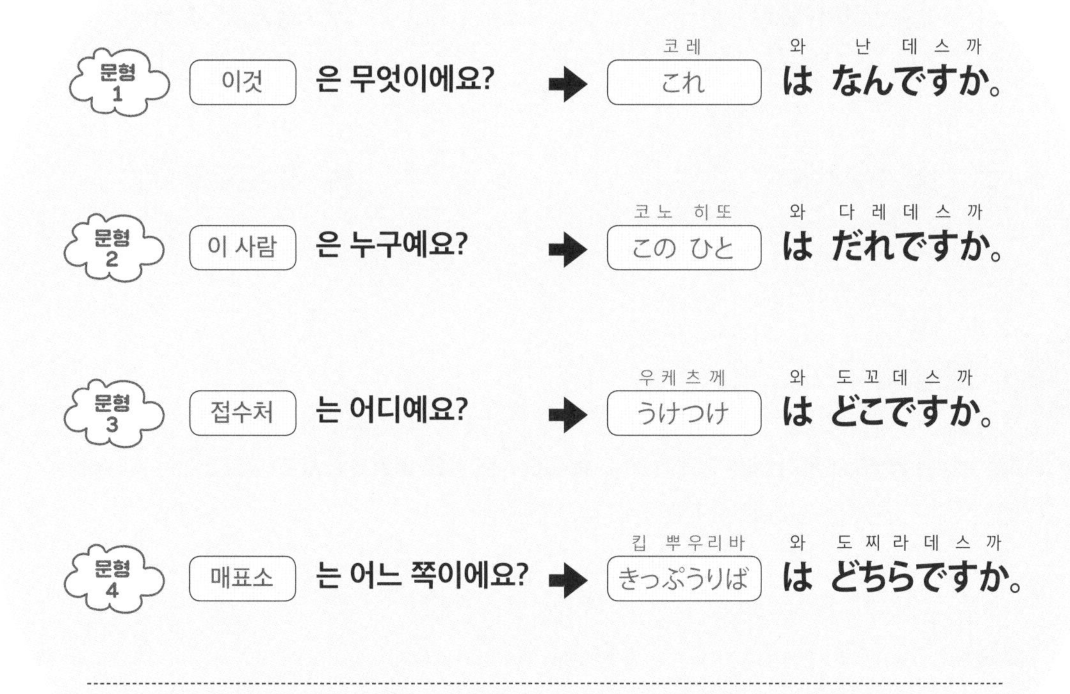

문형 1
이것 은 무엇이에요?
코레 와 난데스까
これ は なんですか。
문형 2
이 사람 은 누구예요?
코노 히또 와 다레데스까
この ひと は だれですか。
문형 3
접수처 는 어디예요?
우케츠께 와 도꼬데스까
うけつけ は どこですか。
문형 4
매표소 는 어느 쪽이에요?
킵 뿌우리바 와 도찌라데스까
きっぷうりば は どちらですか。

우리는 일상에서 '뭐예요?', '누구예요?', '어디예요?', '어느 쪽이에요?'와 같이 정보를 묻는 질문을 정말 자주 해요. 특히 이런 질문은, '이것/그것/저것', '이 사람/그 사람/저 사람', '여기/거기/저기', '이쪽/그쪽/저쪽'과 같이 가리키는 말과 자주 같이 쓰이죠. 이번 Day에서는 일본어로 정보를 물을 때 사용하는 문형들을 다양한 가리키는 말과 함께 배울 거예요.

문형으로 말문트기

음성을 듣고 문장을 큰 소리로 따라 말해 보세요.

Day8_문형으로 말문트기1.mp3

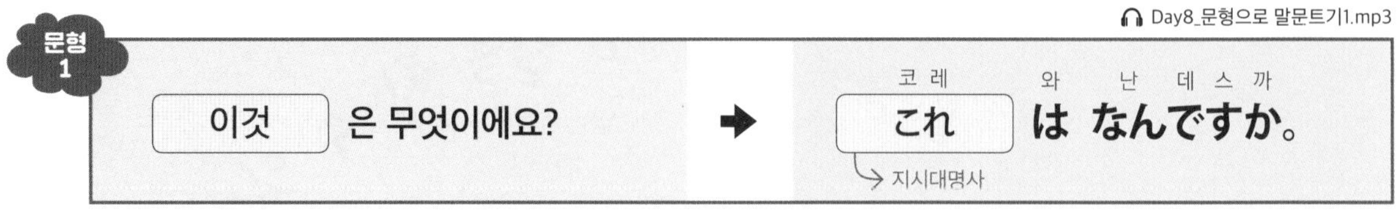

これ 이것 / なん 무엇

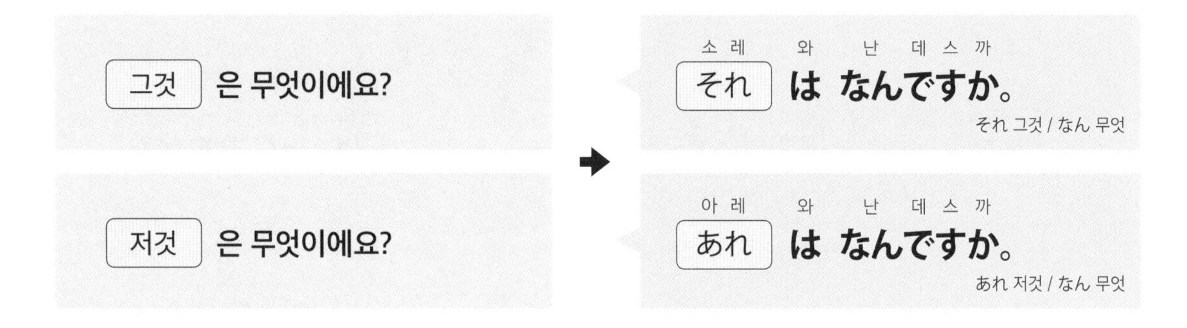

그것 은 무엇이에요?
소 레 와 난 데 스 까
それ は なんですか。
저것 은 무엇이에요?
아 레 와 난 데 스 까
あれ は なんですか。

それ 그것 / なん 무엇

あれ 저것 / なん 무엇

문형 탐구

1. 우리말 '이것은 무엇이에요?'는 일본어로 これは なんですか(코레와 난데스까)。예요. 여기서 なん(난)은 '무엇'이라는 뜻이에요.

우리말 '이것/그것/저것'에 해당하는 일본어의 지시대명사는 아래와 같아요.

코레 これ 이것(나에게 가까운)	소레 それ 그것(상대방에게 가까운)	아레 あれ 저것(나와 상대방 모두에게 먼)

+플러스포인트 1. 대답할 때는 앞에서 배운 문형 '~は(와) ~です(데스)'를 써요.

예 코레와 난데스까
これは なんですか。이것은 **무엇이에요**? - 소레와 카제구스리데스 **それは** かぜぐすり**です**。그것은 감기약**이에요**.

2. '어느 것'을 말하고 싶을 때는 どれ(도레)를 써요.

예 카제구스리와 도레데스까
かぜぐすりは **どれですか**。감기약은 **어느 것이에요**?

카제구스리와 코레 소레 아레데스
かぜぐすり**は** これ/それ/あれ**です**。감기약**은** 이것/그것/저것**이에요**.

2. 아래의 단어를 사용한 질문과 답변도 따라 말해 보아요.

코레 / 소레 / 쇼-유
- これ 이것 - それ 그것 / しょうゆ 간장

코레와 난데스까 / 소레와 쇼-유데스
→ **これは なんですか**。이것은 **무엇이에요**? - **それは** しょうゆ**です**。그것은 간장**이에요**.

소레 / 코레 / 아따라시- 스마호
- それ 그것 - これ 이것 / あたらしい スマホ 새로운 스마트폰

소레와 난데스까 / 코레와 아따라시- 스마호데스
→ **それは なんですか**。그것은 **무엇입니까**? - **これは** あたらしい スマホ**です**。이것은 새로운 스마트폰**입니다**.

Day8_문형으로 말문트기2.mp3

문형 2

이 사람 은 누구예요?	→	코노 히또 와 다레데스까 **この ひと は だれですか。**

この ひと 이 사람 / だれ 누구

그 사람 은 누구예요?	→	소노 히또 와 다레데스까 **その ひと は だれですか。**

その ひと 그 사람 / だれ 누구

저분 은 누구세요?	→	아노 카타 와 도나타데스까 **あの かた は どなたですか。**

あの かた 저분 / どなた 누구(격식 있는 말)

문형 탐구

1. 우리말 '이 사람은 누구예요?'는 일본어로 この(코노) ひと(히또)は(와) だれですか(다레데스까)。예요. 여기서 だれ(다레)는 '누구'라는 뜻이에요.

사람을 가리키는 말은 아래와 같아요. 이때, ひと(히또)(사람) 대신 かた(카타)(분)를, だれ(다레)(누구) 대신 どなた(도나타)(누구)를 쓰면 조금 더 정중하게 말할 수 있어요.

코노 히또 この ひと 이 사람	소노 히또 その ひと 그 사람	아노 히또 あの ひと 저 사람

+플러스포인트 대답할 때는 '~は(와) ~です(데스)'를 써요.

예 코노 히또와 다레데스까 / 소노 히또와 오바상데스
この ひと**は だれですか**。이 사람**은 누구예요**? - その ひと**は** おばさん**です**。그 사람**은** 이모**예요**.

아노 카타와 도나타데스까 / 아노 카타와 다이토-료-데스
あの かた**は どなたですか**。저분**은 누구예요**? - あの かた**は** だいとうりょう**です**。저분**은** 대통령**이에요**.

2. 아래의 단어를 사용한 질문과 답변도 따라 말해 보아요.

- 나카지마 상 / 아노 히또
  中島(なかじま) さん 나카지마 씨 - あの ひと 저 사람

  나카지마 상 와 다레데스까 / 나카지마 상 와 아노 히또데스
  → 中島(なかじま) さん**は だれですか**。나카지마 씨는 **누구예요**? - 中島(なかじま) さん**は** あの ひと**です**。나카지마 씨는 저 사람**이에요**.

- 아노 카타 / 다이가쿠노 센세-
  あの かた 저분 - だいがくの せんせい 대학(의) 선생님

  아노 카타와 도나타데스까
  → あの かた**は どなたですか**。저분은 **누구십니까**?

  아노 카타와 다이가쿠노 센세-데스
  あの かた**は** だいがくの せんせい**です**。저분은 대학(의) 선생님**입니다**.

문형으로 말문트기

🎧 음성을 듣고 문장을 큰 소리로 따라 말해 보세요.

🎧 Day8_문형으로 말문트기3.mp3

문형 3

접수처 는 어디예요? → うけつけ(우케츠께) は(와) どこですか(도꼬데스까)。

↳ 장소명사

うけつけ 접수처 / どこ 어디

화장실 은 어디예요? → トイレ(토이레) は(와) どこですか(도꼬데스까)。

トイレ 화장실 / どこ 어디

버스정류장 은 어디예요? → バスてい(바스테-) は(와) どこですか(도꼬데스까)。

バスてい 버스정류장 / どこ 어디

입구 는 어디예요? → いりぐち(이리구찌) は(와) どこですか(도꼬데스까)。

いりぐち 입구 / どこ 어디

문형 탐구 🎧

1. 장소나 위치를 물을 때에는 '~は(와) どこですか(도꼬데스까)。(~은/는 어디예요?)'를 쓰면 돼요. 여기서 どこ(도꼬)는 '어디'라는 뜻이에요.

장소를 가리키는 말은 아래와 같아요.

ここ(코꼬) 여기	そこ(소꼬) 거기	あそこ(아소꼬) 저기

+플러스포인트 1. 대답할 때는 '~は(와)~です(데스)'를 써요.

예 うけつけ**は** どこですか(우케츠께와 도꼬데스까)。접수처**는 어디예요**? - うけつけ**は** ここ/そこ/あそこ**です**(우케츠께와 코꼬 소꼬 아소꼬데스)。접수처**는** 여기/거기/저기**예요**.

2. ここ(코꼬)(여기), そこ(소꼬)(거기), あそこ(아소꼬)(저기)를 주어로 사용하여 묻고 답할 수 있어요.

예 **ここ**は どこですか(코꼬와 도꼬데스까)。**여기**는 어디예요? - **ここ**は とうきょう スカイツリーです(코꼬와 토-쿄- 스카이츠리-데스)。**여기**는 도쿄 스카이트리예요.

2. 아래의 단어를 사용한 질문과 답변도 따라 말해 보아요.

- でぐち(데구찌) 출구 - あそこ(아소꼬) 저기

→ でぐち**は どこですか**(데구찌와 도꼬데스까)。출구는 **어디예요**? - でぐち**は** あそこ**です**(데구찌와 아소꼬데스)。출구는 저기**예요**.

문형 4

| 매표소 | 는 어느 쪽이에요? | → | 킵 뿌우리바 きっぷうりば | 와 도찌라데스까 は どちらですか。 |

↳ 장소명사

きっぷうりば 매표소 / どちら 어느 쪽

| 드러그 스토어 | 는 어느 쪽이에요? | 도락구스토아 ドラッグストア | 와 도찌라데스까 は どちらですか。 |

ドラッグストア 드러그 스토어(약도 취급하는 잡화점) / どちら 어느 쪽

| 편의점 | 은 어느 쪽이에요? | → | 콤비니 コンビニ | 와 도찌라데스까 は どちらですか。 |

コンビニ 편의점 / どちら 어느 쪽

| 병원 | 은 어느 쪽이에요? | 뵤-잉 びょういん | 와 도찌라데스까 は どちらですか。 |

びょういん 병원 / どちら 어느 쪽

문형 탐구

1. 방향을 물을 때에는 '~は(와) どちらですか(도찌라데스까)。(~은/는 어느 쪽이에요?)'를 쓰면 돼요. 여기서 どちら(도찌라)는 '어느 쪽'이라는 뜻이에요.

방향을 가리키는 말은 아래와 같아요.

코찌라 こちら 이쪽	소찌라 そちら 그쪽	아찌라 あちら 저쪽

+플러스포인트 대답할 때는 '~は(와)~です(데스)'를 써요.

예 킵뿌우리바와 도찌라데스까 きっぷうりば**は どちらですか**。매표소는 **어느 쪽이에요**?
킵뿌우리바와 코찌라 소찌라 아찌라데스 きっぷうりば**は** こちら/そちら/あちら**です**。매표소**는** 이쪽/그쪽/저쪽**이에요**.

2. 아래의 단어를 사용한 질문과 답변도 따라 말해 보아요.

- 데파-또 デパート 백화점 - 코찌라 こちら 이쪽

→ 데파-또와 도찌라데스까 デパート**は どちらですか**。백화점은 **어느 쪽이에요**? - 데파-또와 코찌라데스 デパート**は** こちら**です**。백화점은 이쪽**이에요**.

실생활 회화 자동발사!

Day8_실생활 회화 자동발사.mp3

먼저 듣기 mp3로 대화를 들어보며 어떤 내용인지 생각해 보세요. 그 다음 따라 말하기 mp3로 따라 말해보세요.

1 노조미, 후배 켄타의 책상에 약이 있는 것을 보고

노조미

아레 소레와 난 데스까 구스리데스까
あれ、それは なんですか。くすりですか。

켄타

하이 카제구스리데스
はい。かぜぐすりです。

2 일요일 오후, 남동생과 걷다가 켄타와 마주친 노조미

켄타

노조미 셈빠이 토나리노 카타와 도나타데스까 이케멩데스네
希美(のぞみ) せんぱい、となりの かたは どなたですか。イケメンですね。

노조미

와따시노 오또-또데스케도 이케멩데스까
わたしの おとうとですけど、…イケメンですか。

3 회의 전, 오지 않는 야마모토 부장에게 전화를 건 노조미

노조미

모시모시 야마모토 부쬬- 이마 도꼬데스까
もしもし。山本(やまもと) ぶちょう! いま どこですか。

もしもし는 우리말 '여보세요'라는 뜻이에요. 전화를 걸거나 받을 때 자주 사용해요.

야마모토

이마 카이샤노 마에데스 혼또-니 고멘나사이
いま かいしゃの まえです。ほんとうに ごめんなさい。

1 노조미 : 어라, 그건 무엇이에요? 약인가요?
켄타 : 네. 감기약이에요.

2 켄타 : 노조미 선배, 옆의 분은 누구신가요? 훈남이네요.
노조미 : 저의 남동생입니다만, …훈남이에요?

3 노조미 : 여보세요. 야마모토 부장님! 지금 어디예요?
야마모토 : 지금 회사 앞이에요. 정말 미안해요.

단어

1. **それ** [소레] 그것 **くすり** [쿠스리] 약 **かぜぐすり** [카제구스리] 감기약
2. **せんぱい** [셈빠이] 선배 **となり** [토나리] 옆 **かた** [카타] 분
どなた [도나타] 누구 **イケメン** [이케멩] 훈남 **わたし** [와따시] 저, 나
おとうと [오또-또] 남동생
3. **もしもし** [모시모시] 여보세요 **ぶちょう** [부쬬-] 부장(님)
いま [이마] 지금 **どこ** [도꼬] 어디 **かいしゃ** [카이샤] 회사
まえ [마에] 앞 **ほんとうに** [혼또-니] 정말
ごめんなさい [고멘나사이] 미안합니다, 죄송합니다.

4 퇴근 후, 기온 거리를 걷고 있는 노조미와 켄타

노조미

켄타 상 소꼬노 오야꼬동가 손나니 오이시잉데스까
健太さん、そこの 親子丼が そんなに おいしいんですか。
けんた おやこどん

오야코동은 따뜻한 밥 위에 국물에 절인 닭고기와 계란을 얹은 덮밥이에요. 그래서 親(오야, 부모)+子(코, 자식)+丼(동, 덮밥)이라는 이름이 붙여졌어요.

켄타

하이 스꼬시 타까이데스케도 혼또-니 오이시잉데스
はい、すこし たかいですけど、ほんとうに おいしいんです。

노조미

소-데스까 소레데 미세와 마다데스까
そうですか。それで、みせは まだですか。

켄타

모- 스구데스 하나미코-지도-리노 치카꾸데스
もう すぐです。花見小路通の ちかくです。
はなみこうじ どおり

하나미코지도리는 교토 기온의 유명한 식당가예요.

노조미

하나미코-지도-리노 치카꾸데스까
花見小路通の ちかくですか。
はなみこうじ どおり

쟈 코찌라데스네
じゃ、こちらですね。

켄타

셈빠이 소찌라쟈 나이데스
せんぱい、そちらじゃ ないです。

코찌라데스
こちらです。

DAY 8

해커스 일본어 첫걸음

4 노조미 : 켄타 씨, 거기 오야코동이 그렇게 맛있어요?
켄타 : 네, 조금 비쌉니다만, 정말로 맛있어요.
노조미 : 그런가요? 그래서, 가게는 아직인가요?
켄타 : 이제 곧이에요. 하나미코지도리 근처예요.
노조미 : 하나미코지도리 근처인가요?
그럼, 이쪽이네요.
켄타 : 선배, 그쪽이 아니에요.
이쪽이에요.

단어

4. **そこ** [소꼬] 거기, 그곳 **親子丼** [오야꼬동] 오야코동(음식)
そんなに [손나니] 그렇게 **おいしい** [오이시-] 맛있다 **すこし** [스꼬시] 조금
たかい [타까이] 비싸다 **ほんとうに** [혼또-니] 정말로
そうですか [소-데스까] 그런가요? **それで** [소레데] 그래서
みせ [미세] 가게 **まだ** [마다] 아직 **もう すぐ** [모-스구] 이제 곧
花見小路通 [하나미코-지도-리] 하나미코지도리(지명)
ちかく [치카꾸] 근처 **じゃ** [쟈] 그럼 **こちら** [코찌라] 이쪽
せんぱい [셈빠이] 선배 **そちら** [소찌라] 그쪽

연습문제로 실력 확인하기

Day8_연습문제로 실력 확인하기.mp3

1 단어 듣고 골라 써보기

음성으로 들려주는 단어를 보기에서 골라 써 보세요. 그 다음 단어의 뜻을 써 보세요.

보기 かぜぐすり　　おばさん　　でぐち　　バスてい

1) ______________________ (뜻 :　　　　　　)

2) ______________________ (뜻 :　　　　　　)

3) ______________________ (뜻 :　　　　　　)

2 문장 읽고 뜻 써보기

다음 문장을 큰 소리로 읽은 후 뜻을 써 보세요. 그 다음 음성을 들으며 한 번 더 읽어 보세요.

1) コンビニは どこですか。(뜻 :　　　　　　　　　　　　)

2) あの かたは だいとうりょうです。(뜻 :　　　　　　　　　　　　)

3) それは しょうゆです。(뜻 :　　　　　　　　　　　　)

3 질문에 답하기

제시된 단어를 사용하여 질문에 알맞은 답변을 빈칸에 써 보세요. 그 다음 큰 소리로 따라 읽어 보세요.

1) うけつけは どこですか。 접수처는 어디예요?

→ ______________________ 。(うけつけ) 접수처는 여기예요.

2) あれは なんですか。 저것은 무엇입니까?

→ ______________________ 。(スマホ) 저것은 스마트폰입니다.

3) デパートは どちらですか。 백화점은 어느 쪽이에요?

→ ______________________ 。(デパート) 백화점은 이쪽이에요.

4 빈칸 채우기 JLPT N4, N5 문법 대비 유형

빈칸에 들어갈 단어를 골라 문장을 완성하세요. 그 다음 큰 소리로 읽어 보세요.

1) A「その　かたは　どなたですか。」

B「(　　　　) かたは　かいしゃの　せんぱいです。」

① この　② これ　③ ここ

2) A「でぐちは　ここですか。」

B「はい、(　　　　) です。」

① あそこ　② そこ　③ どこ

3) A「ドラッグストアは (　　　　)。」

B「ドラッグストアは　あちらです。」

① なんですか　② だれですか　③ どちらですか

5 문장 완성하기 JLPT N4, N5 문법 대비 유형

선택지를 올바르게 배열하여 문장을 완성한 다음 ★ 에 들어갈 선택지를 고르세요.

1) せんぱい、となり ＿＿ ＿＿ ★ ＿＿ ですか。

① かた　② の　③ は　④ どなた

2) A「きっぷうりばは　こちらですか。」

B「いいえ、＿＿ ＿＿ ★ ＿＿ です。あちらです。」

① きっぷうりばは　② ない　③ じゃ　④ そちら

<해커스 일본어 첫걸음> 어플로
단어 게임을 해보세요!

연습문제 정답 p.251

Day 9

생일은 언제예요?

탄 죠- 비 와
たんじょうびは
이 쯔 데 스 까
いつですか。

한 번에 학습하기

아키짱, 생일은 언제예요?

아키 쨩
あきちゃん、
탄 죠- 비와 이쯔데스까
たんじょうびは いつですか。

내 생일은 9월 24일이에요.

와따시노 탄 죠- 비와
わたしの たんじょうびは
쿠가쯔 니 쥬- 욕 까데스
くがつ にじゅうよっかです。

이런 말을 할 수 있어요.

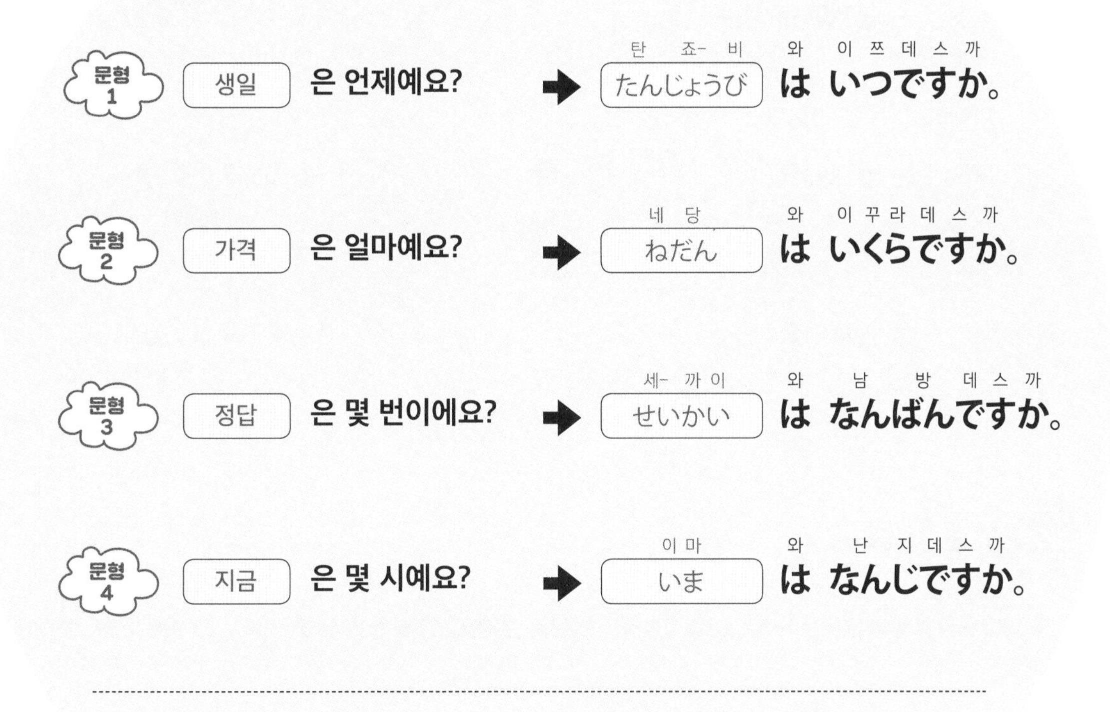

문형 1 | 생일 은 언제예요? → たんじょうび(탄죠-비) は(와) いつですか(이쯔데스까)。

문형 2 | 가격 은 얼마예요? → ねだん(네당) は(와) いくらですか(이꾸라데스까)。

문형 3 | 정답 은 몇 번이에요? → せいかい(세-까이) は(와) なんばんですか(남방데스까)。

문형 4 | 지금 은 몇 시예요? → いま(이마) は(와) なんじですか(난지데스까)。

이번 Day에서는 '언제예요?', '얼마예요?', '몇 번이에요?', '몇 시예요?'와 같이 숫자와 관련된 정보를 물을 때 사용되는 문형을 배워볼 거예요. 숫자와 관련된 문형을 배우면, '생일은 언제예요?', '전화번호는 몇 번이에요?'와 같은 질문을 쉽게 할 수 있고, 또한 이러한 질문에 대한 답변도 쉽게 말할 수 있을 거예요.

※ 일본어로 숫자를 말하는 방법은 부록(p.260)에서 자세히 학습할 수 있어요.

문형으로 말문트기

음성을 듣고 문장을 큰 소리로 따라 말해 보세요.

Day9_문형으로 말문트기1.mp3

문형 1

생일 은 언제예요?	→ たんじょうび(탄죠-비) は いつですか。(와 이쯔데스까)

たんじょうび 생일 / いつ 언제

휴가 는 언제예요?	やすみ(야스미) は いつですか。(와 이쯔데스까) やすみ 휴가, 방학 / いつ 언제
JLPT 는 언제예요?	→ JLPT(제이에루피-티-) は いつですか。(와 이쯔데스까) JLPT 일본어 능력 시험 / いつ 언제
축제 는 언제예요?	まつり(마쯔리) は いつですか。(와 이쯔데스까) まつり 축제 / いつ 언제

문형 탐구

1. 날짜나 요일을 물을 때에는 '~は いつですか。(와 이쯔데스까)(~은/는 언제예요?)'를 쓰면 돼요. 여기서 いつ(이쯔)는 '언제'라는 뜻이에요.

+플러스포인트 1. 대답할 땐 さんがつ みっか(상가쯔 믹까)(3월 3일)와 같이 정확한 날짜를 쓰거나, あした(아시따)(내일), らいしゅうの にちようび(라이슈-노 니찌요-비)(다음주 일요일)와 같이 시점을 나타내는 표현을 쓰면 돼요. 일본어로 날짜를 말하는 방법은 부록(p.264)에서 자세히 학습할 수 있어요.

예 JLPT**は いつですか**。(제이에루피-티-와 이쯔데스까) 일본어 능력 시험은 **언제예요**?
JLPT**は** らいしゅうの にちようび**です**。(제이에루피-티-와 라이슈-노 니찌요-비데스) 일본어 능력 시험은 다음주 일요일**이에요**.

2. 이미 지나간 일의 날짜나 요일을 묻거나 답할때는 과거형을 써요.

예 やすみは いつ**でしたか**。(야스미와 이쯔데시따까) 휴가는 언제**였어요?** – やすみは きのう**でした**。(야스미와 키노-데시따) 휴가는 어제**였어요**.

2. 아래의 단어를 사용한 질문과 답변도 따라 말해 보아요.

- ひっこし(힉꼬시) 이사 – あさって(아삳떼) 모레
  → ひっこし**は いつですか**。(힉꼬시와 이쯔데스까) 이사는 **언제예요**?
  ひっこし**は** あさって**です**。(힉꼬시와 아삳떼데스) 이사는 모레**예요**.

Day9_문형으로 말문트기2.mp3

문형 2

가격 은 얼마예요?	➜	네 당 ねだん	와 이꾸라데스까 **は いくらですか。**

ねだん 가격 / いくら 얼마

저것 은 얼마예요? — 아레 あれ 와 이꾸라데스까 **は いくらですか。**

あれ 저것 / いくら 얼마

노란 셔츠 는 얼마예요? ➜ 키-로이 샤츠 きいろい シャツ 와 이꾸라데스까 **は いくらですか。**

きいろい 노랗다 / シャツ 셔츠 / いくら 얼마

한 개 는 얼마예요? — 히또쯔 ひとつ 와 이꾸라데스까 **は いくらですか。**

ひとつ 한 개 / いくら 얼마

문형 탐구

1. 가격을 물을 때에는 '~は いくらですか。(~은/는 얼마예요?)'를 쓰면 돼요. 여기서 いくら는 '얼마'라는 뜻이에요.
(와 이꾸라데스까 / 이꾸라)

+플러스포인트 대답할 땐 숫자 뒤에 일본의 화폐 단위인 えん(엔)을 붙여서 말하면 돼요. 일본어로 숫자를 말하는 방법은 부록(p.260)에서 자세히 학습할 수 있어요.

(네당 와 이꾸라데스까 / 네당 와 나나센 핫뺘꾸고쥬- 엥 데스)
예 ねだん**は いくらですか**。가격**은 얼마예요**? - ねだん**は** 7,850えん**です**。가격**은** 7,850엔**이에요**.

2. 아래의 단어를 사용한 질문과 답변도 따라 말해 보아요.

- (홋또코-히- / 삼뱌꾸산쥬- 엥) ホットコーヒー 따뜻한 커피 - 330えん 330엔
  - → (홋또코-히- 와 이꾸라데스까) ホットコーヒー**は いくらですか**。따뜻한 커피**는 얼마예요**?
  - (홋또코-히- 와 삼뱌꾸산쥬- 엥 데스) ホットコーヒー**は** 330えん**です**。따뜻한 커피**는** 330엔**이에요**.

DAY 9

해커스 일본어 첫걸음

문형으로 말문트기

음성을 듣고 문장을 큰 소리로 따라 말해 보세요.

Day9_문형으로 말문트기3.mp3

문형 3

정답 은 몇 번이에요? → せいかい(세-까이) は(와) なんばん(남방)ですか(데스까)。

せいかい 정답 / なんばん 몇 번

방 번호 는 몇 번이에요? → へやばんごう(헤야방고-) は(와) なんばん(남방)ですか(데스까)。

へや ばんごう 방 번호 / なんばん 몇 번

전화번호 는 몇 번이에요? → でんわ ばんごう(뎅와 방고-) は(와) なんばん(남방)ですか(데스까)。

でんわ ばんごう 전화번호 / なんばん 몇 번

좌석 번호 는 몇 번이에요? → ざせき ばんごう(자세끼 방고-) は(와) なんばん(남방)ですか(데스까)。

ざせき ばんごう 좌석 번호 / なんばん 몇 번

문형 탐구

1. 일본어로 번호를 물을 때에는 '~は なんばんですか(와 남방데스까)。(~은/는 몇 번이에요?)'를 쓰면 돼요. 여기서 なんばん(남방)은 '몇 번'이라는 뜻이에요.

이 문형은 정답 번호, 방 번호, 전화번호 등 다양한 번호를 물을 때 사용해요.

+플러스포인트 1. 대답할 땐 숫자를 하나씩 말하면 돼요. 일본어로 숫자를 말하는 방법은 부록(p.260)에서 자세히 학습할 수 있어요.

예 せいかいは なんばんですか(세-까이와 남방데스까)。 정답은 몇 번이에요? - せいかいは 2ばんです(세-까이와 니방데스)。 정답은 2번이에요.

2. 전화번호의 하이픈 표시(-)는 '노-(のー)'라고 길게 읽어요.

예 わたしの けいたい ばんごうは 010-1234-5678です(와따시노 케-타이 방고-와 제로이찌제로노-이찌니상욘노-고로꾸나나하찌데스)。 저의 휴대전화 번호는 010-1234-5678이에요.

2. 아래의 단어를 사용한 질문과 답변도 따라 말해 보아요.

- きゅうきゅうしゃ(큐-큐-샤) 구급차 - 119ばん(햐꾸쥬-큐-방) 119번

→ きゅうきゅうしゃは なんばんですか(큐-큐-샤와 남방데스까)。 구급차는 몇 번이에요?

きゅうきゅうしゃは 119ばんです(큐-큐-샤와 햐꾸쥬-큐-방데스)。 구급차는 119번이에요.

Day9_문형으로 말문트기4.mp3

문형 4

지금 은 몇 시예요? → いま は なんじですか。

(이마 와 난 지 데 스 까)

いま 지금 / なんじ 몇 시

퇴근 은 몇 시예요? たいきん は なんじですか。

(타 이 킹 와 난 지 데 스 까)

たいきん 퇴근 / なんじ 몇 시

약속 은 몇 시예요? → やくそく は なんじですか。

(야 꾸 소 꾸 와 난 지 데 스 까)

やくそく 약속 / なんじ 몇 시

(전철)막차 는 몇 시예요? しゅうでん は なんじですか。

(슈- 뎅 와 난 지 데 스 까)

しゅうでん (전철)막차 / なんじ 몇 시

문형 탐구

1. 시간을 물을 때에는 '~は なんじですか。(~은/는 몇 시예요?)'를 쓰면 돼요. 여기서 なんじ는 '몇 시'라는 뜻이에요.

(와 난 지 데 스 까 / 난 지)

시간을 말할 땐 우리말과 같이 일본어도 숫자 뒤에 じ(시)와 ふん(분)을 붙여서 말하면 돼요.

+플러스포인트 분을 말할 때 2분, 5분, 7분, 9분 다음에는 ふん을 쓰고, 1분, 3분, 4분, 6분, 8분, 10분 다음에는 ぷん을 써요. 일본어로 시간을 말하는 방법은 부록(p.263)에서 자세히 학습할 수 있어요.

예 いま**は なんじですか**。지금**은 몇 시예요**? - いま**は** じゅういちじ じゅうごふん**です**。지금**은** 11시 15분**이에요**.

(이마와 난 지데스까 / 이마와 쥬- 이찌지 쥬- 고 홍 데스)

2. 아래의 단어를 사용한 질문과 답변도 따라 말해 보아요.

- よやく 예약 - しちじ よんじゅうごふん 7시 45분 (요야꾸 / 시찌지 욘 쥬- 고 훙)

→ よやく**は なんじですか**。예약**은 몇 시예요**? (요 야 꾸와 난 지 데 스 까)

よやく**は** しちじ よんじゅうごふん**です**。예약은 7시 45분**이에요**. (요 야 꾸 와 시 찌 지 욘 쥬- 고 홍 데 스)

DAY 9

해커스 일본어 첫걸음

실생활 회화 자동발사!

Day9_실생활 회화 자동발사.mp3

먼저 듣기 mp3로 대화를 들어보며 어떤 내용인지 생각해 보세요. 그 다음 따라 말하기 mp3로 따라 말해보세요.

1 문득 사쿠라의 생일이 궁금해진 지민

지민

사쿠라 상 탄 죠- 비 와 이 쯔 데 스 까
桜 さん、たんじょうびは いつですか。
さくら

사쿠라

와 따 시 노 탄 죠- 비 와 고 가 쯔 니 쥬- 욕 까 아 시 따 데 스
わたしの たんじょうびは ごがつ にじゅうよっか、あしたです。

2 지민, 옷가게에서 점원에게

지민

코 노 샤 츠 데 자 잉 가 이- 데 스 네 네 당 와 이 꾸 라 데 스 까
この シャツ、デザインが いいですね。ねだんは いくらですか。

점원

코 노 키- 로 이 샤 츠 데 스 까 큐- 셍 엥 데 스
この きいろい シャツですか。9 ,000 えんです。

3 지갑을 잃어버려 파출소에 간 지민

경찰

나 마 에 와 난 데 스 까
なまえは なんですか。

마 따 뎅 와 방 고- 와 남 방 데 스 까
また、でんわ ばんごうは なんばんですか。

지민

이 지 밍 데 스 뎅 와 방 고- 와 제로큐제로노-산산니욘노-고고나나하찌 데 스
イ・ジミンです。でんわ ばんごうは 090 - 3324 - 5578 です。

1 지민 : 사쿠라 씨, 생일은 언제예요?
사쿠라 : 저의 생일은 5월 24일, 내일이에요.

2 지민 : 이 셔츠, 디자인이 좋네요. 가격은 얼마예요?
점원 : 이 노란 셔츠인가요? 9,000엔이에요.

3 경찰 : 이름은 무엇입니까?
그리고, 전화번호는 몇 번입니까?
지민 : 이지민입니다. 전화번호는 090-3324-5578입니다.

단어

1. **たんじょうび** [탄죠-비] 생일 **いつ** [이쯔] 언제
わたし [와따시] 저, 나 **あした** [아시따] 내일
2. **この** [코노] 이 **シャツ** [샤츠] 셔츠 **デザイン** [데자잉] 디자인
いい [이-] 좋다 **ねだん** [네당] 가격 **いくら** [이꾸라] 얼마
この [코노] 이 **きいろい** [키-로이] 노랗다
3. **なまえ** [나마에] 이름 **また** [마따] 그리고, 또한
でんわ ばんごう [뎅와방고-] 전화번호 **なんばん** [남방] 몇 번

4 늦은 시각, 퇴근 준비를 하는 지민과 사쿠라

사쿠라

오 츠 카 레 사 마 데 시 따　　쿄- 와　오 캬 꾸 상 가　오- 깟 따 데 스 네
おつかれさまでした。きょうは　おきゃくさんが　おおかったですね。

지민

소- 데 스 네　타 이 헨 데 시 따
そうですね。たいへんでした。

사쿠라　상　코 레 까 라　잇 쇼 니　카 라 오 케 와　도- 데 스 까
桜(さくら)　さん、これから　いっしょに　カラオケは　どうですか。

どうですか는 우리말 '어때요?'라는 뜻이에요. 상대방의 의향을 물어볼 때 사용해요.

사쿠라

이- 데 스 요　데 모　지 밍　상　슈- 뎅 와　다 이 죠- 부 데 스 까
いいですよ。でも　ジミン　さん、しゅうでんは　だいじょうぶですか。

지민

아　소- 데 시 따　사쿠라　상　이 마　난 지 데 스 까
あ、そうでした。桜(さくら)　さん、いま　なんじですか。

사쿠라

이 마　쥬-이찌 지 데 스　슈- 뎅 와　난 지 데 스 까
いま　１１じです。しゅうでんは　なんじですか。

지민

쥬-이찌 지　항 데 스
１１じ　はんです。

쟈　카 라 오 케 와　무 리 데 스 네
じゃ、カラオケは　むりですね…。

4 사쿠라 : 수고하셨습니다. 오늘은 손님이 많았네요.
지민 : 그러게요. 힘들었어요.
사쿠라 씨, 지금부터 함께 가라오케는 어때요?
사쿠라 : 좋아요. 하지만 지민 씨, 막차는 괜찮아요?
지민 : 아, 맞아요. 사쿠라 씨, 지금 몇 시인가요?
사쿠라 : 지금 11시예요. 막차는 몇 시인가요.?
지민 : 11시 반이에요.
그럼, 가라오케는 무리네요….

단어

4. **おつかれさまでした** [오츠카레사마데시따] 수고하셨습니다
きょう [쿄-] 오늘　**おきゃくさん** [오캬꾸상] 손님　**おおい** [오-이] 많다
たいへんだ [타이헨다] 힘들다, 큰일이다
これから [코레까라] 지금부터, 이제부터　**いっしょに** [잇쇼니] 함께, 같이
カラオケ [카라오케] 가라오케, 노래연습장　**いい** [이-] 좋다
でも [데모] 하지만, 그러나　**しゅうでん** [슈-뎅] (전철)막차
だいじょうぶだ [다이죠-부다] 괜찮다　**そうでした** [소-데시따] 맞아요
いま [이마] 지금　**なんじ** [난지] 몇 시　**はん** [항] 반, 절반
むりだ [무리다] 무리이다

연습문제로 실력 확인하기

Day9_연습문제로 실력 확인하기.mp3

1 단어 듣고 골라 써보기

음성으로 들려주는 단어를 보기에서 골라 써 보세요. 그 다음 단어의 뜻을 써 보세요.

보기 ひっこし　　せいかい　　ねだん　　たいきん

1) ______________________ (뜻 :　　　　　　)

2) ______________________ (뜻 :　　　　　　)

3) ______________________ (뜻 :　　　　　　)

2 문장 읽고 뜻 써보기

다음 문장을 큰 소리로 읽은 후 뜻을 써 보세요. 그 다음 음성을 들으며 한 번 더 읽어 보세요.

1) やくそくは よじです。(뜻 :　　　　　　　　　　　　　　)

2) ホットコーヒーは 300えんです。(뜻 :　　　　　　　　　　　　　　)

3) JLPTは らいしゅうの にちようびです。(뜻 :　　　　　　　　　　　　　　)

3 질문에 답하기

제시된 단어를 사용하여 질문에 알맞은 답변을 빈칸에 써 보세요. 그 다음 큰 소리로 따라 읽어 보세요.

1) いまは なんじですか。 지금은 몇 시예요?

→ ______________________ 。(いま) 지금은 5시예요.

2) でんわ ばんごうは なんばんですか。 전화번호는 몇 번입니까?

→ ______________________ 。(わたし / でんわ ばんごう)

저의 전화번호는 3-3452-7611입니다.

3) たんじょうびは いつですか。 생일은 언제예요?

→ ______________________ 。(わたし / たんじょうび) 저의 생일은 9월23일이에요.

4 빈칸 채우기 JLPT N4, N5 문법 대비 유형

빈칸에 들어갈 단어를 골라 문장을 완성하세요. 그 다음 큰 소리로 읽어 보세요.

1) A「やすみは いつですか。」

B「やすみは (　　　　) です。」

① きのう　② あさって　③ はちえん

2) A「これは (　　　　) ですか。」

B「それは 5,000えんです。」

① いつ　② いくら　③ なんばん

3) A「しゅうでんは なんじですか。」

B「しゅうでんは (　　　　) です。」

① じゅういちじ　② じゅういちにち　③ とおか

5 문장 완성하기 JLPT N4, N5 문법 대비 유형

선택지를 올바르게 배열하여 문장을 완성한 다음 ★ 에 들어갈 선택지를 고르세요.

1) A「ひっこしは いつですか。」

B「ひっこし ＿＿ ＿＿ ★ ＿＿ 。」

① じゅうよっか　② は　③ しちがつ　④ です

2) この ＿＿ ＿＿ ★ ＿＿ ですか。

① シャツ　② は　③ いくら　④ きいろい

<해커스 일본어 첫걸음> 어플로
단어 게임을 해보세요!

연습문제 정답 p.252

Day 10

소금이 아니라 설탕이에요.

시오 쟈 나꾸떼
しおじゃ なくて
사 또- 데스
さとうです。

센쨩, 그것은 소금이 아니라 설탕이에요.
센 쨩 소레와 시오 쟈
せんちゃん、それは しおじゃ
나꾸떼 사 또- 데스
なくて さとうです。
아, 고마워요.
아, 아리가 또- 고자이마스
あ、ありがとうございます。

이런 말을 할 수 있어요.

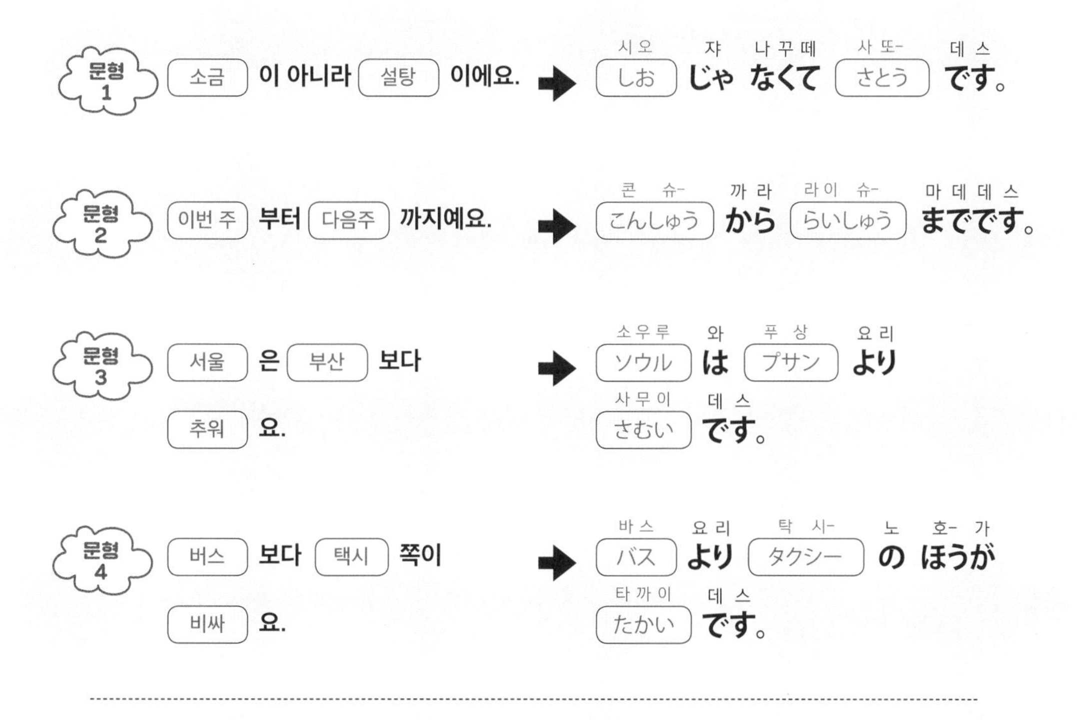

문형 1
소금 이 아니라 설탕 이에요.
시오 쟈 나꾸떼 사또- 데스
しお じゃ なくて さとう です。
문형 2
이번 주 부터 다음주 까지예요.
콘 슈- 까라 라이 슈- 마데 데스
こんしゅう から らいしゅう までです。
문형 3
서울 은 부산 보다
추워 요.
소우루 와 푸상 요리
ソウル は プサン より
사무이 데스
さむい です。
문형 4
버스 보다 택시 쪽이
비싸 요.
바스 요리 탁시- 노 호- 가
バス より タクシー の ほうが
타까이 데스
たかい です。

이번 Day에서는 앞서 익힌 다양한 명사와 형용사를 활용하여, '소금이 아니라 설탕이에요.', '이번 주부터 다음 주까지예요.'와 같은 문장을 일본어를 말할 수 있는 문형을 배워볼 거예요. 또한, '서울은 부산보다 추워요.'나 '버스보다 택시 쪽이 비싸요.'와 같이 두 대상을 비교할 때 사용하는 문형도 익힐거예요.

문형으로 말문트기

🎧 음성을 듣고 문장을 큰 소리로 따라 말해 보세요.

🎧 Day10_문형으로 말문트기1.mp3

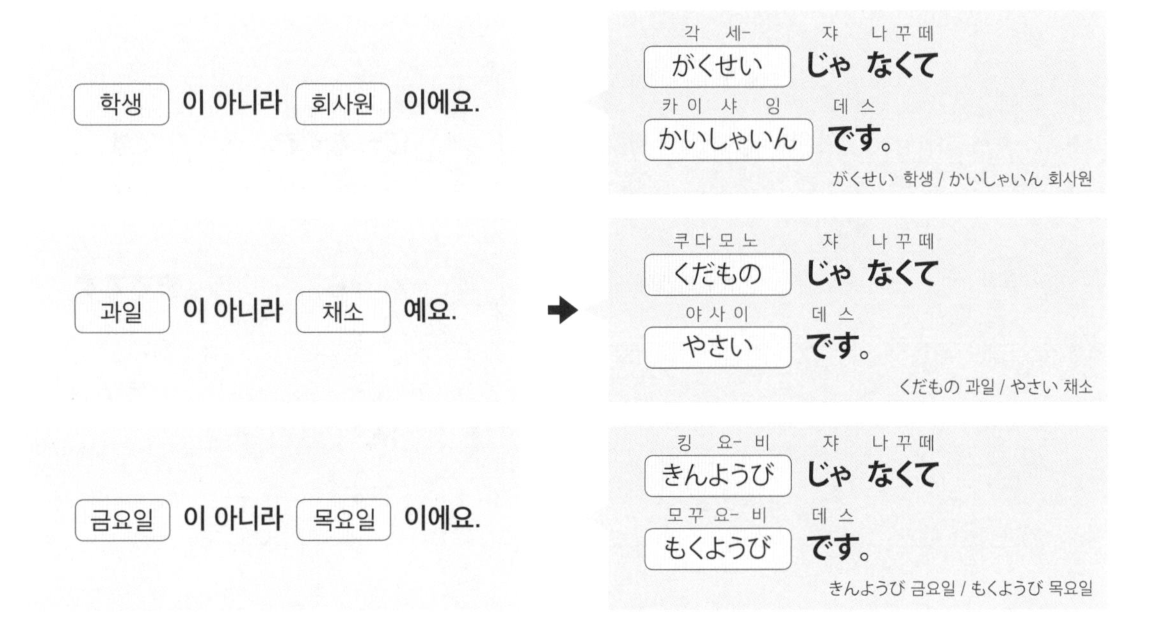

문형 1

[소금] 이 아니라 [설탕] 이에요. → [しお(시오)] じゃ(쟈) なくて(나꾸떼) [さとう(사또-)] です(데스)。

しお 소금 / さとう 설탕

[학생] 이 아니라 [회사원] 이에요. → [がくせい(각세-)] じゃ(쟈) なくて(나꾸떼) [かいしゃいん(카이샤잉)] です(데스)。

がくせい 학생 / かいしゃいん 회사원

[과일] 이 아니라 [채소] 예요. → [くだもの(쿠다모노)] じゃ(쟈) なくて(나꾸떼) [やさい(야사이)] です(데스)。

くだもの 과일 / やさい 채소

[금요일] 이 아니라 [목요일] 이에요. → [きんようび(킹요-비)] じゃ(쟈) なくて(나꾸떼) [もくようび(모꾸요-비)] です(데스)。

きんようび 금요일 / もくようび 목요일

문형 탐구 🎧

1. 우리말 "소금이 아니라 설탕이에요."의 '~이/가 아니라 ~이에요'는 일본어로 '~じゃ(쟈) なくて(나꾸떼) ~です(데스)'예요.

です(데스)(이에요)의 부정형인 じゃ(쟈) ないです(나이데스)(이/가 아니에요)에서, ない(나이)가 い(이)형용사이므로, い(이)형용사의 연결형인 くて(꾸떼)를 붙여 じゃ(쟈) なくて(나꾸떼)가 되었어요. い(이)형용사의 연결형은 Day5의 문형3(p.72)에서 배웠어요.

+플러스포인트 じゃ(쟈) なくて(나꾸떼) 대신 では(데와) なくて(나꾸떼)라고 말하면 조금 더 공손한 말투가 됩니다.

예 それは(소레와) しお(시오)**じゃ(쟈) なくて(나꾸떼)** さとうです(사또-데스)。 = それは(소레와) しお(시오)**では(데와) なくて(나꾸떼)** さとうです(사또-데스)。 그것은 소금**이 아니라** 설탕입니다.

2. 아래의 단어를 사용한 문장도 따라 말해 보아요.

- ぶたにく(부타니꾸) 돼지고기 / ぎゅうにく(규-니꾸) 소고기

→ ぶたにく**じゃ(쟈) なくて(나꾸떼)** ぎゅうにく**です(데스)**。 돼지고기**가 아니라** 소고기**예요.**

Day10_문형으로 말문트기2.mp3

문형 2
이번 주 부터 다음주 까지예요.
콘 슈- 까라 라이 슈- 마데데스
こんしゅう から らいしゅう までです。

こんしゅう 이번 주 / らいしゅう 다음주

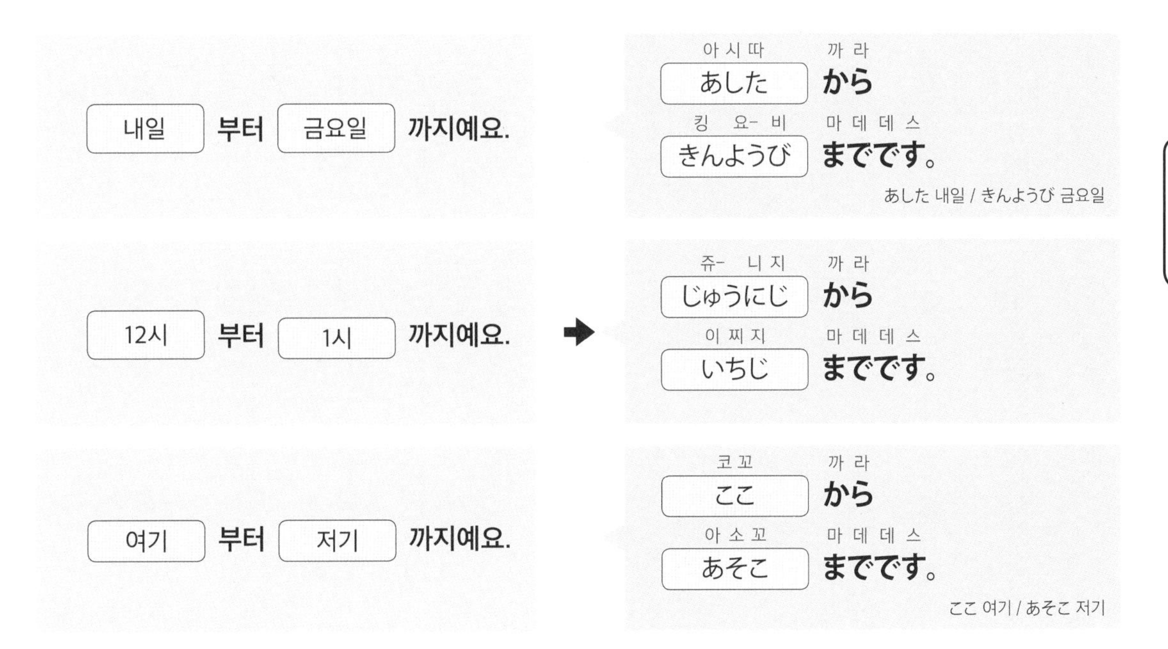

내일 부터 금요일 까지예요.
아시따 까라
あした から
킹 요- 비 마데데스
きんようび までです。
12시 부터 1시 까지예요.
쥬- 니지 까라
じゅうにじ から
이찌지 마데데스
いちじ までです。
여기 부터 저기 까지예요.
코꼬 까라
ここ から
아소꼬 마데데스
あそこ までです。

あした 내일 / きんようび 금요일

ここ 여기 / あそこ 저기

문형 탐구

1. 우리말 '~부터 ~까지예요'는 일본어로 '～から ～までです'라고 해요. 시간 혹은 장소의 시작과 끝을 말하고 싶을 때 사용해요.

+플러스포인트 문장 앞에 '～は'로 주어를 쓰거나, 문장 끝을 '명사です'로 하여 길게 말할 수 있어요.

예 セール**は** こんしゅう**から** らいしゅう**まで**です。세일**은** 이번 주**부터** 다음주**까지**예요.

こんしゅう**から** らいしゅう**まで** セール**です**。이번 주**부터** 다음주**까지** 세일**이에요**.

2. 아래의 단어를 사용한 문장도 따라 말해 보아요.

- しごと 일 / あさ 아침 / ばん 밤

→ しごと**は** あさ**から** ばん**までです**。일은 아침**부터** 밤**까지예요**.

문형으로 말문트기

음성을 듣고 문장을 큰 소리로 따라 말해 보세요.

Day10_문형으로 말문트기3.mp3

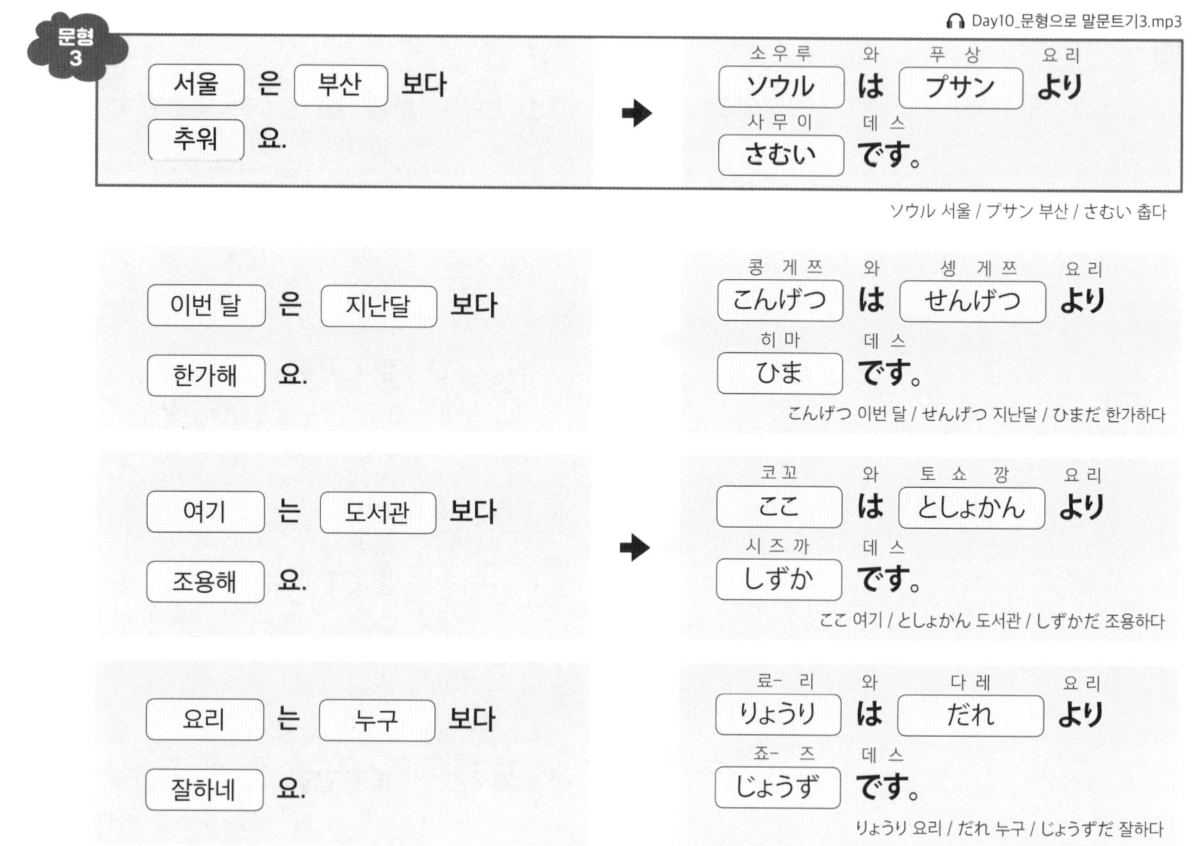

문형 3

서울 은 부산 보다 추워 요.
→ ソウル(소우루) は(와) プサン(푸상) より(요리) さむい(사무이) です(데스)。

ソウル 서울 / プサン 부산 / さむい 춥다

이번 달 은 지난달 보다 한가해 요.
→ こんげつ(콩게쯔) は(와) せんげつ(셍게쯔) より(요리) ひま(히마) です(데스)。

こんげつ 이번 달 / せんげつ 지난달 / ひまだ 한가하다

여기 는 도서관 보다 조용해 요.
→ ここ(코꼬) は(와) としょかん(토쇼깡) より(요리) しずか(시즈까) です(데스)。

ここ 여기 / としょかん 도서관 / しずかだ 조용하다

요리 는 누구 보다 잘하네 요.
→ りょうり(료-리) は(와) だれ(다레) より(요리) じょうず(죠-즈) です(데스)。

りょうり 요리 / だれ 누구 / じょうずだ 잘하다

문형 탐구

1. 우리말 '~보다 ~해요'는 일본어로 '~より(요리) ~です(데스)'라고 해요.

より(요리)(보다)는 조사로, 두 대상을 비교할 때 사용해요.

2. 아래의 단어를 사용한 문장도 따라 말해 보아요.

- うちゅう(우츄-) 우주 / そうぞう(소-조-) 상상 / ひろい(히로이) 넓다
  → うちゅう**は** そうぞう**より** ひろい**です**。(우츄-와 소-조-요리 히로이데스) 우주는 상상**보다** 넓어요.
- きょう(쿄-) 오늘 / きのう(키노-) 어제 / いそがしい(이소가시-) 바쁘다
  → きょう**は** きのう**より** いそがしい**です**。(쿄-와 키노-요리 이소가시-데스) 오늘은 어제**보다** 바쁩**니다**.

Day10_문형으로 말문트기4.mp3

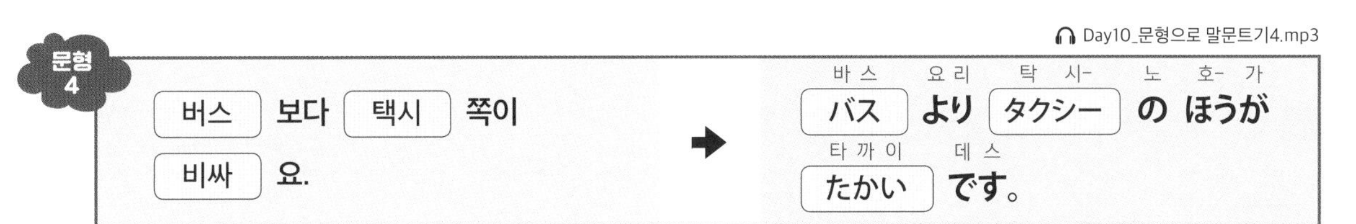

バス 버스 / タクシー 택시 / たかい 비싸다

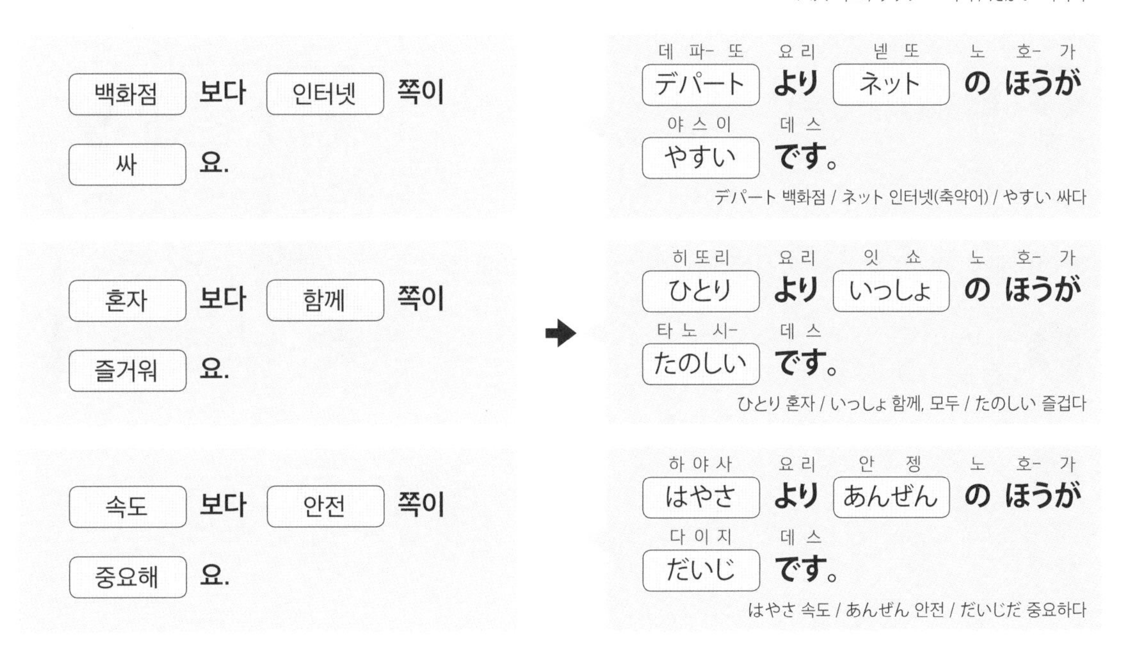

백화점 보다 인터넷 쪽이
싸 요.
데 파- 또 요 리 넷 또 노 호- 가
デパート より ネット の ほうが
야 스 이 데 스
やすい です。
혼자 보다 함께 쪽이
즐거워 요.
히 또 리 요 리 잇 쇼 노 호- 가
ひとり より いっしょ の ほうが
타 노 시- 데 스
たのしい です。
속도 보다 안전 쪽이
중요해 요.
하 야 사 요 리 안 젱 노 호- 가
はやさ より あんぜん の ほうが
다 이 지 데 스
だいじ です。

デパート 백화점 / ネット 인터넷(축약어) / やすい 싸다

ひとり 혼자 / いっしょ 함께, 모두 / たのしい 즐겁다

はやさ 속도 / あんぜん 안전 / だいじだ 중요하다

문형 탐구

1. 두 가지 사항을 비교하여 어느 쪽인가 하면 이쪽이라는 의미로 말하고 싶을 때 '~より(요리) ~の(노) ほうが(호-가) ~です(데스)(~보다 ~쪽이 ~해요)'라고 해요.

+플러스포인트 '~の(노) ほうが(호-가)'와 より(요리)의 순서를 바꿔서 말해도 같은 뜻이에요.

예 바스요리 탁 시- 노 호- 가 타 까 이 데 스
バス**より** タクシー**の ほうが** たかいです。 = 탁 시- 노 호- 가 바 스 요 리 타 까 이 데 스 タクシー**の ほうが** バス**より** たかいです。
버스**보다** 택시 **쪽이** 비싸요. / 택시 **쪽이** 버스**보다** 비싸요.

2. 아래의 단어를 사용한 문장도 따라 말해 보아요.

- 하 루 아 키 스 키 다 / 하 루 요 리 아 키 노 호- 가 스 키 데 스
  はる 봄 / あき 가을 / すきだ 좋아하다 → はる**より** あき**の ほうが** すき**です**。 **봄보다** 가을 **쪽을** 좋아해요.
- 코- 히- 오 챠 이- / 코- 히- 요 리 오 챠 노 호- 가 이- 데 스
  コーヒー 커피 / おちゃ 차 / いい 좋다 → コーヒー**より** おちゃ**の ほうが** いい**です**。
  커피**보다** 차 **쪽이** 좋습니다.

실생활 회화 자동발사!

Day10_실생활 회화 자동발사.mp3

먼저 듣기 mp3로 대화를 들어보며 어떤 내용인지 생각해 보세요. 그 다음 따라 말하기 mp3로 따라 말해보세요.

1 요리 교실에서 요리를 배우는 노조미

선생님

마츠모토 상 소레와 시오 쟈 나꾸떼 사또- 데스요
松本(まつもと) さん、それは しおじゃ なくて さとうですよ。

노조미

아 혼 또- 다
あ、ほんとうだ!

2 야마모토 부장, 혼자서 점심을 먹으러 가는 노조미에게

야마모토

쿄- 노 히루고 항 모 히또리데스까
きょうの ひるごはんも ひとりですか。

노조미

히루고 항 와 잇 쇼 요리 히또리노 호- 가 라꾸데 이- 데스
ひるごはんは、いっしょより ひとりの ほうが らくで いいです。

3 퇴근 후 단골 식당에 들른 노조미

마스터

이 랏 샤 이 마 세 마츠모토 상 쿄- 모 이 소 가 시 깓 따 데 스 까
いらっしゃいませ、松本(まつもと) さん。きょうも いそがしかったですか。

노조미

타 이 헹 데 시 따 요 아 사 까 라 방 마 데 즏 또 시 고 또 데 시 따
たいへんでしたよ。あさから ばんまで ずっと しごとでした。

1 선생님 : 마츠모토 씨, 그것은 소금이 아니라 설탕이랍니다.
노조미 : 아, 정말이다!

2 야마모토 : 오늘 점심도 혼자예요?
노조미 : 점심은, 함께보다 혼자인 쪽이 편하고 좋아요.

3 마스터 : 어서 오세요, 마츠모토 씨. 오늘도 바빴나요?
노조미 : 힘들었어요. 아침부터 밤까지 계속 일이었어요.

단어

1. **それ** [소레] 그것 **しお** [시오] 소금 **さとう** [사또-] 설탕
ほんとう [혼또-] 정말, 진짜
2. **きょう** [쿄-] 오늘 **ひるごはん** [히루고항] 점심(식사) **いっしょ** [잇쇼] 함께
ひとり [히또리] 혼자 **らくだ** [라꾸다] 편하다 **いい** [이-] 좋다
3. **いらっしゃいませ** [이랏샤이마세] 어서 오세요
いそがしい [이소가시-] 바쁘다 **たいへんだ** [타이헨다] 힘들다, 큰일이다
あさ [아사] 아침 **ばん** [방] 밤 **ずっと** [즏또] 계속 **しごと** [시고또] 일

4 오키나와에 대한 정보를 보고 있는 야마모토 부장

노조미

아 레 오키나와 부 쬬- 모 시 까 시 떼 료 꼬- 데 스 까
あれ、沖縄？ ぶちょう、もしかして りょこうですか。
おきなわ

야마모토

이- 에 콩 까 이 모 료 꼬- 쟈 나 꾸 떼 슈 쬬- 데 스
いいえ、こんかいも りょこうじゃ なくて しゅっちょうです。

노조미

마 따 슈 쬬- 데 스 까 슈 쬬- 와 이 쯔 까 라 이 쯔 마 데 데 스 까
また しゅっちょうですか…。しゅっちょうは いつから いつまでですか。

야마모토

라 이 슈- 노 킹 요- 비 까 라 사 라 이 슈- 노 킹 요- 비 마 데 데 스
らいしゅうの きんようびから さらいしゅうの きんようびまでです。

노조미

에 나 가 이 타 이 헨 데 스 네
え！ ながい！ たいへんですね。

야마모토

웅 데 모 손 나 니 이 야 쟈 나 이 데 스
うん、でも、そんなに いやじゃ ないです。
슈 쬬- 와 슉 낑 요 리 타 노 시- 데 스
しゅっちょうは しゅっきんより たのしいです。

4 노조미 : 어라, 오키나와? 부장님, 혹시 여행인가요?
야마모토 : 아니요, 이번에도 여행이 아니라 출장이에요.
노조미 : 또 출장인가요…. 출장은 언제부터 언제까지인가요?
야마모토 : 다음주 금요일부터 다음다음 주 금요일까지예요.
노조미 : 어! 길어! 힘들겠네요.
야마모토 : 음, 그래도, 그렇게 싫지 않아요.
출장은 출근보다 즐거워요.

단어

4. **沖縄** [오키나와] 오키나와(지명) **ぶちょう** [부쬬-] 부장(님)
もしかして [모시까시떼] 혹시, 어쩌면 **りょこう** [료꼬-] 여행
こんかい [콩까이] 이번 **しゅっちょう** [슈쬬-] 출장 **また** [마따] 또
いつ [이쯔] 언제 **らいしゅう** [라이슈-] 다음주
きんようび [킹요-비] 금요일 **さらいしゅう** [사라이슈-] 다음다음 주
ながい [나가이] 길다 **たいへんだ** [타이헨다] 힘들다, 큰일이다
でも [데모] 그래도, 그렇더라도 **そんなに** [손나니] 그렇게
いやだ [이야다] 싫다 **しゅっきん** [슉낑] 출근 **たのしい** [타노시-] 즐겁다

연습문제로 실력 확인하기

Day10_연습문제로 실력 확인하기.mp3

1 단어 듣고 골라 써보기

음성으로 들려주는 단어를 보기에서 골라 써 보세요. 그 다음 단어의 뜻을 써 보세요.

보기 あき　しごと　としょかん　タクシー

1) ______________ (뜻 :　　　　　)

2) ______________ (뜻 :　　　　　)

3) ______________ (뜻 :　　　　　)

2 문장 읽고 뜻 써보기

다음 문장을 큰 소리로 읽은 후 뜻을 써 보세요. 그 다음 음성을 들으며 한 번 더 읽어 보세요.

1) これは ぎゅうにくじゃ なくて ぶたにくです。(뜻 :　　　　　)

2) ソウルは プサンより さむいです。(뜻 :　　　　　)

3) セールは こんしゅうから らいしゅうまでです。(뜻 :　　　　　)

3 질문에 답하기

제시된 단어를 사용하여 질문에 알맞은 답변을 빈칸에 써 보세요. 그 다음 큰 소리로 따라 읽어 보세요.

1) これは しおですか。 이것은 소금이에요?

→ いいえ、______________。(それ / しお / さとう)
아니요, 그것은 소금이 아니라 설탕이에요.

2) ネットは デパートより やすいですか。 인터넷은 백화점보다 쌉니까?

→ はい。______________。(デパート / ネット / やすい)
네. 백화점보다 인터넷 쪽이 쌉니다.

3) れつは どこから どこまでですか。 줄은 어디서부터 어디까지예요?

→ れつは ______________。(ここ / あそこ) 줄은 여기서부터 저기까지예요.

4 빈칸 채우기 JLPT N4, N5 문법 대비 유형

빈칸에 들어갈 단어를 골라 문장을 완성하세요. 그 다음 큰 소리로 읽어 보세요.

1) A「これは くだものですか。」

B「いいえ、それは くだもの（　　　　　）やさいです。」

① の ほうが　　② じゃ なくて　　③ より

2) せんげつより こんげつ（　　　　　）ひまです。

① の ほうが　　② まで　　③ から

3) A「きょうも いそがしかったですか。」

B「はい。あさから ばん（　　　　　）いそがしかったです。」

① まで　　② より　　③ じゃ なくて

5 문장 완성하기 JLPT N4, N5 문법 대비 유형

선택지를 올바르게 배열하여 문장을 완성한 다음 ＿★＿에 들어갈 선택지를 고르세요.

1) ひとりより ＿＿ ＿＿ ＿★＿ ＿＿ です。

① の　　② いっしょ　　③ たのしい　　④ ほうが

2) まつりは げつようび ＿＿ ＿＿ ＿★＿ ＿＿ 。

① から　　② まで　　③ きんようび　　④ です

DAY 10

해커스 일본어 첫걸음

<해커스 일본어 첫걸음> 어플로
단어 게임을 해보세요!

연습문제 정답 p.252

자주 먹습니다.

よく 食(た)べます。

한 번에 학습하기

교토는 말차 디저트가
유명합니다.

京都(きょうと)は まっちゃの デザートが
有名(ゆうめい)です。

저도 자주 먹습니다.

わたしも よく 食(た)べます。

이런 말을 할 수 있어요.

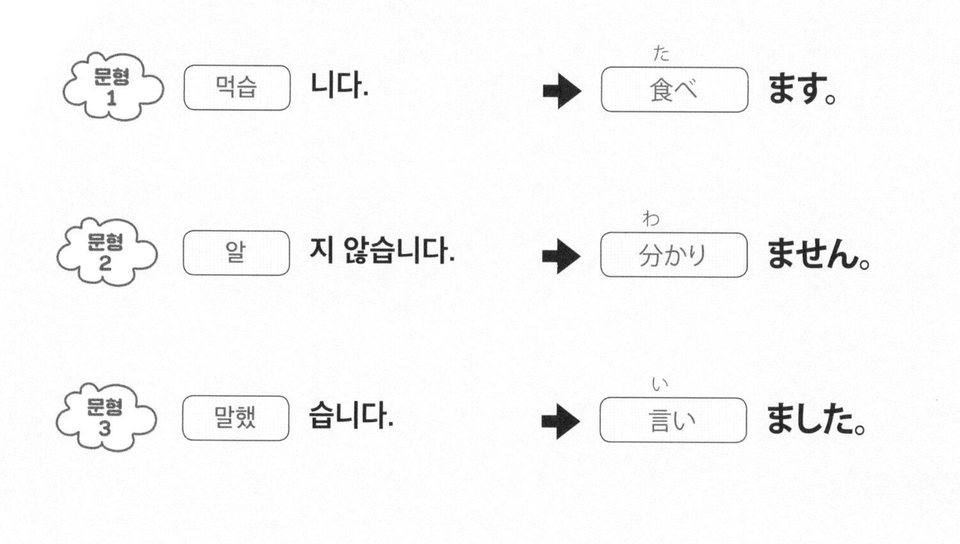

문형 1
먹습 니다.
た
食べ ます。
문형 2
알 지 않습니다.
わ
分かり ません。
문형 3
말했 습니다.
い
言い ました。

이번 Day에서는 일본어의 여러 동사 문형 중 가장 기본이 되는 정중형을 배워볼 거예요. 일본어 동사의 정중형을 배우면 '먹습니다.', '알지 않습니다.(모릅니다.)', '말했습니다.'와 같이 '~합(습)니다'로 끝나는 정중한 말을 쉽게 할 수 있게 될 거예요.

※ 일본어 동사는 1그룹, 2그룹, 3그룹으로 나뉘어요. 그리고, 일본어 동사는 기본형의 끝을 조금씩 변형한 다음 문형을 붙여 사용해요. 이처럼 기본형의 끝을 변형하는 것을 동사의 활용이라고 해요. 부록(p.267)에서 동사 그룹과 활용을 한 눈에 볼 수 있어요. 또한 오른쪽 QR코드로 일본어 동사의 종류와 활용을 바로, 그리고 쉽게 익혀보세요.

일본어 동사의 종류 강의 바로가기

일본어 동사의 활용 강의 바로가기

말이 술술 쏟아지는 문형

음성을 듣고 문장을 큰 소리로 따라 말해 보세요.

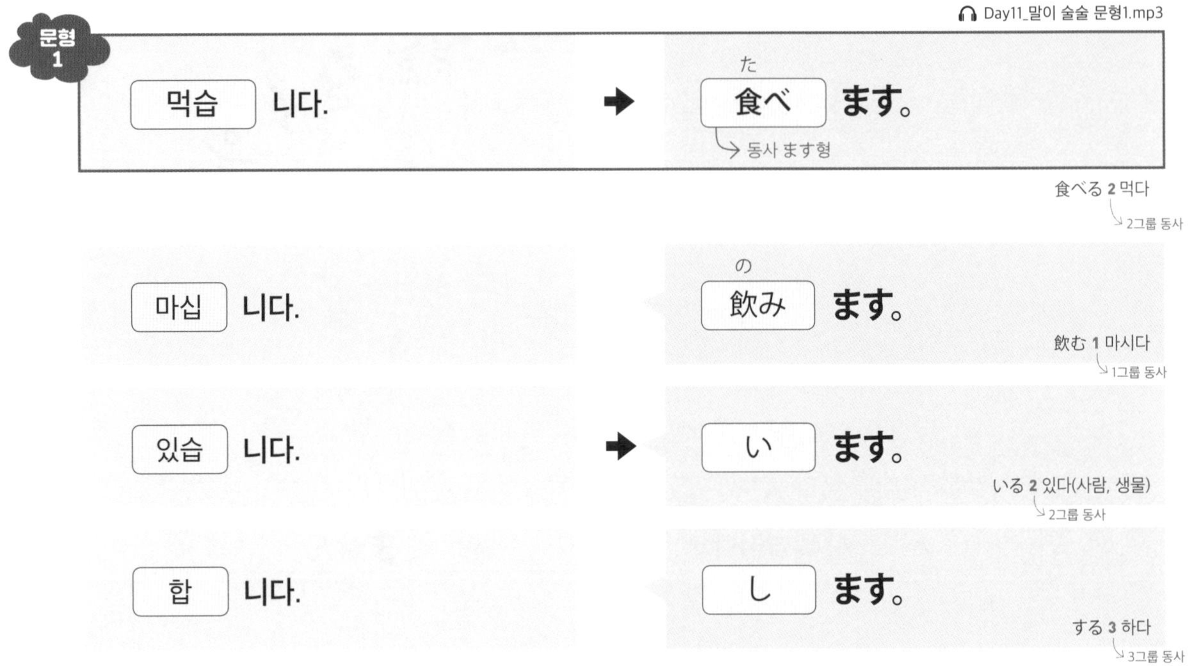

Day11_말이 술술 문형1.mp3
문형 1
먹습 니다.
た
食べ ます。
동사 ます형
食べる 2 먹다
2그룹 동사
마십 니다.
の
飲み ます。
飲む 1 마시다
1그룹 동사
있습 니다.
い ます。
いる 2 있다(사람, 생물)
2그룹 동사
합 니다.
し ます。
する 3 하다
3그룹 동사

문형 탐구

1. 우리말 "먹습니다."는 일본어로 "食(た)べます。"예요. 여기서 食(た)べます(먹습니다)를 食(た)べる(먹다)의 정중형이라고 해요. 정중형 '~ます'는 '~합니다'라는 뜻으로 현재의 동작을 나타내거나, '~하겠습니다'라는 뜻으로 가까운 미래의 동작을 나타내기도 해요.

동사 뒤에 ます를 붙이려면 동사의 기본형에서 어미를 적절한 형태로 바꿔야 하는데, 이렇게 바뀐 형태를 동사의 ます형이라고 해요. 그리고 동사를 ます형으로 바꾸고 ます를 붙인 것을 동사의 정중형이라고 해요. 동사 食(た)べる는 2그룹 동사이므로 어미 る만 떼고 ます를 붙였어요. 일본어 동사를 ます형으로 바꾸는 방법은 아래 QR 코드로 연결되는 강의에서 바로 익혀보세요.

+플러스포인트 '있다'라는 뜻의 일본어 동사에는 いる와 ある가 있어요. いる는 사람, 동물에 사용하고, 그 외 사물이나 식물 등에는 모두 ある를 사용해요.

예 **人(ひと)**が います = **사람**이 있습니다. / **花(はな)**が あります = **꽃**이 있습니다.

2. 아래의 동사도 ~ます。(~합니다.) 문형으로 바꾸어 따라 말해 보아요.

- ある 1 있다(사물, 식물) → あり**ます**。 있습**니다**.
- 見(み)る 2 보다 → 見(み)**ます**。 봅**니다**.
- 寝(ね)る 2 자다 → 寝(ね)**ます**。 잡**니다**.

일본어 동사의 종류 강의 바로가기

일본어 동사의 활용 강의 바로가기

문형 활용한 긴 문장 말하기

～ます。(~합니다.) 와 앞서 익힌 여러 단어 및 표현을 함께 사용하여 긴 문장을 말해 보아요.

Day11_긴 문장1.mp3

よく 食(た)べ**ます**。
자주 먹습**니다.**

お茶(ちゃ)は 飲(の)み**ます**。
차는 마십**니다.**

人(ひと)が たくさん い**ます**。
사람이 많이 있습**니다.**

その 仕事(しごと)は だれが し**ますか**。
그 일은 누가 합**니까?**

ゆうめいな お店(みせ)が あり**ます**。
유명한 가게가 있습**니다.**

단어 ✔

よく 자주, 잘　食べる [たべる] 먹다　お茶 [おちゃ] 차　飲む [のむ] 마시다　人 [ひと] 사람　たくさん 많이, 잔뜩　いる 있다(사람, 동물)　その 그　仕事 [しごと] 일　だれ 누구　する 하다　ゆうめいだ 유명하다　お店 [おみせ] 가게　ある 있다(사물, 식물)

말이 술술 쏟아지는 문형

음성을 듣고 문장을 큰 소리로 따라 말해 보세요.

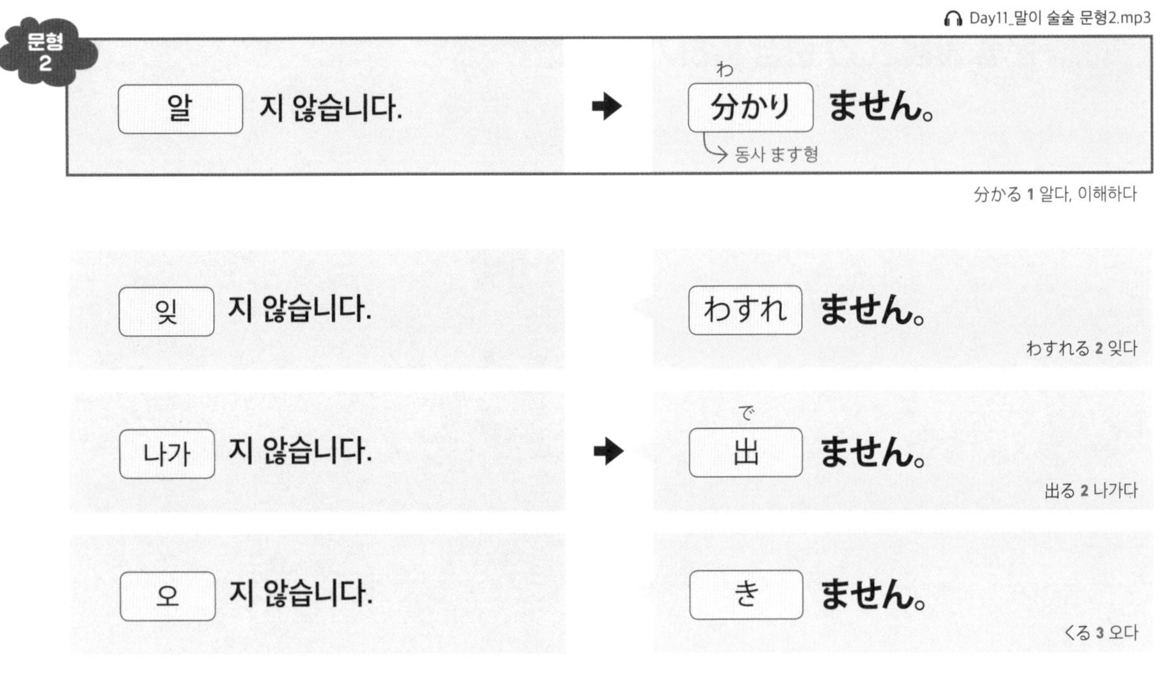

Day11_말이 술술 문형2.mp3
문형 2
알 지 않습니다.
分(わ)かり ません。
동사 ます형
分かる 1 알다, 이해하다
잊 지 않습니다.
わすれ ません。
わすれる 2 잊다
나가 지 않습니다.
出(で) ません。
出る 2 나가다
오 지 않습니다.
き ません。
くる 3 오다

문형 탐구

1. 우리말 "알지 않습니다."는 일본어로 "分(わ)かりません。"이에요. 여기서 分(わ)かり는 1그룹 동사 分(わ)かる의 ます형이고, ません은 앞서 배운 ます의 부정형이에요.

ません(하지 않습니다)은 ます(합니다)의 부정형이므로 마찬가지로 동사 ます형 뒤에 붙여 써요. 특히, 두 개 밖에 없는 3그룹 동사 くる(오다)와 する(하다)는 불규칙적으로 변화하므로 정중형과 부정형을 입에 붙여 외워 두세요.

예 くる → きます → きません　　する → します → しません
　 오다　　옵니다　　오지 않습니다　　하다　　합니다　　하지 않습니다

+플러스포인트 ません 끝에 か를 붙여서 '～ません か'라고 하면 '~하지 않겠습니까?'라는 권유하는 말이 돼요.

예 行(い)き**ません**。가**지 않습니다**. → 行(い)き**ませんか**。가**지 않겠습니까?**

2. 아래의 동사도 ～ません。(~하지 않습니다.) 문형으로 바꾸어 따라 말해 보아요.

- 行(い)く 1 가다 → 行(い)き**ません**。가**지 않습니다**.
- 読(よ)む 1 읽다 → 読(よ)み**ません**。읽**지 않습니다**.
- 遊(あそ)ぶ 1 놀다 → 遊(あそ)び**ません**。놀**지 않습니다**.

문형 활용한 긴 문장 말하기

~ません。(~하지 않습니다.) 과 앞서 익힌 여러 단어 및 표현을 함께 사용하여 긴 문장을 말해 보아요.

Day11_긴 문장2.mp3

ないようが* よく 分(わ)かり**ません。**
내용을 잘 모르겠습**니다.**

*~が 分かる에서 が는 '이/가'가 아닌, '을/를'로 사용됩니다.

一生(いっしょう) わすれ**ません。**
평생 잊**지 않겠습니다.**

家(いえ)から 出(で)**ません。**
집에서 나가**지 않습니다.**

友達(ともだち)から へんじが き**ません。**
친구로부터 답장이 오**지 않습니다.**

明日(あした)も 一緒(いっしょ)に 行(い)き**ませんか。**
내일도 같이 가**지 않겠습니까?**

단어 ✔

ないよう 내용　よく 잘, 자주　分かる [わかる] 알다, 이해하다　一生 [いっしょう] 평생　わすれる 잊다　家 [いえ] 집　出る [でる] 나가다　友達 [ともだち] 친구　へんじ 답장, 대답　くる 오다　明日 [あした] 내일　一緒に [いっしょに] 같이, 함께　行く [いく] 가다

말이 술술 쏟아지는 문형

음성을 듣고 문장을 큰 소리로 따라 말해 보세요.

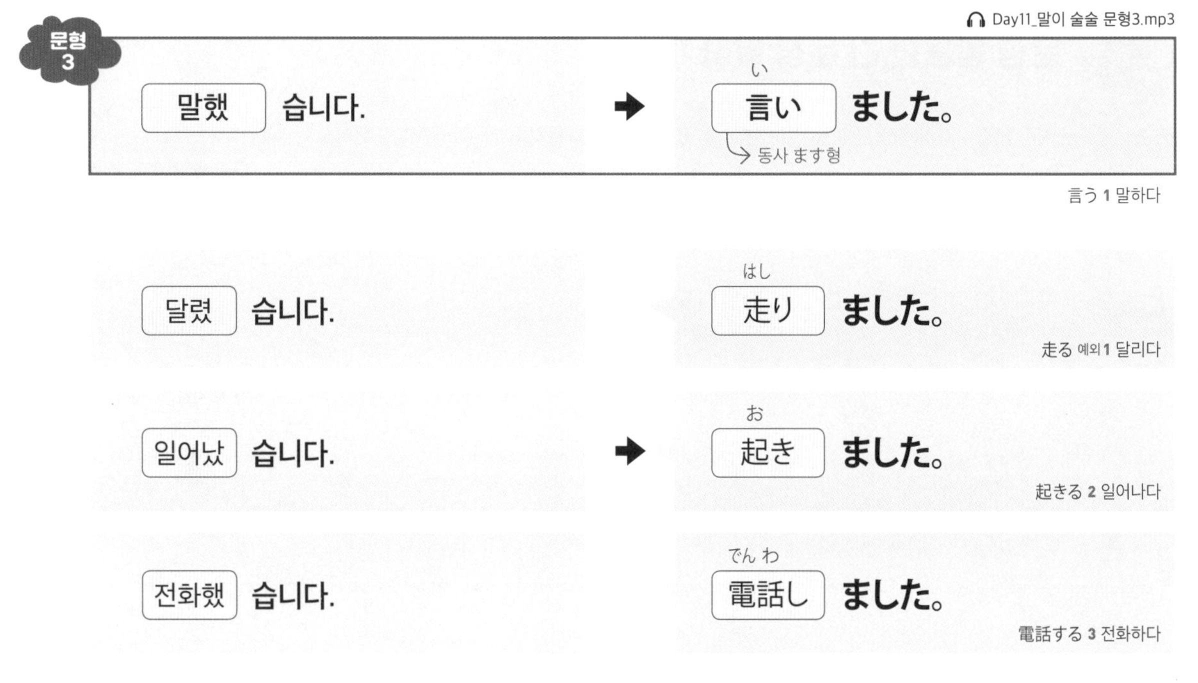

Day11_말이 술술 문형3.mp3
문형 3
말했 습니다. → 言(い)い ました。
동사 ます형
言う 1 말하다
달렸 습니다. → 走(はし)り ました。
走る 예외1 달리다
일어났 습니다. → 起(お)き ました。
起きる 2 일어나다
전화했 습니다. → 電話(でんわ)し ました。
電話する 3 전화하다

문형 탐구

1. 우리말 "말했습니다."는 일본어로 "言(い)いました。"예요. 기본형 言(い)う(말하다)를 言(い)い로 바꾼 다음 ました(했습니다)를 붙였어요. 여기서 言(い)い는 1그룹 동사 言(い)う의 ます형이고, ました는 앞서 배운 ます의 과거형이에요.

ました(했습니다)가 ます(합니다)의 과거형이므로 마찬가지로 동사 ます형 뒤에 붙여서 사용해요. 일본어 동사 중에는 走(はし)る와 같이 2그룹처럼 생겼지만, 변형 방식이 1그룹인 동사들도 있는데, 이들을 예외 1그룹이라고 해요. 예외 1그룹 동사는 나올 때마다 여러 번 읽어서 입에 붙여두어요.

예 예외 1그룹 走(はし)る 달리다 → 走(はし)ります 달립니다 → 走(はし)りました 달렸습니다

+플러스포인트 ました(했습니다)의 부정형은 ませんでした(하지 않았습니다)예요.

예 電話(でんわ)**しました**。전화했**습니다**. → 電話(でんわ)し**ませんでした**。전화하**지 않았습니다**.

2. 아래의 동사도 ~ました。(~했습니다.) 문형으로 바꾸어 따라 말해 보아요.

- 知(し)る 예외1 알다 → 知(し)り**ました**。알았**습니다**.
- ふる 1 (비, 눈이) 내리다 → ふり**ました**。내렸**습니다**.
- 聞(き)く 1 듣다 → 聞(き)き**ました**。들었**습니다**.

문형 활용한 긴 문장 말하기

~ました。(~했습니다.)와 앞서 익힌 여러 단어 및 표현을 함께 사용하여 긴 문장을 말해 보아요.

Day11_긴 문장3.mp3

先週(せんしゅう) 言(い)い**ました。**
지난주 말했**습니다.**

学校(がっこう)まで 走(はし)り**ました。**
학교까지 달렸**습니다.**

朝(あさ) はやく 起(お)き**ました。**
아침 일찍 일어났**습니다.**

さっき 電話(でんわ)し**ました。**
방금 전화했**습니다.**

ぜんぜん 知(し)り**ませんでした。**
전혀 알**지 않았습니다.(몰랐습니다.)**

DAY 11

해커스 일본어 첫걸음

단어 ✔

先週 [せんしゅう] 지난주　言う [いう] 말하다　学校 [がっこう] 학교　走る [はしる] 달리다　朝 [あさ] 아침　はやく 일찍　起きる [おきる] 일어나다
さっき 방금, 아까　電話する [でんわする] 전화하다　ぜんぜん 전혀　知る [しる] 알다

실생활 회화 자동발사!

Day11_실생활 회화 자동발사.mp3

먼저 듣기 mp3로 대화를 들어보며 어떤 내용인지 생각해 보세요. 그 다음 따라 말하기 mp3로 따라 말해보세요.

1 근처 식당에서 늦은 점심을 먹고 돌아오는 중인 지민과 동료 사쿠라

지민

カレー、本当(ほんとう)に おいしかったですね。

사쿠라

そうですね。明日(あした)も 一緒(いっしょ)に 行(い)きませんか。

지민

はい、いいですよ。明日(あした)、駅前(えきまえ)の そば屋(や)は どうですか。

사쿠라

そこは 昨日(きのう) 行(い)きました。親子丼(おやこどん)は どうですか。

ゆうめいな 店(みせ)が あります。

지민

いいですね。ここから 近(ちか)いですか。

사쿠라

はい、近(ちか)いです。

いつも 人(ひと)が たくさん います。

1 지민 : 카레, 정말 맛있었지요.
사쿠라 : 그러네요. 내일도 같이 가지 않을래요?
지민 : 네, 좋아요. 내일, 역 앞 소바 가게는 어때요?
사쿠라 : 거기는 어제 갔어요. 오야코동은 어때요?
유명한 가게가 있어요.
지민 : 좋네요. 여기서부터 가깝나요?
사쿠라 : 네, 가까워요.
항상 사람이 많이 있어요.

단어

1. **カレー** 카레 **本当に** [ほんとうに] 정말, 진짜 **おいしい** 맛있다
そうですね 그러네요 **明日** [あした] 내일 **一緒に** [いっしょに] 같이, 함께
行く [いく] 가다 **いい** 좋다 **駅前** [えきまえ] 역 앞
そば屋 [そばや] 소바 가게(국수 가게) **どうですか** 어때요?, 어떻습니까?
そこ 거기 **昨日** [きのう] 어제 **親子丼** [おやこどん] 오야코동(음식)
ゆうめいだ 유명하다 **店** [みせ] 가게 **ある** 있다(사물, 식물) **ここ** 여기
近い [ちかい] 가깝다 **いつも** 항상, 언제나 **人** [ひと] 사람
たくさん 많이, 잔뜩 **いる** 있다(사람, 동물)

2 퇴근 시간, 지민과 나카무라 점장

나카무라

今日(きょう)も おつかれさまでした。じゃ、また 明日(あした)。

지민

え、店長(てんちょう)、わたし、明日(あした)から 旅行(りょこう)です。先週(せんしゅう) 言(い)いましたよ。

나카무라

あ！ そうでした。京都(きょうと)でしたよね。

지민

はい。すごく 楽(たの)しみです。店長(てんちょう)、京都(きょうと)は 何(なに)が ゆうめいですか。

나카무라

京都(きょうと)は まっちゃの デザートが とても ゆうめいです。

지민

へえ、そうなんですね。

ぜんぜん 知(し)りませんでした。

かならず 食(た)べます。

2 나카무라 : 오늘도 수고했어요. 그럼, 내일 봐요.
지민 : 어, 점장님, 저, 내일부터 여행이에요. 지난주 말했어요.
나카무라 : 아! 그랬지요. 교토였지요?
지민 : 네. 무척 기대돼요. 점장님, 교토는 무엇이 유명한가요?
나카무라 : 교토는 말차 디저트가 대단히 유명해요.
지민 : 아하, 그렇군요. 전혀 몰랐어요.
반드시 먹을게요.

단어

2. **今日** [きょう] 오늘 **店長** [てんちょう] 점장(님) **わたし** 저, 나 **旅行** [りょこう] 여행 **先週** [せんしゅう] 지난주 **言う** [いう] 말하다 **そうでした** 그랬지요, 그랬어요 **京都** [きょうと] 교토(지명) **すごく** 무척, 몹시 **楽しみだ** [たのしみだ] 기대되다, 즐겁다 **何** [なに] 무엇 **ゆうめいだ** 유명하다 **まっちゃ** 말차 **デザート** 디저트 **とても** 대단히 **そうなんですね** 그렇군요 **ぜんぜん** 전혀 **知る** [しる] 알다 **かならず** 반드시 **食べる** [たべる] 먹다

연습문제로 실력 확인하기

Day11_연습문제로 실력 확인하기.mp3

1 단어 듣고 골라 써보기

음성으로 들려주는 단어를 보기에서 골라 써 보세요. 그 다음 단어의 뜻을 써보세요.

보기 聞(き)く 見(み)る 分(わ)かる 飲(の)む

1) ______________ (뜻 :   )

2) ______________ (뜻 :   )

3) ______________ (뜻 :   )

2 문장 읽고 뜻 써보기

다음 문장을 큰 소리로 읽은 후 뜻을 써 보세요. 그 다음 음성을 들으며 한 번 더 읽어 보세요.

1) かならず 食(た)べます。(뜻 :   )

2) 一生(いっしょう) わすれません。(뜻 :   )

3) 朝(あさ) はやく 起(お)きました。(뜻 :   )

3 질문에 답하기

제시된 단어를 사용하여 질문에 알맞은 답변을 빈칸에 써 보세요. 그 다음 큰 소리로 따라 읽어 보세요.

1) 今日(きょう)は 家(いえ)から 出(で)ますか。 오늘은 집에서 나가나요?

→ いいえ、______________。(今日(きょう) / 家(いえ) / 出(で)る) 아니요, 오늘은 집에서 나가지 않아요.

2) 人(ひと)、おおかったですか。 사람, 많았어요?

→ はい、______________。(人(ひと) / たくさん / いる) 네, 사람이 많이 있었어요.

3) さっき、電話(でんわ)しましたか。 방금 전화했나요?

→ いいえ、______________。(電話(でんわ)する) 아니요, 전화하지 않았습니다.

4 빈칸 채우기 JLPT N4, N5 문법 대비 유형

빈칸에 들어갈 단어를 골라 문장을 완성하세요. 그 다음 큰 소리로 읽어 보세요.

1) 明日(あした)も 一緒(いっしょ)に (　　　　) ませんか。

① 行(い)き　　② 行(い)く　　③ 行(い)

2) 人(ひと)が たくさん (　　　　)。

① います　　② あります　　③ します

3) A「友達(ともだち)から へんじが きましたか。」

B「いいえ、友達(ともだち)から へんじが (　　　　)。」

① きます　　② きました　　③ きませんでした

5 문장 완성하기 JLPT N4, N5 문법 대비 유형

선택지를 올바르게 배열하여 문장을 완성한 다음 ★에 들어갈 선택지를 고르세요.

1) 親子丼(おやこどん)が ゆうめい ＿＿ ＿＿ ★ ＿＿ 。

① な　　② が　　③ あります　　④ 店(みせ)

2) その 仕事(しごと) ＿＿ ＿＿ ★ ＿＿ か。

① します　　② が　　③ は　　④ だれ

<해커스 일본어 첫걸음> 어플로
단어 게임을 해보세요!

연습문제 정답 p.253

Day 12

생일 선물을 삽니다.

誕生日(たんじょうび) プレゼントを買(か)います。

한 번에 학습하기

생일 선물을 삽니다.

誕生日(たんじょうび) プレゼントを 買(か)います。

백화점에서 무엇을 삽니까?

デパートで 何(なに)を 買(か)いますか。

이런 말을 할 수 있어요.

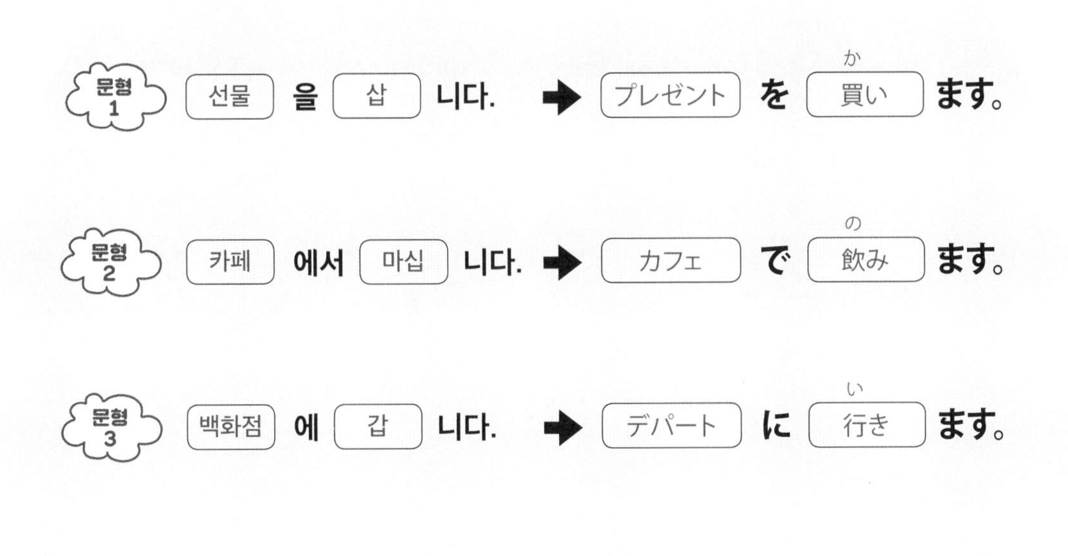

문형 1 선물 을 삽 니다. ➡ プレゼント を 買(か)い ます。
문형 2 카페 에서 마십 니다. ➡ カフェ で 飲(の)み ます。
문형 3 백화점 에 갑 니다. ➡ デパート に 行(い)き ます。

오늘은 일본어 동사와 함께 자주 쓰이는 '을/를', '에서', '에/으로'와 같은 의미의 조사들을 앞서 익힌 동사 문형 '~ます(~합니다)'와 함께 배울 거예요. 오늘의 문형을 배우면 '선물을 삽니다.', '카페에서 마십니다.', '백화점에 갑니다.'와 같이 일상 생활에서 흔히 사용하는 말을 일본어로 쉽게 말할 수 있어요.

말이 술술 쏟아지는 문형

음성을 듣고 문장을 큰 소리로 따라 말해 보세요.

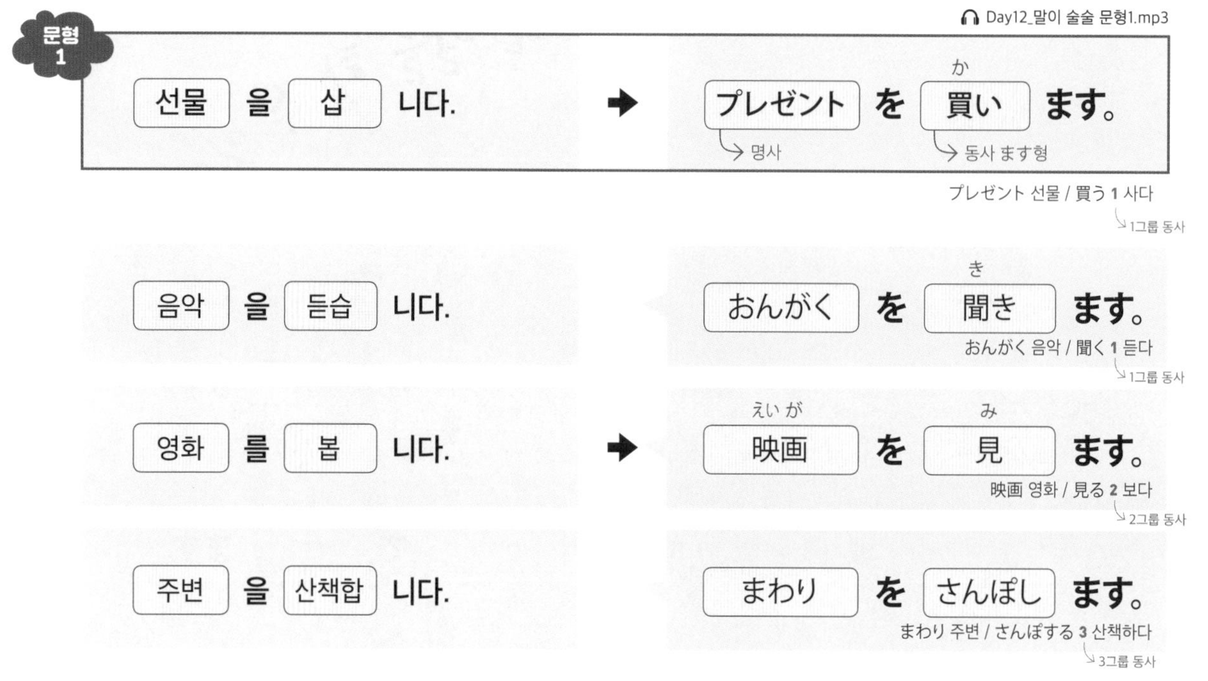

Day12_말이 술술 문형1.mp3
문형 1
선물 을 삽 니다. → プレゼント を 買(か)い ます。
명사
동사 ます형
プレゼント 선물 / 買う 1 사다
1그룹 동사
음악 을 듣습 니다. → おんがく を 聞(き)き ます。
おんがく 음악 / 聞く 1 듣다
1그룹 동사
영화 를 봅 니다. → 映画(えいが) を 見(み) ます。
映画 영화 / 見る 2 보다
2그룹 동사
주변 을 산책합 니다. → まわり を さんぽし ます。
まわり 주변 / さんぽする 3 산책하다
3그룹 동사

문형 탐구

1. 우리말 '선물을 삽니다'처럼 '~을 ~합니다'와 같은 말을 하고 싶을 때에는 '～を　～ます'를 써요. 여기서 を는 '을/를'이라는 뜻을 가진 조사이며 명사 뒤에 붙여 써요.

Day11에서 배운 것과 마찬가지로 ます는 상황에 따라 현재를 나타내는 '합니다' 또는 가까운 미래를 나타내는 '하겠습니다'라는 뜻으로 쓰여요.

+플러스포인트 동사 会(あ)う(만나다), 乗(の)る(타다) 앞에 '~을/를'을 쓰고 싶을 때는, 조사 を가 아니라 に를 써야 해요. 예외적인 동사이기 때문에 꼭 외워두세요.

예 人(ひと)**に** 会(あ)います。사람**을** 만납니다. / バス**に** 乗(の)ります。버스**를** 탑니다.

2. 아래의 명사와 동사를 사용한 문장도 따라 말해 보아요.

- 友達(ともだち) 친구 / 会(あ)う 1 만나다 → 友達(ともだち)**に** 会(あ)い**ます**。친구를 만납**니다**.
- 料理(りょうり) 요리 / 作(つく)る 1 만들다 → 料理(りょうり)**を** 作(つく)り**ます**。요리를 만듭**니다**.
- 店(みせ) 가게 / 紹介(しょうかい)する 3 소개하다 → 店(みせ)**を** 紹介(しょうかい)し**ます**。가게를 소개합**니다**.

문형 활용한 긴 문장 말하기

～を(に) ～ます。(~을/를 ~합니다.) 와 앞서 익힌 여러 단어 및 표현을 함께 사용하여 긴 문장을 말해 보아요.

Day12_긴 문장1.mp3

誕生日(たんじょうび) プレゼント**を** 買(か)い**ます。**
생일 선물을 삽**니다.**

好(す)きな おんがく**を** 聞(き)き**ます。**
좋아하는 음악을 듣습**니다.**

今(いま)から 映画(えいが)**を** 見**ます。**
지금부터 영화를 봅**니다.**

鴨川(かもがわ)*の まわり**を** さんぽし**ます。**
가모가와 주변을 산책합**니다.**

*교토 시를 흐르는 강이에요.

今日(きょう)は 友達(ともだち)**に** 会(あ)い**ます。**
오늘은 친구를 만납**니다.**

단어

誕生日 [たんじょうび] 생일　プレゼント 선물　買う [かう] 사다　好きだ [すきだ] 좋아하다　おんがく 음악　聞く [きく] 듣다　今 [いま] 지금
映画 [えいが] 영화　見る [みる] 보다　鴨川 [かもがわ] 가모가와(지명)　まわり 주변　さんぽする 산책하다　今日 [きょう] 오늘　友達 [ともだち] 친구
会う [あう] 만나다

말이 술술 쏟아지는 문형

음성을 듣고 문장을 큰 소리로 따라 말해 보세요.

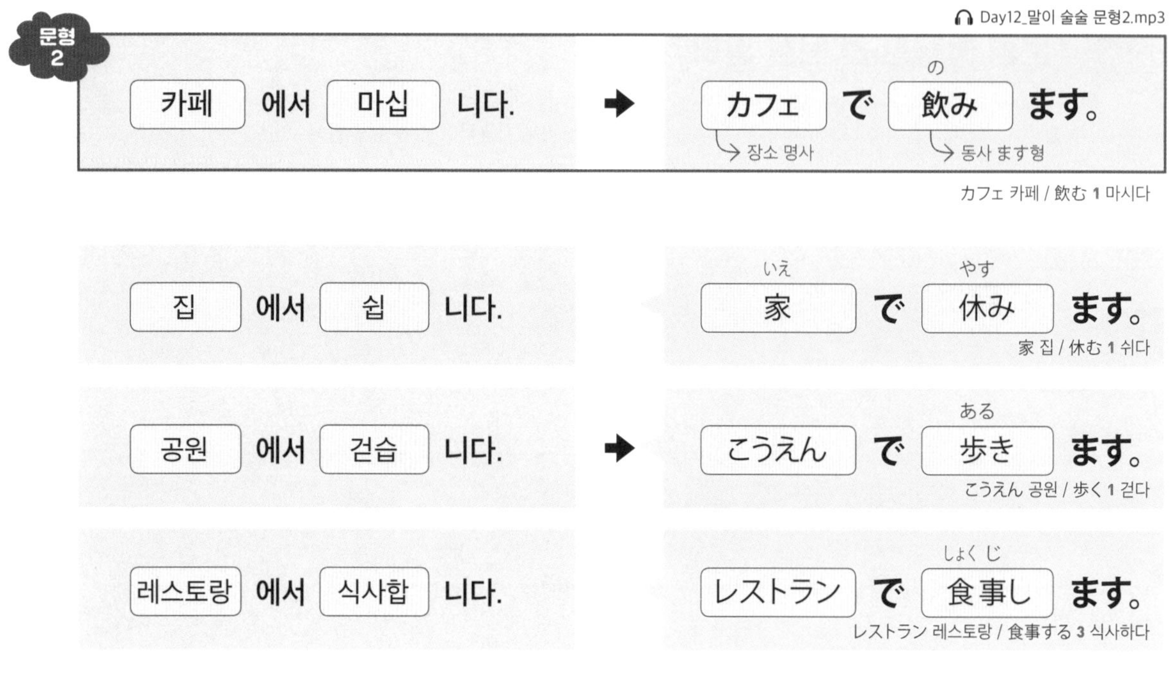

Day12_말이 술술 문형2.mp3
문형 2
카페 에서 마십 니다. → カフェ で 飲(の)み ます。
장소 명사
동사 ます형
カフェ 카페 / 飲む 1 마시다
집 에서 쉽 니다. → 家(いえ) で 休(やす)み ます。
家 집 / 休む 1 쉬다
공원 에서 걷습 니다. → こうえん で 歩(ある)き ます。
こうえん 공원 / 歩く 1 걷다
레스토랑 에서 식사합 니다. → レストラン で 食事(しょくじ)し ます。
レストラン 레스토랑 / 食事する 3 식사하다

문형 탐구

1. 우리말 '카페에서 마십니다'처럼 '~에서 ~합니다'와 같은 말을 하고 싶을 때에는 '～で ～ます'를 써요. 여기서 で는 '에서'라는 뜻을 가진 조사예요. 장소를 나타내는 명사 뒤에 で를 붙여 동작이 이뤄지는 장소를 나타내요.

2. 아래의 명사와 동사를 사용한 문장도 따라 말해 보아요.

- ここ 여기 / 待(ま)つ 1 기다리다 → ここ**で** 待(ま)ち**ます**。 여기**에서** 기다립**니다**.
- 海(うみ) 바다 / 泳(およ)ぐ 1 수영하다 → 海(うみ)**で** 泳(およ)ぎ**ます**。 바다**에서** 수영합**니다**.
- としょかん 도서관 / 勉強(べんきょう)する 3 공부하다 → としょかん**で** 勉強(べんきょう)し**ます**。 도서관**에서** 공부합**니다**.

문형 활용한 긴 문장 말하기

～で ～ます。(~에서 ~합니다.) 와 앞서 익힌 여러 단어 및 표현을 함께 사용하여 긴 문장을 말해 보아요.

Day12_긴 문장2.mp3

カフェ**で** コーヒーを 飲(の)み**ます。**
카페**에서** 커피를 마십**니다.**

今日(きょう)は 家(いえ)**で** 休(やす)み**ます。**
오늘은 집**에서** 쉽**니다.**

こうえん**で** ゆっくり 歩(ある)き**ます。**
공원**에서** 느긋하게 걷습**니다.**

一緒(いっしょ)に レストラン**で** 食事(しょくじ)し**ます。**
같이 레스토랑**에서** 식사합**니다.**

わたしは ここ**で** 待(ま)ち**ます。**
저는 여기**에서** 기다리겠습**니다.**

단어

カフェ 카페 コーヒー 커피 飲む [のむ] 마시다 今日 [きょう] 오늘 家 [いえ] 집 休む [やすむ] 쉬다 こうえん 공원 ゆっくり 느긋하게, 천천히 歩く [あるく] 걷다 一緒に 같이, 함께 レストラン 레스토랑 食事する [しょくじする] 식사하다 わたし 저, 나 ここ 여기 待つ [まつ] 기다리다

말이 술술 쏟아지는 문형

음성을 듣고 문장을 큰 소리로 따라 말해 보세요.

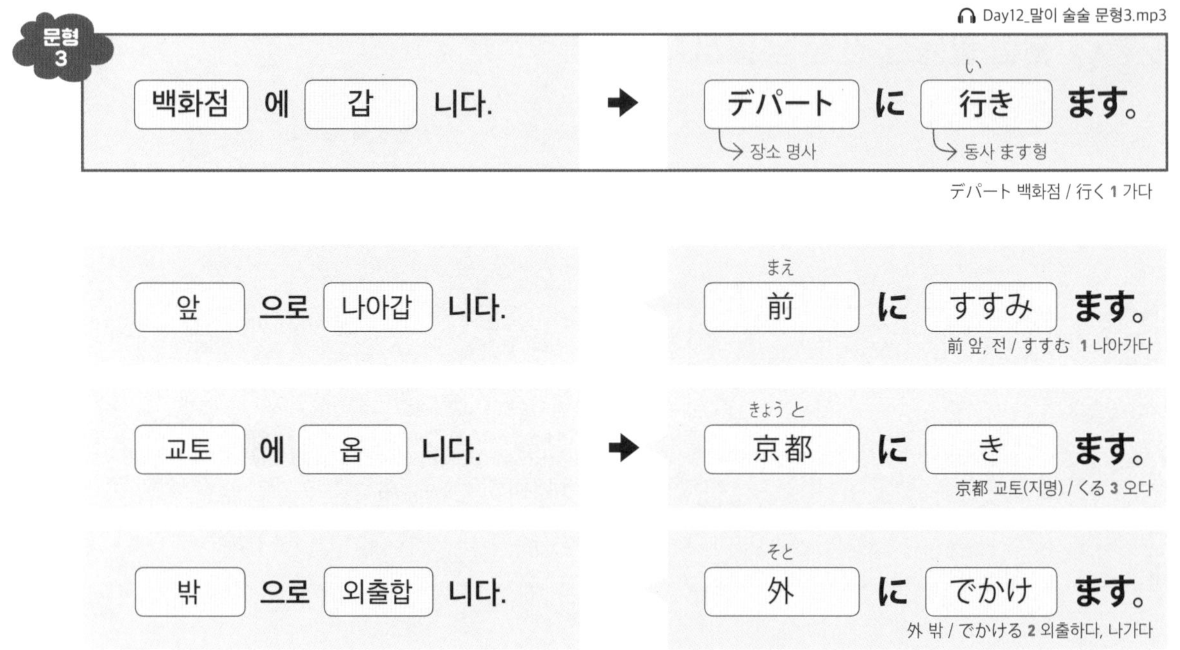

Day12_말이 술술 문형3.mp3
문형 3
백화점 에 갑 니다. → デパート に 行(い)き ます。
장소 명사
동사 ます형
デパート 백화점 / 行く 1 가다
앞 으로 나아갑 니다. → 前(まえ) に すすみ ます。
前 앞, 전 / すすむ 1 나아가다
교토 에 옵 니다. → 京都(きょうと) に き ます。
京都 교토(지명) / くる 3 오다
밖 으로 외출합 니다. → 外(そと) に でかけ ます。
外 밖 / でかける 2 외출하다, 나가다

문형 탐구

1. 우리말 '백화점에 갑니다' 또는 '앞으로 나아갑니다'와 같이 '~에/으로 ~합니다'와 같은 말을 하고 싶을 때에는 '~に ~ます'를 써요. 여기서 に는 '에/으로'라는 뜻의 조사예요. 장소를 나타내는 명사 뒤에 に를 붙이면 이동의 방향이나 목적지를 나타낼 수 있어요.

+플러스포인트 に 대신 조사 へ를 써도 이동의 방향이나 목적지를 나타낼 수 있어요. 이때 へ는 '헤[he]'가 아닌 '에[e]'로 발음해요.

예 デパート**に** 行(い)き**ます**。 = デパート**へ** 行(い)き**ます**。 백화점**에** 갑**니다**.

2. 아래의 명사와 동사를 사용한 문장도 따라 말해 보아요.

- 韓国(かんこく) 한국 / 帰(かえ)る 예외1 돌아가다 → 韓国**へ** 帰(かえ)り**ます**。 한국**으로** 돌아갑**니다**.
- 中(なか) 안 / 入(はい)る 예외1 들어가다 → 中**に** 入(はい)り**ます**。 안**으로** 들어갑**니다**.
- 駅(えき) 역 / むかう 1 향하다 → 駅**に** むかい**ます**。 역**으로** 향합**니다**.

문형 활용한 긴 문장 말하기

～に(へ) ～ます。(~에/으로 ~합니다.)와 앞서 익힌 여러 단어 및 표현을 함께 사용하여 긴 문장을 말해 보아요.

Day12_긴 문장3.mp3

今(いま)から デパート**に** 行(い)き**ます**。
지금부터 백화점**에** 갑**니다.**

少(すこ)しずつ 前(まえ)**に** すすみ**ます**。
조금씩 앞**으로** 나아가겠습**니다.**

今日(きょう) 京都(きょうと)**に** き**ます**。
오늘 교토**에** 옵**니다.**

天気(てんき)が いい 日(ひ)は 外(そと)**に** でかけ**ます**。
날씨가 좋은 날은 밖**으로** 외출합**니다.**

明日(あした)は 韓国(かんこく)**へ** 帰(かえ)り**ます**。
내일은 한국**으로** 돌아갑**니다.**

단어

今 [いま] 지금　デパート 백화점　行く [いく] 가다　少しずつ [すこしずつ] 조금씩　前 [まえ] 앞　すすむ 나아가다　今日 [きょう] 오늘　京都 [きょうと] 교토(지명)　くる 오다　天気 [てんき] 날씨　いい 좋다　日 [ひ] 날　外 [そと] 밖　でかける 외출하다, 나가다　明日 [あした] 내일　韓国 [かんこく] 한국　帰る [かえる] 돌아가다

실생활 회화 자동발사!

Day12_실생활 회화 자동발사.mp3

먼저 듣기 mp3로 대화를 들어보며 어떤 내용인지 생각해 보세요. 그 다음 따라 말하기 mp3로 따라 말해보세요.

1 퇴근하는 노조미와 야마모토 부장

노조미
部長(ぶちょう)、今日(きょう) のみかいが あります。一緒(いっしょ)に どうですか。

야마모토
今日(きょう)は ちょっと…。今(いま)から デパートに 行(い)きます。
→ ちょっと라고 말하며 끝을 흐리면, 완곡하게 거절하는 말이 돼요.

노조미
え、デパートですか。

야마모토
実(じつ)は、明日(あした) 夫(おっと)の 誕生日(たんじょうび)なんです。
→ 명사나 な형용사를 강조하거나 재차 확인할 때에는 끝에 なん을 붙여요.
だから、誕生日(たんじょうび) プレゼントを 買(か)います。

노조미
ええ! いいですね。
明日(あした)は 何(なに)を しますか。

야마모토
一緒(いっしょ)に レストランで 食事(しょくじ)します。

노조미
わあ! すてきですね。

1 노조미 : 부장님, 오늘 회식이 있어요. 함께 어때요?
야마모토 : 오늘은 조금…. 지금부터 백화점에 가요.
노조미 : 어, 백화점 말인가요?
야마모토: 실은, 내일 남편의 생일이에요.
그래서, 생일 선물을 살 거예요.
노조미 : 어! 좋네요. 내일은 무엇을 하나요?
야마모토 : 같이 레스토랑에서 식사할 거예요.
노조미 : 와! 멋지네요.

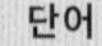
단어

1. **部長** [ぶちょう] 부장(님) **今日** [きょう] 오늘 **のみかい** 회식
ある 있다(사물, 식물) **一緒に** [いっしょに] 함께, 같이
どうですか 어때요?, 어떻습니까? **ちょっと** 조금, 잠깐 **今** [いま] 지금
デパート 백화점 **行く** [いく] 가다 **実は** [じつは] 실은, 사실은
明日 [あした] 내일 **夫** [おっと] 남편 **誕生日** [たんじょうび] 생일
だから 그래서, 그러니까 **プレゼント** 선물 **買う** [かう] 사다
いい 좋다 **何** [なに] 무엇 **する** 하다 **レストラン** 레스토랑
食事する [しょくじする] 식사하다 **すてきだ** 멋지다, 근사하다

2 노조미의 단골 식당에서 나란히 앉게 된 노조미와 지민

노조미

京都(きょうと)は 旅行(りょこう)ですか。

지민

はい。今日(きょう) 京都(きょうと)に きました。

노조미

そうですか。お名前(なまえ)は 何(なん)ですか。

지민

イ・ジミンです。韓国人(かんこくじん)です。

노조미

はじめまして。わたしは 松本(まつもと) 希美(のぞみ)です。今日(きょう)は 何(なに)を しましたか。

지민

今日(きょう)は 鴨川(かもがわ)の まわりを ゆっくり さんぽしました。

가모가와는 교토 시를 관통하는 강이에요. 강둑을 따라 걸으면 교토의 정취를 느낄 수 있어요.

それから 近(ちか)くの カフェで コーヒーを 飲(の)みました。

노조미

鴨川(かもがわ)は 本当(ほんとう)に いい ところですよね。

지민

はい、けしきが とても すてきでした。

2 노조미 : 교토는 여행인가요?
지민 : 네. 오늘 교토에 왔어요.
노조미 : 그런가요? 이름은 무엇인가요?
지민: 이지민이에요. 한국인입니다.
노조미 : 처음 뵙겠습니다. 저는 마츠모토 노조미예요.
오늘은 무엇을 했나요?
지민 : 오늘은 가모가와 주변을 느긋하게 산책했어요.
그리고 나서 근처 카페에서 커피를 마셨어요.
노조미 : 가모가와는 정말 좋은 곳이지요.
지민 : 네, 경치가 대단히 멋졌어요.

단어

2. **京都** [きょうと] 교토(지명) **旅行** [りょこう] 여행 **今日** [きょう] 오늘 **くる** 오다 **そうですか** 그런가요?, 그래요? **お名前** [おなまえ] 이름 **韓国人** [かんこくじん] 한국인 **わたし** 저, 나 **何** [なに] 무엇 **する** 하다 **鴨川** [かもがわ] 가모가와(장소) **まわり** 주변 **ゆっくり** 느긋하게, 천천히 **さんぽする** 산책하다 **それから** 그리고 나서 **近く** [ちかく] 근처 **カフェ** 카페 **コーヒー** 커피 **飲む** [のむ] 마시다 **本当に** [ほんとうに] 정말, 진짜 **いい** 좋다 **ところ** 곳, 장소 **けしき** 경치 **とても** 대단히 **すてきだ** 멋지다, 근사하다

연습문제로 실력 확인하기

Day12_연습문제로 실력 확인하기.mp3

1 단어 듣고 골라 써보기

음성으로 들려주는 단어를 보기에서 골라 써 보세요. 그 다음 단어의 뜻을 써 보세요.

보기 映画(えいが) 料理(りょうり) 歩く(あるく) でかける

1) ______________ (뜻 :   )

2) ______________ (뜻 :   )

3) ______________ (뜻 :   )

2 문장 읽고 뜻 써보기

다음 문장을 큰 소리로 읽은 후 뜻을 써 보세요. 그 다음 음성을 들으며 한 번 더 읽어 보세요.

1) 少(すこ)しずつ 前(まえ)に すすみます。(뜻 :   )

2) 好(す)きな おんがくを 聞(き)きます。(뜻 :   )

3) 一緒(いっしょ)に レストランで 食事(しょくじ)します。(뜻 :   )

3 질문에 답하기

제시된 단어를 사용하여 질문에 알맞은 답변을 빈칸에 써 보세요. 그 다음 큰 소리로 따라 읽어 보세요.

1) 今日(きょう)は 何(なに)を しますか。 오늘은 무엇을 합니까?

→ 今日(きょう)は ______________ 。(家(いえ) / 休(やす)む) 오늘은 집에서 쉽니다.

2) 今(いま)から どこに 行(い)きますか。 지금부터 어디에 갑니까?

→ 今(いま)から ______________ 。(デパート / 行(い)く) 지금부터 백화점에 갑니다.

3) 今日(きょう)は 何(なに)を しましたか。 오늘은 무엇을 했나요?

→ 鴨川(かもがわ)の ______________ 。(まわり / さんぽする) 가모가와 주변을 산책했어요.

4 빈칸 채우기 JLPT N4, N5 문법 대비 유형

빈칸에 들어갈 단어를 골라 문장을 완성하세요. 그 다음 큰 소리로 읽어 보세요.

1) こうえん (　　　　　) ゆっくり さんぽします。

① で　　② へ　　③ に

2) 友達(ともだち) (　　　　　) 会(あ)います。

① で　　② を　　③ に

3) 今(いま)から 家(いえ) (　　　　　) 帰(かえ)ります。

① を　　② へ　　③ で

5 문장 완성하기 JLPT N4, N5 문법 대비 유형

선택지를 올바르게 배열하여 문장을 완성한 다음 ★ 에 들어갈 선택지를 고르세요.

1) A「明日(あした)は 夫(おっと)の 誕生日(たんじょうび)です。だから、＿＿ ＿＿ ★ ＿＿ 。」

B「ええ！いいですね。」

① を　　② プレゼント　　③ 買(か)い　　④ ます

2) 近(ちか)くの カフェ ＿＿ ＿＿ ★ ＿＿ ました。

① で　　② 飲(の)み　　③ コーヒー　　④ を

연습문제 정답 p.253

<해커스 일본어 첫걸음> 어플로
단어 게임을 해보세요!

Day 13

서쪽 출구에서 만납시다.

西口(にしぐち)で 会(あ)いましょう。

한 번에 학습하기

서쪽 출구에서 만납시다.

西口(にしぐち)で 会(あ)いましょう。

내일, 교토역 어디에서 만납니까?

明日(あした)、 京都駅(きょうとえき)の どこで 会(あ)いますか。

이런 말을 할 수 있어요.

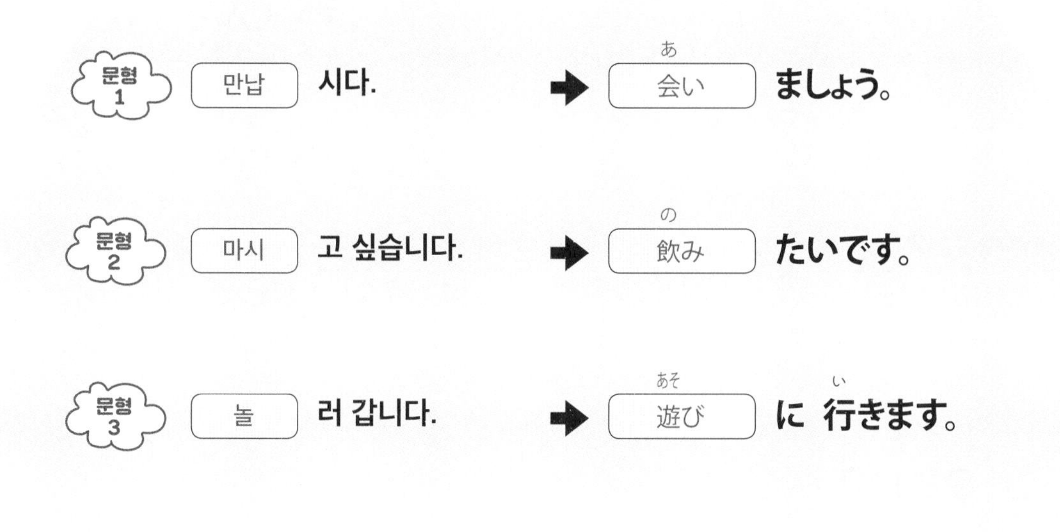

문형 1
만납 시다.
あ
会い ましょう。
문형 2
마시 고 싶습니다.
の
飲み たいです。
문형 3
놀 러 갑니다.
あそ
遊び
い
に 行きます。

오늘은 동사의 ます형 뒤에 붙여 권유, 희망, 목적을 나타내는 동사 문형들을 배울 거예요.
오늘의 문형을 배우면 '만납시다.', '마시고 싶습니다.', '놀러 갑니다.'와 같이
일상 생활에서 흔히 사용하는 말을 일본어로 쉽게 말할 수 있어요.

말이 술술 쏟아지는 문형

음성을 듣고 문장을 큰 소리로 따라 말해 보세요.

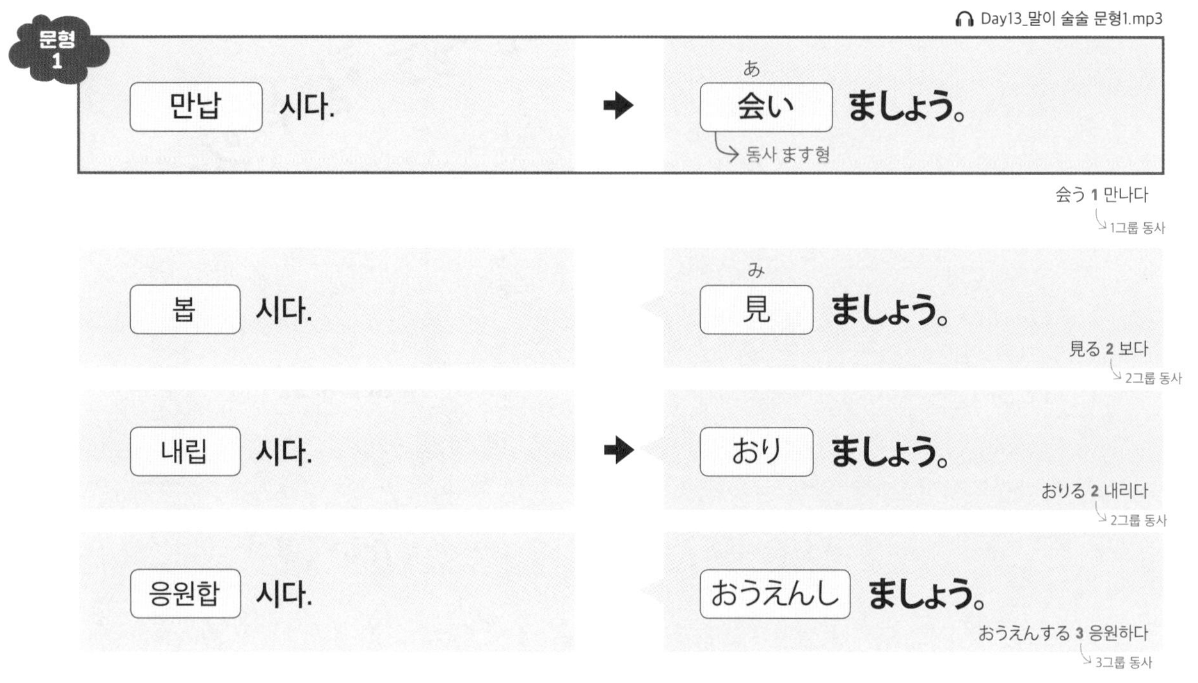

Day13_말이 술술 문형1.mp3
문형 1
만납 시다.
会い(あ) ましょう。
동사 ます형
会う 1 만나다
1그룹 동사
봄 시다.
見(み) ましょう。
見る 2 보다
2그룹 동사
내립 시다.
おり ましょう。
おりる 2 내리다
2그룹 동사
응원합 시다.
おうえんし ましょう。
おうえんする 3 응원하다
3그룹 동사

문형 탐구

1. 동사의 ます형 뒤에 ましょう를 붙이면 '~합시다'라고 권유하는 말이 돼요.

+플러스포인트 '～ましょう' 뒤에 의문을 만드는 か를 붙여 '～ましょうか'라고 쓰면 '~할까요?'라는 의미로, 상대의 의향을 물으면서 좀 더 우회적으로 권유하는 뉘앙스를 전달할 수 있어요.

예 会(あ)い**ましょう**。만납**시다**. → 会(あ)い**ましょうか**。만날**까요?**

2. 아래의 동사도 ～ましょう。(~합시다.) 문형으로 따라 말해 보아요.

- 行(い)く 1 가다 → 行(い)き**ましょう**。갑**시다**.
- きめる 2 결정하다 → きめ**ましょう**。결정합**시다**.
- しんじる 2 믿다 → しんじ**ましょう**。믿읍**시다**.

일본어 동사의 활용 강의 바로가기

문형 활용한 긴 문장 말하기

~ましょう。(~합시다.) 와 앞서 익힌 여러 단어 및 표현을 함께 사용하여 긴 문장을 말해 보아요.

Day13_긴 문장1.mp3

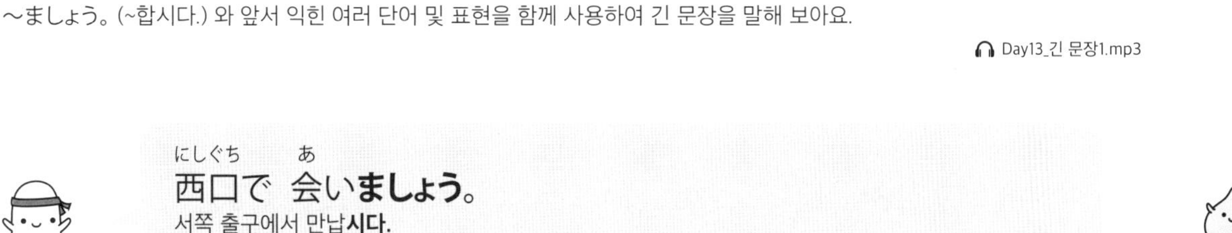

西口(にしぐち)で 会(あ)い**ましょう。**
서쪽 출구에서 만납**시다.**

一緒(いっしょ)に メニューを 見(み)**ましょう。**
같이 메뉴를 봅**시다.**

次(つぎ)の 駅(えき)で おり**ましょう。**
다음 역에서 내립**시다.**

いっしょうけんめい おうえんし**ましょう。**
최선을 다해 응원합**시다.**

わたしと* 一緒(いっしょ)に 行(い)き**ましょうか。**
저와 함께 갈**까요?**

* '~と'는 '~와'라는 뜻의 조사로 명사 뒤에 붙여 써요.

단어 ✔

西口 [にしぐち] 서쪽 출(입)구　会う [あう] 만나다　一緒に [いっしょに] 같이, 함께　メニュー 메뉴　見る [みる] 보다　次 [つぎ] 다음　駅 [えき] 역
おりる 내리다　いっしょうけんめい 최선을 다해　おうえんする 응원하다　わたし 저, 나　行く [いく] 가다

말이 술술 쏟아지는 문형

음성을 듣고 문장을 큰 소리로 따라 말해 보세요.

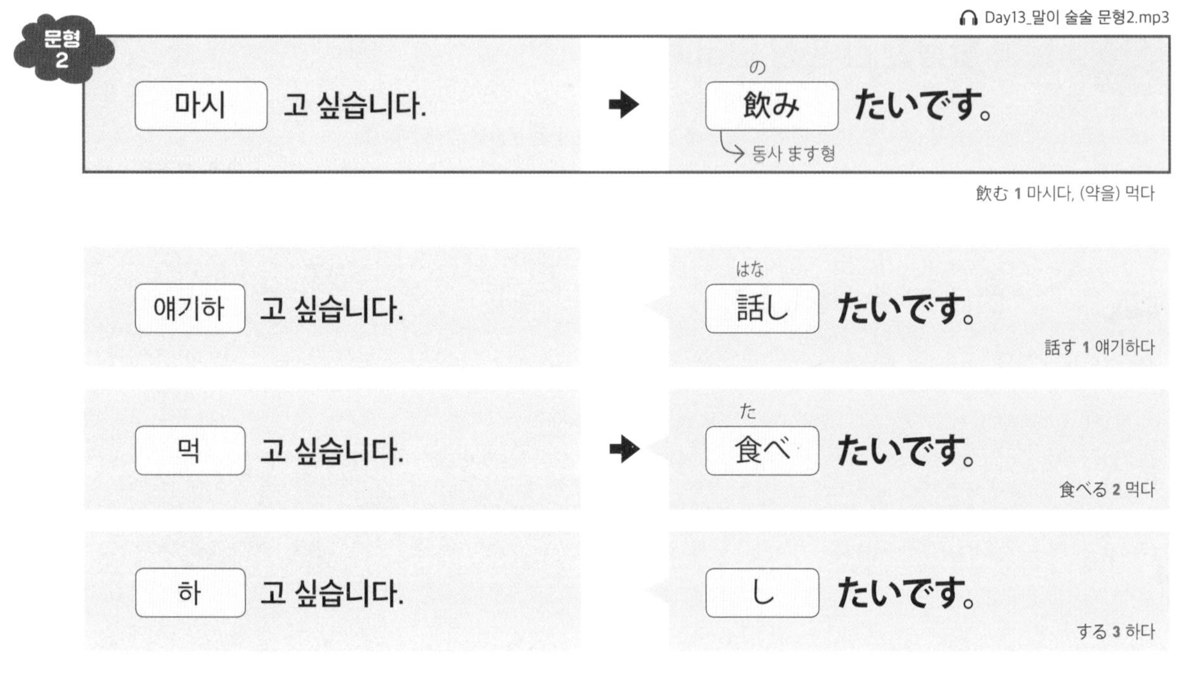

Day13_말이 술술 문형2.mp3
문형 2
마시 고 싶습니다.
飲み たいです。
동사 ます형
飲む 1 마시다, (약을) 먹다
얘기하 고 싶습니다.
話し たいです。
話す 1 얘기하다
먹 고 싶습니다.
食べ たいです。
食べる 2 먹다
하 고 싶습니다.
し たいです。
する 3 하다

문형 탐구

1. 동사의 ます형 뒤에 たいです를 붙이면 '~하고 싶습니다'라는 뜻의 희망이나 바람을 나타내는 말이 돼요.

+플러스포인트 たいです(하고 싶습니다)의 부정형은 たく ないです(하고 싶지 않습니다)이고 과거형은 たかったです(하고 싶었습니다)예요. たい를 い형용사처럼 활용하면 돼요.

예 부정 飲み**たく ないです**。마시**고 싶지 않습니다**.

과거 飲み**たかったです**。마시**고 싶었습니다**.

과거 부정 飲み**たく なかったです**。마시**고 싶지 않았습니다**.

2. 아래의 동사도 ~たいです。(~하고 싶습니다.) 문형으로 따라 말해 보아요.

- 寝る 2 자다 → 寝**たいです**。자**고 싶습니다**.
- 聞く 1 듣다, 묻다 → 聞き**たいです**。듣**고 싶습니다**. / 묻**고 싶습니다**.
- 休む 1 쉬다 → 休み**たいです**。쉬**고 싶습니다**.

문형 활용한 긴 문장 말하기

~たいです。(~하고 싶습니다.) 와 앞서 익힌 여러 단어 및 표현을 함께 사용하여 긴 문장을 말해 보아요.

Day13_긴 문장2.mp3

コーヒーが 飲(の)み**たいです。**
커피가 마시**고 싶습니다.**

自分(じぶん)の かんがえを 話(はな)し**たいです。**
나 자신의 생각을 얘기하**고 싶습니다.**

ケーキも 食(た)べ**たいです。**
케이크도 먹**고 싶습니다.**

バスケットボールが し**たいです。**
농구가 하**고 싶습니다.**

今日(きょう)は はやく 寝(ね)**たいです。**
오늘은 일찍 자**고 싶습니다.**

단어

コーヒー 커피　飲む [のむ] 마시다　自分 [じぶん] 나 자신, 자기 자신　考え [かんがえ] 생각　話す [はなす] 얘기하다　ケーキ 케이크　食べる [たべる] 먹다
バスケットボール 농구　する 하다　今日 [きょう] 오늘　はやく 일찍, 빨리　寝る [ねる] 자다

말이 술술 쏟아지는 문형

음성을 듣고 문장을 큰 소리로 따라 말해 보세요.

Day13_말이 술술 문형3.mp3

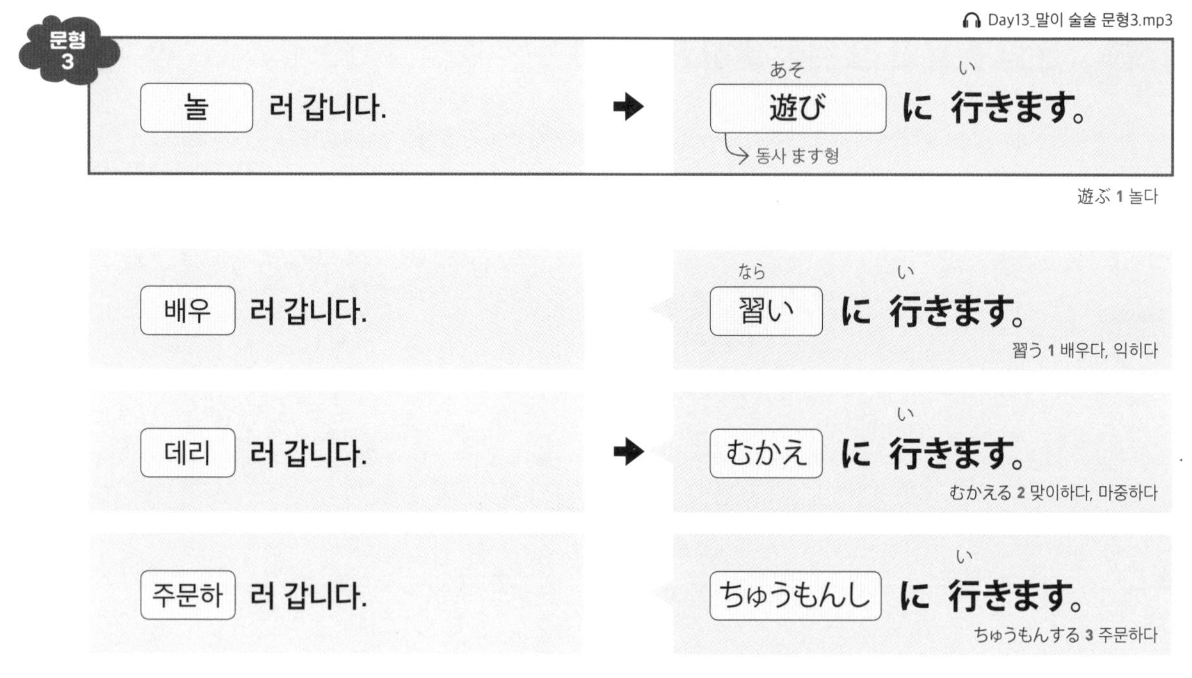

문형 3

놀 러 갑니다. → 遊(あそ)び に 行(い)きます。

동사 ます형

遊ぶ 1 놀다

배우 러 갑니다. → 習(なら)い に 行(い)きます。

習う 1 배우다, 익히다

데리 러 갑니다. → むかえ に 行(い)きます。

むかえる 2 맞이하다, 마중하다

주문하 러 갑니다. → ちゅうもんし に 行(い)きます。

ちゅうもんする 3 주문하다

문형 탐구

1. 동사의 ます형 뒤에 に 行(い)きます를 붙이면 '~하러 갑니다'라는 뜻의 말이 돼요.

여기서 조사 に는 방향을 나타내는 '~에/으로'가 아닌, '~하러'라는 뜻으로 사용되었어요.

+플러스포인트 行(い)きます를 앞서 익힌 ます형 활용 문형으로 바꾸어 사용하면 다양한 표현을 말할 수 있어요.

예 遊(あそ)びに 行(い)き**ますか** / 遊(あそ)びに 行(い)き**ません** / 遊(あそ)びに 行(い)き**ました** / 遊(あそ)びに 行(い)き**ましょう** / 遊(あそ)びに 行(い)き**たいです**

놀러 갑**니까?** / 놀러 가**지 않습니다** / 놀러 갔**습니다** / 놀러 갑**시다** / 놀러 가**고 싶습니다**

2. 아래의 동사도 ~に 行(い)きます。(~하러 갑니다.) 문형으로 따라 말해 보아요.

- 買(か)う 1 사다 → 買(か)い**に 行(い)きます**。 사**러 갑니다**.
- 撮(と)る 1 (사진을) 찍다 → 撮(と)り**に 行(い)きます**。 (사진을) 찍으**러 갑니다**.
- 運動(うんどう)する 3 운동하다 → 運動(うんどう)し**に 行(い)きます**。 운동하**러 갑니다**.

문형 활용한 긴 문장 말하기

～に 行(い)きます。(~하러 갑니다.) 와 앞서 익힌 여러 단어 및 표현을 함께 사용하여 긴 문장을 말해 보아요.

Day13_긴 문장3.mp3

友達(ともだち)の 家(いえ)に 遊(あそ)び**に** **行(い)きます。**
친구 집에 놀**러** **갑니다.**

料理(りょうり)を 習(なら)い**に** **行(い)きます。**
요리를 배우**러** **갑니다.**

駅(えき)に むかえ**に** **行(い)きます。**
역에 데리**러** **갑니다.**

わたしが ちゅうもんし**に** **行(い)きます。**
제가 주문하**러** **가겠습니다.**

一緒(いっしょ)に ふくを 買(か)い**に** **行(い)きましょうか。**
같이 옷을 사**러** **갈까요?**

단어 ✔

友達 [ともだち] 친구　家 [いえ] 집　遊ぶ [あそぶ] 놀다　料理 [りょうり] 요리　習う [ならう] 배우다　駅 [えき] 역　むかえる 맞이하다, 마중하다　わたし 저, 나　ちゅうもんする 주문하다　一緒に [いっしょに] 같이, 함께　ふく 옷　買う [かう] 사다

실생활 회화 자동발사!

Day13_실생활 회화 자동발사.mp3

먼저 듣기 mp3로 대화를 들어보며 어떤 내용인지 생각해 보세요. 그 다음 따라 말하기 mp3로 따라 말해보세요.

1 단골 식당에서 다시 만난 노조미와 지민

노조미: わ！ ジミン さんじゃ ないですか。 京都(きょうと)は どうですか。

지민: 最高(さいこう)です。いろんな ところに 行(い)きました。

노조미: よかったです。明日(あした)は 何(なに)を しますか。

지민: ゆうめいな カフェに まっちゃケーキを 食(た)べに 行(い)きます。

노조미: まっちゃケーキですか。いいですね。

わたしも ひさしぶりに 食(た)べたいです。

지민: 希美(のぞみ) さんも 一緒(いっしょ)に 行(い)きませんか。

노조미: じゃ、おいしい 店(みせ)を 紹介(しょうかい)します。

１１時(じゅういちじ)まで 京都駅(きょうとえき)に むかえに 行(い)きます。西口(にしぐち)で 会(あ)いましょうか。

1 노조미 : 와! 지민 씨 아닌가요? 교토는 어때요?
지민 : 최고예요. 여러 곳에 갔어요.
노조미 : 다행이에요. 내일은 무엇을 하나요?
지민 : 유명한 카페에 말차 케이크를 먹으러 갈 거예요.
노조미 : 말차 케이크 말인가요? 좋네요.
저도 오랜만에 먹고 싶어요.
지민 : 노조미 씨도 같이 가지 않을래요?
노조미 : 그럼, 맛있는 가게를 소개할게요.
11시까지 교토역으로 데리러 갈게요.
서쪽 출구에서 만날까요?

단어

1. **京都** [きょうと] 교토(지명) **どうですか** 어때요?, 어떻습니까?
最高 [さいこう] 최고 **いろんな** 여러 **ところ** 곳, 장소 **行く** [いく] 가다
よかった 다행이다 **明日** [あした] 내일 **何** [なに] 무엇 **する** 하다
ゆうめいだ 유명하다 **カフェ** 카페 **まっちゃ** 말차 **ケーキ** 케이크
食べる [たべる] 먹다 **わたし** 저, 나 **ひさしぶりに** 오랜만에
一緒に [いっしょに] 같이, 함께 **じゃ** 그럼 **おいしい** 맛있다
店 [みせ] 가게 **紹介する** [しょうかいする] 소개하다
京都駅 [きょうとえき] 교토역(장소) **むかえる** 맞이하다, 마중하다
西口 [にしぐち] 서쪽 출(입)구 **会う** [あう] 만나다

2 말차 케이크 가게에 온 노조미와 지민

노조미

ジミン さん、一緒(いっしょ)に メニューを 見(み)ましょう。何(なに)が 食(た)べたいですか。

지민

いろいろ ありますね。うーん、まっちゃケーキは ぜったい 食(た)べたいです。

노조미

そうですね…。まっちゃの パフェ、アイス、プリンも ありますよ。

지민

まっちゃの プリン! はじめて 見(み)ました。

노조미

じゃあ、ケーキと プリンを ちゅうもんしましょう。

のみものは どうしますか。

지민

わたしは コーヒーが 飲(の)みたいです。

希美(のぞみ) さんは?

노조미

わたしは お茶(ちゃ)を 飲(の)みます。

じゃ、わたしが ちゅうもんしに 行(い)きますね。

DAY 13

해커스 일본어 첫걸음

2 노조미 : 지민 씨, 같이 메뉴를 보죠. 무엇이 먹고 싶나요?
지민 : 여러 가지 있네요. 음~, 말차 케이크는 꼭 먹고 싶어요.
노조미 : 그렇네요…. 말차 파르페, 아이스크림, 푸딩도 있어요.
지민 : 말차 푸딩! 처음 봤어요.
노조미 : 그러면, 케이크와 푸딩을 주문하죠.
음료는 어떻게 하실래요?
지민 : 저는 커피가 마시고 싶어요. 노조미 씨는?
노조미 : 저는 차를 마실게요.
그럼, 제가 주문하러 갈게요.

단어

2. **一緒に** [いっしょに] 같이, 함께 **メニュー** 메뉴 **見る** [みる] 보다
何 [なに] 무엇 **食べる** [たべる] 먹다 **いろいろ** 여러 가지
ある 있다(사물, 식물) **まっちゃ** 말차 **ケーキ** 케이크
ぜったい 꼭, 절대로 **そうですね** 그렇네요, 그러게요
パフェ 파르페 **アイス** 아이스크림 **プリン** 푸딩 **はじめて** 처음
じゃあ 그러면 **ちゅうもんする** 주문하다 **のみもの** 음료, 마실 것
どうする 어떡하다 **わたし** 저, 나 **コーヒー** 커피
飲む [のむ] 마시다 **お茶** [おちゃ] 차 **じゃ** 그럼

연습문제로 실력 확인하기

Day13_연습문제로 실력 확인하기.mp3

1 단어 듣고 골라 써보기

음성으로 들려주는 단어를 보기에서 골라 써 보세요. 그 다음 단어의 뜻을 써보세요.

보기 しんじる　休む(やす)　きめる　撮る(と)

1) ______________________ (뜻 :　　　　　　)

2) ______________________ (뜻 :　　　　　　)

3) ______________________ (뜻 :　　　　　　)

2 문장 읽고 뜻 써보기

다음 문장을 큰 소리로 읽은 후 뜻을 써 보세요. 그 다음 음성을 들으며 한 번 더 읽어 보세요.

1) 友達(ともだち)の 家(いえ)に 遊(あそ)びに 行(い)きます。(뜻 :　　　　　　　　　　)

2) 自分(じぶん)の 考(かんが)えを 話(はな)したいです。(뜻 :　　　　　　　　　　)

3) いっしょうけんめい おうえんしましょう。(뜻 :　　　　　　　　　　)

3 질문에 답하기

제시된 단어를 사용하여 질문에 알맞은 답변을 빈칸에 써 보세요. 그 다음 큰 소리로 따라 읽어 보세요.

1) 明日(あした)、どこで 会(あ)いますか。 내일, 어디서 만나요?

→ 明日(あした) 京都駅(きょうとえき)の ______________ 。(西口(にしぐち) / 会(あ)う) 내일 교토 역의 서쪽 출구에서 만나죠.

2) 今日(きょう)、何(なに)が したいですか。 오늘, 무엇이 하고 싶습니까?

→ 今日(きょう)は ______________ 。(バスケットボール / する) 오늘은 농구가 하고 싶습니다.

3) コーヒーを ちゅうもんしましょう。 커피를 주문하죠.

→ 分(わ)かりました。じゃ ______________ 。(わたし / ちゅうもんする)

알겠어요. 그럼 제가 주문하러 갈게요.

4 빈칸 채우기 JLPT N4, N5 문법 대비 유형

빈칸에 들어갈 단어를 골라 문장을 완성하세요. 그 다음 큰 소리로 읽어 보세요.

1) 一緒(いっしょ)に　ふくを (　　　　　) に　行(い)きます。

① 買(か)う　　② 買(か)い　　③ 買(か)

2) A「次(つぎ)の　駅(えき)で　おり (　　　　　)。」

B「はい、分(わ)かりました。」

① ましょう　　② たかったです　　③ に　行(い)きます

3) A「何(なに)が　飲(の)みたいですか。」

B「わたしは　お茶(ちゃ)が (　　　　　)。」

① 飲(の)みました　　② 飲(の)みたいです　　③ 飲(の)みましょう

5 문장 완성하기 JLPT N4, N5 문법 대비 유형

선택지를 올바르게 배열하여 문장을 완성한 다음 ★ 에 들어갈 선택지를 고르세요.

1) 今日(きょう)は　カフェ ＿＿ ＿＿ ★ ＿＿ です。

① ケーキ　　② で　　③ が　　④ 食(た)べたい

2) 明日(あした)、＿＿ ＿＿ ★ ＿＿ 。

① 料理(りょうり)　　② 行(い)きます　　③ 習(なら)いに　　④ を

<해커스 일본어 첫걸음> 어플로
단어 게임을 해보세요!

연습문제 정답 p.254

Day 14

자료를 보내 주십시오.

しりょうを 送(おく)って ください。

자료를 보내 주십시오.

しりょうを 送(おく)って ください。

네, 알겠습니다!

はい、分(わ)かりました!

이런 말을 할 수 있어요.

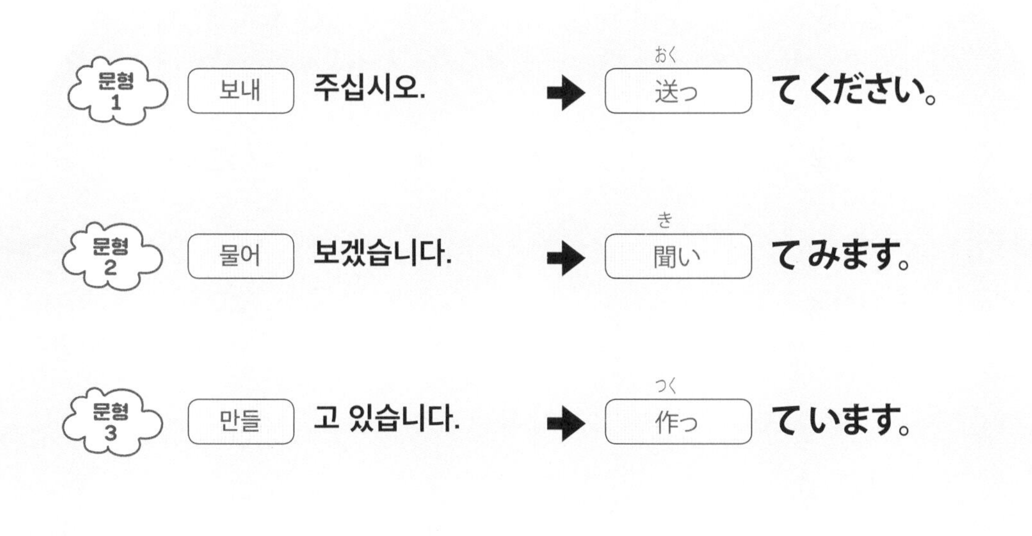

문형 1
보내
주십시오.
おく
送っ
てください。
문형 2
물어
보겠습니다.
き
聞い
てみます。
문형 3
만들
고 있습니다.
つく
作っ
ています。

이번 Day에서는 '보내 주십시오.', '물어 보겠습니다.', '만들고 있습니다.'와 같은 말을 할 때 쓰이는 동사 활용과 문형을 배울 거예요. '보내 주십시오'라는 우리말을 보면, '보내다'와 '주십시오'라는 두 개의 동사를 연결한 것을 알 수 있는데요, 이처럼 두 개의 동사를 연결할 때 쓰이는 일본어 동사 활용형을 익히면서 일상에서 흔히 쓰이는 세 가지의 문형들을 학습하게 될 거예요.

※ 부록(p.267)에서 동사 그룹과 활용을 한 눈에 볼 수 있어요.
또한 오른쪽 QR코드로 일본어 동사의 종류와 활용을
바로, 그리고 쉽게 익혀보세요.

일본어 동사의 종류
강의 바로가기

일본어 동사의 활용
강의 바로가기

말이 술술 쏟아지는 문형

음성을 듣고 문장을 큰 소리로 따라 말해 보세요.

Day14_말이 술술 문형1.mp3

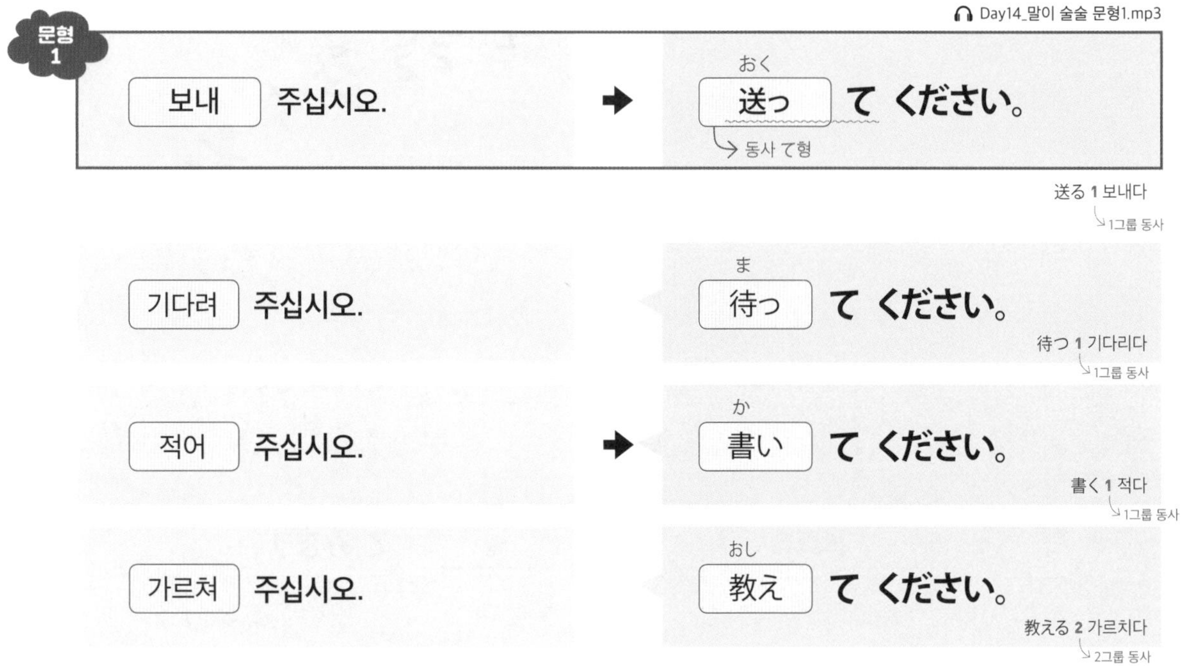

문형 1
보내 주십시오.
おく
送っ て ください。
동사 て형
送る 1 보내다
1그룹 동사
기다려 주십시오.
ま
待っ て ください。
待つ 1 기다리다
1그룹 동사
적어 주십시오.
か
書い て ください。
書く 1 적다
1그룹 동사
가르쳐 주십시오.
おし
教え て ください。
教える 2 가르치다
2그룹 동사

문형 탐구

1. 우리말 "보내 주십시오."는 일본어로 "送(おく)って ください。"예요. 여기서 送(おく)って(보내)를 동사 送(おく)る(보내다)의 て형이라고 해요. 그리고 くださいは '주십시오'라는 뜻의 동사예요.

て는 '~하고/해서'의 뜻으로 두 동사를 연결하는 역할이에요. 동사 뒤에 て를 붙이려면 동사의 어미를 바꿔야하는데, 이렇게 바뀐 형태에 て를 붙인 것을 동사의 て형이라고 해요. て형도 그룹별로 변형 방법이 다른데요, 규칙을 외워서 적용하는 것보다는 여러 번 따라 읽어 입에 붙이면 훨씬 익히기 쉬워요. 일본어 동사를 て형으로 바꾸는 방법은 아래 QR코드로 연결되는 강의에서 바로 익혀보세요.

2. 아래의 동사도 ~て ください。(~해 주십시오.) 문형으로 따라 말해 보아요.

- くる 3 오다 → き**て ください**。와 **주십시오**.
- すわる 1 앉다 → すわっ**て ください**。앉아 **주십시오**.
- てつだう 1 돕다 → てつだっ**て ください**。도와 **주십시오**.

일본어 동사의 활용 강의 바로가기

 문형 활용한 긴 문장 말하기

～て ください。(~해 주십시오.) 와 앞서 익힌 여러 단어 및 표현을 함께 사용하여 긴 문장을 말해 보아요.

Day14_긴 문장1.mp3

しりょうを 送(おく)って **ください。**
자료를 보내 **주십시오.**

ちょっと 待(ま)って **ください。**
잠깐 기다려 **주십시오.**

願(ねが)いごとを 書(か)いて **ください。**
소원을 적어 **주십시오.**

あとで 教(おし)えて **ください。**
나중에 가르쳐 **주십시오.**

会社(かいしゃ)に きて **ください。**
회사에 와 **주십시오.**

단어 ✔

しりょう 자료 送る [おくる] 보내다 ちょっと 잠깐, 조금 待つ [まつ] 기다리다 願いごと [ねがいごと] 소원 書く [かく] 적다 あとで 나중에 教える [おしえる] 가르치다 会社 [かいしゃ] 회사 くる 오다

말이 술술 쏟아지는 문형

음성을 듣고 문장을 큰 소리로 따라 말해 보세요.

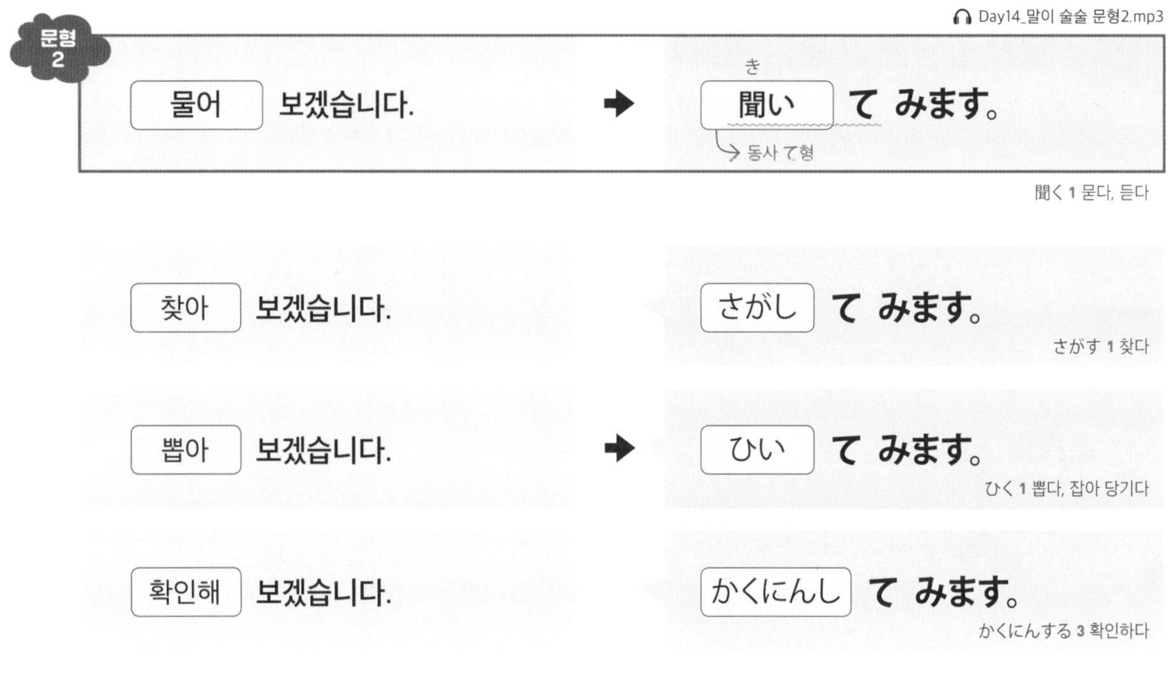

Day14_말이 술술 문형2.mp3
문형 2
물어 보겠습니다.
聞(き)い て みます。
동사 て형
聞く 1 묻다, 듣다
찾아 보겠습니다.
さがし て みます。
さがす 1 찾다
뽑아 보겠습니다.
ひい て みます。
ひく 1 뽑다, 잡아 당기다
확인해 보겠습니다.
かくにんし て みます。
かくにんする 3 확인하다

문형 탐구

1. **우리말 "물어 보겠습니다."는 일본어로 "聞(き)いて みます。"예요. 여기서 聞(き)いて는 동사 聞(き)く(묻다)의 て형이고, みます(보겠습니다)는 동사 みる(보다)의 정중형이에요. 동사 て형 뒤에 みます를 붙여 '~て みます'라고 하면 '~해 보겠습니다'라는 뜻의 문형이 돼요.**

+플러스포인트 みます를 앞에서 익힌 여러 ます형 문형으로 바꾸어 사용하면, 더욱 다양한 표현을 말할 수 있어요.

예 聞(き)いて **みます** → 聞(き)いて **みました** / 聞(き)いて **みましょう** / 聞(き)いて **みたいです**
물어 **보겠습니다** 물어 **봤습니다** 물어 **봅시다** 물어 **보고 싶습니다**

2. **아래의 동사도 ~て みます。(~해 보겠습니다.) 문형으로 따라 말해 보아요.**

- はく 1 (하의를)입다, 신다 → はい**て みます**。(하의를)입어 **보겠습니다**. / 신어 **보겠습니다**.
- 着(き)る 2 (상의를)입다 → 着**て みます**。(상의를)입어 **보겠습니다**.
- 電話(でんわ)する 3 전화하다 → 電話(でんわ)し**て みます**。전화해 **보겠습니다**.

문형 활용한 긴 문장 말하기

～て みます。(~해 보겠습니다.) 와 앞서 익힌 여러 단어 및 표현을 함께 사용하여 긴 문장을 말해 보아요.

Day14_긴 문장2.mp3

カウンターで 聞(き)いて **みます。**
카운터에서 물어 **보겠습니다.**

インターネットで さがして **みます。**
인터넷에서 찾아 **보겠습니다.**

おみくじ*を ひいて **みます。**
오미쿠지를 뽑아 **보겠습니다.**

*오미쿠지(おみくじ)는 일본의 절이나 신사에서 운을 점치기 위해 뽑는 제비예요.

いちど かくにんして **みます。**
한번 확인해 **보겠습니다.**

この ズボンを はいて **みたいです。**
이 바지를 입어 **보고 싶습니다.**

단어 ✔

カウンター 카운터, 계산대　聞く [きく] 묻다, 듣다　インターネット 인터넷　さがす 찾다　おみくじ 오미쿠지(운세 뽑기)　ひく 뽑다, 당기다　いちど 한번　かくにんする 확인하다　この 이　ズボン 바지　はく (하의를)입다, 신다

말이 술술 쏟아지는 문형

음성을 듣고 문장을 큰 소리로 따라 말해 보세요.

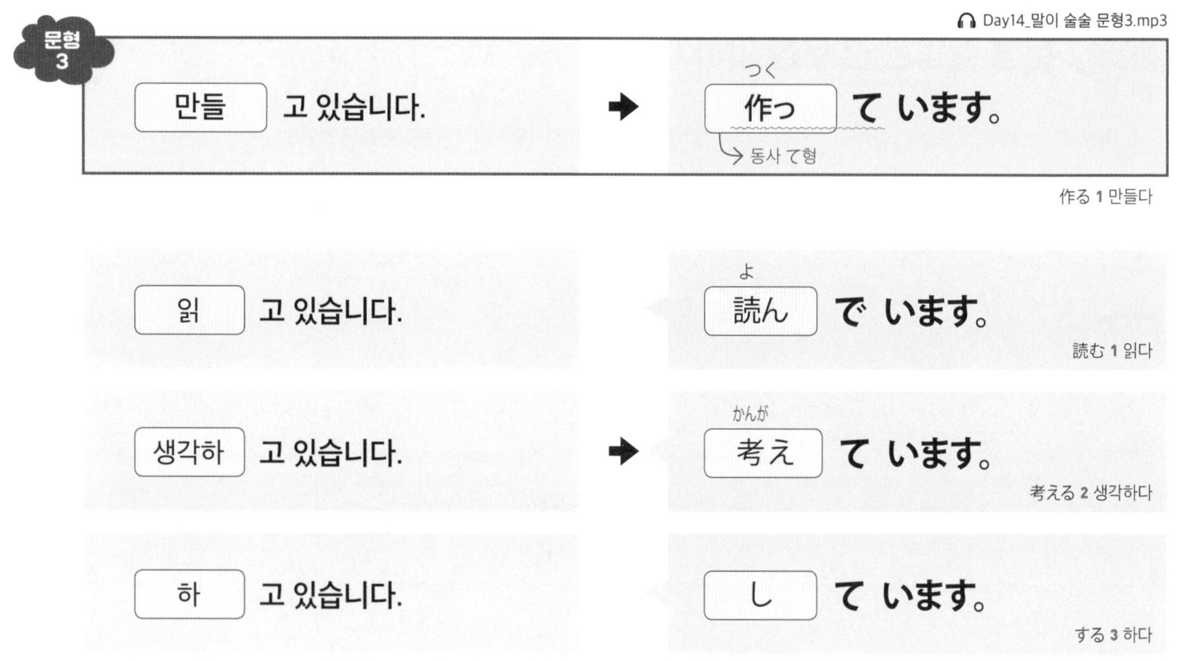

Day14_말이 술술 문형3.mp3
문형 3
만들 고 있습니다.
作(つく)っ て います。
동사 て형
作る 1 만들다
읽 고 있습니다.
読(よ)ん で います。
読む 1 읽다
생각하 고 있습니다.
考(かんが)え て います。
考える 2 생각하다
하 고 있습니다.
し て います。
する 3 하다

문형 탐구

1. 우리말 "만들고 있습니다"는 일본어로 "作(つく)って います。"예요. 여기서 作(つく)って는 동사 作(つく)る(만들다)의 て형이고, います(있습니다)는 동사 いる(있다)의 정중형이에요. 동사 て형 뒤에 います를 붙여 '~て います'라고 하면 '~하고 있습니다'라는 뜻으로, 현재 진행중인 동작이나 지속되는 상태를 나타내요.

기본형의 끝이 む·ぶ·ぬ·ぐ로 끝나는 동사의 て형은 て가 아닌 で를 붙여요. 그래서 読(よ)む(읽다)의 て형은 読(よ)んて가 아닌 読(よ)んで가 되었어요.

2. 아래의 동사도 ~て います。(~하고 있습니다.) 문형으로 따라 말해 보아요.

- きまる 1 정해지다, 결정되다 → きまっ**て います**。 정해**져 있습니다**.
- ふる 1 (비, 눈이) 내리다 → ふっ**て います**。 (비, 눈이) 내리**고 있습니다**.
- さく 1 (꽃이) 피다 → さい**て います**。 (꽃이) 피**어 있습니다**.

문형 활용한 긴 문장 말하기

～て います。(~하고 있습니다.) 와 앞서 익힌 여러 단어 및 표현을 함께 사용하여 긴 문장을 말해 보아요.

Day14_긴 문장3.mp3

夕食(ゆうしょく)を 作(つく)っ**て** **います。**
저녁을 만들**고** **있습니다.**

本(ほん)を 読(よ)ん**で** **います。**
책을 읽**고** **있습니다.**

今(いま)、考(かんが)え**て** **います。**
지금, 생각하**고** **있습니다.**

かいぎの じゅんびを し**て** **います。**
회의 준비를 하**고** **있습니다.**

わたしの 願(ねが)いごとは もう きまっ**て** **います。**
저의 소원은 이미 정해**져** **있습니다.**

단어

夕食 [ゆうしょく] 저녁(식사) 作る [つくる] 만들다 本 [ほん] 책 読む [よむ] 읽다 今 [いま] 지금 考える [かんがえる] 생각하다 かいぎ 회의 じゅんび 준비 する 하다 わたし 저, 나 願いごと [ねがいごと] 소원 もう 이미, 벌써 きまる 정해지다, 결정되다

실생활 회화 자동발사!

Day14_실생활 회화 자동발사.mp3

먼저 듣기 mp3로 대화를 들어보며 어떤 내용인지 생각해 보세요. 그 다음 따라 말하기 mp3로 따라 말해보세요.

1 야마모토 부장, 퇴근 시간이 지나서도 일하는 노조미를 보며

야마모토: 松本(まつもと) さん、もう 7 時(しちじ)ですよ。そろそろ 家(いえ)に 帰(かえ)りましょう。

노조미: すみません。まだ 明日(あした)の かいぎの じゅんびを して います。

야마모토: てつだいましょうか。

노조미: 大丈夫(だいじょうぶ)です。もうすぐ 終(お)わります。

ただ、ないようが ちょっと 不安(ふあん)です。

야마모토: じゃ、先(さき)に しりょうを メールで 送(おく)って ください。

→ 여기서 で(~으로)는 수단, 방법의 의미로 사용되었어요.

明日(あした)の 朝(あさ)、ないようを いちど かくにんして みます。

노조미: ありがとう ございます!

1 야마모토 : 마츠모토 씨, 벌써 7시예요. 슬슬 집에 돌아가죠.
노조미 : 죄송해요. 아직 내일 회의 준비를 하고 있어요.
야마모토 : 도와줄까요?
노조미 : 괜찮아요. 이제 곧 끝나요.
그저, 내용이 조금 불안해요.
야마모토 : 그럼, 먼저 자료를 메일로 보내 주세요.
내일 아침, 내용을 한번 확인해 볼게요.
노조미 : 감사합니다!

단어

1. **もう** 벌써, 이미 **~時** [~じ] ~시 **そろそろ** 슬슬 **家** [いえ] 집 **帰る** [かえる] 돌아가다 **まだ** 아직 **明日** [あした] 내일 **かいぎ** 회의 **じゅんび** 준비 **する** 하다 **てつだう** (남의 일을) 돕다 **大丈夫だ** [だいじょうぶだ] 괜찮다 **もうすぐ** 이제 곧 **終わる** [おわる] 끝나다 **ただ** 그저, 다만 **ないよう** 내용 **ちょっと** 조금 **不安だ** [ふあんだ] 불안하다 **じゃ** 그럼 **先に** [さきに] 먼저 **しりょう** 자료 **メール** 메일 **送る** [おくる] 보내다 **朝** [あさ] 아침 **いちど** 한번 **かくにんする** 확인하다

2 아침 일찍 신사를 둘러보고 있는 지민

직원

おみくじを ひいて みませんか。一回(いっかい) 100円(ひゃく えん)です。

지민

はい。ひいて みます…。あ、やった! 大吉(だいきち)です!

→ 대길은 오미쿠지에서 가장 좋은 운세예요.

→ 우리말 '야호!'와 같이 뜻대로 잘 되어 기쁠 때 사용해요.

직원

おめでとう ございます!

지민

はは、うれしい。あのう、これが 絵馬(えま)ですか。

→ 에마는 말 그림이 그려진 나무판이에요. 소원을 적어 신사에 봉납해요.

직원

はい、そうです。願(ねが)いごとは きまって いますか。

지민

いいえ、今(いま) 考(かんが)えて います。

직원

ゆっくり 考(かんが)えて ください。

その あと、ここに 願(ねが)いごとを 書(か)いて ください。

→ 여기서 に(~에)는 동작이 미치는 장소를 나타내요.

2 직원 : 오미쿠지를 뽑아 보지 않을래요? 1회 100엔입니다.
지민 : 네. 뽑아 볼게요…. 아, 야호! 대길이에요!
직원 : 축하해요!
지민 : 하하, 기뻐라. 저기, 이것이 에마인가요?
직원 : 네, 맞아요. 소원은 정해져 있나요?
지민 : 아니요, 지금 생각하고 있어요.
직원 : 천천히 생각해 주세요.
그 다음, 여기에 소원을 적어 주세요.

단어

2. **おみくじ** 오미쿠지(운세 뽑기) **ひく** 뽑다, 당기다
一回 [いっかい] 1회, 한 번 **~円** [~えん] ~엔(화폐 단위)
大吉 [だいきち] 대길 **うれしい** 기쁘다 **これ** 이것 **絵馬** [えま] 에마
そうです 맞아요, 그래요 **願いごと** [ねがいごと] 소원
きまる 정해지다, 결정되다 **今** [いま] 지금
考える [かんがえる] 생각하다 **ゆっくり** 천천히, 느긋하게
その あと 그 다음, 그 후 **ここ** 여기 **書く** [かく] 적다

연습문제로 실력 확인하기

Day14_연습문제로 실력 확인하기.mp3

1 단어 듣고 골라 써보기

음성으로 들려주는 단어를 보기에서 골라 써 보세요. 그 다음 단어의 뜻을 써 보세요.

보기	送る(おく)	てつだう	電話する(でんわ)	話す(はな)

1) ______________________ (뜻 :   )

2) ______________________ (뜻 :   )

3) ______________________ (뜻 :   )

2 문장 읽고 뜻 써보기

다음 문장을 큰 소리로 읽은 후 뜻을 써 보세요. 그 다음 음성을 들으며 한 번 더 읽어 보세요.

1) インターネットで さがして みます。(뜻 :   )

2) 願(ねが)いごとは もう きまって います。(뜻 :   )

3) あとで 教(おし)えて ください。(뜻 :   )

3 질문에 답하기

제시된 단어를 사용하여 질문에 알맞은 답변을 빈칸에 써 보세요. 그 다음 큰 소리로 따라 읽어 보세요.

1) 時間(じかん)が ありません。急(いそ)ぎましょう。 시간이 없어요. 서두르죠.

→ ちょっと ______________________ 。(待(ま)つ) 잠깐 기다려 주세요.

2) 今(いま) 何(なに)を して いますか。 지금 무엇을 하고 있나요?

→ 今(いま) ______________________ 。(本(ほん) / 読(よ)む) 지금 책을 읽고 있습니다.

3) かいぎの じかんは なんじですか。 회의 시간은 몇 시예요?

→ わかりません。 ______________________ 。(今(いま) / かくにんする)
모르겠어요. 지금 확인해 볼게요.

4 빈칸 채우기 JLPT N4, N5 문법 대비 유형

빈칸에 들어갈 단어를 골라 문장을 완성하세요. 그 다음 큰 소리로 읽어 보세요.

1) 今(いま)、(　　　　　) います。

① 考(かんが)え　　② 考(かんが)えて　　③ 考(かんが)える

2) この ズボンを (　　　　　) みます。

① はいて　　② 着(き)て　　③ ふって

3) A「B さん、おみくじが ありますよ。」

B「本当(ほんとう)だ。おみくじを ひいて (　　　　　) か。」

① います　　② みます　　③ ください

5 문장 완성하기 JLPT N4, N5 문법 대비 유형

선택지를 올바르게 배열하여 문장을 완성한 다음 ___★___에 들어갈 선택지를 고르세요.

1) おとうさんは ____ ____ _★_ ____ 。

① 夕食(ゆうしょく)　　② います　　③ 作(つく)って　　④ を

2) わたしに ____ ____ _★_ ____ 。

① ください　　② を　　③ しりょう　　④ 送(おく)って

연습문제 정답 p.254

<해커스 일본어 첫걸음> 어플로 단어 게임을 해보세요!

Day 15

사진을 찍어도 됩니까?

しゃ しん　　　と
写真を 撮っても いいですか。

한 번에 학습하기

물론입니다.

もちろんです。

사진을 찍어도 됩니까?

しゃしん　　と
写真を 撮っても いいですか。

이런 말을 할 수 있어요.

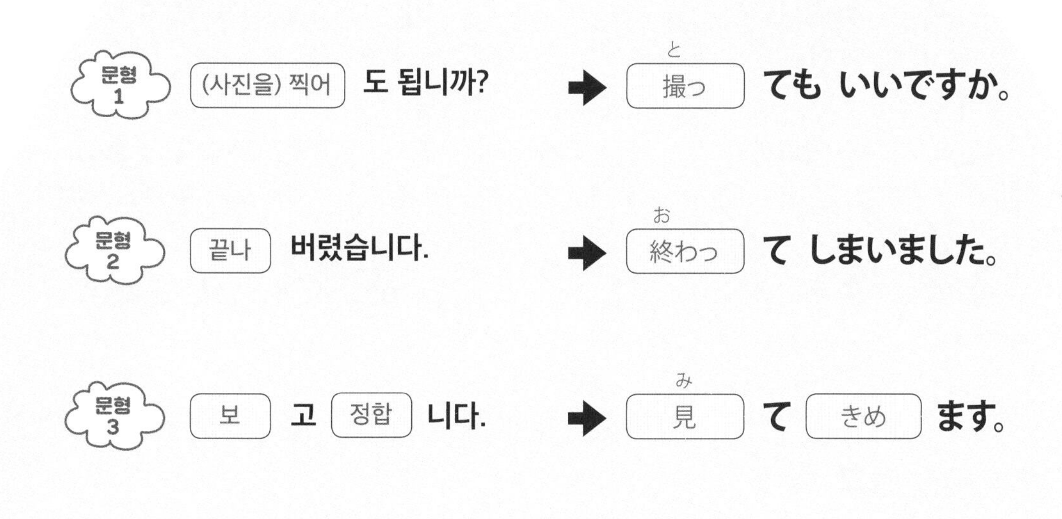

문형 1
(사진을) 찍어 도 됩니까?
と
撮っ てもいいですか。
문형 2
끝나 버렸습니다.
お
終わっ てしまいました。
문형 3
보 고 정합 니다.
み
見 て きめ ます。

오늘은 동사의 て형 뒤에 붙여 허락 또는 유감을 나타내거나 연속되는 동작을 순서대로 나타내는 문형을 배울 거예요. 오늘의 문형을 배우면 "사진을 찍어도 됩니까?", "휴가가 벌써 끝나버렸습니다.", "가격을 보고 정하겠습니다."와 같이 일상 생활에서 흔히 사용하는 말을 일본어로 쉽게 할 수 있어요.

말이 술술 쏟아지는 문형

음성을 듣고 문장을 큰 소리로 따라 말해 보세요.

Day15_말이 술술 문형1.mp3

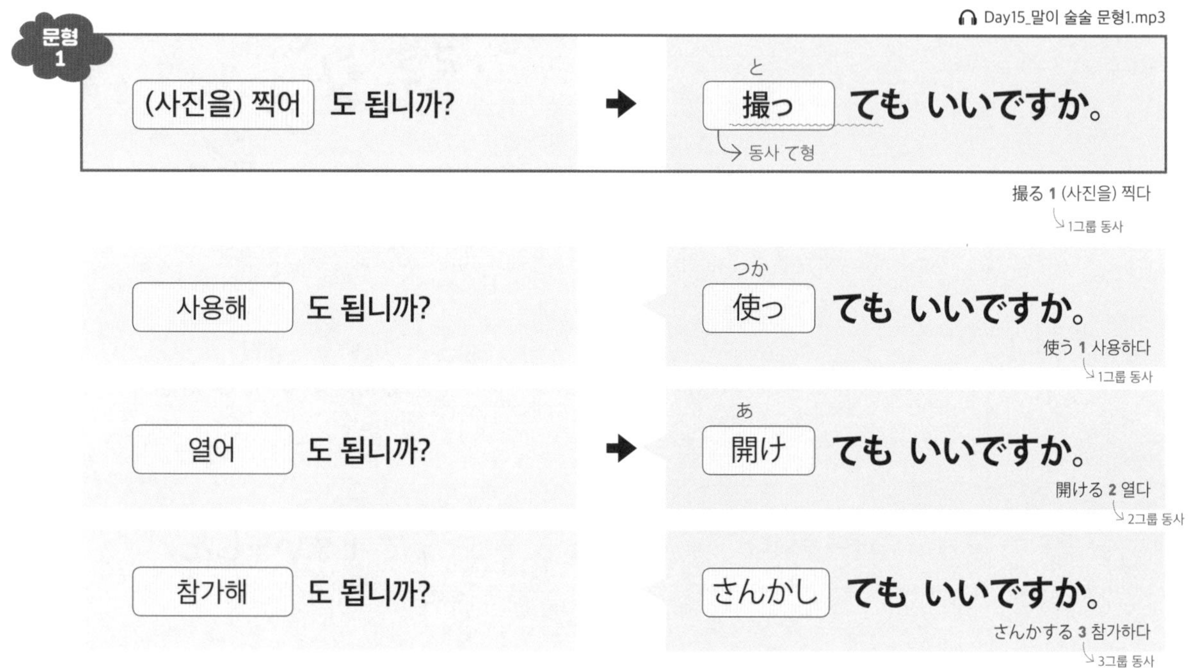

문형 1
(사진을) 찍어 도 됩니까?
撮っ(と) ても いいですか。
동사 て형
撮る 1 (사진을) 찍다
1그룹 동사
사용해 도 됩니까?
使っ(つか) ても いいですか。
使う 1 사용하다
1그룹 동사
열어 도 됩니까?
開け(あ) ても いいですか。
開ける 2 열다
2그룹 동사
참가해 도 됩니까?
さんかし ても いいですか。
さんかする 3 참가하다
3그룹 동사

문형 탐구

1. 동사 て형 뒤에 も いいですか를 붙여 '~ても いいですか'라고 하면 '~해도 됩니까?'라는 뜻으로 상대방의 허락을 구하는 말이 돼요.

여기서 も는 '~도'라는 뜻의 조사이고, いいですか는 い형용사 いい(좋다)의 정중형 いいです(좋습니다)에 か를 붙인 의문문이에요. 직역하면 '~해도 좋습니까?'예요.

+플러스포인트 ても いいですか。(해도 됩니까?)라는 질문에 대한 답변은 아래와 같이 할 수 있어요.

해도 좋다는 답변 はい、いいですよ。 네, 좋아요. / 大丈夫(だいじょうぶ)です。 괜찮아요. / どうぞ。 하세요. / オッケーです。 오케이예요.

하면 안 된다는 답변 すみません。それは ちょっと…。 미안합니다. 그것은 좀….

2. 아래의 동사도 ~ても いいですか。(~해도 됩니까?) 문형으로 따라 말해 보아요.

- 閉(し)める 2 닫다 → 閉(し)め**ても いいですか**。 닫아**도 됩니까**?
- おく 1 (물건을) 두다 → おい**ても いいですか**。 (물건을) 두어**도 됩니까**?
- 帰(かえ)る 예외1 돌아가다 → 帰(かえ)っ**ても いいですか**。 돌아가**도 됩니까**?(집에 가**도 됩니까**?)

문형 활용한 긴 문장 말하기

～ても いいですか。(~해도 됩니까?) 와 앞서 익힌 여러 단어 및 표현을 함께 사용하여 긴 문장을 말해 보아요.

Day15_긴 문장1.mp3

写真(しゃしん)を 撮(と)っ**ても いいですか。**
사진을 찍어**도 됩니까?**

この ペンを 使(つか)っ**ても いいですか。**
이 펜을 사용해**도 됩니까?**

はこを 開(あ)け**ても いいですか。**
상자를 열어**도 됩니까?**

わたしも さんかし**ても いいですか。**
저도 참가해**도 됩니까?**

ドアを 閉(し)め**ても いいですか。**
문을 닫아**도 됩니까?**

단어 ✔

写真 [しゃしん] 사진　撮る [とる] (사진을) 찍다　この 이　ペン 펜　使う [つかう] 사용하다　はこ 상자　開ける [あける] 열다　わたし 저, 나
さんかする 참가하다　ドア 문, 도어　閉める [しめる] 닫다

말이 술술 쏟아지는 문형

음성을 듣고 문장을 큰 소리로 따라 말해 보세요.

Day15_말이 술술 문형2.mp3

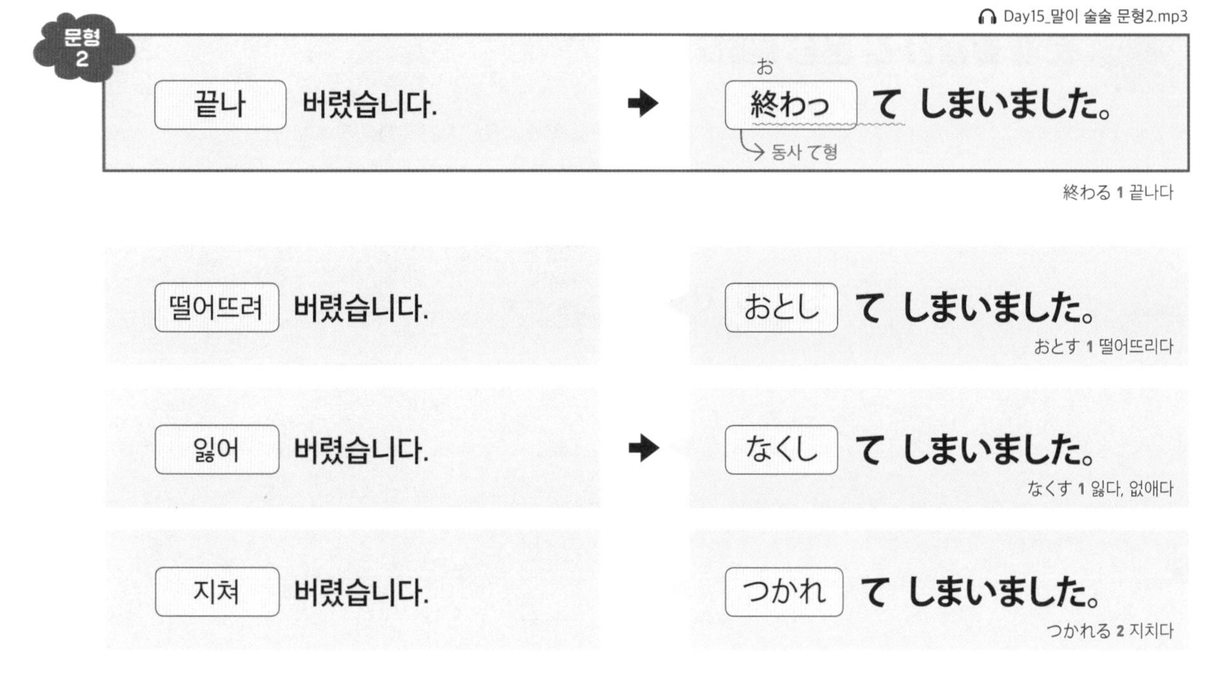

문형 2
끝나 버렸습니다.
終わって しまいました。
동사 て형
終わる 1 끝나다
떨어뜨려 버렸습니다.
おとして しまいました。
おとす 1 떨어뜨리다
잃어 버렸습니다.
なくして しまいました。
なくす 1 잃다, 없애다
지쳐 버렸습니다.
つかれて しまいました。
つかれる 2 지치다

문형 탐구

1. **동사 て형 뒤에 しまいました를 붙여 '~て しまいました'라고 하면 '~해 버렸습니다'라는 뜻으로 후회나 유감을 나타내는 말이 돼요.**

   +플러스포인트 친근한 사이에서는 'て しまいました'를 ちゃいました로, 'で しまいました'를 じゃいました로 줄여서 말하기도 해요.

   예 終(お)わって しまいました。→ 終(お)わっちゃいました。 飲(の)んで しまいました。→ 飲(の)んじゃいました。
   끝나 버렸습니다. 끝나 버렸어요. 마셔 버렸습니다. 마셔 버렸어요.

2. **아래의 동사도 ~て しまいました。(~해 버렸습니다.) 문형으로 따라 말해 보아요.**

- まちがえる 2 틀리다 → まちがえて しまいました。 틀려 버렸습니다.
- 転(ころ)ぶ 1 구르다 → 転(ころ)んで しまいました。 굴러 버렸습니다.
- まける 2 지다 → まけて しまいました。 져 버렸습니다.

문형 활용한 긴 문장 말하기

～て しまいました。(~해 버렸습니다.) 와 앞서 익힌 여러 단어 및 표현을 함께 사용하여 긴 문장을 말해 보아요.

Day15_긴 문장2.mp3

休み(やす)が もう 終(お)わって **しまいました。**
휴가가 벌써 끝나 **버렸습니다.**

けいたいを おとして **しまいました。**
휴대폰을 떨어뜨려 **버렸습니다.**

財布(さいふ)を なくして **しまいました。**
지갑을 잃어 **버렸습니다.**

ちょっと つかれて **しまいました。**
조금 지쳐 **버렸습니다.**

パスワードを まちがえ**ちゃいました。**
비밀번호를 틀려 **버렸어요.**

단어 ✔

休み [やすみ] 휴가, 방학　もう 벌써　終わる [おわる] 끝나다　けいたい 휴대폰, 휴대 전화　おとす 떨어뜨리다　財布 [さいふ] 지갑　なくす 잃다, 없애다
ちょっと 조금, 잠깐　つかれる 지치다　パスワード 비밀번호, 패스워드　まちがえる 틀리다

말이 술술 쏟아지는 문형

음성을 듣고 문장을 큰 소리로 따라 말해 보세요.

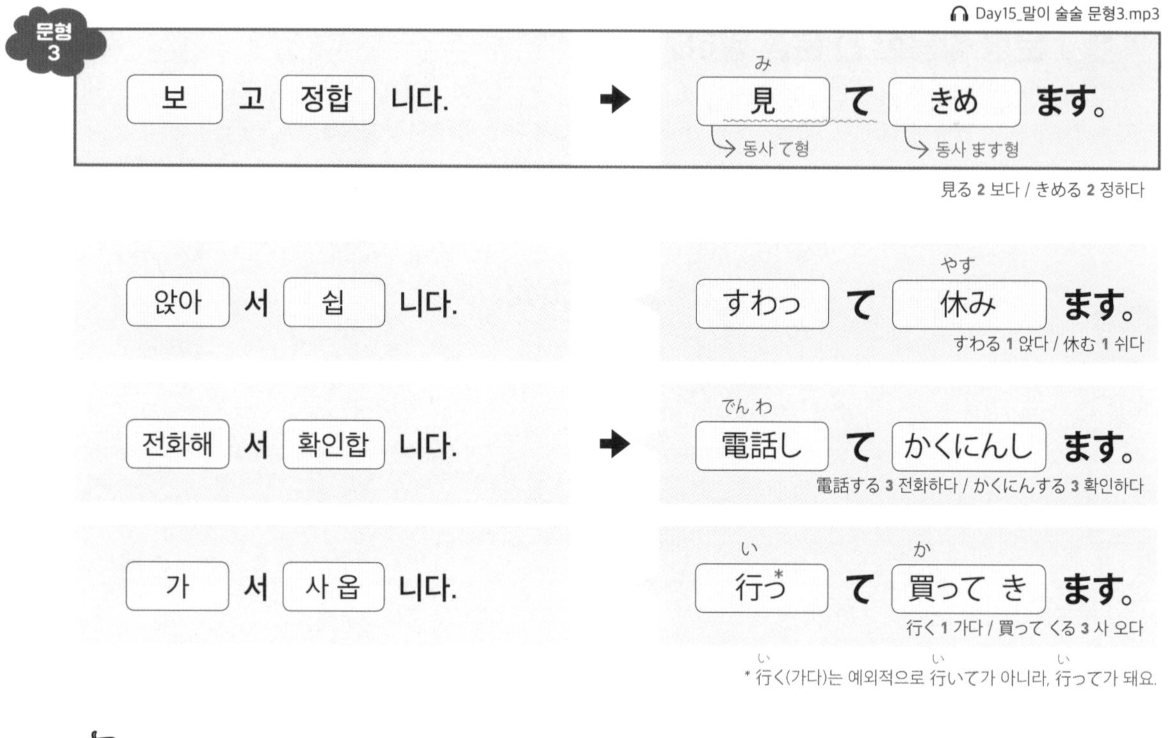

Day15_말이 술술 문형3.mp3
문형 3
보 고 정합 니다. → 見(み) て きめ ます。
동사 て형
동사 ます형
見る 2 보다 / きめる 2 정하다
앉아 서 쉽 니다. → すわっ て 休(やす)み ます。
すわる 1 앉다 / 休む 1 쉬다
전화해 서 확인합 니다. → 電話(でんわ)し て かくにんし ます。
電話する 3 전화하다 / かくにんする 3 확인하다
가 서 사 옵 니다. → 行(い)っ* て 買(か)って き ます。
行く 1 가다 / 買って くる 3 사 오다
* 行(い)く(가다)는 예외적으로 行(い)いて가 아니라, 行(い)って가 돼요.

문형 탐구

1. 동사의 て형과 다른 동사의 ます형을 연결하여 '～て ～ます'라고 하면, '~하고/해서 ~합니다'라는 뜻으로 연속되는 동작을 순서대로 나타내는 말이 돼요.

'～て ～て ～ます'와 같이 세 개 이상의 동사를 て로 연결하여 쓸 수도 있어요.

예 行(い)く / 見(み)る / 買(か)う → 行(い)って 見(み)て 買(か)います。
가다 보다 사다 　 가서 보고 삽니다.

+플러스포인트 문형 끝의 ます 대신 ましょう나 たいです 등 다른 동사 ます형 활용 문형을 쓰면 더욱 다양한 표현을 말할 수 있어요.

예 すわって 休(やす)みましょう 앉아서 쉽시다 / すわって 休(やす)みたいです 앉아서 쉬고 싶어요 / すわって 休(やす)みました 앉아서 쉬었습니다

2. 아래 두 개의 동사를 사용한 문장도 따라 말해 보아요.

- じゅんびする 3 준비하다 / でかける 2 외출하다 → じゅんびし**て** でかけ**ます**。 준비하**고** 외출합**니다**.
- 洗(あら)う 1 (손을) 씻다 / 食(た)べる 2 먹다 → 洗(あら)っ**て** 食(た)べ**ます**。 (손을) 씻**고** 먹습**니다**.
- 書(か)く 1 적다 / 渡(わた)す 1 건네주다 → 書(か)い**て** 渡(わた)し**ます**。 적어**서** 건네줍**니다**.

문형 활용한 긴 문장 말하기

～て ～ます。(~하고/해서 ~합니다.) 와 앞서 익힌 여러 단어 및 표현을 함께 사용하여 긴 문장을 말해 보아요.

Day15_긴 문장3.mp3

ねだんを 見(み)**て** きめ**ます**。
가격을 보**고** 정하겠습**니다.**

ベンチに すわっ**て** 休(やす)み**ます**。
벤치에 앉아**서** 쉽**니다.**

電話(でんわ)し**て**、やくそくの 時間(じかん)を かくにんし**ます**。
전화해**서,** 약속 시간을 확인합**니다.**

お店(みせ)に 行(い)っ**て** 買(か)って き**ます**。
가게에 가**서** 사 오겠습**니다.**

はやく 起(お)き**て**、じゅんびし**て** でかけ**ました**。
일찍 일어나**서,** 준비하**고** 외출했습**니다.**

단어 ✔

ねだん 가격　見る [みる] 보다　きめる 정하다　ベンチ 벤치　すわる 앉다　休む [やすむ] 쉬다　電話する [でんわする] 전화하다　やくそく 약속
時間 [じかん] 시간　かくにんする 확인하다　お店 [おみせ] 가게　行く [いく] 가다　買って くる [かって くる] 사 오다　はやく 일찍, 빨리
起きる [おきる] 일어나다　じゅんびする 준비하다　でかける 외출하다

DAY 15

해커스 일본어 첫걸음

실생활 회화 자동발사!

Day15_실생활 회화 자동발사.mp3

먼저 듣기 mp3로 대화를 들어보며 어떤 내용인지 생각해 보세요. 그 다음 따라 말하기 mp3로 따라 말해보세요.

1 교토를 구경하다 기요미즈데라에 온 노조미와 지민

노조미

ジミン さん、大丈夫(だいじょうぶ)ですか。

지민

ちょっと つかれて しまいました。

노조미

あ、ベンチが あります。

ベンチに すわって 休(やす)みましょう。

지민

いいですね。

清水寺(きよみずでら)は はじめて きましたが、本当(ほんとう)に うつくしいですね。

→ 문장의 끝에 '~が'를 붙이면 다른 문장과 연결할 수 있어요. '~하는데요'나 '~합니다만'의 의미로 사용돼요.

노조미

そうですね。あとで お寺(てら)の 中(なか)も 見(み)ましょう。

지민

はい。お寺(てら)の 中(なか)で 写真(しゃしん)を 撮(と)っても いいですか。

노조미

もちろんです。大丈夫(だいじょうぶ)ですよ。

---

1 노조미 : 지민 씨, 괜찮아요?
지민 : 조금 지쳐 버렸어요.
노조미 : 아, 벤치가 있어요. 벤치에 앉아서 쉬죠.
지민 : 좋아요.
기요미즈데라는 처음 왔는데요, 정말 아름답네요.
노조미 : 그러네요. 나중에 절 안도 보죠.
지민 : 네. 절 안에서 사진을 찍어도 될까요?
노조미 : 물론이죠. 괜찮아요.

단어

1. **大丈夫だ** [だいじょうぶだ] 괜찮다 **ちょっと** 조금, 잠깐
つかれる 지치다 **ベンチ** 벤치 **ある** 있다(사물, 식물)
すわる 앉다 **休む** [やすむ] 쉬다 **いい** 좋다
清水寺 [きよみずでら] 기요미즈데라(장소) **はじめて** 처음
くる 오다 **本当に** [ほんとうに] 정말, 진짜
うつくしい 아름답다, 예쁘다 **そうですね** 그러네요 **あとで** 나중에
お寺 [おてら] 절 **中** [なか] 안 **見る** [みる] 보다
写真 [しゃしん] 사진 **撮る** [とる] 찍다 **もちろん** 물론

2 해 질 녘, 교토역 앞에서 지민과 노조미

지민: 楽(たの)しい 休(やす)みが もう 終(お)わって しまいました。ざんねんです…。

노조미: そうですね…。あ! ジミン さん、これ、プレゼントです。

지민: ええ! なんですか。はこを 開(あ)けても いいですか。

노조미: はい、どうぞ。開(あ)けて みて ください。

지민: わあ、クッキーだ。ありがとう ございます。

노조미: 京都(きょうと)で ゆうめいな クッキーです。
昨日(きのう) お店(みせ)に 行(い)って、買(か)って きました。

지민: さっそく、電車(でんしゃ)の 中(なか)で 食(た)べます。

2 지민 : 즐거운 휴가가 벌써 끝나 버렸어요. 아쉬워요….
노조미 : 그러게요…. 아! 지민 씨, 이거, 선물이에요.
지민 : 어! 뭐예요? 상자를 열어도 될까요?
노조미 : 네, 그러세요. 열어 봐 주세요.
지민 : 와아, 쿠키다. 감사합니다.
노조미 : 교토에서 유명한 쿠키예요.
어제 가게에 가서, 사 왔어요.
지민 : 바로, 열차 안에서 먹을게요.

단어

2. **楽しい** [たのしい] 즐겁다 **休み** [やすみ] 휴가, 휴일
もう 벌써, 이제 **終わる** [おわる] 끝나다 **ざんねんだ** 아쉽다
そうですね 그러게요 **これ** 이것 **プレゼント** 선물 **はこ** 상자
開ける [あける] 열다 **クッキー** 쿠키 **京都** [きょうと] 교토(지명)
ゆうめいだ 유명하다 **昨日** [きのう] 어제 **お店** [おみせ] 가게
行く [いく] 가다 **買って くる** [かって くる] 사 오다
さっそく 바로, 즉시 **電車** [でんしゃ] 열차, 전철 **中** [なか] 안, 속
食べる [たべる] 먹다

연습문제로 실력 확인하기

Day15_연습문제로 실력 확인하기.mp3

1 단어 듣고 골라 써보기

음성으로 들려주는 단어를 보기에서 골라 써 보세요. 그 다음 단어의 뜻을 써보세요.

보기 帰(かえ)る　なくす　終(お)わる　洗(あら)う

1) ________________ (뜻 :　　　　　　)

2) ________________ (뜻 :　　　　　　)

3) ________________ (뜻 :　　　　　　)

2 문장 읽고 뜻 써보기

다음 문장을 큰 소리로 읽은 후 뜻을 써 보세요. 그 다음 음성을 들으며 한 번 더 읽어 보세요.

1) この ペンを 使(つか)っても いいですか。(뜻 :　　　　　　)

2) ベンチに すわって 休(やす)みます。(뜻 :　　　　　　)

3) けいたいを おとして しまいました。(뜻 :　　　　　　)

3 질문에 답하기

제시된 단어를 사용하여 질문에 알맞은 답변을 빈칸에 써 보세요. 그 다음 큰 소리로 따라 읽어 보세요.

1) 大丈夫(だいじょうぶ)ですか。 괜찮아요?

→ いいえ、ちょっと ________________ 。(つかれる) 아니요, 조금 지쳐 버렸어요.

2) 一緒(いっしょ)に さんかして みませんか。 같이 참가해보지 않을래요?

→ え? ________________ 。(わたし / さんかする) 어? 저도 참가해도 되나요?

3) この ズボン、買(か)いますか。 이 바지, 살 거예요?

→ わかりません。________________ 。(ねだん / 見(み)る / きめる)

모르겠어요. 가격을 보고 정하겠습니다.

4 빈칸 채우기 JLPT N4, N5 문법 대비 유형

빈칸에 들어갈 단어를 골라 문장을 완성하세요. 그 다음 큰 소리로 읽어 보세요.

1) お店(みせ)に (　　　　　) 買(か)って きます。

① 行(い)って　　② 行(い)く　　③ 行(い)っても

2) パスワードを (　　　　　) しまいました。

① まちがえて　　② まちがえても　　③ まちがい

3) A「はこを 開(あ)けても (　　　　　)。」

B「はい、開(あ)けて みて ください。」

① かくにんします　　② いいですか　　③ しまいました

5 문장 완성하기 JLPT N4, N5 문법 대비 유형

선택지를 올바르게 배열하여 문장을 완성한 다음 ★ 에 들어갈 선택지를 고르세요.

1) お寺(てら)の 中(なか)で ＿＿ ＿＿ ★ ＿＿。

① いいですか　　② を　　③ 写真(しゃしん)　　④ 撮(と)っても

2) 楽(たの)しい ＿＿ ＿＿ ★ ＿＿。ざんねんです。

① 休(やす)み　　② しまいました　　③ が　　④ 終(お)わって

연습문제 정답 p.255

<해커스 일본어 첫걸음> 어플로
단어 게임을 해보세요!

Day 16

이름은 들은 적이 있습니다.

名前(なまえ)は 聞(き)いた ことが あります。

한 번에 학습하기

'기온마츠리'를 알고 있습니까?
「祇園祭(ぎおんまつり)」を 知(し)って いますか。
이름은 들은 적이 있습니다.
名前(なまえ)は 聞(き)いた ことが あります。

이런 말을 할 수 있어요.

문형 1
들은 적이 있습니다.
聞(き)い た ことが あります。
문형 2
막 도착했 습니다.
着(つ)い た ばかりです。
문형 3
듣 거나
읽 거나 합니다.
聞(き)い たり
読(よ)ん だり します。

이번 Day에서는 '들은 적이 있습니다.', '막 도착했습니다.', '듣거나 읽거나 합니다.'와 같은 문장을 일본어로 배워 볼 거예요. 우리말 '들은 적이 있습니다'는 과거의 경험, '막 도착했습니다'는 직전의 과거에 일어난 일, '듣거나 읽거나 합니다'는 과거부터 현재까지 이어지는 습관적인 동작을 나타내고 있어요. 따라서 이러한 말을 일본어로 하기 위해 동사의 과거형을 익히면서 관련 문형을 배우게 될 거예요.

※ 부록(p.267)에서 동사 그룹과 활용을 한 눈에 볼 수 있어요. 또한 오른쪽 QR코드로 일본어 동사의 종류와 활용을 바로, 그리고 쉽게 익혀보세요

일본어 동사의 종류 강의 바로가기

일본어 동사의 활용 강의 바로가기

말이 술술 쏟아지는 문형

🎧 음성을 듣고 문장을 큰 소리로 따라 말해 보세요.

🎧 Day16_말이 술술 문형1.mp3

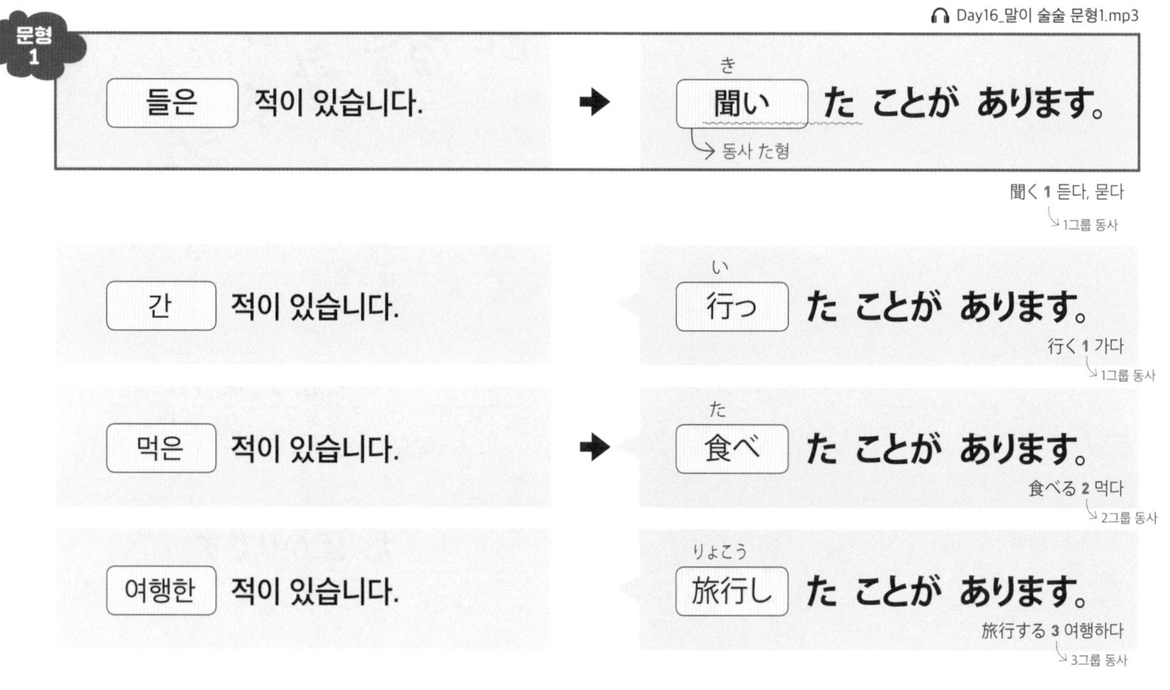

문형 1
들은 적이 있습니다. → 聞(き)いた ことが あります。
동사 た형
聞く 1 듣다, 묻다
1그룹 동사
간 적이 있습니다. → 行(い)った ことが あります。
行く 1 가다
1그룹 동사
먹은 적이 있습니다. → 食(た)べた ことが あります。
食べる 2 먹다
2그룹 동사
여행한 적이 있습니다. → 旅行(りょこう)した ことが あります。
旅行する 3 여행하다
3그룹 동사

문형 탐구 🎧

1. 우리말 "들은 적이 있습니다."는 일본어로 "聞(き)いた ことが あります。"예요. 여기서 聞(き)いた를 동사 聞(き)く의 た형이라고 해요. 이처럼 동사 た형 뒤에 ことが あります를 붙이면 '~한 적이 있습니다'라는 뜻의 과거의 경험을 나타내는 말이 돼요. 단, 어제나 몇 시간 전처럼 너무 가까운 과거를 말할 때에는 잘 사용하지 않아요.

동사 た형은 앞서 배운 동사 て형에서 て 대신 た를 쓰면 돼요. 동사 聞(き)く는 1그룹 동사이므로 어미 く를 い로 바꾸고 た를 붙였어요. 일본어 동사를 た형으로 바꾸는 방법은 아래 QR 코드로 연결되는 강의에서 바로 익혀보세요.

+플러스포인트 상황에 따라 あります(있습니다)를 ありますか(있습니까?), ありません(없습니다)으로 바꾸어 사용할 수 있어요.

예 聞(き)いた ことが **ありますか**。 들은 적이 **있습니까**?

聞(き)いた ことが **ありません**。 들은 적이 **없습니다**.

2. 아래의 동사도 ~た ことが あります。(~한 적이 있습니다.) 문형에 넣어 따라 말해 보아요.

- かつ 1 이기다 → かった **ことが あります**。 이긴 **적이 있습니다**.
- 言(い)う 1 말하다 → 言(い)った **ことが あります**。 말한 **적이 있습니다**.
- 見(み)る 2 보다 → 見た **ことが あります**。 본 **적이 있습니다**.

일본어 동사의 활용 강의 바로가기

문형 활용한 긴 문장 말하기

～た ことが あります。(~한 적이 있습니다.) 와 앞서 익힌 여러 단어 및 표현을 함께 사용하여 긴 문장을 말해 보아요.

Day16_긴 문장1.mp3

名前(なまえ)は 聞(き)いた **ことが ありま す。**
이름은 들은 **적이 있습니다.**

해커스 일본어 첫걸음

日本(にほん)に 行った **ことが あります。**
일본에 간 **적이 있습니다.**

たこやきを 食(た)べた **ことが あります。**
타코야키를 먹은 **적이 있습니다.**

ヨーロッパを 旅行(りょこう)した **ことが あります。**
유럽을 여행한 **적이 있습니다.**

いちども かった **ことが ありません。**
한 번도 이긴 **적이 없습니다.**

단어 ✔

名前 [なまえ] 이름　聞く [きく] 듣다　日本 [にほん] 일본　行く [いく] 가다　たこやき 타코야키(음식)　食べる [たべる] 먹다　ヨーロッパ 유럽
旅行する [りょこうする] 여행하다　いちど 한 번　かつ 이기다

말이 술술 쏟아지는 문형

음성을 듣고 문장을 큰 소리로 따라 말해 보세요.

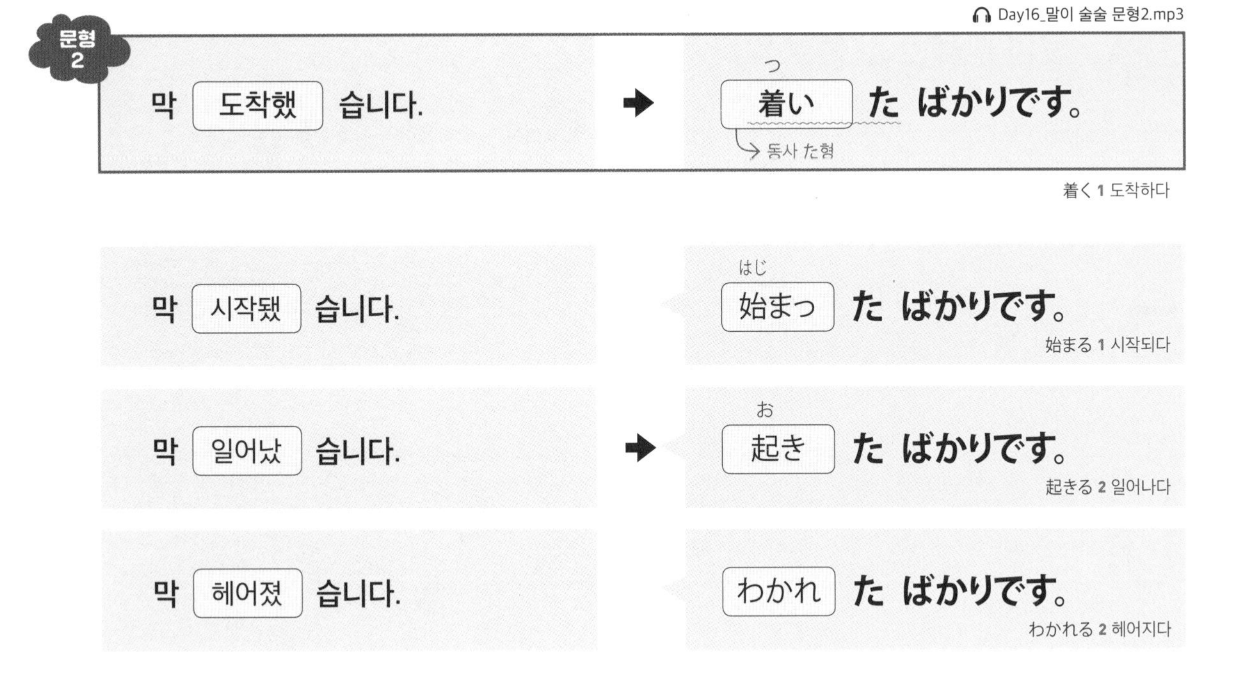

Day16_말이 술술 문형2.mp3
문형 2
막 도착했 습니다.
着(つ)い た ばかりです。
동사 た형
着く 1 도착하다
막 시작됐 습니다.
始(はじ)まっ た ばかりです。
始まる 1 시작되다
막 일어났 습니다.
起(お)き た ばかりです。
起きる 2 일어나다
막 헤어졌 습니다.
わかれ た ばかりです。
わかれる 2 헤어지다

문형 탐구

1. 우리말 "막 도착했습니다."는 일본어로 "着(つ)いた ばかりです。"예요. 이처럼 동사의 た형 뒤에 ばかりです를 붙이면 '막 ~했습니다'라는 뜻의 방금 막 발생한 상황을 나타내는 말이 돼요.

여기서 ばかり가 '막, 방금'이라는 뜻의 표현이에요.

2. 아래의 동사도 ~た ばかりです。(막 ~했습니다.) 문형에 넣어 따라 말해 보아요.

- 終(お)わる 1 끝나다 → 終(お)わった **ばかりです。** 막 끝났**습니다**.
- もどる 1 되돌아가다(오다) → もどった **ばかりです。** 막 되돌아갔**습니다**(왔**습니다**).
- くる 3 오다 → きた **ばかりです。** 막 왔**습니다**.

문형 활용한 긴 문장 말하기

～た ばかりです。(막 ~했습니다.) 와 앞서 익힌 여러 단어 및 표현을 함께 사용하여 긴 문장을 말해 보아요.

Day16_긴 문장2.mp3

さっき 家(いえ)に 着(つ)い**た ばかりです。**
방금 집에 **막** 도착했**습니다.**

しあいは 始(はじ)まっ**た ばかりです。**
시합은 **막** 시작됐**습니다.**

今(いま) 起(お)き**た ばかりです。**
지금 **막** 일어났**습니다.**

先週(せんしゅう) 彼女(かのじょ)と わかれ**た ばかりです。**
지난주 여자친구와 **막** 헤어졌**습니다.**

映画(えいが)が 終(お)わっ**た ばかりです。**
영화가 **막** 끝났**습니다.**

단어 ✔

さっき 방금　家 [いえ] 집　着く [つく] 도착하다　しあい 시합　始まる [はじまる] 시작되다　今 [いま] 지금　起きる [おきる] 일어나다　先週 [せんしゅう] 지난주　彼女 [かのじょ] 여자친구　わかれる 헤어지다　映画 [えいが] 영화　終わる [おわる] 끝나다

말이 술술 쏟아지는 문형

음성을 듣고 문장을 큰 소리로 따라 말해 보세요.

Day16_말이 술술 문형3.mp3

문형 3

듣 거나 읽 거나 합니다. → 聞(き)い たり 読(よ)ん だり します。

聞く 1 듣다 / 読む 1 읽다

이기 거나 지 거나 합니다. → かつ たり まけ たり します。

かつ 1 이기다 / まける 2 지다

보 거나 먹 거나 합니다. → 見(み) たり 食(た)べ たり します。

見る 2 보다 / 食べる 2 먹다

공부하 거나 운동하 거나 합니다. → 勉強(べんきょう)し たり 運動(うんどう)し たり します。

勉強する 3 공부하다 / 運動する 3 운동하다

문형 탐구

1. 우리말 "듣거나 읽거나 합니다."는 일본어로 "聞(き)いたり 読(よ)んだり します。"예요. 이처럼 동사 た형에서 た를 떼고 각각 たり를 붙인 다음 します로 문장을 끝내면, '~하거나 ~하거나 합니다'라는 말이 돼요.

만약, 동사의 기본형이 む・ぶ・ぬ・ぐ로 끝날 경우 たり가 아닌 だり를 붙여요. 그래서 読(よ)む(읽다)는 読(よ)んたり가 아닌 読(よ)んだり가 되었어요.

2. 아래 두 개의 동사도 ~たり ~たり します。(~하거나 ~하거나 합니다.) 문형에 넣어 따라 말해 보아요.

- さんぽする 3 산책하다 / 料理(りょうり)する 3 요리하다 → さんぽし**たり** 料理(りょうり)し**たり** **します**。
  산책하**거나** 요리하**거나** **합니다**.
- おこる 1 화내다 / 泣(な)く 1 울다 → おこっ**たり** 泣(な)い**たり** **します**。 화내**거나** 울**거나** **합니다**.
- 上(あ)がる 1 올라가다 / 下(さ)がる 1 내려가다 → 上(あ)がっ**たり** 下(さ)がっ**たり** **します**。 올라가**거나** 내려가**거나** **합니다**.

문형 활용한 긴 문장 말하기

～たり ～たり します。(~하거나 ~하거나 합니다.) 와 앞서 익힌 여러 단어 및 표현을 함께 사용하여 긴 문장을 말해 보아요.

Day16_긴 문장3.mp3

おんがくを 聞(き)い**たり** 本(ほん)を 読(よ)ん**だり** **します。**
음악을 듣**거나** 책을 읽**거나** **합니다.**

強(つよ)い チームも かっ**たり** まけ**たり** **します。**
강한 팀도 이기**거나** 지**거나** **합니다.**

パレードを 見(み)**たり** おいしい ものを 食(た)べ**たり** **します。**
퍼레이드를 보**거나** 맛있는 것을 먹**거나** **합니다.**

週末(しゅうまつ)は 日本語(にほんご)を 勉強(べんきょう)し**たり** 運動(うんどう)し**たり** **します。**
주말은 일본어를 공부하**거나** 운동하**거나** **합니다.**

子供(こども)と 一緒(いっしょ)に さんぽし**たり** 家(いえ)で 料理(りょうり)し**たり** **します。**
아이와 함께 산책하**거나** 집에서 요리하**거나** **합니다.**

단어

おんがく 음악　聞く [きく] 듣다　本 [ほん] 책　読む [よむ] 읽다　強い [つよい] 강하다　チーム 팀　かつ 이기다　まける 지다　パレード 퍼레이드
見る [みる] 보다　おいしい 맛있다　もの 것　食べる [たべる] 먹다　週末 [しゅうまつ] 주말　日本語 [にほんご] 일본어　勉強する [べんきょうする] 공부하다
運動する [うんどうする] 운동하다　子供 [こども] 아이　一緒に [いっしょに] 함께, 같이　さんぽする 산책하다　家 [いえ] 집　料理する [りょうりする] 요리하다

실생활 회화 자동발사!

Day16_실생활 회화 자동발사.mp3

먼저 듣기 mp3로 대화를 들어보며 어떤 내용인지 생각해 보세요. 그 다음 따라 말하기 mp3로 따라 말해보세요.

1 도쿄돔에서 야구를 관람하는 지민과 나카무라 점장

지민

うわ！ ホームラン！ 今(いま)の ホームランは すごかったですね。

나카무라

はぁ…。今日(きょう)も だめですね。

지민

店長(てんちょう)、しあいは 始(はじ)まった ばかりです。まだまだ 分(わ)かりませんよ。

나카무라

うーん、でも、今(こん)シーズン まだ いちども かった ことが ありません。

지민

強(つよ)い チームも かったり まけたり しますよ。

나카무라

そうですね。

チームを しんじて、おうえんします。

지민

はい、わたしも 一緒(いっしょ)に おうえんします。

1 지민 : 우와! 홈런! 지금의 홈런은 대단했네요.
나카무라 : 하아…. 오늘도 틀렸네요.
지민 : 점장님, 시합은 막 시작됐어요. 아직 모른다고요.
나카무라 : 음~, 하지만, 이번 시즌 아직 한 번도 이긴 적이 없어요.
지민 : 강한 팀도 이기거나 지거나 해요.
나카무라 : 그렇죠. 팀을 믿고, 응원할게요.
지민 : 네, 저도 함께 응원하겠습니다.

단어

1. **ホームラン** 홈런 **今** [いま] 지금 **すごい** 대단하다
今日 [きょう] 오늘 **だめだ** 틀리다, 안 된다
店長 [てんちょう] 점장(님) **しあい** 시합
始まる [はじまる] 시작되다 **まだまだ** 아직 **分かる** [わかる] 알다
でも 하지만, 그러나 **今シーズン** [こんシーズン] 이번 시즌
まだ 아직 **いちど** 한 번 **かつ** 이기다 **強い** [つよい] 강하다
チーム 팀 **まける** 지다 **そうですね** 그렇죠, 그러게요
しんじる 믿다 **おうえんする** 응원하다 **わたし** 저, 나
一緒に [いっしょに] 함께, 같이

2 집에서 지민에게 전화를 거는 노조미

노조미

もしもし、ジミン さん、夜遅く(よるおそ) すみません。

지민

あ、希美(のぞみ) さん！ おひさしぶりです。最近(さいきん) お仕事(しごと)は どうですか。

노조미

ちょっと いそがしいです。今日(きょう)も さっき 家(いえ)に 着(つ)いた ばかりです。

지민

大変(たいへん)でしたね。おつかれさまでした。

노조미

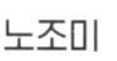

ところで 週末(しゅうまつ)に 京都(きょうと)に きませんか。

「祇園祭(ぎおんまつり)」が あります。

↳ 기온마츠리는 교토의 기온 지역에서 열리는 축제예요.
교토 시내를 행진하는 퍼레이드가 유명해요.

지민

「祇園祭(ぎおんまつり)」！ 名前(なまえ)は 聞(き)いた ことが あります！ ぜひ、行(い)きたいです。

노조미

あ、よかった。

一緒(いっしょ)に パレードを 見(み)たり、おいしい ものを 食(た)べたり しましょう。

2 노조미 : 여보세요, 지민 씨, 밤늦게 죄송해요.
지민 : 아, 노조미 씨! 오랜만이에요. 요즘 일은 어때요?
노조미 : 조금 바빠요. 오늘도 방금 집에 막 도착했어요.
지민 : 힘들었겠네요. 수고하셨습니다.
노조미 : 그나저나 주말에 교토에 오지 않을래요?
'기온마츠리'가 있어요.
지민 : '기온마츠리'! 이름은 들은 적이 있어요! 꼭, 가고 싶어요.
노조미 : 아, 다행이다.
같이 퍼레이드를 보거나, 맛있는 것을 먹거나 하죠.

단어

2. **夜遅く** [よるおそく] 밤늦게 **最近** [さいきん] 요즘, 최근
お仕事 [おしごと] 일 **どうですか** 어때요?, 어떻습니까? **ちょっと** 조금, 잠깐
いそがしい 바쁘다 **今日** [きょう] 오늘 **さっき** 방금, 아까 **家** [いえ] 집
着く [つく] 도착하다 **大変だ** [たいへんだ] 힘들다, 큰일이다
ところで 그나저나, 그런데 **週末** [しゅうまつ] 주말
京都 [きょうと] 교토(지역) **くる** 오다
祇園祭 [ぎおんまつり] 기온마츠리(축제) **ある** 있다(사물, 식물)
名前 [なまえ] 이름 **聞く** [きく] 듣다, 묻다 **ぜひ** 꼭 **行く** [いく] 가다
よかった 다행이다 **一緒に** [いっしょに] 같이, 함께 **パレード** 퍼레이드
見る [みる] 보다 **おいしい** 맛있다 **もの** 것 **食べる** [たべる] 먹다

연습문제로 실력 확인하기

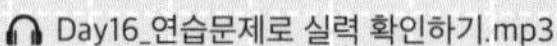

1 단어 듣고 골라 써보기

음성으로 들려주는 단어를 보기에서 골라 써 보세요. 그 다음 단어의 뜻을 써 보세요.

보기 泣(な)く　わかれる　上(あ)がる　旅行(りょこう)する

1) ______________ (뜻 :　　　　　　)

2) ______________ (뜻 :　　　　　　)

3) ______________ (뜻 :　　　　　　)

2 문장 읽고 뜻 써보기

다음 문장을 큰 소리로 읽은 후 뜻을 써 보세요. 그 다음 음성을 들으며 한 번 더 읽어 보세요.

1) おんがくを 聞(き)いたり 本(ほん)を 読(よ)んだり します。(뜻 :　　　　　　)

2) たこやきを 食(た)べた ことが あります。(뜻 :　　　　　　)

3) 映画(えいが)が 終(お)わった ばかりです。(뜻 :　　　　　　)

3 질문에 답하기

제시된 단어를 사용하여 질문에 알맞은 답변을 빈칸에 써 보세요. 그 다음 큰 소리로 따라 읽어 보세요.

1) 家(いえ)に 着(つ)きましたか。 집에 도착했습니까?

→ はい、さっき ______________ 。(家(いえ) / 着(つ)く)　네, 방금 집에 막 도착했습니다.

2) 日本(にほん)に 行(い)った ことが ありますか。 일본에 가본 적이 있습니까?

→ いいえ、______________ 。(日本(にほん) / 行(い)く)　아니요, 일본에 가본 적이 없어요.

3) 週末(しゅうまつ)は 何(なに)を しますか。 주말은 무엇을 합니까?

→ 週末(しゅうまつ)は ______________ 。(日本語(にほんご) / 勉強(べんきょう)する / 運動(うんどう)する)

주말은 일본어를 공부하거나 운동하거나 합니다.

4 빈칸 채우기 JLPT N4, N5 문법 대비 유형

빈칸에 들어갈 단어를 골라 문장을 완성하세요. 그 다음 큰 소리로 읽어 보세요.

1) 今年(ことし)、いちども (　　　　　) ことが ありません。

① かい　　② かった　　③ かって

2) 今(いま) (　　　　　) ばかりです。

① 起(お)きて　　② 起(お)きたり　　③ 起(お)きた

3) 子供(こども)と さんぽしたり、家(いえ)で 料理(りょうり) (　　　　　)。

① したり します　　② します　　③ した ばかりです

5 문장 완성하기 JLPT N4, N5 문법 대비 유형

선택지를 올바르게 배열하여 문장을 완성한 다음 ★ 에 들어갈 선택지를 고르세요.

1) A「いっしょに 祇園祭(ぎおんまつり)に 行(い)きませんか。」

B「わあ！祇園祭(ぎおんまつり)！＿＿ ＿＿ ★ ＿＿ あります。」

① ことが　　② 名前(なまえ)　　③ は　　④ 聞(き)いた

2) しあい ＿＿ ＿＿ ★ ＿＿ 。

① です　　② 始(はじ)まった　　③ ばかり　　④ は

연습문제 정답 p.255

<해커스 일본어 첫걸음> 어플로
단어 게임을 해보세요!

Day 17

영화는 잘 보지 않습니다.

えい　が
映画は　あまり
み
見ないです。

한 번에 학습하기

영화는 자주 봅니까?

えいが　　　　み
映画は　よく　見ますか。

영화는 잘 보지 않습니다.

えいが　　　　　　　み
映画は　あまり　見ないです。

이런 말을 할 수 있어요.

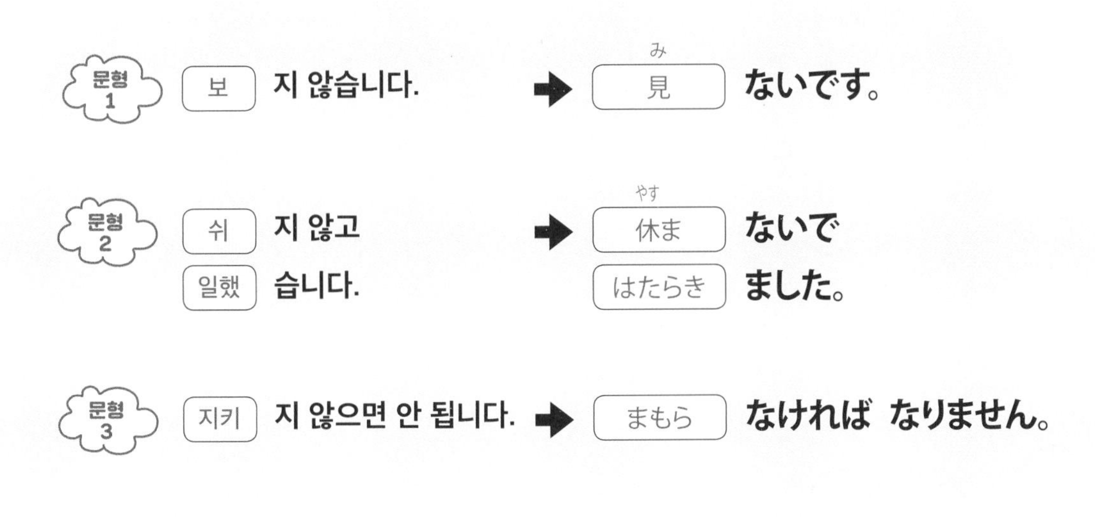

문형 1
보 지 않습니다.
み
見 ないです。
문형 2
쉬 지 않고
일했 습니다.
やす
休ま ないで
はたらき ました。
문형 3
지키 지 않으면 안 됩니다.
まもら なければ なりません。

이번 Day에서는 '보지 않습니다.'와 같이 동사 부정형과 관련된 문형을 배워볼 거예요. 일본어 동사를 정중하게 부정하려면 우리말 '~하지 않습니다.'와 같은 의미인 ないです를 동사 끝에 붙이면 돼요. 단, 이때 동사를 ない형으로 바꾸어야 해요. 동사 ない형과 관련 문형을 익히면 '보지 않습니다.', '쉬지 않고 일했습니다.', '지키지 않으면 안 됩니다.'와 같이 동사의 부정형을 포함하는 문장을 일본어로 쉽게 말할 수 있게 될 거예요.

※ 부록(p.267)에서 동사 그룹과 활용을 한 눈에 볼 수 있어요. 또한 오른쪽 QR코드로 일본어 동사의 종류와 활용을 바로, 그리고 쉽게 익혀보세요.

일본어 동사의 종류 강의 바로가기

일본어 동사의 활용 강의 바로가기

말이 술술 쏟아지는 문형

음성을 듣고 문장을 큰 소리로 따라 말해 보세요.

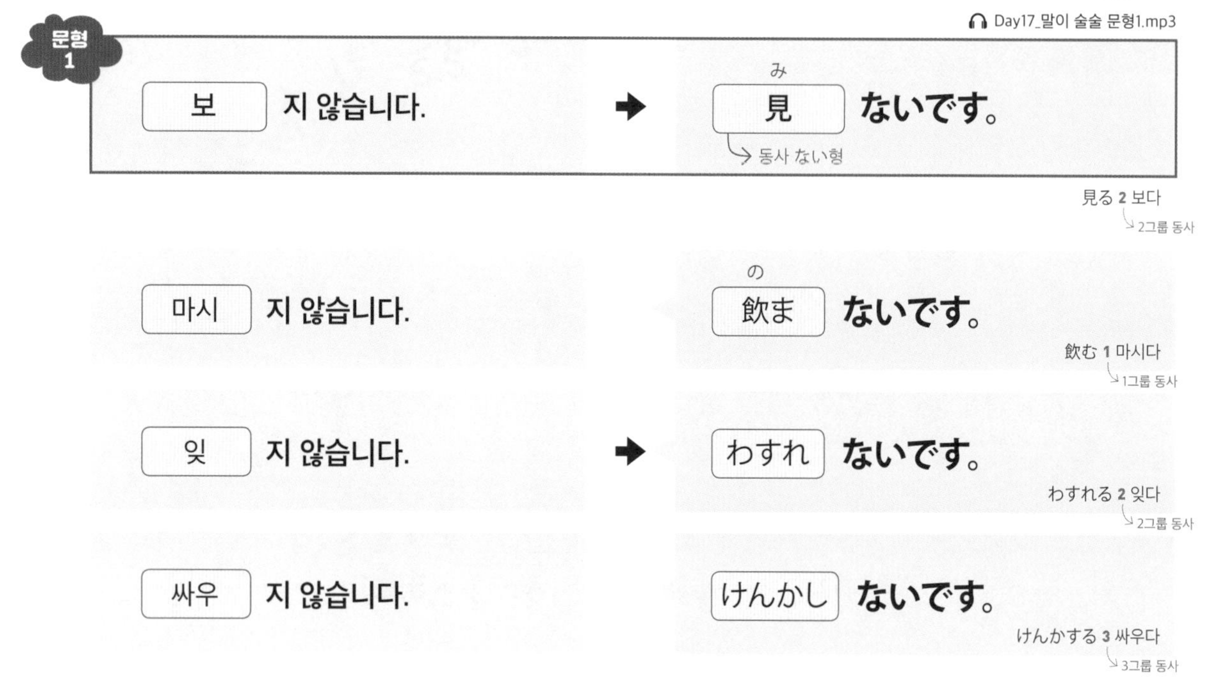

Day17_말이 술술 문형1.mp3
문형 1
보 지 않습니다. → 見(み) ないです。
동사 ない형
見る 2 보다
2그룹 동사
마시 지 않습니다. 飲(の)ま ないです。
飲む 1 마시다
1그룹 동사
잊 지 않습니다. → わすれ ないです。
わすれる 2 잊다
2그룹 동사
싸우 지 않습니다. けんかし ないです。
けんかする 3 싸우다
3그룹 동사

문형 탐구

1. 우리말 "보지 않습니다."는 일본어로 "見(み)ないです。"예요. 여기서 見(み)가 동사 見(み)る의 ない형이에요. 동사를 ない형으로 바꾸고 뒤에 ないです를 붙이면 '~하지 않습니다'라는 뜻의 정중한 부정 표현이 돼요.

동사 뒤에 ないです를 붙이려면 동사의 기본형에서 어미를 적절한 형태로 바꿔야 하는데, 이렇게 바뀐 형태를 동사 ない형이라고 해요. 그리고 동사를 ない형으로 바꾸고 ない를 붙인 것을 동사의 부정형이라고 해요. 동사 見(み)る는 2그룹 동사이므로 어미 る만 떼고 ない를 붙였어요. 일본어 동사를 ない형으로 바꾸는 방법은 아래 QR 코드로 연결되는 강의에서 바로 익혀보세요.

+플러스포인트 ない는 い형용사이기 때문에, 앞서 익힌 い형용사 활용 문형으로 다양한 표현을 말할 수 있어요.

예 飲(の)ま**ないです** → 飲(の)ま**ないですか** / 飲(の)ま**なかったです** / 飲(の)ま**なくて**
마시**지 않습니다** 마시**지 않습니까?** 마시**지 않았습니다** 마시**지 않고**

2. 아래의 동사도 ~ないです。(~하지 않습니다.) 문형에 넣어 따라 말해 보아요.

- 知(し)る 예외1 알다 → 知(し)ら**ないです**。 알**지 않습니다**.(모릅니다.)
- できる 2 할 수 있다, 가능하다 → でき**ないです**。 할 수 **없습니다**.
- くる 3 오다 → こ* **ないです**。 오**지 않습니다**.

*동사 くる(오다)의 ない형은 こ예요.

일본어 동사의 활용 강의 바로가기

문형 활용한 긴 문장 말하기

～ないです。(~하지 않습니다.) 와 앞서 익힌 여러 단어 및 표현을 함께 사용하여 긴 문장을 말해 보아요.

Day17_긴 문장1.mp3

えいが　　　　　　み
映画は　あまり　見**ないです。**
영화는　잘　보**지 않습니다.**

の
コーヒーは　飲ま**ないです。**
커피는　마시**지 않습니다.**

いっしょう
この　しゅんかんは　一生　わすれ**ないです。**
이　순간은　평생　잊**지 않겠습니다.**

もう　ぜったい　けんかし**ないです。**
이제　절대　싸우**지 않겠습니다.**

し
それは　ぜんぜん　知ら**なかったです。**
그것은　전혀　몰랐**습니다.**

DAY 17

해커스 일본어 첫걸음

단어 ✔

映画 [えいが] 영화　あまり 잘, 그다지　見る [みる] 보다　コーヒー 커피　飲む [のむ] 마시다　この 이　しゅんかん 순간　一生 [いっしょう] 평생
わすれる 잊다　もう 이제　ぜったい 절대　けんかする 싸우다　それ 그것　ぜんぜん 전혀　知る [しる] 알다

말이 술술 쏟아지는 문형

🎧 음성을 듣고 문장을 큰 소리로 따라 말해 보세요.

🎧 Day17_말이 술술 문형2.mp3

문형 2

쉬 **지 않고** 일했 **습니다.** → 休(やす)ま **ないで** はたらき **ました。**

(休ま → 동사 ない형 / はたらき → 동사 ます형)

休む 1 쉬다 / はたらく 1 일하다

포기하 **지 않고** 계속했 **습니다.** → あきらめ **ないで** つづけ **ました。**

あきらめる 2 포기하다 / つづける 2 계속하다

예약하 **지 않고** 갔 **습니다.** → よやくし **ないで** 行(い)き **ました。**

よやくする 3 예약하다 / 行く 1 가다

싫증나 **지 않고** 봤 **습니다.** → あき **ないで** 見(み) **ました。**

あきる 2 싫증나다, 질리다 / 見る 2 보다

문형 탐구 🎧

1. 우리말 "쉬지 않고 일했습니다."는 일본어로 "休(やす)まないで はたらきました。"예요. 여기서 休(やす)ま는 동사 休(やす)む의 ない형이고, はたらき는 동사 はたらく의 ます형이에요. 이처럼 동사의 ない형과 또 다른 동사의 ます형을 사용하여 '~ないで ~ました'라고 하면, '~하지 않고 ~했습니다'라는 뜻의 말이 돼요.

+플러스포인트 동사의 ない형 뒤에 ないで ください를 붙이면 '~하지 말아 주세요'라는 말이 돼요.

예 あきらめる 포기하다 → あきらめ**ないで ください** 포기하**지 말아 주세요**

2. 아래 두 개의 동사를 ~ないで ~ました。(~하지 않고 ~했습니다.) 문형에 넣어 따라 말해 보아요.

- する 3 하다 / 帰(かえ)る 예외1 돌아가다 → し**ないで** 帰(かえ)り**ました。** 하**지 않고** 돌아갔**습니다.**
- 消(け)す 1 (불을)끄다 / でかける 2 외출하다 → 消(け)さ**ないで** でかけ**ました。** (불을)끄**지 않고** 외출했**습니다.**
- かくにんする 3 확인하다 / ていしゅつする 3 제출하다 → かくにんし**ないで** ていしゅつし**ました。** 확인하**지 않고** 제출했**습니다.**

문형 활용한 긴 문장 말하기

～ないで ～ました。(~하지 않고 ~했습니다.) 와 앞서 익힌 여러 단어 및 표현을 함께 사용하여 긴 문장을 말해 보아요.

Day17_긴 문장2.mp3

休ま**ないで** ずっと 夜遅くまで はたらき**ました。**
(やす / よるおそ)
쉬**지 않고** 계속 밤늦게까지 일했**습니다.**

彼は あきらめ**ないで** つづけ**ました。**
(かれ)
그는 포기하**지 않고** 계속했**습니다.**

よやくし**ないで** レストランに 行き**ました。**
(い)
예약하**지 않고** 레스토랑에 갔**습니다.**

最後まで あき**ないで** 見**ました。**
(さいご / み)
마지막까지 싫증나**지 않고** 봤**습니다.**

むりは し**ないで ください。**
무리는 하**지 말아 주세요.**

단어 ✔

休む [やすむ] 쉬다 ずっと 계속, 줄곧 夜遅く [よるおそく] 밤늦게 はたらく 일하다 彼 [かれ] 그 あきらめる 포기하다 つづける 계속하다
よやくする 예약하다 レストラン 레스토랑 行く [いく] 가다 最後 [さいご] 마지막, 최후 あきる 싫증나다, 질리다 見る [みる] 보다 むり 무리 する 하다

말이 술술 쏟아지는 문형

음성을 듣고 문장을 큰 소리로 따라 말해 보세요.

Day17_말이 술술 문형3.mp3

문형 3

[지키] 지 않으면 안 됩니다. → [まもら] **なければ　なりません。**

→ 동사 ない형

まもる 1 지키다

[걷] 지 않으면 안 됩니다. → [歩か(ある)] **なければ　なりません。**

歩く 1 걷다

[환승하] 지 않으면 안 됩니다. → [のりかえ] **なければ　なりません。**

のりかえる 2 환승하다

[출근하] 지 않으면 안 됩니다. → [しゅっきんし] **なければ　なりません。**

しゅっきんする 3 출근하다

문형 탐구

1. **우리말 "지키지 않으면 안 됩니다."는 일본어로 "まもらなければ　なりません。"이에요. 여기서 まもら는 동사 まもる의 ない형이에요. 이처럼 동사 ない형 뒤에 なければ　なりません을 붙이면 '~하지 않으면 안 됩니다'라는 뜻의 강한 주장이나 의무를 나타내는 말이 돼요.**

+플러스포인트 문형의 끝에 의문을 나타내는 か를 붙여 なければ　なりませんか라고 하면 '~하지 않으면 안 됩니까?'라는 의문문이 돼요.

예 のりかえなければ　なりません。 → のりかえなければ　**なりませんか**。
환승하지 않으면 안 됩니다. → 환승하지 않으면 **안 됩니까?**

2. **아래의 동사도 ~なければ　なりません。(~하지 않으면 안 됩니다.) 문형에 넣어 따라 말해 보아요.**

- 待つ(ま) 1 기다리다 → 待た(ま)**なければ　なりません。** 기다리**지 않으면 안 됩니다.**
- 運ぶ(はこ) 1 옮기다 → 運ば(はこ)**なければ　なりません。** 옮기**지 않으면 안 됩니다.**
- 練習(れんしゅう)する 3 연습하다 → 練習(れんしゅう)し**なければ　なりません。** 연습하**지 않으면 안 됩니다.**

문형 활용한 긴 문장 말하기

~なければ なりません。(~하지 않으면 안 됩니다.) 과 앞서 익힌 여러 단어 및 표현을 함께 사용하여 긴 문장을 말해 보아요.

Day17_긴 문장3.mp3

やくそくは まもら**なければ なりません。**
약속은 지키**지 않으면 안 됩니다.**

右側(みぎがわ)を 歩(ある)か**なければ なりません。**
오른쪽으로 걷**지 않으면 안 됩니다.**

次(つぎ)の 駅(えき)で のりかえ**なければ なりません。**
다음 역에서 환승하**지 않으면 안 됩니다.**

明日(あした)も しゅっきんし**なければ なりません。**
내일도 출근하**지 않으면 안 됩니다.**

いつまで 待(ま)た**なければ なりませんか。**
언제까지 기다리**지 않으면 안 됩니까?**

DAY 17

해커스 일본어 첫걸음

단어

やくそく 약속 まもる 지키다 右側 [みぎがわ] 오른쪽 歩く [あるく] 걷다 次 [つぎ] 다음 駅 [えき] 역 のりかえる 환승하다 明日 [あした] 내일 しゅっきんする 출근하다 いつ 언제 待つ [まつ] 기다리다

실생활 회화 자동발사!

Day17_실생활 회화 자동발사.mp3

먼저 듣기 mp3로 대화를 들어보며 어떤 내용인지 생각해 보세요. 그 다음 따라 말하기 mp3로 따라 말해보세요.

1 기온마츠리를 구경 중인 지민과 노조미

지민
希美(のぞみ) さん、顔色(かおいろ)が わるいですよ。どこか ぐあいが わるいですか。

노조미
実(じつ)は 先週(せんしゅう)から 休(やす)まないで ずっと 夜遅(よるおそ)くまで はたらきました。
明日(あした)も しゅっきんしなければ なりません。

지민
大変(たいへん)ですね。はやく 帰(かえ)りましょうか。

노조미
大丈夫(だいじょうぶ)です。最後(さいご)まで 見(み)て 帰(かえ)りましょう。

지민
でも、むりは しないで ください。

노조미
はい。あ! ほら、パレードが 始(はじ)まりました。

지민
すごい…こんなに すてきな パレードは 見(み)た ことが ありません。
この しゅんかんは 一生(いっしょう) わすれないです。

---

1 지민 : 노조미 씨, 안색이 나빠요. 어딘가 몸이 안 좋나요?
노조미 : 실은 지난주부터 쉬지 않고 계속 밤늦게까지 일했어요. 내일도 출근하지 않으면 안 돼요.
지민 : 힘들겠네요. 빨리 돌아갈까요?
노조미 : 괜찮아요. 마지막까지 보고 돌아가죠.
지민 : 그래도, 무리는 하지 말아 주세요.
노조미 : 네. 아! 봐요, 퍼레이드가 시작되었어요.
지민 : 대단해… 이런 멋진 퍼레이드는 본 적이 없어요. 이 순간은 평생 잊지 않겠습니다.

단어

1. **顔色** [かおいろ] 안색 **わるい** 나쁘다, 좋지 않다
どこか 어딘가 **ぐあい** 몸(상태), 상태 **実は** [じつは] 실은
先週 [せんしゅう] 지난주 **休む** [やすむ] 쉬다 **ずっと** 계속
夜遅く [よるおそく] 밤늦게 **はたらく** 일하다 **明日** [あした] 내일
しゅっきんする 출근하다 **大変だ** [たいへんだ] 힘들다, 큰일이다
はやく 빨리 **帰る** [かえる] 돌아가다
大丈夫だ [だいじょうぶだ] 괜찮다 **最後** [さいご] 마지막, 최후
でも 그래도 **むり** 무리 **する** 하다 **ほら** 봐요, 보세요
パレード 퍼레이드 **始まる** [はじまる] 시작되다
すごい 대단하다 **こんなに** 이런, 이렇게 **すてきだ** 멋지다
しゅんかん 순간 **一生** [いっしょう] 평생 **わすれる** 잊다

2 후시미 이나리 신사의 센본토리이를 걷고 있는 지민과 노조미

지민

わ～、ここが「千本鳥居(せんぼんとりい)」ですね。本当(ほんとう)に きれいです。

↳ 센본토리이는 ㅠ처럼 생긴 토리이(기둥문)가 터널 모양으로 늘어서 있는 유명한 관광지예요.

노조미

あ、ジミン さん、「千本鳥居(せんぼんとりい)」は せまくて 人(ひと)も 多(おお)いです。

だから 右側(みぎがわ)を 歩(ある)かなければ なりません。

지민

はい。分(わ)かりました。

노조미

ジミン さん、もしかして

映画(えいが)「サユリ」を 知(し)って いますか。

↳ 우리나라에서는 「게이샤의 추억」이라는 제목으로 상영된 영화예요.

지민

知(し)らないです。映画(えいが)は あまり 見(み)ないんです。

노조미

そうですか。その 映画(えいが)で ここ、「千本鳥居(せんぼんとりい)」が 出(で)て きました。

ストーリーも おもしろいです。最後(さいご)まで あきないで 見(み)ました。

지민

本当(ほんとう)ですか。東京(とうきょう)に 帰(かえ)って、いちど 見(み)て みます。

---

2 지민 : 와~, 여기가 '센본토리이'군요. 정말로 예뻐요.
노조미 : 아, 지민 씨, '센본토리이'는 좁고 사람도 많아요.
그래서 오른쪽으로 걷지 않으면 안 돼요.
지민 : 네, 알겠습니다.
노조미 : 지민 씨, 혹시 영화 '게이샤의 추억'을 알고 있어요?
지민 : 몰라요. 영화는 잘 보지 않거든요.
노조미 : 그런가요? 그 영화에서 여기, '센본토리이'가 나왔어요.
스토리도 재미있어요. 마지막까지 싫증나지 않고 봤습니다.
지민 : 정말요? 도쿄에 돌아가서, 한번 봐 볼게요.

단어

2. **千本鳥居** [せんぼんとりい] 센본토리이(장소)
本当に [ほんとうに] 정말로 **きれいだ** 예쁘다 **せまい** 좁다
多い [おおい] 많다 **だから** 그래서, 그러니까
右側 [みぎがわ] 오른쪽 **歩く** [あるく] 걷다 **分かる** [わかる] 알다
もしかして 혹시 **映画** [えいが] 영화 **知る** [しる] 알다
あまり 그다지 **見る** [みる] 보다 **出てくる** [でて くる] 나오다
ストーリー 스토리, 줄거리 **おもしろい** 재미있다
最後 [さいご] 마지막, 최후 **あきる** 싫증나다, 질리다
本当 [ほんとう] 정말 **東京** [とうきょう] 도쿄(지명)
帰る [かえる] 돌아가다 **いちど** 한번

연습문제로 실력 확인하기

Day17_연습문제로 실력 확인하기.mp3

1 단어 듣고 골라 써보기

음성으로 들려주는 단어를 보기에서 골라 써 보세요. 그 다음 단어의 뜻을 써보세요.

보기 知る(し) けんかする あきる 消す(け)

1) ______________________ (뜻 :   )

2) ______________________ (뜻 :   )

3) ______________________ (뜻 :   )

2 문장 읽고 뜻 써보기

다음 문장을 큰 소리로 읽은 후 뜻을 써 보세요. 그 다음 음성을 들으며 한 번 더 읽어 보세요.

1) むりは しないで ください。(뜻 :   )

2) やくそくは まもらなければ なりません。(뜻 :   )

3) この しゅんかんは 一生(いっしょう) わすれないです。(뜻 :   )

3 질문에 답하기

제시된 단어를 사용하여 질문에 알맞은 답변을 빈칸에 써 보세요. 그 다음 큰 소리로 따라 읽어 보세요.

1) コーヒーは 飲(の)みますか。 커피는 마십니까?

→ いいえ、______________________。(わたし / コーヒー / 飲(の)む)

아니요, 저는 커피를 마시지 않습니다.

2) 次(つぎ)の 駅(えき)で のりかえますよね。 다음 역에서 환승하지요?

→ はい。______________________。(次(つぎ) / 駅(えき) / のりかえる)

네. 다음 역에서 환승하지 않으면 안 됩니다.

3) 先週(せんしゅう)は いそがしかったですか。 지난주는 바빴습니까?

→ はい。______________________。(先週(せんしゅう) / 休(やす)む / はたらく) 네. 지난주는 쉬지 않고 일했습니다.

4 빈칸 채우기 JLPT N4, N5 문법 대비 유형

빈칸에 들어갈 단어를 골라 문장을 완성하세요. 그 다음 큰 소리로 읽어 보세요.

1) かれは 京都(きょうと)に (　　　　) ないです。

① き　　② こ　　③ く

2) A「明日(あした)も しゅっきんし (　　　　)。」

B「それは 大変(たいへん)ですね。」

① なければ なりません　　② ないで ください　　③ ないです

3) かれは 最後(さいご)まで あきらめないで (　　　　)。

① つづけならないです　　② つづけないです　　③ つづけました

5 문장 완성하기 JLPT N4, N5 문법 대비 유형

선택지를 올바르게 배열하여 문장을 완성한 다음 ★ 에 들어갈 선택지를 고르세요.

1) A「映画(えいが)は 好(す)きですか。」

B「いいえ、好(す)きじゃ ないです。＿＿ ＿＿ ★ ＿＿。」

① です　　② は　　③ 見(み)ない　　④ 映画(えいが)

2) 昨日(きのう)、よやく ＿＿ ＿＿ ★ ＿＿。

① しないで　　② に　　③ レストラン　　④ 行(い)きました

별책으로 제공되는 워크북(p.32)으로
동사 문형 전체를 한 번에 학습해 보세요.

연습문제 정답 p.256

Day 18

지하철을 타려고 합니다.

ちかてつに 乗る(の) つもりです。

무엇을 타고 갑니까?

何(なに)に 乗(の)って 行(い)きますか。

지하철을 타려고 합니다.
ちかてつに 乗(の)る つもりです。
SUBWAY

이런 말을 할 수 있어요.

문형 1
타 려고 합니다.
乗る つもりです。
の
문형 2
혼잡할 지도 모릅니다.
こむ かも しれません。
문형 3
사용할 수 있습니다.
使う ことが できます。
つか

지금까지는 동사의 활용형인 て형, た형, ない형을 사용한 여러 문형을 익혔는데요, 이번 Day에서는 동사 기본형을 그대로 사용하는 문형을 배울 거예요. 이러한 문형의 경우 동사 기본형이 '~할' 또는 '~하는'과 같은 뜻이 되어 바로 뒤의 표현을 꾸며주는 역할을 해요. 오늘의 문형을 배우면, '지하철을 타려고 합니다.', '길이 혼잡할지도 모릅니다.', '신용카드를 사용할 수 있습니다.'와 같은 말을 쉽게 할 수 있어요.

말이 술술 쏟아지는 문형

음성을 듣고 문장을 큰 소리로 따라 말해 보세요.

Day18_말이 술술 문형1.mp3

문형 1

타 려고 합니다.	→ 乗(の)る つもりです。 ↳ 동사 기본형 乗る 1 타다 (1그룹 동사)
일어나 려고 합니다.	起(お)きる つもりです。 起きる 2 일어나다 (2그룹 동사)
하 려고 합니다.	→ する つもりです。 する 3 하다 (3그룹 동사)
결혼하 려고 합니다.	結婚(けっこん)する つもりです。 結婚する 3 결혼하다 (3그룹 동사)

문형 탐구

1. 우리말 "타려고 합니다."는 일본어로 "乗(の)る つもりです。"예요. 이처럼 동사 기본형 뒤에 つもりです를 붙이면 '~하려고 합니다'라는 뜻의 무언가를 하려는 의지를 나타내는 말이 돼요.

이 문형을 우리말로 직역하면, '~할 계획입니다'라는 뜻이에요. 반대로 '~하지 않으려고 합니다'는 동사의 부정형 뒤에 つもりです를 붙이면 돼요.

예 **乗(の)る** つもりです。**타**려고 합니다. / **乗(の)らない** つもりです。**타지 않으**려고 합니다.

+플러스포인트 공식적으로 정해진 계획을 나타내는 予定(よてい)です(~할 예정입니다)도 같이 알아두세요.

예 結婚(けっこん)する **つもりです**。결혼하**려고 합니다**. [결혼할 것이라는 결심]
結婚(けっこん)する **予定(よてい)です**。결혼할 **예정입니다**. [결혼하기로 결정된 상태]

2. 아래의 동사도 ~つもりです。(~하려고 합니다.) 문형에 넣어 따라 말해 보아요.

- つづける 2 계속하다 → つづける **つもりです**。계속하**려고 합니다**.
- 変(か)える 2 바꾸다 → 変(か)える **つもりです**。바꾸**려고 합니다**.
- あやまる 1 사과하다 → あやまる **つもりです**。사과하**려고 합니다**.

문형 활용한 긴 문장 말하기

～つもりです。(~하려고 합니다.) 와 앞서 익힌 여러 단어 및 표현을 함께 사용하여 긴 문장을 말해 보아요.

Day18_긴 문장1.mp3

ちかてつに 乗る(の) **つもりです。**
지하철을 타**려고** **합니다.**

明日(あした)は ふだんより はやく 起きる(お) **つもりです。**
내일은 평소보다 빨리 일어나**려고** **합니다.**

韓国(かんこく)に 帰って(かえ) しゅうかつを する **つもりです。**
한국에 돌아가서 취직 활동을 하**려고** **합니다.**

来年(らいねん)、彼女(かのじょ)と 結婚(けっこん)する **つもりです。**
내년, 여자친구와 결혼하**려고** **합니다.**

日本語(にほんご)の 勉強(べんきょう)は 少(すこ)しずつ つづける **つもりです。**
일본어 공부는 조금씩 계속하**려고** **합니다.**

단어 ✔

ちかてつ 지하철　乗る [のる] 타다　明日 [あした] 내일　ふだん 평소　はやく 빨리, 일찍　起きる [おきる] 일어나다　韓国 [かんこく] 한국
帰る [かえる] 돌아가다　しゅうかつ 취직 활동　する 하다　来年 [らいねん] 내년, 다음해　彼女 [かのじょ] 여자친구, 그녀　結婚する [けっこんする] 결혼하다
日本語 [にほんご] 일본어　勉強 [べんきょう] 공부　少しずつ [すこしずつ] 조금씩　つづける 계속하다

말이 술술 쏟아지는 문형

음성을 듣고 문장을 큰 소리로 따라 말해 보세요.

Day18_말이 술술 문형2.mp3

문형 2

혼잡할 지도 모릅니다.	→	こむ かも しれません。 (동사 기본형)

こむ 1 혼잡하다, 붐비다

(눈, 비가) 내릴 지도 모릅니다.		ふる かも しれません。

ふる 1 (눈, 비가) 내리다

갈 지도 모릅니다.	→	行く(い) かも しれません。

行く 1 가다

나올 지도 모릅니다.		出る(で) かも しれません。

出る 2 나오다

문형 탐구

1. 우리말 "혼잡할지도 모릅니다."는 일본어로 "こむかも しれません。"이에요. 이처럼 동사 기본형 뒤에 かも しれません을 붙이면 '~할지도 모릅니다'라는 뜻의 추측을 나타내는 말이 돼요.

'~하지 않을지도 모릅니다'는 동사의 부정형에 かも しれません를 붙이면 돼요.

예 雪(ゆき)が **ふる**かも しれません。 눈이 **내릴**지도 모릅니다.
雪(ゆき)が **ふらない**かも しれません。 눈이 **내리지 않을**지도 모릅니다.

2. 아래의 동사도 ~かも しれません。(~할지도 모릅니다.) 문형에 넣어 따라 말해 보아요.

- くる 3 오다 → くる**かも しれません**。 올**지도 모릅니다**.
- たおれる 2 쓰러지다 → たおれる**かも しれません**。 쓰러질**지도 모릅니다**.
- よろこぶ 1 기뻐하다 → よろこぶ**かも しれません**。 기뻐할**지도 모릅니다**.

문형 활용한 긴 문장 말하기

～かも しれません。(~할지도 모릅니다.) 과 앞서 익힌 여러 단어 및 표현을 함께 사용하여 긴 문장을 말해 보아요.

Day18_긴 문장2.mp3

きょう　みち
今日は 道が こむ**かも しれません。**
오늘은 길이 혼잡할**지도 모릅니다.**

ごご　ゆき
午後から 雪が ふる**かも しれません。**
오후부터 눈이 내릴**지도 모릅니다.**

らいねん　かんこく　い
来年は 韓国に 行く**かも しれません。**
내년은 한국에 갈**지도 모릅니다.**

かんじ　ジェイエルピーティー　で
この 漢字は ＪＬＰＴ に 出る**かも しれません。**
이 한자는 일본어 능력 시험에 나올**지도 모릅니다.**

かれ　きょう
彼は 今日 こない**かも しれません。**
그는 오늘 오지 않을**지도 모릅니다.**

단어

今日 [きょう] 오늘　道 [みち] 길　こむ 혼잡하다, 붐비다　午後 [ごご] 오후　雪 [ゆき] 눈　ふる (눈, 비가) 내리다　来年 [らいねん] 내년　韓国 [かんこく] 한국　行く [いく] 가다　この 이　漢字 [かんじ] 한자　JLPT [ジェイエルピーティー] 일본어 능력 시험　出る [でる] 나오다　彼 [かれ] 그　くる 오다

말이 술술 쏟아지는 문형

음성을 듣고 문장을 큰 소리로 따라 말해 보세요.

Day18_말이 술술 문형3.mp3

문형 3

사용할 수 있습니다.	→	使う(つか) ことが できます。

동사 기본형

使う 1 사용하다

볼 수 있습니다.	→	見る(み) ことが できます。
가르칠 수 있습니다.	→	教える(おし) ことが できます。
예약할 수 있습니다.	→	よやくする ことが できます。

見る 2 보다

教える 2 가르치다

よやくする 3 예약하다

문형 탐구

1. 우리말 "사용할 수 있습니다."는 일본어로 "使う(つか) ことが できます。"예요. 이처럼 동사 기본형 뒤에 ことが できます를 붙이면 '~할 수 있습니다'라는 가능을 나타내는 표현이 돼요.

이 문형을 우리말로 직역하면 '~하는 것이 가능합니다.'라는 뜻이에요. 여기에서 こと는 '일, 것'이라는 뜻의 명사이고 が는 '이/가'라는 뜻의 조사, 그리고 できます는 동사 できる(할 수 있다)의 정중형이에요.

+플러스포인트 できます(할 수 있습니다)를 상황에 따라 できますか(할 수 있습니까?), できました(할 수 있었습니다), できません(할 수 없습니다), できませんでした(할 수 없었습니다)의 형태로 사용할 수도 있어요.

2. 아래의 동사에도 ~ことが できます。(~할 수 있습니다.) 문형에 넣어 따라 말해 보아요.

- すごす 1 (시간을) 보내다 → すごす **ことが できます**。 (시간을) 보낼 **수 있습니다**.
- 起きる(お) 2 일어나다 → 起きる(お) **ことが できます**。 일어날 **수 있습니다**.
- すわる 1 앉다 → すわる **ことが できます**。 앉을 **수 있습니다**.

문형 활용한 긴 문장 말하기

～ことが できます。(~할 수 있습니다.) 와 앞서 익힌 여러 단어 및 표현을 함께 사용하여 긴 문장을 말해 보아요.

Day18_긴 문장3.mp3

クレジットカードを 使う(つか) **ことが できます。**
신용 카드를 사용할 **수 있습니다.**

すてきな ふうけいを 見る(み) **ことが できます。**
멋진 풍경을 볼 **수 있습니다.**

かんたんな 料理(りょうり)は 教える(おし) **ことが できます。**
간단한 요리는 가르칠 **수 있습니다.**

この ホテルは ホームページで よやくする **ことが できます。**
이 호텔은 홈페이지에서 예약할 **수 있습니다.**

楽しい(たの) 時間(じかん)を すごす **ことが できました。**
즐거운 시간을 보낼 **수 있었습니다.**

단어

クレジットカード 신용 카드　使う [つかう] 사용하다　すてきだ 멋지다　ふうけい 풍경　見る [みる] 보다　かんたんだ 간단하다　料理 [りょうり] 요리　教える [おしえる] 가르치다　この 이　ホテル 호텔　ホームページ 홈페이지　よやくする 예약하다　楽しい [たのしい] 즐겁다　時間 [じかん] 시간　すごす (시간을)보내다

실생활 회화 자동발사!

Day18_실생활 회화 자동발사.mp3

먼저 듣기 mp3로 대화를 들어보며 어떤 내용인지 생각해 보세요. 그 다음 따라 말하기 mp3로 따라 말해보세요.

1 교토의 카페에서 대화 중인 노조미와 지민

노조미

じゃあ、これから 京都(きょうと)タワーに 行(い)きましょう。

クリスマスは いつもより すてきな ふうけいを 見(み)る ことが できます。

지민

それは 楽(たの)しみですね。バスに 乗(の)って 京都(きょうと)タワーに 行(い)っても いいですか。

노조미

今日(きょう)は 道(みち)が こむかも しれません。

だから、ちかてつに 乗(の)る つもりでしたが…。

지민

そうですか。でも、大通(おおどお)りの きれいな イルミネーションが 見(み)たいです。

노조미

なるほど、分(わ)かりました。

じゃあ、いそいで 行(い)きましょうか。

지민

はい、ありがとう ございます。

1 노조미 : 그럼, 지금부터 교토 타워로 갑시다.
크리스마스는 평소보다 멋진 풍경을 볼 수 있어요.
지민 : 그거 기대되네요. 버스를 타고 교토 타워로 가도 될까요?
노조미 : 오늘은 길이 혼잡할지도 몰라요.
그래서, 지하철을 타려고 했는데요….
지민 : 그런가요? 하지만, 큰길의 예쁜 일루미네이션이 보고 싶어요.
노조미 : 그렇군요, 알겠습니다. 그럼, 서둘러서 갈까요.
지민 : 네, 감사합니다.

단어

1. **じゃあ** 그럼 **これから** 지금부터, 이제부터
京都タワー [きょうとタワー] 교토 타워(장소) **行く** [いく] 가다
クリスマス 크리스마스 **いつも** 평소 **すてきだ** 멋지다
ふうけい 풍경 **見る** [みる] 보다 **それ** 그것
楽しみだ [たのしみだ] 기대되다 **バス** 버스 **乗る** [のる] 타다
今日 [きょう] 오늘 **道** [みち] 길 **こむ** 혼잡하다
だから 그래서, 그러니까 **ちかてつ** 지하철 **そうですか** 그런가요?
でも 하지만 **大通り** [おおどおり] 큰길 **きれいだ** 예쁘다
イルミネーション 일루미네이션, 조명 **なるほど** 그렇군요, 과연
分かる [わかる] 알다 **いそぐ** 서두르다

2 12월 마지막 날, 단골 식당에서 대화 중인 지민과 노조미

지민: 希美(のぞみ) さんの おかげで 楽(たの)しい 時間(じかん)を すごす ことが できました。

노조미: いえいえ、こちらこそ。ジミン さん、来年(らいねん)は 何(なに)を する 予定(よてい)ですか。

지민: わたしは 韓国(かんこく)に 帰(かえ)って しゅうかつを する つもりです。

노조미: なるほど。がんばって ください。あ、わたし、来年(らいねん)は 韓国(かんこく)に 行(い)くかも しれません。

지민: ほんとうですか。

その とき ぜひ れんらくして ください！

わたしが あんないします！

노조미: ありがとう ございます。あ、カウントダウンが 始(はじ)まります！

3(さん)，2(に)，1(いち)！ 明(あ)けまして おめでとう ございます！

2 지민 : 노조미 씨 덕분에 즐거운 시간을 보낼 수 있었어요.
노조미 : 아뇨아뇨, 저야말로요. 지민 씨, 내년은 무엇을 할 예정입니까?
지민 : 저는 한국에 돌아가서, 취직 활동을 하려고 해요.
노조미 : 그렇군요. 열심히 해 주세요. 아, 저, 내년은 한국에 갈지도 몰라요.
지민 : 정말인가요? 그때 꼭 연락해 주세요! 제가 안내할게요!
노조미 : 고마워요. 아, 카운트다운이 시작돼요! 3, 2, 1! 새해복 많이 받으세요!

단어

2. **おかげで** 덕분에 **楽しい** [たのしい] 즐겁다 **時間** [じかん] 시간 **すごす** 보내다, 지내다 **こちらこそ** 저야말로 **来年** [らいねん] 내년 **何** [なに] 무엇 **する** 하다 **わたし** 저, 나 **韓国** [かんこく] 한국 **帰る** [かえる] 돌아가다 **しゅうかつ** 취직 활동 **なるほど** 그렇군요, 과연 **がんばる** 힘내다 **行く** [いく] 가다 **ほんとう** 정말, 진짜 **その とき** 그때 **ぜひ** 꼭, 부디 **れんらくする** 연락하다 **あんないする** 안내하다 **カウントダウン** 카운트다운 **始まる** [はじまる] 시작되다 **明けまして おめでとう ございます** [あけまして おめでとう ございます] 새해복 많이 받으세요

연습문제로 실력 확인하기

Day18_연습문제로 실력 확인하기.mp3

1 단어 듣고 골라 써보기

음성으로 들려주는 단어를 보기에서 골라 써 보세요. 그 다음 단어의 뜻을 써 보세요.

보기 あやまる　こむ　たおれる　教える(おしえる)

1) ______________ (뜻 :　　　　　)

2) ______________ (뜻 :　　　　　)

3) ______________ (뜻 :　　　　　)

2 문장 읽고 뜻 써보기

다음 문장을 큰 소리로 읽은 후 뜻을 써 보세요. 그 다음 음성을 들으며 한 번 더 읽어 보세요.

1) 日本語(にほんご)の 勉強(べんきょう)は 少(すこ)しずつ つづける つもりです。(뜻 :　　　　　)

2) ホームページで よやくする ことが できます。(뜻 :　　　　　)

3) 午後(ごご)から 雪(ゆき)が ふるかも しれません。(뜻 :　　　　　)

3 질문에 답하기

제시된 단어를 사용하여 질문에 알맞은 답변을 빈칸에 써 보세요. 그 다음 큰 소리로 따라 읽어 보세요.

1) クレジットカードを 使(つか)う ことが できますか。 신용카드를 사용할 수 있습니까?

→ すみません。______________。(クレジットカード / 使(つか)う)

죄송합니다. 신용카드는 사용할 수 없습니다.

2) 彼女(かのじょ)と いつ 結婚(けっこん)しますか。 여자친구와 언제 결혼합니까?

→ 来年(らいねん)、______________。(彼女(かのじょ) / 結婚(けっこん)する) 내년, 여자친구와 결혼하려고 합니다.

3) バスに 乗(の)っても いいですか。 버스를 타도 될까요?

→ ちかてつに 乗(の)りましょう。 今日(きょう)は ______________。(道(みち) / こむ)

지하철을 타죠. 오늘은 길이 혼잡할지도 모릅니다.

4 빈칸 채우기 JLPT N4, N5 문법 대비 유형

빈칸에 들어갈 단어를 골라 문장을 완성하세요. 그 다음 큰 소리로 읽어 보세요.

1) もう すぐ 韓国(かんこく)に (　　　　) かも しれません。

① 帰(かえ)る　　② 帰(かえ)った　　③ 帰(かえ)って

2) 楽(たの)しい 時間(じかん)を すごす ことが (　　　　)。

① ありました　　② できました　　③ いました

3) ふだんより はやく 起(お)きる (　　　　)。

① しれません　　② できます　　③ つもりです

5 문장 완성하기 JLPT N4, N5 문법 대비 유형

선택지를 올바르게 배열하여 문장을 완성한 다음 ★ 에 들어갈 선택지를 고르세요.

1) クリスマスは いつもより すてきな ＿＿ ＿＿ ★ ＿＿ できます。

① ことが　　② 見(み)る　　③ を　　④ふうけい

2) A「来年(らいねん) ＿＿ ＿＿ ★ ＿＿ ですか。」

B「いっしょうけんめい しゅうかつを する つもりです。」

① 予定(よてい)　　② は　　③ 何(なに)を　　④ する

연습문제 정답 p.256

<해커스 일본어 첫걸음> 어플로
단어 게임을 해보세요!

Day 19

만들기 전에 레시피를 알아봅니다.

作る前に レシピを しらべます。

(つく、まえ)

한 번에 학습하기

만들기 전에 레시피를 알아봅니다.
作る 前に レシピを しらべます。

레시피는 이미 제가 알아보았습니다.
レシピは もう わたしが しらべました。

이런 말을 할 수 있어요.

문형 1	만들기	전에	➡	作る(つく)	前(まえ)に
	알아봅	니다.		しらべ	ます。
문형 2	(불을) 끈	후에	➡	消(け)し	た あとで
	외출합	니다.		でかけ	ます。
문형 3	들으	면서	➡	聞(き)き	ながら
	걷습	니다.		歩(ある)き	ます。

이번 Day에서는 지금까지 배운 동사 기본형, た형, ます형을 사용하여 '~하기 전에', '~한 후에', '~하면서'와 같이 동작의 순서를 말하는 여러 방법을 배워볼 거예요. 오늘의 문형을 익히면 '만들기 전에 레시피를 알아봅니다.', '전등을 끈 후에 외출합니다.', '음악을 들으면서 걷습니다.'와 같이 일상생활에서 흔히 사용하는 말을 일본어로 쉽게 말할 수 있어요.

말이 술술 쏟아지는 문형

음성을 듣고 문장을 큰 소리로 따라 말해 보세요.

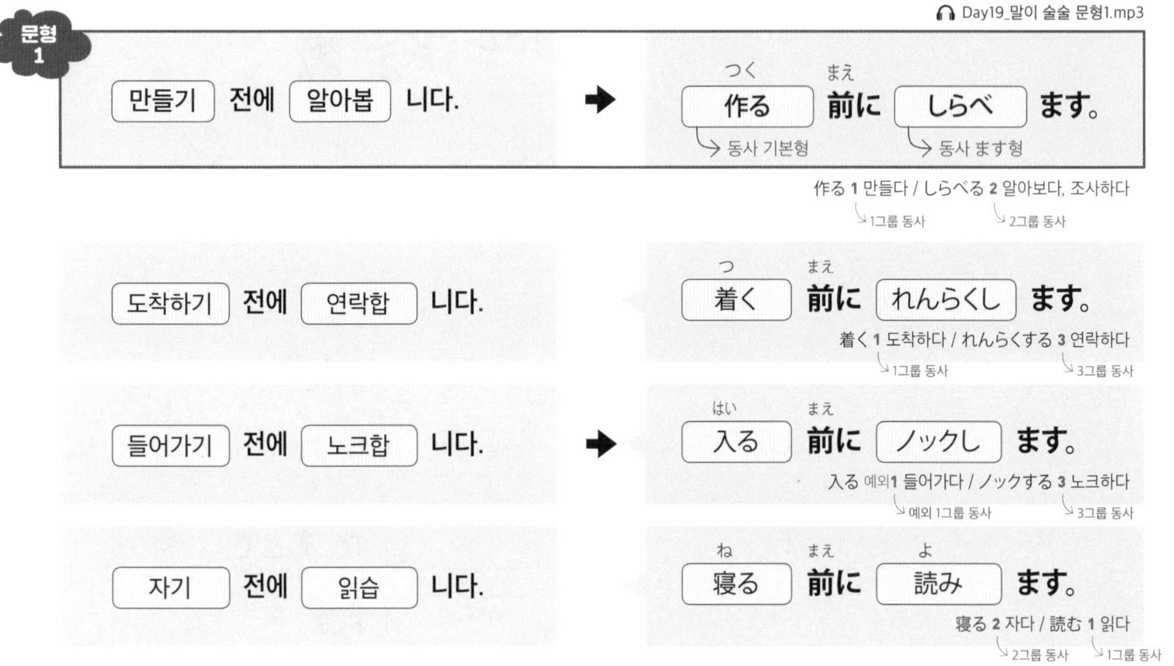

Day19_말이 술술 문형1.mp3

문형 1

만들기 전에 알아봅니다. → 作(つく)る 前(まえ)に しらべ ます。

동사 기본형 / 동사 ます형

作る 1 만들다 / しらべる 2 알아보다, 조사하다

1그룹 동사 / 2그룹 동사

도착하기 전에 연락합니다. ← 着(つ)く 前(まえ)に れんらくし ます。

着く 1 도착하다 / れんらくする 3 연락하다

1그룹 동사 / 3그룹 동사

들어가기 전에 노크합니다. → 入(はい)る 前(まえ)に ノックし ます。

入る 예외1 들어가다 / ノックする 3 노크하다

예외 1그룹 동사 / 3그룹 동사

자기 전에 읽습니다. ← 寝(ね)る 前(まえ)に 読(よ)み ます。

寝る 2 자다 / 読む 1 읽다

2그룹 동사 / 1그룹 동사

문형 탐구

1. 'A 前(まえ)に Bます'라고 하면, 'A하기 전에 B합니다'라는 뜻으로, 동작의 순서를 나타내는 말이 돼요. 이때, A에는 동사의 기본형을, B에는 동사의 ます형을 써요.

여기서 前(まえ)는 '전'이라는 뜻의 명사이고, 조사 に는 때를 가리키는 '에'라는 뜻으로 쓰였어요. 또한 문형 끝의 ます 대신 '~たいです(~하고 싶습니다)'와 같이 앞서 배운 동사 문형을 사용할 수도 있어요.

+플러스포인트 조사 に는 '~에게'라는 뜻으로 대상을 나타내거나, '~에'라는 뜻으로 장소나 시간을 나타낼 수도 있어요.

예 友達(ともだち)**に** れんらくします。(대상) / ソウル**に** います。(장소) / 3時(さんじ)**に** 会(あ)いましょう。(시간)
친구**에게** 연락합니다. / 서울**에** 있습니다. / 3시**에** 만납시다.

2. 아래 두 개의 동사도 ~前(まえ)に ~ます。(~전에 ~합니다.) 문형에 넣어 따라 말해 보아요.

- しゅうしょくする 3 취직하다 / 旅行(りょこう)する 3 여행하다 → しゅうしょくする **前(まえ)に** 旅行(りょこう)し**ます**。
  취직하기 **전에** 여행합**니다**.
- 食事(しょくじ)する 3 식사하다 / 洗(あら)う 1 (손을) 씻다 → 食事(しょくじ)する **前(まえ)に** 洗(あら)い**ます**。 식사하기 **전에** 씻습**니다**.
- ひっこす 1 이사하다 / かたづける 2 정리하다 → ひっこす **前(まえ)に** かたづけ**ます**。
  이사하기 **전에** 정리하겠습**니다**.

문형 활용한 긴 문장 말하기

A前(まえ)に Bます。(A하기 전에 B합니다.) 와 앞서 익힌 여러 단어 및 표현을 함께 사용하여 긴 문장을 말해 보아요.

Day19_긴 문장1.mp3

作(つく)る **前(まえ)に** レシピを しらべ**ます。**
만들기 **전에** 레시피를 알아봅**니다.**

駅(えき)に 着(つ)く **前(まえ)に** れんらくし**ます。**
역에 도착하기 **전에** 연락하겠습**니다.**

部屋(へや)に 入(はい)る **前(まえ)に** ノックし**ます。**
방에 들어가기 **전에** 노크하겠습**니다.**

毎晩(まいばん) 寝(ね)る **前(まえ)に** 本(ほん)を 読(よ)み**ます。**
매일 밤 자기 **전에** 책을 읽습**니다.**

しゅうしょくする **前(まえ)に** 一人(ひとり)で ヨーロッパを 旅行(りょこう)**したいです。**
취직하기 **전에** 혼자서 유럽을 여행하**고 싶습니다.**

단어

作る [つくる] 만들다 レシピ 레시피, 조리법 しらべる 알아보다, 조사하다 駅 [えき] 역 着く [つく] 도착하다 れんらくする 연락하다 部屋 [へや] 방 入る [はいる] 들어가다 ノックする 노크하다 毎晩 [まいばん] 매일 밤 寝る [ねる] 자다 本 [ほん] 책 読む [よむ] 읽다 しゅうしょくする 취직하다 一人で [ひとりで] 혼자서 ヨーロッパ 유럽 旅行する [りょこうする] 여행하다

말이 술술 쏟아지는 문형

🎧 음성을 듣고 문장을 큰 소리로 따라 말해 보세요.

🎧 Day19_말이 술술 문형2.mp3

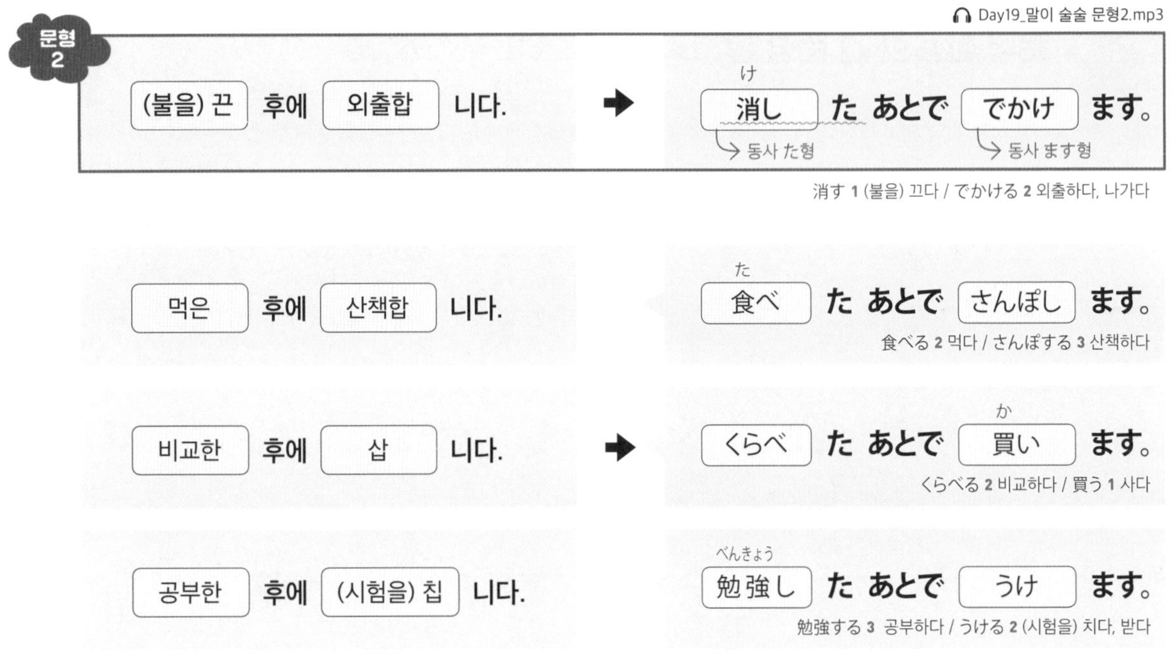

문형 2
(불을) 끈 후에 외출합 니다.
消し た あとで でかける ます。
동사 た형
동사 ます형
消す 1 (불을) 끄다 / でかける 2 외출하다, 나가다
먹은 후에 산책합 니다.
食べ た あとで さんぽし ます。
食べる 2 먹다 / さんぽする 3 산책하다
비교한 후에 삽 니다.
くらべ た あとで 買い ます。
くらべる 2 비교하다 / 買う 1 사다
공부한 후에 (시험을) 칩 니다.
勉強し た あとで うけ ます。
勉強する 3 공부하다 / うける 2 (시험을) 치다, 받다

문형 탐구 🎧

1. 'Aた あとで Bます'라고 하면, 'A한 후에 B합니다'라는 말이 돼요. 이때, A에는 동사 た형을, B에는 동사 ます형을 써요.

여기서 あと는 '후'라는 뜻의 명사이고, 조사 で는 때를 나타내는 '에'로 쓰였어요. 또한 문형 끝의 ます 대신 '~ましょう(~합시다)'나 '~たいです(~하고 싶습니다)'와 같은 다른 동사 문형도 사용할 수 있어요.

2. 아래 두 개의 동사도 ~た あとで ~ます。(~한 후에 ~합니다.) 문형에 넣어 따라 말해 보아요.

- けしょうする 3 화장하다 / 撮(と)る 1 (사진을) 찍다 → けしょうし**た あとで** 撮(と)り**ます**。 화장한 **후에** (사진을) 찍습**니다**.
- しらべる 2 알아보다 / 教(おし)える 2 가르치다 → しらべ**た あとで** 教(おし)え**ます**。 알아본 **후에** 가르칩**니다**.
- 洗濯(せんたく)する 3 세탁하다 / そうじする 3 청소하다 → 洗濯(せんたく)し**た あとで** そうじし**ます**。 세탁한 **후에** 청소합**니다**.

문형 활용한 긴 문장 말하기

Aた あとで Bます。(A한 후에 B합니다.) 와 앞서 익힌 여러 단어 및 표현을 함께 사용하여 긴 문장을 말해 보아요.

Day19_긴 문장2.mp3

電気(でんき)を 消(け)し**た** **あとで** 外(そと)へ でかけ**ます。**
전등을 끈 **후에** 밖으로 외출합**니다.**

スパゲッティを 食(た)べ**た** **あとで** こうえんで さんぽし**ます。**
스파게티를 먹은 **후에** 공원에서 산책합**니다.**

ねだんを くらべ**た** **あとで** 買(か)い**ます。**
가격을 비교한 **후에** 사겠습**니다.**

日本語(にほんご)を もう 少(すこ)し 勉強(べんきょう)し**た** **あとで** ＪＬＰＴ(ジェイエルピーティー) を うけ**ます。**
일본어를 조금 더 공부한 **후에** 일본어 능력 시험을 치겠습**니다.**

けしょうし**た** **あとで** 写真(しゃしん)を 撮(と)り**ましょう。**
화장한 **후에** 사진을 찍읍**시다.**

DAY 19

해커스 일본어 첫걸음

단어 ✔

電気 [でんき] 전등, 전기　消す [けす] (불을) 끄다　外 [そと] 밖　でかける 외출하다, 나가다　スパゲッティ 스파게티　食べる [たべる] 먹다　こうえん 공원　さんぽする 산책하다　ねだん 가격　くらべる 비교하다　買う [かう] 사다　日本語 [にほんご] 일본어　もう 少し [もう すこし] 조금 더　勉強する [べんきょうする] 공부하다　JLPT [ジェイエルピーティー] 일본어 능력 시험　うける [うける] (시험을) 치다, 받다　けしょうする 화장하다　写真 [しゃしん] 사진　撮る [とる] (사진을) 찍다

말이 술술 쏟아지는 문형

음성을 듣고 문장을 큰 소리로 따라 말해 보세요.

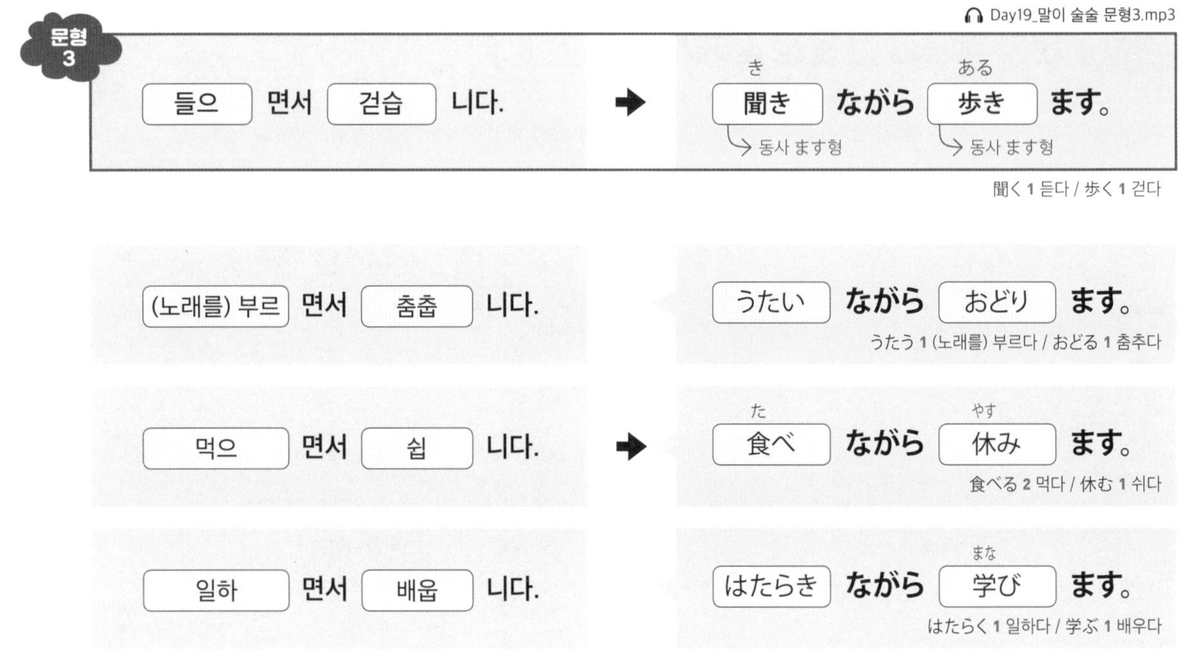

Day19_말이 술술 문형3.mp3
문형 3
들으 면서 걸습 니다.
聞(き)き ながら 歩(ある)き ます。
동사 ます형
동사 ます형
聞く 1 듣다 / 歩く 1 걷다
(노래를) 부르 면서 춤춥 니다.
うたい ながら おどり ます。
うたう 1 (노래를) 부르다 / おどる 1 춤추다
먹으 면서 쉽 니다.
食(た)べ ながら 休(やす)み ます。
食べる 2 먹다 / 休む 1 쉬다
일하 면서 배웁 니다.
はたらき ながら 学(まな)び ます。
はたらく 1 일하다 / 学ぶ 1 배우다

문형 탐구

1. 'Aながら Bます'라고 하면, 'A하면서 B합니다'라는 뜻으로, 동시에 이루어지고 있는 동작을 나타내는 말이 돼요. 이때, A와 B에는 모두 동사 ます형을 써요.

여기서 ながら는 '~하면서'라는 뜻의 조사예요. 또한 문형 끝의 ます 대신 '～つもりです(~하려고 합니다)', '～ましょう(~합시다)', '～たいです(~하고 싶습니다)'와 같은 다른 동사 문형도 사용할 수 있어요.

2. 아래 두 개의 동사도 ～ながら ～ます。(~하면서 ~합니다.) 문형에 넣어 따라 말해 보아요.

- バイトする 3 아르바이트하다 / 通(かよ)う 1 (학교, 직장 등을) 다니다 → バイトし**ながら** 通(かよ)い**ます**。
  아르바이트하**면서** 다닙**니다**.
- 思(おも)いだす 1 떠올리다, 생각해내다 / わらう 1 웃다 → 思(おも)いだし**ながら** わらい**ます**。 떠올리**면서** 웃습**니다**.
- 書(か)く 1 적다 / おぼえる 2 기억하다 → 書(か)き**ながら** おぼえ**ます**。 적으**면서** 기억합**니다**.

문형 활용한 긴 문장 말하기

Aながら Bます。(A하면서 B합니다.)와 앞서 익힌 여러 단어 및 표현을 함께 사용하여 긴 문장을 말해 보아요.

Day19_긴 문장3.mp3

おんがくを 聞(き)き**ながら** 歩(ある)き**ます。**
음악을 들으**면서** 걷습**니다.**

今(いま)から うたを うたい**ながら** おどり**ます。**
지금부터 노래를 부르**면서** 춤추겠습**니다.**

クッキーを 食(た)べ**ながら** 少(すこ)し 休(やす)み**ます。**
쿠키를 먹으**면서** 조금 쉽**니다.**

はたらき**ながら** たくさんの ことを 学(まな)び**ます。**
일하**면서** 많은 것을 배웁**니다.**

バイトし**ながら** 学校(がっこう)に 通(かよ)う **つもりです。**
아르바이트하**면서** 학교에 다니**려고 합니다.**

단어 ✔

おんがく 음악　聞く [きく] 듣다　歩く [あるく] 걷다　今 [いま] 지금, 이제　うた 노래　うたう (노래를) 부르다　おどる 춤추다　クッキー 쿠키
食べる [たべる] 먹다　少し [すこし] 조금, 약간　休む [やすむ] 쉬다　はたらく 일하다　たくさん 많이, 잔뜩　こと 것, 일　学ぶ [まなぶ] 배우다
バイトする 아르바이트하다　学校 [がっこう] 학교　通う [かよう] (학교, 직장 등을) 다니다

실생활 회화 자동발사!

Day19_실생활 회화 자동발사.mp3

먼저 듣기 mp3로 대화를 들어보며 어떤 내용인지 생각해 보세요. 그 다음 따라 말하기 mp3로 따라 말해보세요.

1 점심시간, 옥상 정원에서 대화 중인 노조미와 켄타

노조미

健太(けんた) さん、週末(しゅうまつ)は 何(なに)を しましたか。

켄타

彼女(かのじょ)と デートを しました。

スパゲッティを 食(た)べた あとで、

こうえんを さんぽしました。せんぱいは?

노조미

わたしは クッキーを 作(つく)りました。

켄타

クッキー? むずかしく ないですか。せんぱい、すごいです。

노조미

いえいえ、作(つく)る 前(まえ)に レシピを しらべました。一口(ひとくち) どうですか。

켄타

え? 本当(ほんとう)ですか。はい、ぜひ 食(た)べて みたいです!

노조미

どうぞ。クッキーを 食(た)べながら、少(すこ)し 休(やす)みましょう。

---

1 노조미 : 켄타 씨, 주말은 무엇을 했나요?
켄타 : 여자친구와 데이트를 했어요.
스파게티를 먹은 후에, 공원을 산책했어요. 선배는요?
노조미 : 저는 쿠키를 만들었어요.
켄타 : 쿠키? 어렵지 않아요? 선배, 대단해요.
노조미 : 아뇨아뇨, 만들기 전에 레시피를 알아봤어요. 한 입 어때요?
켄타 : 어? 정말요? 네, 꼭 먹어 보고 싶어요!
노조미 : 자요. 쿠키를 먹으면서, 조금 쉬죠.

단어

1. **週末** [しゅうまつ] 주말 **何** [なに] 무엇 **する** 하다
彼女 [かのじょ] 여자친구, 그녀 **デート** 데이트
スパゲッティ 스파게티 **食べる** [たべる] 먹다 **こうえん** 공원
さんぽする 산책하다 **せんぱい** 선배 **わたし** 저, 나
クッキー 쿠키 **作る** [つくる] 만들다 **むずかしい** 어렵다
すごい 대단하다 **レシピ** 레시피, 조리법 **しらべる** 알아보다
一口 [ひとくち] 한 입 **どうですか** 어때요?, 어떻습니까?
本当 [ほんとう] 정말, 진짜 **ぜひ** 꼭 **少し** [すこし] 조금, 약간
休む [やすむ] 쉬다

2 근처 식당에서 식사 중인 지민과 나카무라 점장

나카무라

来週(らいしゅう) 韓国(かんこく)に 帰(かえ)りますね。

지민

はい、さびしいです。ここで はたらきながら、

たくさんの ことを 学(まな)びました。

店長(てんちょう)の おかげで 楽(たの)しい 1年(いちねん)でした。

나카무라

こちらこそ 1年間(いちねんかん) 楽(たの)しかったです。

韓国(かんこく)に 帰(かえ)った あとは 何(なに)を する 予定(よてい)ですか。

지민

日本語(にほんご)を もう 少(すこ)し 勉強(べんきょう)した あとで、JLPT(ジェイエルピーティー) を うけます。

それから、しゅうしょくする 前(まえ)に 一人(ひとり)で ヨーロッパを 旅行(りょこう)したいです。

나카무라

わあ、それは いいですね。しけん、がんばって ください。

2 나카무라 : 다음 주 한국에 돌아가네요.
지민 : 네, 섭섭해요. 여기서 일하면서, 많은 것을 배웠어요. 점장님 덕분에 즐거운 1년이었습니다.
나카무라 : 이쪽이야말로 1년 간 즐거웠어요. 한국에 돌아간 후에는 무엇을 할 예정인가요?
지민 : 일본어를 조금 더 공부한 후에, 일본어 능력 시험을 칠 거예요. 그리고 나서, 취직하기 전에 혼자서 유럽을 여행하고 싶어요.
나카무라 : 와, 그거 좋네요. 시험, 열심히 하세요.

단어

2. **来週** [らいしゅう] 다음 주 **韓国** [かんこく] 한국 **帰る** [かえる] 돌아가다 **さびしい** 섭섭하다 **ここ** 여기 **はたらく** 일하다 **たくさん** 많이 **こと** 것 **学ぶ** [まなぶ] 배우다 **店長** [てんちょう] 점장(님) **おかげで** 덕분에 **楽しい** [たのしい] 즐겁다 **~年** [~ねん] ~년, 해 **こちらこそ** 이쪽이야말로 **~年間** [~ねんかん] ~년 간 **何** [なに] 무엇 **する** 하다 **日本語** [にほんご] 일본어 **もう 少し** [もう すこし] 조금 더 **勉強する** [べんきょうする] 공부하다 **JLPT** [ジェイエルピーティー] 일본어 능력 시험 **うける** (시험을) 치다, 받다 **それから** 그리고 나서 **しゅうしょくする** 취직하다 **一人で** [ひとりで] 혼자서 **ヨーロッパ** 유럽 **旅行する** [りょこうする] 여행하다 **それ** 그것 **いい** 좋다 **しけん** 시험 **がんばる** 열심히 하다

연습문제로 실력 확인하기

Day19_연습문제로 실력 확인하기.mp3

1 단어 듣고 골라 써보기

음성으로 들려주는 단어를 보기에서 골라 써 보세요. 그 다음 단어의 뜻을 써보세요.

보기 ひっこす　かたづける　思(おも)いだす　おぼえる

1) ______________________ (뜻 : 　　　　　　)

2) ______________________ (뜻 : 　　　　　　)

3) ______________________ (뜻 : 　　　　　　)

2 문장 읽고 뜻 써보기

다음 문장을 큰 소리로 읽은 후 뜻을 써 보세요. 그 다음 음성을 들으며 한 번 더 읽어 보세요.

1) おんがくを 聞(き)きながら 歩(ある)きます。(뜻 : 　　　　　　　　　　　　)

2) 電気(でんき)を 消(け)した あとで 外(そと)へ でかけます。(뜻 : 　　　　　　　　　　　　)

3) 駅(えき)に 着(つ)く 前(まえ)に れんらくします。(뜻 : 　　　　　　　　　　　　)

3 질문에 답하기

제시된 단어를 사용하여 질문에 알맞은 답변을 빈칸에 써 보세요. 그 다음 큰 소리로 따라 읽어 보세요.

1) じゃあ、カレーを 作(つく)りましょう。 그럼 카레를 만듭시다.

→ まず、______________________。(作(つく)る / レシピ / しらべる)

우선, 만들기 전에 레시피를 알아보겠습니다.

2) すこし 休(やす)みませんか。 조금 쉬지 않을래요?

→ はい。______________________。(クッキー / 食(た)べる / 休(やす)む)

네. 쿠키를 먹으면서 쉽시다.

3) いっしょに 写真(しゃしん)を 撮(と)りませんか。 같이 사진을 찍지 않을래요?

→ ちょっと 待(ま)って ください。______________________。(けしょうする / 写真(しゃしん) / 撮(と)る)

잠깐 기다려 주세요. 화장한 후에 사진을 찍고 싶습니다.

4 빈칸 채우기 JLPT N4, N5 문법 대비 유형

빈칸에 들어갈 단어를 골라 문장을 완성하세요. 그 다음 큰 소리로 읽어 보세요.

1) 部屋(へや)に (　　　　) 前(まえ)に ノックします。

① 入(はい)る　　② 入(はい)り　　③ 入(はい)った

2) うたを うたい (　　　　) おどります。

① ながら　　② 前(まえ)に　　③ あとで

3) A「今年(ことし)、JLPT(ジェイエルピーティー)を うけますか。」

B「いいえ、今年(ことし)は うけません。日本語(にほんご)を もう 少(すこ)し 勉強(べんきょう) (　　　　) うけます。」

① しながら　　② する 前(まえ)に　　③ した あとで

5 문장 완성하기 JLPT N4, N5 문법 대비 유형

선택지를 올바르게 배열하여 문장을 완성한 다음 ★ 에 들어갈 선택지를 고르세요.

1) バイト ＿＿ ＿＿ ★ ＿＿ つもりです。

① に　　② 通(かよ)う　　③ 学校(がっこう)　　④ しながら

2) 毎晩(まいばん) 寝(ね)る ＿＿ ＿＿ ★ ＿＿ ます。

① 読(よ)み　　② 本(ほん)　　③ 前(まえ)に　　④ を

연습문제 정답 p.257

<해커스 일본어 첫걸음> 어플로
단어 게임을 해보세요!

Day 20

연해서 먹기 좋습니다.

やわらかくて 食(た)べやすいです。

불고기 정말 맛있네요!
プルコギ とても おいしいですね！
연해서 먹기 좋습니다!
やわらかくて 食(た)べやすいです！

이런 말을 할 수 있어요.

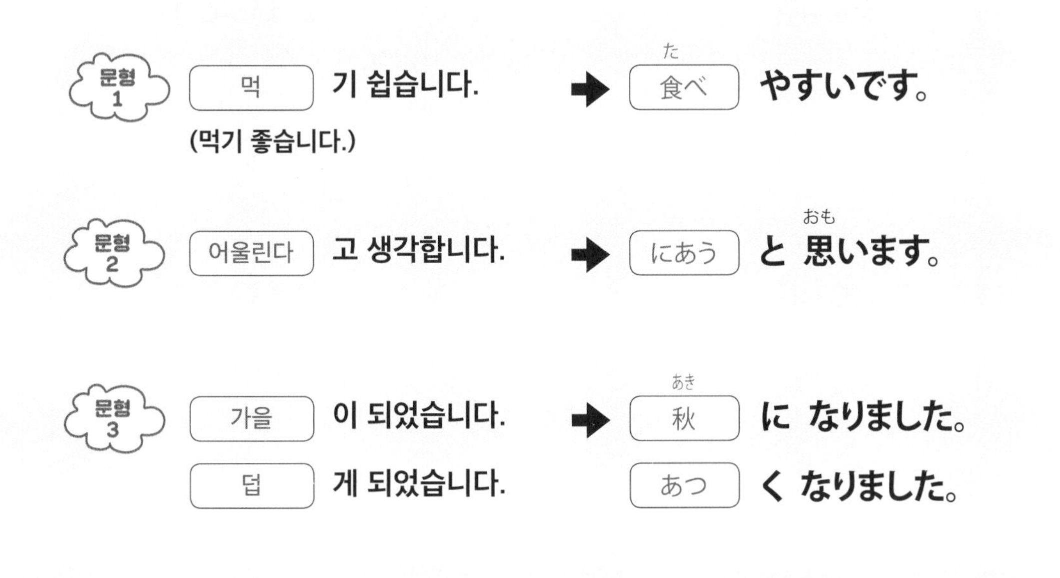

문형 1 | 먹 | 기 쉽습니다. | → | 食べ(た) | やすいです。

(먹기 좋습니다.)

문형 2 | 어울린다 | 고 생각합니다. | → | にあう | と 思(おも)います。

문형 3 | 가을 | 이 되었습니다. | → | 秋(あき) | に なりました。

| 덥 | 게 되었습니다. | → | あつ | く なりました。

이번 Day에서는 자신의 생각이나 의견을 말하거나, 변화의 결과를 나타내는 문형을 배울 거예요. 오늘 문형을 익히면 '먹기 좋습니다.', '어울린다고 생각합니다.', '가을이 되었습니다.'와 같이 일상 생활에서 흔히 사용하는 말을 일본어로 쉽게 말할 수 있어요.

말이 술술 쏟아지는 문형

음성을 듣고 문장을 큰 소리로 따라 말해 보세요.

Day20_말이 술술 문형1.mp3
문형 1
먹 기 쉽습니다.
た
食べ やすいです。
동사 ます형
食べる 2 먹다
2그룹 동사
알 기 쉽습니다.
わ
分かり やすいです。
分かる 1 알다, 이해하다
1그룹 동사
움직이 기 쉽습니다.
うご
動き やすいです。
動く 1 움직이다
1그룹 동사
여행하 기 쉽습니다.
りょこう
旅行し やすいです。
旅行する 3 여행하다
3그룹 동사

문형 탐구

1. 동사 ます형 뒤에 やすいです를 붙이면 '~하기 쉽습니다'라는 의미가 돼요.

상황에 따라 '~하기 좋습니다', '~하기 편합니다' 등을 말하고 싶을 때에도 이 문형을 사용해요. 여기서 やすい(쉽다)가 い형용사이므로, 부정은 やすく ないです(~하기 쉽지 않습니다), 과거는 やすかったです(~하기 쉬웠습니다)가 돼요.

+플러스포인트 동사 ます형 뒤에 やすいです 대신 にくいです를 붙이면 '~하기 어렵습니다(힘듭니다)'라는 뜻의 말이 돼요.

예 食(た)べ**やすいです**。 먹기 **쉽습니다**. → 食(た)べ**にくいです**。 먹기 **어렵습니다**.

2. 아래의 동사도 ~やすいです。/ にくいです。 (~하기 쉽습니다. / 어렵습니다.) 문형에 넣어 따라 말해 보아요.

- よやくする 3 예약하다 → よやくし**やすいです**。/ **にくいです**。 예약하**기 쉽습니다**. / **어렵습니다**.
- なれる 2 익숙해지다 → なれ**やすいです**。/ **にくいです**。 익숙해지**기 쉽습니다**. / **어렵습니다**.
- 使(つか)う 1 사용하다 → 使(つか)い**やすいです**。/ **にくいです**。 사용하**기 쉽습니다**. / **어렵습니다**.

문형 활용한 긴 문장 말하기

～やすいです。/ にくいです。(~하기 쉽습니다. / 어렵습니다.) 와 앞서 익힌 여러 단어 및 표현을 함께 사용하여 긴 문장을 말해 보아요.

Day20_긴 문장1.mp3

やわらかくて 食(た)べ**やすいです。**
연해서 먹**기 좋습니다.**

先生(せんせい)の せつめいは 分(わ)かり**やすいです。**
선생님의 설명은 알**기 쉽습니다.**

この ふくは 動(うご)き**やすいです。**
이 옷은 움직이**기 편합니다.**

日本(にほん)は 旅行(りょこう)し**やすかったです。**
일본은 여행하**기 좋았습니다.**

この じきの ホテルは よやくし**にくいです。**
이 시기의 호텔은 예약하**기 어렵습니다.**

단어 ✔

やわらかい 연하다, 부드럽다　食べる [たべる] 먹다　先生 [せんせい] 선생님　せつめい 설명　分かる [わかる] 알다, 이해하다　この 이　ふく 옷　動く [うごく] 움직이다　日本 [にほん] 일본　旅行する [りょこうする] 여행하다　この 이　じき 시기　ホテル 호텔　よやくする 예약하다

말이 술술 쏟아지는 문형

🎧 음성을 듣고 문장을 큰 소리로 따라 말해 보세요.

🎧 Day20_말이 술술 문형2.mp3

문형 2

어울린다 고 생각합니다. →	にあう と 思(おも)います。
	↳ 동사 기본형

にあう 1 어울리다

온다 고 생각합니다.	くる と 思(おも)います。
	くる 3 오다
힘들다 고 생각합니다. →	大変(たいへん)だ と 思(おも)います。
	↳ な형용사 기본형 　大変だ 힘들다, 큰일이다
좋다 고 생각합니다.	いい と 思(おも)います。
	↳ い형용사 기본형 　いい 좋다

문형 탐구 🎧

1. 동사, な형용사, い형용사의 기본형 뒤에 と 思(おも)います를 붙이면 '~라고 생각합니다.'라는 말이 돼요.

+플러스포인트 '~지 않다고 생각합니다'는 동사, な형용사, い형용사를 모두 부정형으로 고치고 と 思(おも)います를 붙이면 돼요.

예 にあう 어울리다 → **にあわない**と 思(おも)います。**어울리지 않다**고 생각합니다.

大変(たいへん)だ 힘들다 → **大変(たいへん)じゃ ない**と 思(おも)います。**힘들지 않다**고 생각합니다.

いい 좋다 → **よく ない**と 思(おも)います。**좋지 않다**고 생각합니다.

2. 아래의 형용사와 동사를 ~と 思(おも)います。(~라고 생각합니다.) 문형에 넣어 따라 말해 보아요.

- むずかしい 어렵다 → むずかしい**と 思(おも)います**。어렵다**고 생각합니다**.
- かんたんだ 간단하다 → かんたんだ**と 思(おも)います**。간단하다**고 생각합니다**.
- できる 2 할 수 있다 → できる**と 思(おも)います**。할 수 있을 거라**고 생각합니다**.

문형 활용한 긴 문장 말하기

～と 思(おも)います。(~라고 생각합니다.) 와 앞서 익힌 여러 단어 및 표현을 사용하여 긴 문장을 말해 보아요.

Day20_긴 문장2.mp3

きっと にあう**と** **思(おも)います。**
분명히 잘 어울릴 거라**고** **생각합니다.**

今日(きょう) れんらくが くる**と** **思(おも)います。**
오늘 연락이 올 거라**고** **생각합니다.**

その 仕事(しごと)は 大変(たいへん)だ**と** **思(おも)います。**
그 일은 힘들다**고** **생각합니다.**

飛行機(ひこうき)より ふねの ほうが いい**と** **思(おも)います。**
비행기보다 배 쪽이 좋다**고** **생각합니다.**

そんなに むずかしく ない**と** **思(おも)います。**
그렇게 어렵지 않을 거라**고** **생각합니다.**

DAY 20

해커스 일본어 첫걸음

단어

きっと 분명히　にあう 잘 어울리다　今日 [きょう] 오늘　れんらく 연락　くる 오다　その 그　仕事 [しごと] 일　大変だ [たいへんだ] 힘들다, 큰일이다
飛行機 [ひこうき] 비행기　ふね 배　いい 좋다　そんなに 그렇게　むずかしい 어렵다

말이 술술 쏟아지는 문형

음성을 듣고 문장을 큰 소리로 따라 말해 보세요.

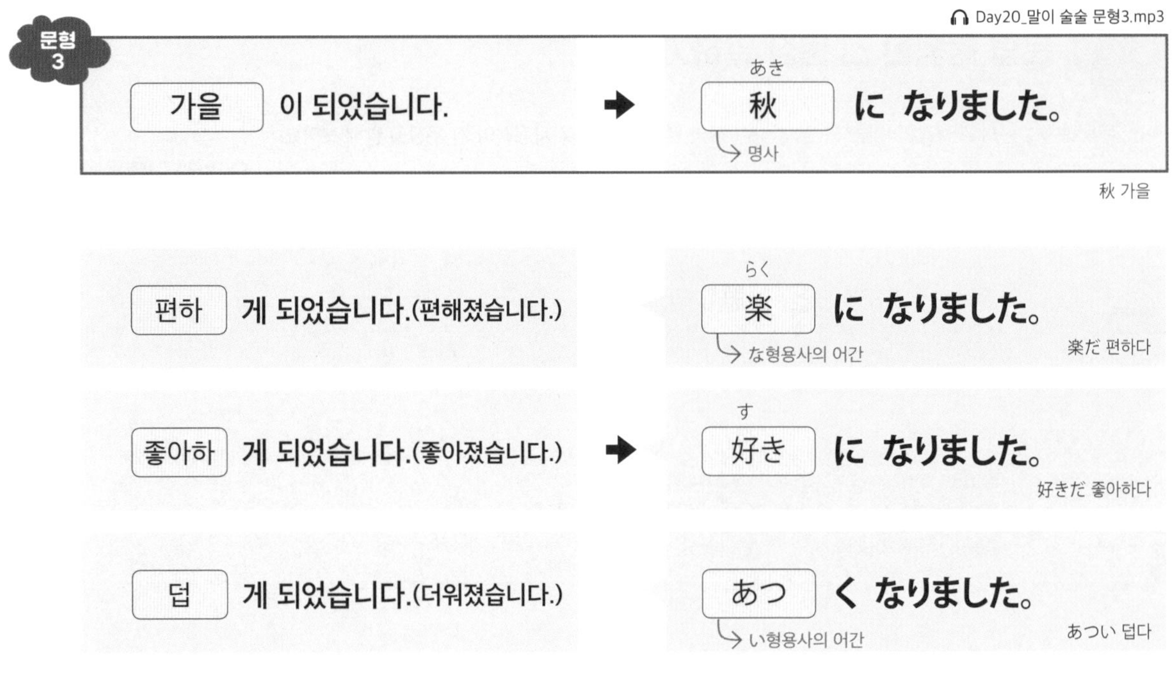

Day20_말이 술술 문형3.mp3
문형 3
가을 이 되었습니다. → 秋(あき) に なりました。
명사
秋 가을
편하 게 되었습니다.(편해졌습니다.) → 楽(らく) に なりました。
な형용사의 어간
楽だ 편하다
좋아하 게 되었습니다.(좋아졌습니다.) → 好(す)き に なりました。
好きだ 좋아하다
덥 게 되었습니다.(더워졌습니다.) → あつ く なりました。
い형용사의 어간
あつい 덥다

문형 탐구

1. 명사 뒤, な형용사의 어간 뒤에 'に なりました'를, い형용사의 어간 뒤에 'く なりました'를 붙이면 '~가/하게 되었습니다'라는 뜻으로, 상태가 변했음을 나타낼 수 있어요.

な형용사는 기본형의 だ를 떼고 に를, い형용사는 기본형의 い를 떼고 く를 쓴 다음 なりました를 붙여요. 여기서 조사 に는 '~이/가'라는 뜻으로 쓰였고, なりました(되었습니다)는 동사 なる(되다, 이루어지다)의 정중형 なります의 과거예요.

+플러스포인트 과거형인 なりました 대신 현재형 なります를 쓰면 '~가 됩니다'라는 뜻으로, 지금은 아니지만 앞으로 그렇게 될 것임을 나타내요.

예 秋(あき)**に なりました**。 가을**이 되었습니다**.(지금은 가을이다.)

秋(あき)**に なります**。 가을**이 됩니다**. (지금은 가을이 아니지만, 곧 그렇게 될 것이다.)

2. 아래의 명사와 형용사를 '～に/く なりました。(~가/하게 되었습니다.) 문형에 넣어 따라 말해 보아요.

- ２９歳(にじゅうきゅうさい) 29살 → ２９歳(にじゅうきゅうさい)**に なりました**。 29살**이 되었습니다**.
- おいしい 맛있다 → おいし**く なりました**。 맛있**게 되었습니다**.(맛있어**졌습니다**.)
- じょうずだ 잘하다 → じょうず**に なりました**。 잘하**게 되었습니다**.

문형 활용한 긴 문장 말하기

~に/く なりました。(~가/하게 되었습니다.) 와 앞서 익힌 여러 단어 및 표현을 함께 사용하여 긴 문장을 말해 보아요.

Day20_긴 문장3.mp3

もみじが うつくしい 秋(あき)**に なりました。**
단풍이 아름다운 가을**이 되었습니다.**

気持(きも)ちが 前(まえ)より 楽(らく)**に なりました。**
기분이 전보다 편해**졌습니다.**

もう ソウルが 好(す)き**に なりました。**
벌써 서울을 좋아하**게 되었습니다.**

昨日(きのう)から すごく あつ**く なりました。**
어제부터 무척 더워**졌습니다.**

来年(らいねん)は わたしも ２９歳(にじゅうきゅうさい)**に なります。**
내년에는 저도 29살**이 됩니다.**

단어

もみじ 단풍　うつくしい 아름답다　秋 [あき] 가을　気持ち [きもち] 기분　前 [まえ] 전, 앞　楽だ [らくだ] 편하다　もう 벌써, 더는　ソウル 서울
好きだ [すきだ] 좋아하다　昨日 [きのう] 어제　すごく 무척　あつい 덥다　来年 [らいねん] 내년　わたし 저, 나　~歳 [~さい] ~살, 세

실생활 회화 자동발사!

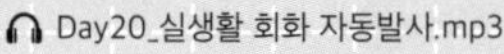

먼저 듣기 mp3로 대화를 들어보며 어떤 내용인지 생각해 보세요. 그 다음 따라 말하기 mp3로 따라 말해보세요.

1 외근 중에 카페에서 잠시 쉬고있는 노조미와 켄타

노조미: 健太(けんた) さん、昨日(きのう)から すごく あつく なりましたね。

켄타: はい。もう 夏(なつ)ですよ。せんぱいは 夏休(なつやす)みは 何(なに)を しますか。

노조미: ソウルに 行(い)く つもりです。
健太(けんた) さんは ソウルに 行(い)った ことが ありますか。

켄타: はい。去年(きょねん)の 夏(なつ) 行(い)きました。
人(ひと)も やさしくて 食(た)べものも おいしかったです。

노조미: へえ、そうなんですね。
健太(けんた) さん、この じきの ホテルは よやくしにくいですか。

켄타: うーん、そんなに むずかしく ないと 思(おも)います。

1 노조미 : 켄타 씨, 어제부터 무척 더워졌네요.
켄타 : 네. 벌써 여름이에요. 선배는 여름휴가는 무엇을 하나요?
노조미 : 서울에 가려고 해요.
켄타 씨는 서울에 간 적이 있나요?
켄타 : 네. 작년 여름 갔어요.
사람도 친절하고 음식도 맛있었어요.
노조미 : 아, 그렇군요.
켄타 씨, 이 시기의 호텔은 예약하기 어렵나요?
켄타 : 음~, 그렇게 어렵지 않다고 생각해요.

단어

1. **昨日** [きのう] 어제 **すごく** 무척 **あつい** 덥다 **もう** 벌써, 더는 **夏** [なつ] 여름 **せんぱい** 선배 **夏休み** [なつやすみ] 여름휴가 **何** [なに] 무엇 **する** 하다 **ソウル** 서울 **行く** [いく] 가다 **去年** [きょねん] 작년 **人** [ひと] 사람 **やさしい** 친절하다 **食べもの** [たべもの] 음식, 먹거리 **おいしい** 맛있다 **そうなんですか** 그렇군요 **この** 이 **じき** 시기 **ホテル** 호텔 **よやくする** 예약하다 **そんなに** 그렇게 **むずかしい** 어렵다

2 7월, 서울 종로의 어느 식당에서 불고기를 먹고 있는 노조미와 지민

노조미

ジミン さん、ここの プルコギ とても おいしいですね。

やわらかくて 食(た)べやすいです。

지민

よかったー。ここ、けっこう ゆうめいな 店(みせ)です。ソウルは どうですか。

노조미

本当(ほんとう)に すてきです。もう ソウルが 好(す)きに なりました。

지민

そうですか。明日(あした)は 何(なに)を する 予定(よてい)ですか。

노조미

キョンボックンに 行(い)く つもりです。ハンボクが 着(き)て みたいです。

지민

きっと にあうと 思(おも)います。

明日(あした) いっしょに 行(い)きましょう。

今回(こんかい)は わたしが 希美(のぞみ) さんを あんないします。

노조미

わあ、よろしく おねがいします!

2 노조미 : 지민 씨, 여기 불고기 대단히 맛있네요.
연해서 먹기 좋아요.
지민 : 다행이다. 여기, 꽤 유명한 가게예요. 서울은 어때요?
노조미 : 정말로 멋져요. 벌써 서울이 좋아졌어요.
지민 : 그런가요. 내일은 무엇을 할 예정인가요?
노조미 : 경복궁에 가려고 해요. 한복이 입어 보고 싶어요.
지민 : 분명히 잘 어울릴 거라고 생각해요.
내일 같이 가죠.
이번에는 제가 노조미 씨를 안내할게요.
노조미 : 와, 잘 부탁해요!

단어

2. **プルコギ** 불고기(음식) **とても** 대단히 **おいしい** 맛있다 **やわらかい** 연하다, 부드럽다 **食べる** [たべる] 먹다 **けっこう** 꽤 **ゆうめいだ** 유명하다 **店** [みせ] 가게 **ソウル** 서울(지명) **どうですか** 어때요?, 어떻습니까? **本当に** [ほんとうに] 정말로 **すてきだ** 멋지다 **もう** 벌써, 더는 **好きだ** [すきだ] 좋아하다 **そうですか** 그런가요?, 그래요? **明日** [あした] 내일 **キョンボックン** 경복궁(관광지) **行く** [いく] 가다 **ハンボク** 한복(의상) **着る** [きる] 입다 **きっと** 분명히 **にあう** 잘 어울리다 **一緒に** [いっしょに] 같이 **今回** [こんかい] 이번 **あんないする** 안내하다

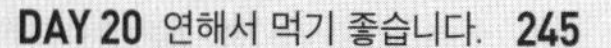

연습문제로 실력 확인하기

Day20_연습문제로 실력 확인하기.mp3

1 단어 듣고 골라 써보기

음성으로 들려주는 단어를 보기에서 골라 써 보세요. 그 다음 단어의 뜻을 써 보세요.

보기 なれる　動く　かんたんだ　あつい

1) ________________ (뜻 :　　　　　)

2) ________________ (뜻 :　　　　　)

3) ________________ (뜻 :　　　　　)

2 문장 읽고 뜻 써보기

다음 문장을 큰 소리로 읽은 후 뜻을 써 보세요. 그 다음 음성을 들으며 한 번 더 읽어 보세요.

1) 日本は 旅行しやすかったです。(뜻 :　　　　　)

2) 今日は れんらくが くると 思います。(뜻 :　　　　　)

3) 気持ちが 前より 楽に なりました。(뜻 :　　　　　)

3 질문에 답하기

제시된 단어를 사용하여 질문에 알맞은 답변을 빈칸에 써 보세요. 그 다음 큰 소리로 따라 읽어 보세요.

1) もう 秋ですね。 벌써 가을이네요.

→ そうですね。________________。(もみじ / うつくしい / 秋)

그러게요. 단풍이 아름다운 가을이 되었어요.

2) プレゼン、むずかしく なかったですか。 프레젠테이션, 어렵지 않았어요?

→ いいえ、とても ________________。(分かる) 아니요, 대단히 알기 쉬웠어요.

3) この ふく、着て みても いいですか。 이 옷, 입어 봐도 될까요?

→ もちろんです。きっと ________________。(にあう)

물론이죠. 분명히 잘 어울릴 거라고 생각합니다.

4 빈칸 채우기 JLPT N4, N5 문법 대비 유형

빈칸에 들어갈 단어를 골라 문장을 완성하세요. 그 다음 큰 소리로 읽어 보세요.

1) これより あれの ほうが (　　　　　) と 思(おも)います。

① いい　　　② よくて　　　③ よく

2) もう ソウルが (　　　　　) なりました。

① 好(す)きだ　　　② 好(す)きな　　　③ 好(す)きに

3) A「この じきの ホテルは よやくしにくいですか。」

B「いいえ、この じきは よやく(　　　　　) です。」

① やすい　　　② しやすい　　　③ しにくい

5 문장 완성하기 JLPT N4, N5 문법 대비 유형

선택지를 올바르게 배열하여 문장을 완성한 다음 ＿★＿에 들어갈 선택지를 고르세요.

1) そんなに ＿＿ ＿＿ ＿★＿ ＿＿ 。

① 思(おも)います　　　② ない　　　③ と　　　④ むずかしく

2) A「プルコギ、とても やわらかいですね。」

B「そうですね。ここの ＿＿ ＿＿ ＿★＿ ＿＿ です。」

① プルコギ　　　② 食(た)べやすい　　　③ は　　　④ やわらかくて

연습문제 정답 p.257

<해커스 일본어 첫걸음 떼고 한 걸음 더>
교재로 더 많은 표현을 배워보세요!

연습문제 정답

Day1

p.36

1

1) ほんとう (정말, 진짜)
2) シェフ (셰프)
3) おにいさん (형, 오빠)

2

1) 선생님이에요?
2) 아빠가 아니에요?
3) 애인이 아니에요.

3

1) はい、てんちょうです。
2) いいえ、しりあいじゃ ないです。
3) はい、ともだちじゃ ないです。

4

1) A「せんせいですか。」
선생님이에요?
B「いいえ、せんせい (① じゃ ないです)。」
아니요, 선생님 (① 이 아니에요).
2) A「B さん！ B さん！」
B 씨! B 씨!
B「はい！わたし (③ です)！」
네! 저 (③ 예요)!
3) A「プログラマー (② ですか)。」
프로그래머 (② 예요?)
B「はい。わたし、プログラマーです。」
네. 저, 프로그래머예요.

5

1) A「おかあさんです。」
엄마예요.
B「え？③ おかあさん ② ★です ① か。」
네? ③ 엄마 ② ★예요 ① ?
2) ともだちです。①こいびと ③★じゃ ②ないです。
친구예요. ①애인 ③★이 ②아니에요.

Day2

p.46

1

1) テスト (시험)
2) すいようび (수요일)
3) ラーメン (라멘)

2

1) 월요일이었어요.
2) 생일이었어요?
3) 눈이 아니었어요.

3

1) はい、デートでした。
2) いいえ、あめじゃ なかったです。
3) はい、やすみじゃ なかったです。しゅっちょうでした。

4

1) A「きのう、かいぎでしたか。」
어제, 회의였어요?
B「はい、そうです。きのう かいぎ (② でした)。」
네, 맞아요. 어제 회의 (② 였어요).
2) A「沖縄(おきなわ)、はれでしたか。」
오키나와, 맑음이었어요?
B「いいえ、はれ (① じゃ なかったです)。」
아니요, 맑음 (① 이 아니었어요).
3) A「わたし、ミルクティーでした。」
저, 밀크티였어요.
B「ぎゅうにゅう (③ じゃ なかったですか)。すみません。」
우유가 (③ 아니었어요?) 미안해요.

5

1) A「きのう、ざんぎょうでしたか。」
어제, 야근이었어요?
B「いいえ、③ざんぎょう ①★じゃ ②なかったです。のみかいでした。」
아니요, ③야근 ①★이 ②아니었어요. 회식이었어요.
2) え、③ほんとう ②★でした ①か。じょうだんじゃなかったんですか。
어, ③정말 ②★이었어요 ①? 농담이 아니었어요?

Day3 p.56

1
1) べんりだ (편리하다)
2) しずかだ (조용하다)
3) まじめだ (성실하다)

2
1) 충분하지 않아요.
2) 친절했어요?
3) 한가해요.

3
1) はい、ゆうめいでした。
2) いいえ、へんじゃ なかったです。
3) はい、きらいじゃ ないです。すきです。

4
1) A「ゆきです！きれいです。」
눈이에요! 예뻐요.
B「そうですね。ほんとうに きれい (② です) ね。」
그러게요. 정말로 예쁘 (② 네요).

2) A「ちょっと はでじゃ ないですか。」
조금 화려하지 않아요?
B「はで (① じゃ ないです)。とても すてきです。」
화려 (① 하지 않아요). 대단히 멋져요.

3) きのう たんじょうび パーティーでした。とても にぎやか (① でした)。
어제 생일 파티였어요. 무척 떠들썩 (① 했어요).

5
1) A「ふあんでしたか。」
불안했나요?
B「いいえ、②ふあん ③★じゃ ①なかったです。」
아니요, ②불안 ③★하지 ①않았어요.

2) A「B さん、①だいじょうぶ ③★です ②か。しんぱいでした。」
B 씨, ①괜찮 ③★아 ②요? 걱정했어요.
B「はい。もう だいじょうぶです。ありがとう ございます。」
네. 이제 괜찮아요. 감사합니다.

Day4 p.66

1
1) かわいい (귀엽다)
2) あまい (달다)
3) はずかしい (부끄럽다)

2
1) 아프지 않았어요.
2) 시끄러워요.
3) 위험했어요.

3
1) はい、うれしいです。
2) いいえ、おもしろく なかったです。
3) いいえ、よく ないです。

4
1) A「B さん、ねむいですか。」
B 씨, 졸려요?
B「はい、(② ねむいです)。」
네, (② 졸려요).

2) A「プレゼン、わるく (① なかったです)。」
프레젠테이션, 나쁘지 (① 않았어요).
B「ほんとうですか。ありがとう ございます。」
정말요? 감사합니다.

3) A「しょっぱく なかったですか。」
짜지 않았어요?
B「はい、しょっぱく なかったです。とても (③ おいしかったです)。」
네, 짜지 않았어요. 대단히 (③ 맛있었어요).

5
1) A「B さん、②からい ③★です ①か。」
B 씨, ②맵 ③★습니 ①까?
B「いいえ、ぜんぜん からく ないです。」
아니요, 전혀 맵지 않아요.

2) きのう、デートでした。とても ③たのし ②★かった ①です。
어제, 데이트였어요. 대단히 ③즐거 ②★웠어 ①요.

연습문제 정답

Day5

p.76

1

1) はなし (이야기, 말)
2) なつかしい (그립다)
3) りょうり (요리)

2

1) 조용하고 얌전해요.
2) 따뜻한 봄이에요.
3) 성실하고 정직해요.

3

1) はい、たいせつな ものです。
2) はい、きれいで うつくしかったです。
3) いいえ、ちいさくて かるいです。

4

1) まじめ (②で) まっすぐな ひとです。
성실하 (②고) 정직한 사람이에요.

2) ほんとうに すてき (③ な) ひとですね。
정말로 멋 (③ 진) 사람이네요.

3) A「(③ あたらしい) スマホケースですか。」
(③ 새로운) 스마트폰 케이스인가요?

B「はい。シンプルで かわいいです。」
네. 심플하고 귀여워요.

5

1) 木村(きむら) 拓哉(たくや)、とても ③クール ①★で ②かっこいい ですね。
기무라 타쿠야, 대단히 ③쿨 ①★하고 ②잘생겼 네요.

2) A「かんらんしゃ、すきですか。」
관람차, 좋아해요?

B「はい、すきです。たのし ①くて ②★おもしろい ③です。」
네, 좋아해요. 즐겁 ①고 ②★재미있 ③어요.

Day6

p.86

1

1) しゅみ (취미)
2) りんご (사과)
3) てんき (날씨)

2

1) 인생은 짧아요.
2) 가격이 비싸요.
3) 과일(의) 나무예요.

3

1) はい、いもうとも ぎんこういんです。
2) いいえ、わたしの かさです。
3) いいえ、たなか さんは かいしゃいんじゃ ないです。

4

1) ともだちは だいがくせいじゃ ないです。わたし (① が) だいがくせいです。
친구는 대학생이 아니에요. 제 (① 가) 대학생이에요.

2) A「どうぞ、プレゼントです。」
자요, 선물이에요.

B「わあ！BTS (① の) アルバムですね。ありがとう ございます！」
와! BTS (① 의) 앨범이네요. 감사합니다!

3) A「ひとが おおいですね。」
사람이 많네요.

B「そうですね。やはり しゅうまつ (③ は) にぎやかですね。」
그러게요. 역시 주말 (③ 은) 떠들썩하네요.

5

1) うちの むすめの ④ゆめ ③は ②★いしゃ ①です。
우리 딸의 ④꿈 ③은 ②★의사 ①예요.

2) おっとは めが わるいです。むすこ ②も ①め ③★が ④わるい です。
남편은 눈이 나빠요. 아들 ②도 ①눈 ③★이 ④나빠요.

Day7

p.96

1

1) かんこくご (한국어)

2) ねこ (고양이)

3) べんきょう (공부)

2

1) 일본어를 잘하네요.

2) 어드바이스를 원해요?

3) 그림을 못 그려요.

3

1) はい、つくえが ほしいです。

2) いいえ、わたしは はしりが とくいです。

3) いいえ、わたしは やきゅうが きらいです。

4

1) A「B さん、えいごが じょうずですね。」
B 씨, 영어를 잘하네요.

B「いいえ、まだまだ (③ へた) です。」
아니요, 아직 (③ 못해) 요.

2) A「B さんも おにくが すきですか。」
B 씨도 고기를 좋아하나요?

B「いいえ、わたしは おにくが (① すきじゃ ない です)。」
아니요, 저는 고기를 (① 좋아하지 않아요.)

3) A「B さんは ピアノが じょうずですか。」
B 씨는 피아노를 잘 치나요?

B「はい。わたし、ピアノが (① とくい) です。」
네. 저, 피아노를 (① 잘 쳐) 요.

5

1) A「B さんも ③いぬ ②が ④★すき ①です か。」
B 씨도 ③개 ②를 ④★좋아 ①하나 요?

B「はい。わたしも すきです。」
네, 저도 좋아해요.

2) わたしは りょうりが にがてです。でも、おとうとは ②りょうり ④が ③★じょうず ①です。
저는 요리를 못해요. 하지만, 남동생은 ②요리 ④를 ③★잘해 ①요.

Day8

p.106

1

1) でぐち (출구)

2) かぜぐすり (감기약)

3) バスてい (버스 정류장)

2

1) 편의점은 어디예요?

2) 저분은 대통령이에요.

3) 그것은 간장이에요.

3

1) うけつけは ここです。

2) あれは スマホです。

3) デパートは こちらです。

4

1) A「その かたは どなたですか。」
그분은 누구세요?

B「(① この) かたは かいしゃの せんぱいです。」
(① 이) 분은 회사 선배예요.

2) A「でぐちは ここですか。」
출구는 여기예요?

B「はい、(② そこ) です。」
네, (② 거기)예요.

3) A「ドラッグストアは (③ どちらですか)。」
드러그 스토어는 (③ 어느 쪽이에요)?

B「ドラッグストアは あちらです。」
드러그 스토어는 저쪽이에요.

5

1) せんぱい、となり ②の ①かた ③★は ④どなた ですか。
선배, 옆 ②의 ①분 ③★은 ④누구 세요?

2) A「きっぷうりばは こちらですか。」
매표소는 이쪽이에요?

B「いいえ、①きっぷうりばは ④そちら ③★じゃ ②ない です。あちらです。」
아니요, ①매표소는 ④그쪽 ③★이 ②아니에요. 저쪽이에요.

연습문제 정답

Day9

p.116

1

1) ねだん (가격)
2) せいかい (정답)
3) ひっこし (이사)

2

1) 약속은 네 시예요.
2) 따뜻한 커피는 300엔이에요.
3) 일본어 능력 시험은 다음주 일요일이에요.

3

1) いまは 5じです。
2) わたしの でんわ ばんごうは 3-3452-7611です。
3) わたしの たんじょうびは 9がつ 23にちです。

4

1) A「やすみは いつですか。」
   휴가는 언제예요?
   B「やすみは (② あさって) です。」
   휴가는 (② 모레)예요.
2) A「これは (② いくら) ですか。」
   이것은 (② 얼마) 인가요?
   B「それは 5,000えんです。」
   그것은 5,000엔입니다.
3) A「しゅうでんは なんじですか。」
   막차는 몇 시입니까?
   B「しゅうでんは (① じゅういちじ) です。」
   막차는 (① 11시) 입니다.

5

1) A「ひっこしは いつですか。」
   이사는 언제인가요?
   B「ひっこし ②は ③しちがつ ①★じゅうよっか ④です。」
   이사 ②는 ③7월 ①★14일 ④입니다.
2) この ④きいろい ①シャツ ②★は ③いくら ですか。
   이 ④노란 ①셔츠 ②★는 ③얼마 인가요?

Day10

p.126

1

1) タクシー (택시)
2) しごと (일)
3) あき (가을)

2

1) 이것은 소고기가 아니라 돼지고기예요.
2) 서울은 부산보다 추워요.
3) 세일은 이번 주부터 다음주까지예요.

3

1) いいえ、それは しおじゃ なくて さとうです。
2) はい。デパートより ネットの ほうが やすいです。
3) れつは ここから あそこまでです。

4

1) A「これは くだものですか。」
   이것은 과일인가요?
   B「いいえ、それは くだもの (② じゃ なくて) やさいです。」
   아니요, 그것은 과일 (② 이 아니라) 채소예요.
2) せんげつより こんげつ (① の ほうが) ひまです。
   지난달보다 이번 달 (① 쪽이) 한가해요.
3) A「きょうも いそがしかったですか。」
   오늘도 바빴나요?
   B「はい。あさから ばん (① まで) いそがし かったです。」
   네. 아침부터 밤 (① 까지) 바빴어요.

5

1) ひとりより ②いっしょ ①の ④★ほうが ③たのしい です。
   혼자보다 ②함께 ①인 ④★쪽이 ③즐거워 요.
2) まつりは げつようび ①から ③きんようび ②★まで ④です。
   축제는 월요일 ①부터 ③금요일 ②★까지 ④입니다.

Day11

p.138

1

1) 見(み)る (보다)
2) 飲(の)む (마시다)
3) 聞(き)く (듣다)

2

1) 반드시 먹습니다.(먹겠습니다.)
2) 평생 잊지 않습니다.(잊지 않겠습니다.)
3) 아침 일찍 일어났습니다.

3

1) いいえ、今日(きょう)は 家(いえ)から 出(で)ません。
2) はい、人(ひと)が たくさん いました。
3) いいえ、電話(でんわ)しませんでした。

4

1) 明日(あした)も 一緒(いっしょ)に (① 行(い)き) ませんか。
내일도 같이 (① 가지) 않을래요?

2) 人(ひと)が たくさん (① います)。
사람이 많이 (① 있습니다).

3) A「友達(ともだち)から へんじが きましたか。」
친구로부터 답장이 왔나요?
B「いいえ、友達(ともだち)から へんじが (③ きませんでした)。」
아니요, 친구로부터 답장이 (③ 오지 않았습니다).

5

1) 親子丼(おやこどん)が ゆうめい ①な ④店(みせ) ②★が ③あります。
오야코동이 유명 ①한 ④가게 ②★가 ③있습니다.

2) その 仕事(しごと) ③は ④だれ ②★が ①します か。
그 일 ③은 ④누 ②★가 ①합니 까?

Day12

p.150

1

1) 料理(りょうり) (요리)
2) でかける (외출하다)
3) 歩(ある)く (걷다)

2

1) 조금씩 앞으로 나아갑니다.(나아가겠습니다.)
2) 좋아하는 음악을 듣습니다.(듣겠습니다.)
3) 같이 레스토랑에서 식사합니다.(식사하겠습니다.)

3

1) 今日(きょう)は 家(いえ)で 休(やす)みます。
2) 今(いま)から デパートに(へ) 行(い)きます。
3) 鴨川(かもがわ)の まわりを さんぽしました。

4

1) こうえん (① で) ゆっくり さんぽします。
공원 (① 에서) 느긋하게 산책합니다.

2) 友達(ともだち) (③ に) 会(あ)います。
친구(③ 를) 만납니다.

3) 今(いま)から 家(いえ) (② へ) 帰(かえ)ります。
지금부터 집(② 으로) 돌아갑니다.

5

1) A「明日(あした)は 夫(おっと)の 誕生日(たんじょうび)です。だから、②プレゼント ①を ③★買(か)い ④ます。」
내일은 남편의 생일이에요. 그래서, ②선물 ①을 ③★살 ④거예요.
B「ええ！いいですね。」
어! 좋네요!

2) 近(ちか)くの カフェ ①で ③コーヒー ④★を ②飲(の)み ました。
근처 카페 ①에서 ③커피 ④★를 ②마셨 습니다.

연습문제 정답

Day13 p.162

1
1) きめる (정하다)
2) 撮る (찍다)
3) しんじる (믿다)

2
1) 친구의 집에 놀러 갑니다.(놀러 가겠습니다.)
2) 나 자신의 생각을 얘기하고 싶습니다.
3) 최선을 다해 응원합시다.

3
1) 明日 京都駅の 西口で 会いましょう。
2) 今日は バスケットボールが したいです。
3) 分かりました。じゃ、わたしが ちゅうもんしに 行きます。

4
1) 一緒に ふくを (② 買い) に 行きます。
같이 옷을 (② 사) 러 갑니다.

2) A「次の 駅で おり (① ましょう)。」
다음 역에서 내립 (① 시다).
B「はい、分かりました。」
네, 알겠습니다.

3) A「何が 飲みたいですか。」
무엇이 마시고 싶나요?
B「わたしは お茶が (② 飲みたいです)。」
저는 차가 (② 마시고 싶어요).

5
1) 今日は カフェ ②で ①ケーキ ③★が ④食べたいです。
오늘은 카페 ②에서 ①케이크 ③★가 ④먹고 싶습니다.

2) 明日、①料理 ④を ③★習いに ②行きます 。
내일, ①요리 ④를 ③★배우러 ②갑니다.

Day14 p.174

1
1) 送る (보내다)
2) てつだう (돕다)
3) 話す(얘기하다)

2
1) 인터넷에서 찾아 보겠습니다.
2) 소원은 이미 정해져 있습니다.
3) 나중에 가르쳐 주세요.

3
1) ちょっと 待って ください。
2) 今 本を 読んで います。
3) わかりません。今 かくにんして みます。

4
1) 今、 (② 考えて) います。
지금, (② 생각하고) 있습니다.

2) この ズボンを (① はいて) みます。
이 바지를 (① 입어) 보겠습니다.

3) A「B さん、おみくじが ありますよ。」
B씨, 오미쿠지가 있어요.
B「本当だ。おみくじを ひいて (② みます) か。」
정말이네. 오미쿠지를 뽑아 (② 보겠습니) 까?

5
1) おとうさんは ①夕食 ④を ③★作って ②います。
아빠는 ①저녁 ④을 ③★만들고 ②있습니다.

2) わたしに ③しりょう ②を ④★送って ①ください。
저에게 ③자료 ②를 ④★보내 ①주세요.

Day15

p.186

1

1) なくす (잃다, 없애다)
2) 帰る (돌아가다)
3) 終わる (끝나다)

2

1) 이 펜을 사용해도 됩니까?
2) 벤치에 앉아서 쉽니다.(쉬겠습니다.)
3) 휴대폰을 떨어뜨려 버렸어요.

3

1) いいえ、ちょっと つかれて しまいました。
2) え？わたしも さんかしても いいですか。
3) わかりません。ねだんを 見て きめます。

4

1) お店に (① 行って) 買って きます。
가게에 (① 가서) 사 옵니다.(사 오겠습니다.)

2) パスワードを (① まちがえて) しまいました。
비밀번호를 (① 틀려) 버렸습니다.

3) A「はこを 開けても (② いいですか)。」
상자를 열어도 (② 될까요?)
B「はい、開けて みて ください。」
네, 열어 봐 주세요.

5

1) お寺の 中で ③写真 ②を ④★撮っても ①いいですか。
절 안에서 ③사진 ②을 ④★찍어도 ①될까요?

2) 楽しい ①休み ③が ④★終わって ②しまいました。ざんねんです。
즐거운 ①휴가 ③가 ④★끝나 ②버렸어요. 아쉬워요.

Day16

p.198

1

1) 泣く (울다)
2) 旅行する (여행하다)
3) わかれる (헤어지다)

2

1) 음악을 듣거나 책을 읽거나 합니다.
2) 타코야키를 먹은 적이 있습니다.
3) 영화가 막 끝났습니다.

3

1) はい、さっき 家に 着いた ばかりです。
2) いいえ、日本に 行った ことが ありません。
3) 週末は 日本語を 勉強したり 運動したり します。

4

1) 今年、いちども (② かった) ことが ありません。
올해, 한 번도 (② 이긴) 적이 없습니다.

2) 今 (③ 起きた) ばかりです。
지금 막 (③ 일어났) 습니다.

3) 子供と さんぽしたり、家で 料理 (① したり します)。
아이와 산책하거나, 집에서 요리 (① 하거나 합니다).

5

1) A「いっしょに 祇園祭に 行きませんか。」
같이 기온마츠리에 가지 않을래요?
B「わあ！祇園祭！ ②名前 ③は ④★聞いた ①ことが あります。」
와! 기온마츠리! ②이름 ③은 ④★들은 ①적이 있어요.

2) しあい ④は ②始まった ③★ばかり ①です。
시합 ④은 ②막 시작 ③★했습 ①니다.

연습문제 정답

Day17

p.210

1

1) あきる (싫증나다, 질리다)
2) 消す ((불을) 끄다, 지우다)
3) 知る (알다)

2

1) 무리는 하지 말아 주세요.
2) 약속은 지키지 않으면 안 됩니다.
3) 이 순간은 평생 잊지 않습니다.(잊지 않겠습니다.)

3

1) いいえ、わたしは コーヒーを 飲まないです。
2) はい。次の 駅で のりかえなければ なりません。
3) はい。先週は 休まないで はたらきました。

4

1) かれは 京都に (② こ) ないです。
그는 교토에 (② 오지) 않습니다.

2) A「明日も しゅっきんし (① なければ なりません)。」
내일도 출근하지 (① 않으면 안 됩니다).
B「それは 大変ですね。」
그거 힘들겠네요.

3) かれは 最後まで あきらめないで (③ つづけました)。
그는 마지막까지 포기하지 않고 (③ 계속했습니다).

5

1) A 映画は 好きですか。」
영화는 좋아하나요?
B「いいえ、好きじゃ ないです。④映画 ②は ③★見ない ①です。」
아니요, 좋아하지 않아요. ④영화 ②는 ③★보지 않 ①습니다.

2) 昨日、よやく ①しないで ③レストラン ②★に ④行きました。
어제, 예약 ①하지 않고 ③레스토랑 ②★에 ④갔습니다.

Day18

p.222

1

1) 教える(가르치다)
2) あやまる (사과하다)
3) こむ (혼잡하다, 붐비다)

2

1) 일본어 공부는 조금씩 계속하려고 합니다.
2) 홈페이지에서 예약할 수 있습니다.
3) 오후부터 눈이 내릴지도 모릅니다.

3

1) すみません。クレジットカードは 使う ことが できません。
2) 来年、彼女と 結婚する つもりです。
3) ちかてつに 乗りましょう。今日は 道が こむかも しれません。

4

1) もう すぐ 韓国に (① 帰る) かも しれません。
이제 곧 한국에 (① 돌아갈) 지도 모릅니다.

2) 楽しい 時間を すごす ことが (② できました)。
즐거운 시간을 보낼 수 (② 있었습니다).

3) ふだんより はやく 起きる (③ つもりです)。
평소보다 빨리 일어나 (③ 려고 합니다).

5

1) クリスマスは いつもより すてきな ④ふうけい ③を ②★見る ①ことが できます。
크리스마스는 평소보다 멋진 ④풍경 ③을 ②★볼 ①수 있습니다.

2) A「来年 ②は ③何を ④★する ①予定 ですか。」
내년 ②은 ③무엇을 ④★할 ①예정 인가요?
B「いっしょうけんめい しゅうかつを する つもりです。」
최선을 다해 취직 활동을 하려고 해요.

Day19

p.234

1

1) 思(おも)いだす (떠올리다)
2) ひっこす(이사하다)
3) おぼえる (외우다)

2

1) 음악을 들으면서 걷습니다.(걷겠습니다.)
2) 전등을 끈 후에 밖으로 외출합니다.(외출하겠습니다.)
3) 역에 도착하기 전에 연락합니다.(연락하겠습니다.)

3

1) まず、作(つく)る 前(まえ)に レシピを しらべます。
2) はい。クッキーを 食(た)べながら 休(やす)みましょう。
3) ちょっと 待(ま)って ください。けしょうした あとで 写真(しゃしん)を 撮(と)りたいです。

4

1) 部屋(へや)に (① 入(はい)る) 前(まえ)に ノックします。
방에 (① 들어가기) 전에 노크하겠습니다.

2) うたを うたい (① ながら) おどります。
노래를 부르 (① 면서) 춤을 춥니다.

3) A「今年(ことし)、JLPTを うけますか。」
올해, 일본어 능력 시험을 칠 거예요?
B「いいえ、今年(ことし)は うけません。日本語(にほんご)を もう 少(すこ)し 勉強(べんきょう) (③ した あとで) うけます。」
아니요, 올해는 치지 않아요. 일본어를 조금 더 공부(③ 한 후에) 칠 거예요.

5

1) バイト ④しながら ③学校(がっこう) ①★に ②通(かよ)う つもりです。
아르바이트 ④하면서 ③학교 ①★에 ②다니려고 합니다.

2) 毎晩(まいばん) 寝(ね)る ③前(まえ)に ②本(ほん) ④★を ①読(よ)み ます。
매일 밤 자기 ③전에 ②책 ④★을 ①읽습 니다.

Day20

p.246

1

1) あつい(덥다)
2) 動(うご)く (움직이다)
3) なれる (익숙해지다)

2

1) 일본은 여행하기 쉬웠습니다.(좋았습니다.)
2) 오늘은 연락이 올 거라고 생각합니다.
3) 기분이 전보다 편해졌습니다.

3

1) そうですね。もみじが うつくしい 秋(あき)に なりました。
2) いいえ、とても 分(わ)かりやすかったです。
3) もちろんです。きっと にあうと 思(おも)います。

4

1) これより あれの ほうが (① いい) と 思(おも)います。
이것보다 저것 쪽이 (① 좋다) 고 생각합니다.

2) もう ソウルが (③ 好(す)きに) なりました。
벌써 서울이 (③ 좋아) 졌습니다.

3) A「この じきの ホテルは よやくしにくいですか。」
이 시기의 호텔은 예약하기 어렵나요?
B「いいえ、この じきは よやく (② しやすい) です。」
아니요, 이 시기는 예약 (② 하기 쉬워) 요.

5

1) そんなに ④むずかしく ②ない ③★と ①思(おも)います。
그렇게 ④어렵지 ②않을 ③★거라고 ①생각합니다.

2) A「プルゴギ、とても やわらかいですね。」
불고기, 대단히 부드럽네요.
B「そうですね。ここの ①プルコギ ③は ④★やわらかくて ②食(た)べやすい です。」
그러네요. 이곳의 ①불고기 ③는 ④★연해서 ②먹기 좋아 요.

해커스일본어
japan.Hackers.com

해커스 일본어 첫걸음

숫자 표현과 형용사·동사 활용 익히기

숫자 표현 익히기

형용사·동사 활용 익히기

숫자 표현 익히기

01_숫자 표현 따라 말하기.mp3

1 기본 숫자 마스터하기

일본어의 가장 기본적인 숫자를 배워보아요.

① 1~10 익히기

1부터 10은 정말 자주 사용되므로 정확한 발음으로 외워두세요. 특히 0, 4, 7, 9는 읽는 방식이 두 가지 이상 있는데, 모두 자주 사용하니 꼼꼼히 익혀두는 편이 좋아요.

0	1	2	3	4	5
레- れい・ 제 로 ゼロ・ 마 루 まる	이 찌 いち	니 に	상 さん	용 시 よん・し	고 ご
	6	7	8	9	10
	로 꾸 ろく	시 찌 나 나 しち・なな	하 찌 はち	큐- 쿠 きゅう・く	쥬- じゅう

② 10~100 익히기

20, 30과 같이 십의 자리가 달라지면 우리말처럼 2~9 뒤에 じゅう(쥬-)(십)를 붙이면 돼요.

10	20	30	40	50
쥬- じゅう	니 쥬- にじゅう	상 쥬- さんじゅう	욘 쥬- よんじゅう	고 쥬- ごじゅう
60	70	80	90	100
로 꾸 쥬- ろくじゅう	나 나 쥬- ななじゅう	하 찌 쥬- はちじゅう	큐- 쥬- きゅうじゅう	햐 꾸 ひゃく

③ 100~1,000 익히기

200, 400과 같이 백의 자리가 달라지면 우리말처럼 2~9 뒤에 ひゃく(백)를 붙이면 돼요. 이때, 300, 600, 800은 발음이 조금 다르니 주의하며 읽어 보아요.

100	200	300	400	500
하 꾸 **ひゃく**	니 하 꾸 **にひゃく**	삼 뱌 꾸 **さんびゃく**	용 햐 꾸 **よんひゃく**	고 햐 꾸 **ごひゃく**
600	700	800	900	1,000
롭 뺘 꾸 **ろっぴゃく**	나 나 햐 꾸 **ななひゃく**	합 뺘 꾸 **はっぴゃく**	큐 - 햐 꾸 **きゅうひゃく**	센 **せん**

④ 1,000 ~ 10,000 익히기

2,000, 4,000과 같이 천의 자리가 달라지면 우리말처럼 2~9 뒤에 せん(천)을 붙이면 돼요. 이때 3,000과 6,000, 8,000은 발음이 조금 다르답니다. 특히 6,000은 ろくせん(로꾸센)이라고 적지만 '록센'이라고 읽어야 하는 점에 주의하세요.

또한, 10에서 1000 단위까지는 맨 앞에 숫자 1(いち)를 붙이지 않지만, まん(만)부터는 앞에 꼭 1을 붙여 いちまん이라고 해야 합니다.

1,000	2,000	3,000	4,000	5,000
센 **せん**	니 센 **にせん**	산 젠 **さんぜん**	욘 센 **よんせん**	고 센 **ごせん**
6,000	7,000	8,000	9,000	10,000
록 센 **ろくせん**	나 나 센 **ななせん**	핫 센 **はっせん**	큐- 센 **きゅうせん**	이 찌 만 **いちまん**

⑤ 실제 숫자 말해보기

지금까지 배운 숫자들을 사용해 실제 숫자를 말해보아요. 우리말과 같이 큰 단위부터 순서대로 끊어서 읽으면 돼요.

2 인원수·개수 표현 마스터하기

일본어로 인원수와 개수를 세는 방법을 배워보아요.

① 인원수 세는 법 익히기

인원수는 숫자 뒤에 사람을 뜻하는 にん(닌)(사람)을 붙이면 돼요. 단, '한 사람'은 ひとり(히또리), '두 사람'은 ふたり(후따리)라는 것에 주의하세요.

한 사람	두 사람	세 사람	네 사람	다섯 사람
히또리 ひとり	후따리 ふたり	산 닌 さんにん	요 닌 よにん	고 닌 ごにん
여섯 사람	일곱 사람	여덟 사람	아홉 사람	열 사람
로꾸 닌 ろくにん	나나 닌 ななにん	하찌 닌 はちにん	큐- 닌 きゅうにん	쥬- 닌 じゅうにん

② 개수 세는 법 익히기

우리말 한 개, 두 개와 같은 개수 세는 법을 익혀보아요.

한 개	두 개	세 개	네 개	다섯 개
히또쯔 ひとつ	후따쯔 ふたつ	밋 쯔 みっつ	욧 쯔 よっつ	이쯔쯔 いつつ
여섯 개	일곱 개	여덟 개	아홉 개	열 개
뭇 쯔 むっつ	나나쯔 ななつ	얏 쯔 やっつ	코코노쯔 ここのつ	토- とお

3 시간 표현 마스터하기

일본어로 시(時)와 분(分)을 말하는 방법을 익혀보아요.

① 시(時) 익히기

우리말 '한 시', '두 시'와 같이 일본어도 1~12까지의 숫자 뒤에 じ(時, 시)를 붙여 말하면 돼요. 이때, 4시, 7시, 9시는 특히 주의해서 익혀요.

1시	2시	3시	4시	5시	6시
이 찌 지 **いちじ**	니 지 **にじ**	산 지 **さんじ**	요 지 **よじ**	고 지 **ごじ**	로 꾸 지 **ろくじ**
7시	8시	9시	10시	11시	12시
시 찌 지 **しちじ**	하 찌 지 **はちじ**	쿠 지 **くじ**	쥬- 지 **じゅうじ**	쥬- 이 찌 지 **じゅういちじ**	쥬- 니 지 **じゅうにじ**

② 분(分) 익히기

우리말 '일 분', '이 분'과 같이 일본어도 숫자 뒤에 ふん(分, 분)을 붙여 말하면 돼요. 그런데 이 ふん(分, 분)이 2, 5, 7, 8, 9 뒤에 오면 그대로 ふん이라고 발음하지만, 1, 3, 4, 6, 8, 10 뒤에 오면 ぷん으로 발음해요. 이는 숫자와 연결하여 발음할 때 더 자연스럽고 편하게 하기 위한 것으로 이해하면 돼요.

1분	2분	3분	4분	5분	6분
입 뿡 **いっぷん**	니 훙 **にふん**	삼 뿡 **さんぷん**	욤 뿡 **よんぷん**	고 훙 **ごふん**	롭 뿡 **ろっぷん**
7분	8분	9분	10분	11분	12분
나 나 훙 **ななふん**	하 찌 훙 **はちふん・** 합 뿡 **はっぷん**	큐- 훙 **きゅうふん**	즙 뿡 **じゅっぷん**	쥬- 입 뿡 **じゅういっぷん**	쥬- 니 훙 **じゅうにふん**

…

20분	30분	40분	50분
니 즙 뿡 **にじゅっぷん**	산 즙 뿡 **さんじゅっぷん**	욘 즙 뿡 **よんじゅっぷん**	고 즙 뿡 **ごじゅっぷん**

4 날짜 요일 표현 마스터하기

일본어로 월(月), 일(日)과 요일을 말하는 방법을 익혀보아요.

① 월(月) 익히기

우리말 '1월', '2월'과 같이 숫자 뒤에 がつ(가쯔)(月, 월)를 붙여 말하면 돼요.

1월	2월	3월	4월	5월	6월
이찌가쯔 いちがつ	니가쯔 にがつ	상가쯔 さんがつ	시가쯔 しがつ	고가쯔 ごがつ	로꾸가쯔 ろくがつ
7월	**8월**	**9월**	**10월**	**11월**	**12월**
시찌가쯔 しちがつ	하찌가쯔 はちがつ	쿠가쯔 くがつ	쥬-가쯔 じゅうがつ	쥬-이찌가쯔 じゅういちがつ	쥬-니가쯔 じゅうにがつ

② 일(日) 익히기

'1일'부터 '10일' 까지는 정해진 표현이 있으니 여러 번 읽어서 외워주세요. 11일부터는 우리말과 같이 숫자 뒤에 にち(니찌)(日, 일)를 붙여 말하면 돼요. 단, 14일, 20일, 24일은 읽는 법이 다르니 주의해서 익혀요.

1일	2일	3일	4일	5일	6일	7일
츠이타찌 ついたち	후쯔카 ふつか	믹카 みっか	욕카 よっか	이쯔카 いつか	무이카 むいか	나노카 なのか
8일	**9일**	**10일**	**11일**	**12일**	**13일**	**14일**
요-카 ようか	코코노카 ここのか	토-카 とおか	쥬-이찌니찌 じゅういちにち	쥬-니니찌 じゅうににち	쥬-산니찌 じゅうさんにち	쥬-욕카 じゅうよっか

…

20일	21일	22일	23일	24일	…	30일
하쯔카 はつか	니쥬-이찌니찌 にじゅういちにち	니쥬-니니찌 にじゅうににち	니쥬-산니찌 にじゅうさんにち	니쥬-욕카 にじゅうよっか	…	산쥬-니찌 さんじゅうにち

③ 요일 익히기

월요일부터 일요일까지 말하는 방법은 우리말처럼 월, 화, 수, 목, 금, 토, 일 다음에 ようび(요- 비)(요일)를 붙이면 돼요.

월요일	화요일	수요일	목요일	금요일	토요일	일요일
게 쯔 요- 비 **げつようび**	카 요- 비 **かようび**	스 이 요- 비 **すいようび**	모 꾸 요- 비 **もくようび**	킹 요- 비 **きんようび**	도 요- 비 **どようび**	니 찌 요- 비 **にちようび**

형용사·동사 활용 익히기

02_형용사, 동사 활용 따라 말하기.mp3

1 형용사 활용 한 눈에 익히기

な형용사는 기본형이 だ로 끝나지만 명사를 수식할 때에는 だ가 な로 바뀌기 때문에 な형용사라고 해요.
い형용사는 기본형과 명사 수식형이 모두 い로 끝나기 때문에 い형용사라고 한답니다.

	기본형	정중형	부정형	명사 수식	형용사 연결
な 형용사	すきだ 좋아하다	すきです 좋아합니다	すきじゃない 좋아하지 않다	すきな 좋아하는	すきで 좋아하고
	しあわせだ 행복하다	しあわせです 행복합니다	しあわせじゃない 행복하지 않다	しあわせな 행복한	しあわせで 행복하고
	きれいだ 예쁘다	きれいです 예쁩니다	きれいじゃない 예쁘지 않다	きれいな 예쁜	きれいで 예쁘고
	すてきだ 근사하다	すてきです 근사합니다	すてきじゃない 근사하지 않다	すてきな 근사한	すてきで 근사하고
	まじめだ 성실하다	まじめです 성실합니다	まじめじゃない 성실하지 않다	まじめな 성실한	まじめで 성실하고
	しんせつだ 친절하다	しんせつです 친절합니다	しんせつじゃない 친절하지 않다	しんせつな 친절한	しんせつで 친절하고
	だいじょうぶだ 괜찮다	だいじょうぶです 괜찮습니다	だいじょうぶじゃない 괜찮지 않다	だいじょうぶな 괜찮은	だいじょうぶで 괜찮고
	ひまだ 한가하다	ひまです 한가합니다	ひまじゃない 한가하지 않다	ひまな 한가한	ひまで 한가하고
い 형용사	やさしい 상냥하다	やさしいです 상냥합니다	やさしくない 상냥하지 않다	やさしい 상냥한	やさしくて 상냥하고
	かわいい 귀엽다	かわいいです 귀엽습니다	かわいくない 귀엽지 않다	かわいい 귀여운	かわいくて 귀엽고
	さびしい 외롭다	さびしいです 외롭습니다	さびしくない 외롭지 않다	さびしい 외로운	さびしくて 외롭고
	ほしい 원하다	ほしいです 원합니다	ほしくない 원하지 않다	ほしい 원하는	ほしくて 원하고
	たのしい 즐겁다	たのしいです 즐겁습니다	たのしくない 즐겁지 않다	たのしい 즐거운	たのしくて 즐겁고
	うつくしい 아름답다	うつくしいです 아름답습니다	うつくしくない 아름답지 않다	うつくしい 아름다운	うつくしくて 아름답고
	わるい 나쁘다	わるいです 나쁩니다	わるくない 나쁘지 않다	わるい 나쁜	わるくて 나쁘고
	いい 좋다	いいです 좋습니다	よくない 좋지 않다	いい 좋은	よくて 좋고

2 동사 활용 한 눈에 익히기

일본어의 동사는 1그룹, 2그룹, 3그룹으로 나뉘어 있어요. 2그룹 동사는 끝이 る로 끝나고 앞이 い나 え단인 동사를 말해요. 3그룹 동사는 する와 くる 두 가지가 있어요. 마지막으로 1그룹 동사는 2그룹 동사와 3그룹 동사를 제외한 모든 동사를 말한답니다.

	기본형	ます형	て형	た형	ない형
1그룹 동사	あ 会う 만나다	あ 会います 만납니다	あ 会って 만나고	あ 会った 만났다	あ 会わない 만나지 않다
	ま 待つ 기다리다	ま 待ちます 기다립니다	ま 待って 기다리고	ま 待った 기다렸다	ま 待たない 기다리지 않다
	わ 分かる 알다	わ 分かります 압니다	わ 分かって 알고	わ 分かった 알았다	わ 分からない 알지 않다, 모른다
	の 飲む 마시다	の 飲みます 마십니다	の 飲んで 마시고	の 飲んだ 마셨다	の 飲まない 마시지 않다
	あそ 遊ぶ 놀다	あそ 遊びます 놉니다	あそ 遊んで 놀고	あそ 遊んだ 놀았다	あそ 遊ばない 놀지 않다
	し 死ぬ 죽다	し 死にます 죽습니다	し 死んで 죽고	し 死んだ 죽었다	し 死なない 죽지 않다
	き 聞く 듣다	き 聞きます 듣습니다	き 聞いて 듣고	き 聞いた 들었다	き 聞かない 듣지 않다
	およ 泳ぐ 수영하다	およ 泳ぎます 수영합니다	およ 泳いで 수영하고	およ 泳いだ 수영했다	およ 泳がない 수영하지 않다
	はな 話す 얘기하다	はな 話します 얘기합니다	はな 話して 얘기하고	はな 話した 얘기했다	はな 話さない 얘기하지 않다
2그룹 동사	お 起きる 일어나다	お 起きます 일어납니다	お 起きて 일어나고	お 起きた 일어났다	お 起きない 일어나지 않다
	み 見る 보다	み 見ます 봅니다	み 見て 보고	み 見た 봤다	み 見ない 보지 않다
	た 食べる 먹다	た 食べます 먹습니다	た 食べて 먹고	た 食べた 먹었다	た 食べない 먹지 않다
	ね 寝る 자다	ね 寝ます 잡니다	ね 寝て 자고	ね 寝た 잤다	ね 寝ない 자지 않다
3그룹 동사	する 하다	します 합니다	して 하고	した 했다	しない 하지 않다
	くる 오다	きます 옵니다	きて 오고	きた 왔다	こない 오지 않다

해커스 일본어 첫걸음

초판 12쇄 발행 2024년 12월 2일
초판 1쇄 발행 2021년 7월 8일

지은이	해커스 일본어연구소
펴낸곳	㈜해커스 어학연구소
펴낸이	해커스 어학연구소 출판팀

주소	서울특별시 서초구 강남대로61길 23 ㈜해커스 어학연구소
고객센터	02-537-5000
교재 관련 문의	publishing@hackers.com 해커스일본어 사이트(japan.Hackers.com) 교재 Q&A 게시판
동영상강의	japan.Hackers.com

ISBN	978-89-6542-421-5 (13730)
Serial Number	01-12-01

해커스 일본어 첫걸음

히라가나 + 가타카나 + 기초 단어

쓰기 노트

해커스 어학연구소

해커스

일본어 첫걸음

쓰기 노트

해커스 어학연구소

히라가나 쓰면서 익히기

히라가나 한 눈에 보기

청음

	あ단	い단	う단	え단	お단
あ행	あ a 아	い i 이	う u 우	え e 에	お o 오
か행	か ka 카	き ki 키	く ku 쿠	け ke 케	こ ko 코
さ행	さ sa 사	し shi 시	す su 스	せ se 세	そ so 소
た행	た ta 타	ち chi 치	つ tsu 츠	て te 테	と to 토
な행	な na 나	に ni 니	ぬ nu 누	ね ne 네	の no 노
は행	は ha 하	ひ hi 히	ふ ɸu 후	へ he 헤	ほ ho 호
ま행	ま ma 마	み mi 미	む mu 무	め me 메	も mo 모
や행	や ya 야		ゆ yu 유		よ yo 요
ら행	ら ra 라	り ri 리	る ru 루	れ re 레	ろ ro 로
わ행	わ wa 와				を wo 오
			ん n 응		

탁음·반탁음

	あ단	い단	う단	え단	お단
が행	が ga 가	ぎ gi 기	ぐ gu 구	げ ge 게	ご go 고
ざ행	ざ za 자	じ ji 지	ず zu 즈	ぜ ze 제	ぞ zo 조
だ행	だ da 다	ぢ ji 지	づ zu 즈	で de 데	ど do 도
ば행	ば ba 바	び bi 비	ぶ bu 부	べ be 베	ぼ bo 보
ぱ행	ぱ pa 파	ぴ pi 피	ぷ pu 푸	ぺ pe 페	ぽ po 포

요음

	ゃ	ゅ	ょ	ゃ	ゅ	ょ
か·が	きゃ kya 캬	きゅ kyu 큐	きょ kyo 쿄	ぎゃ gya 갸	ぎゅ gyu 규	ぎょ gyo 교
さ·ざ	しゃ sha 샤	しゅ shu 슈	しょ sho 쇼	じゃ ja 쟈	じゅ ju 쥬	じょ jo 죠
た·な	ちゃ cha 챠	ちゅ chu 츄	ちょ cho 쵸	にゃ nya 냐	にゅ nyu 뉴	にょ nyo 뇨
は·ば	ひゃ hya 햐	ひゅ hyu 휴	ひょ hyo 효	びゃ bya 뱌	びゅ byu 뷰	びょ byo 뵤
ぱ·ま	ぴゃ pya 퍄	ぴゅ pyu 퓨	ぴょ pyo 표	みゃ mya 먀	みゅ myu 뮤	みょ myo 묘
ら	りゃ rya 랴	りゅ ryu 류	りょ ryo 료			

청음 쓰면서 익히기

あ행

▼ 획순에 맞춰, 먼저 옅게 쓰인 글자를 따라 써본 다음 빈칸에 스스로 써보세요.

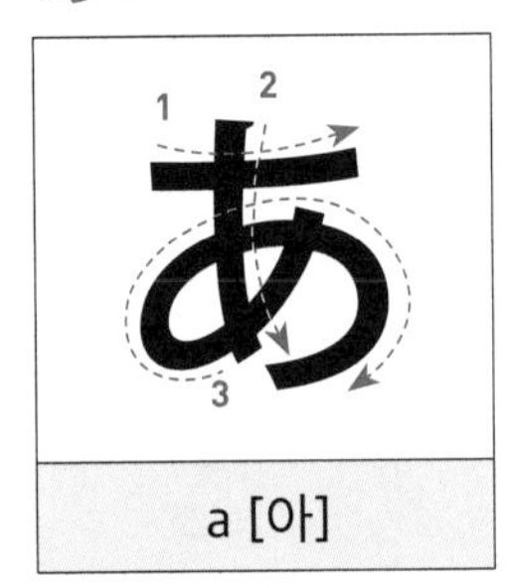

a [아]

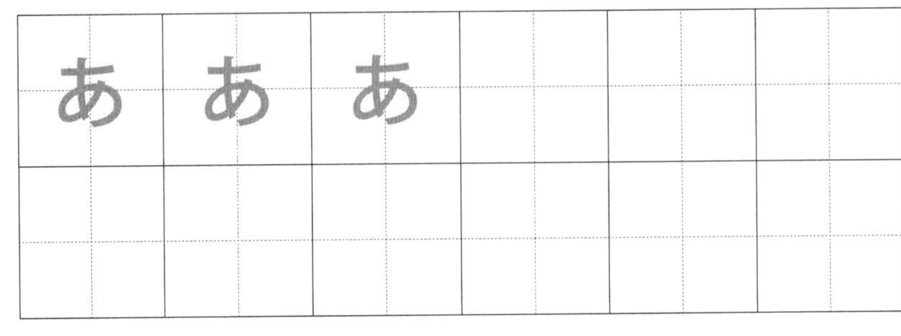

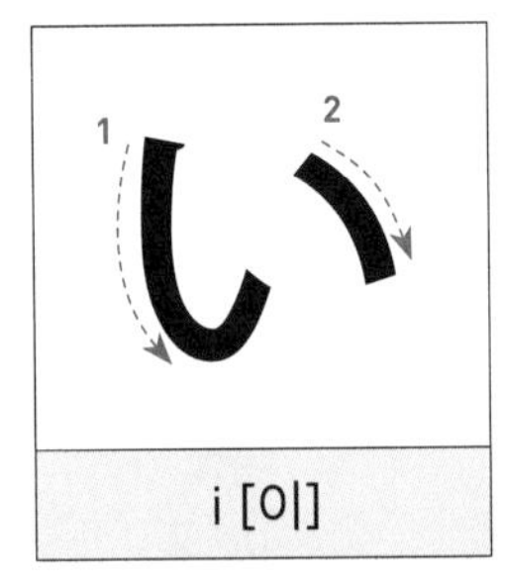

i [이]

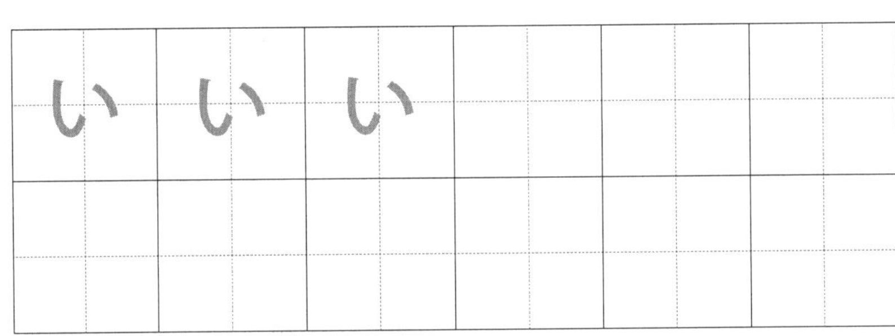

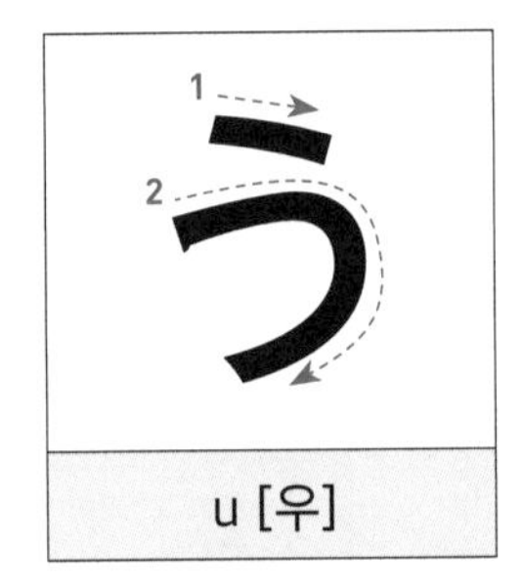

u [우]

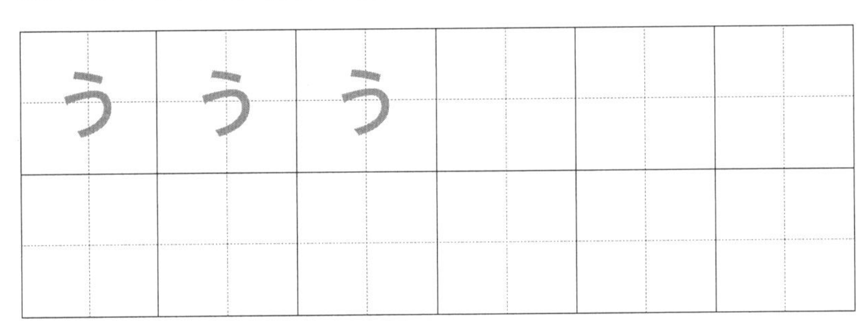

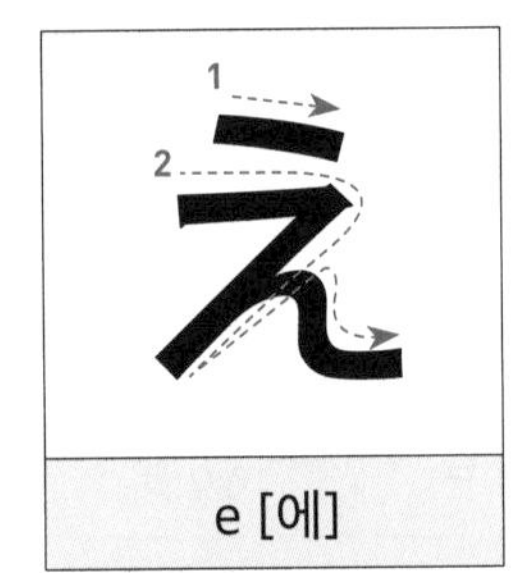

e [에]

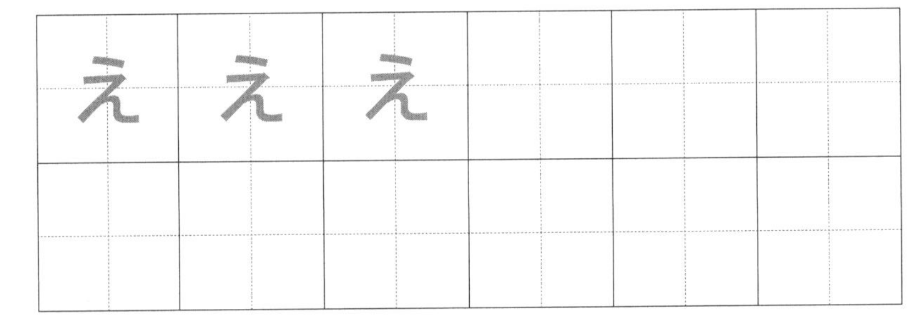

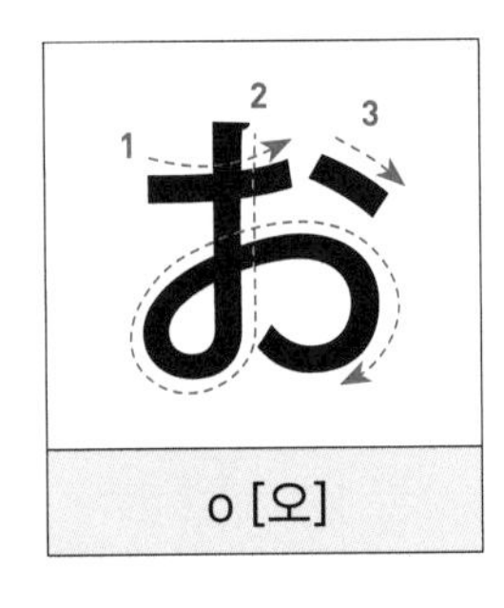

o [오]

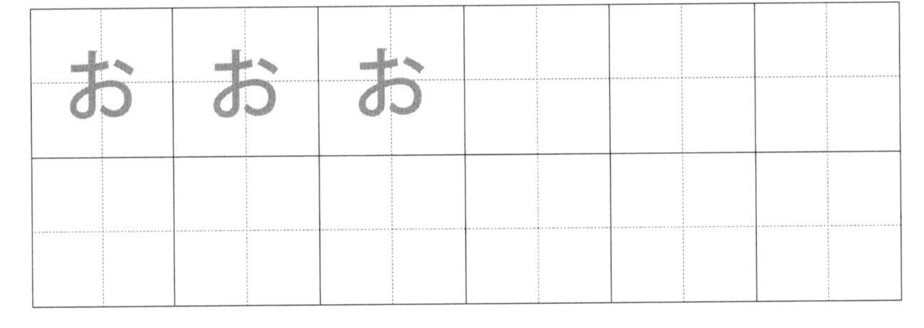

か행

▼ 획순에 맞춰, 먼저 옅게 쓰인 글자를 따라 써본 다음 빈칸에 스스로 써보세요.

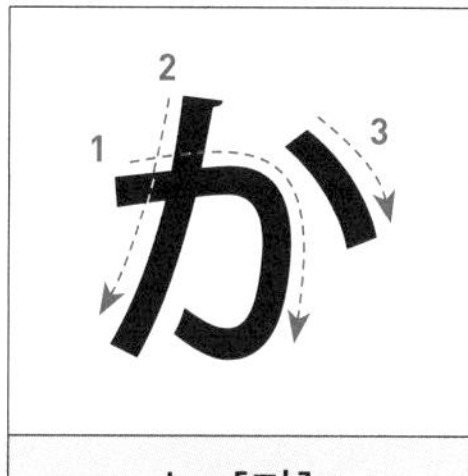

ka [카]

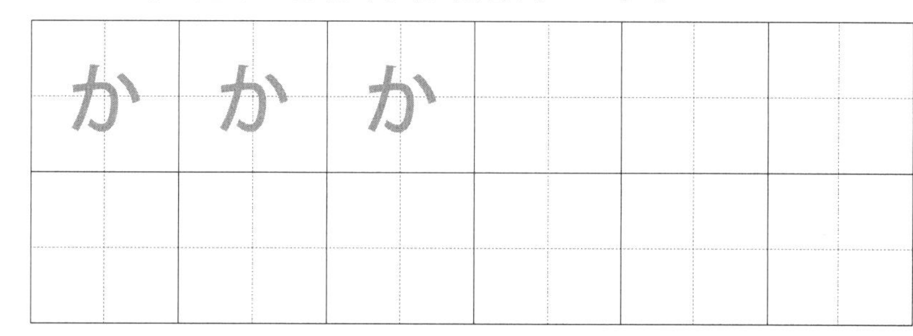

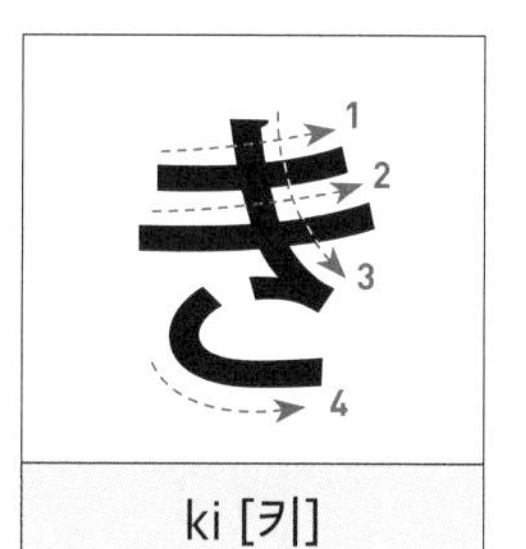

ki [키]

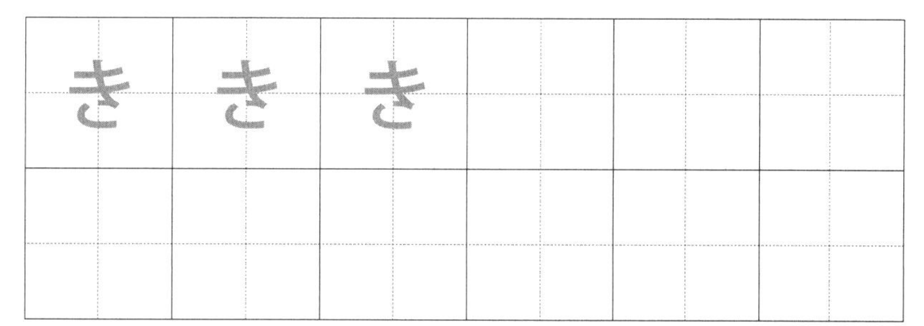

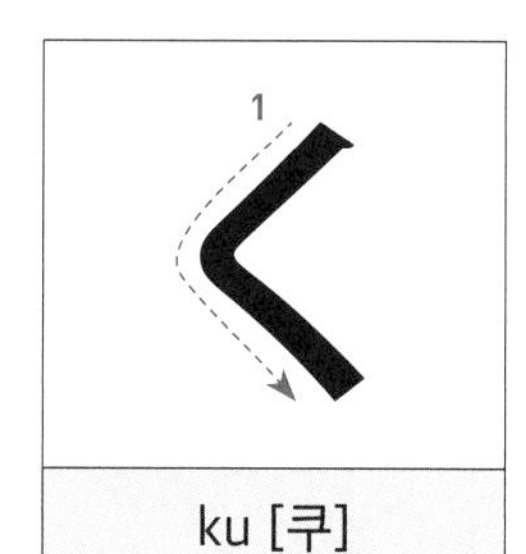

ku [쿠]

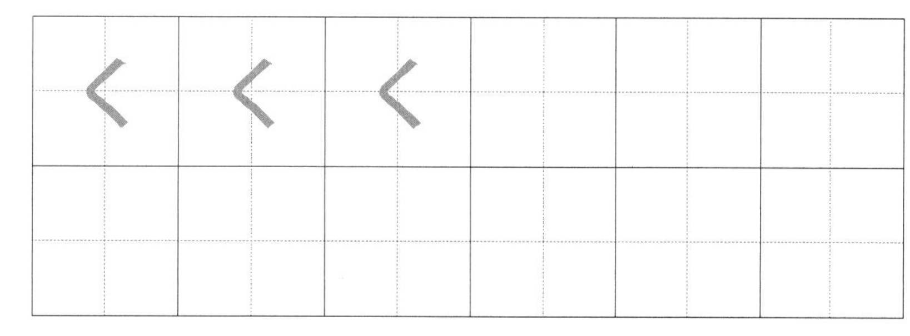

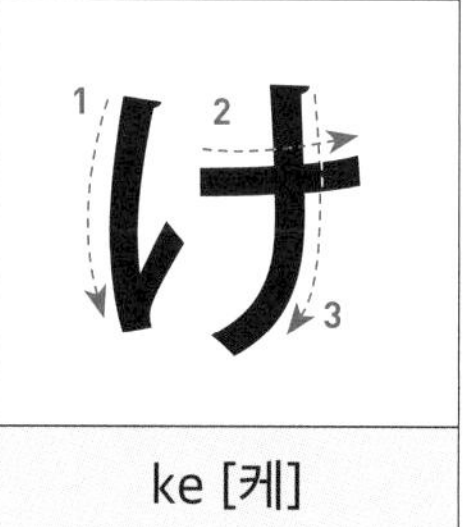

ke [케]

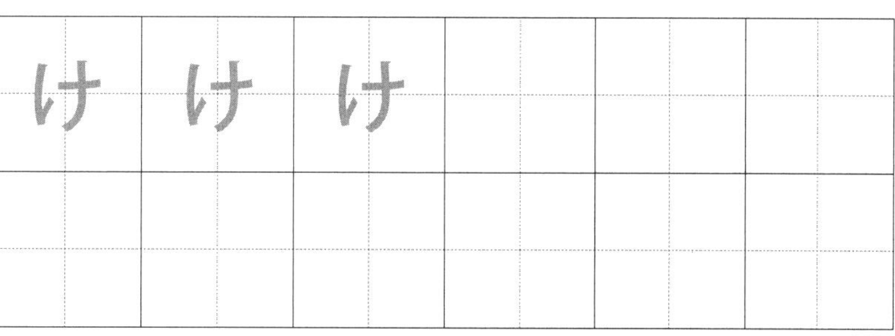

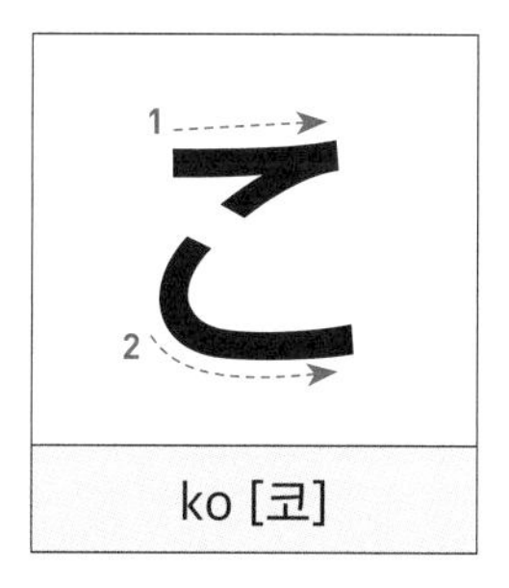

ko [코]

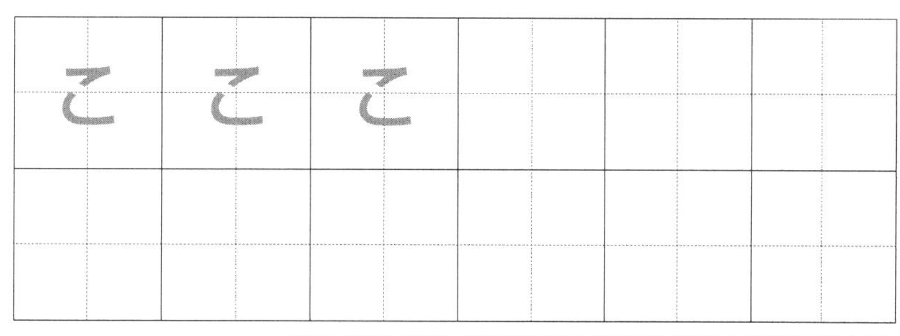

<해커스 일본어 첫걸음> 어플을 활용하여 더 여러 번 써보면서 재미있게 학습하세요.

さ행

▼ 획순에 맞춰, 먼저 옅게 쓰인 글자를 따라 써본 다음 빈칸에 스스로 써보세요.

さ
sa [사]

さ	さ	さ			

し
shi [시]

し	し	し			

す
su [스]

す	す	す			

せ
se [세]

せ	せ	せ			

そ
so [소]

そ	そ	そ			

행

▼ 획순에 맞춰, 먼저 옅게 쓰인 글자를 따라 써본 다음 빈칸에 스스로 써보세요.

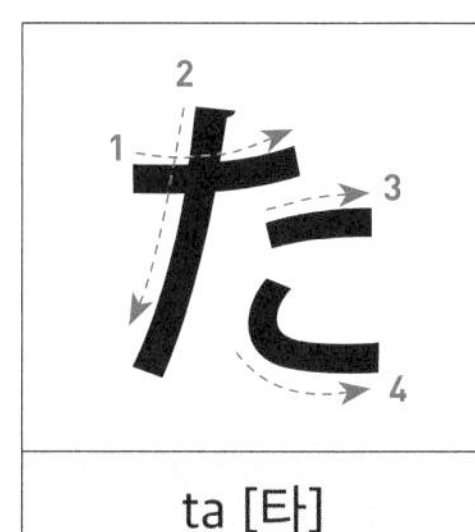

ta [타]

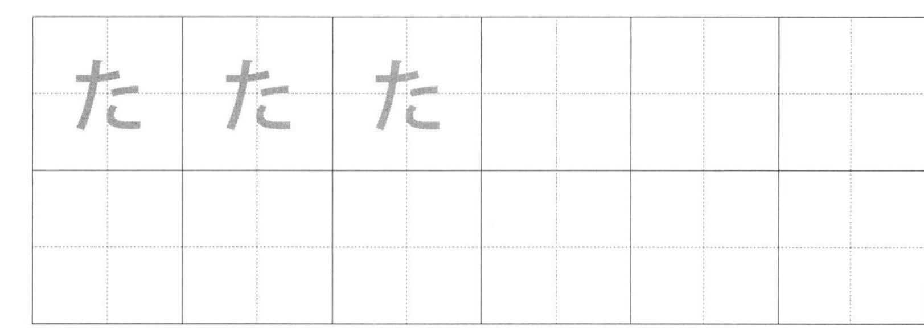

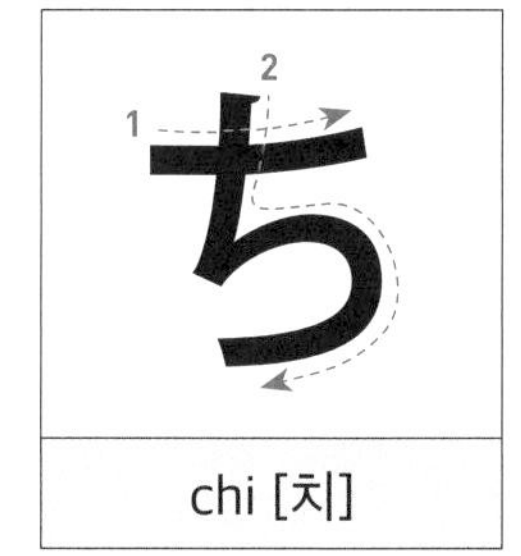

chi [치]

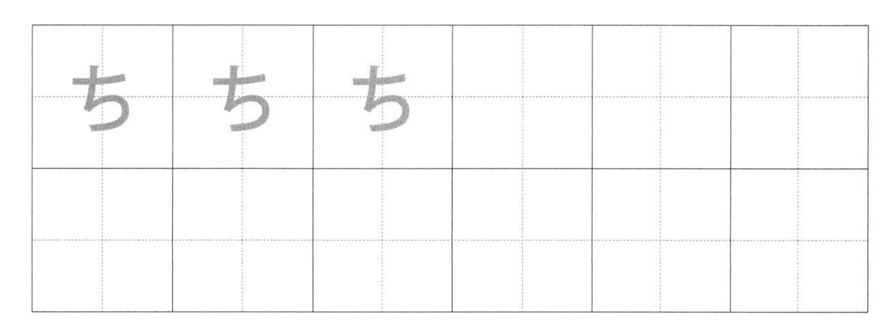

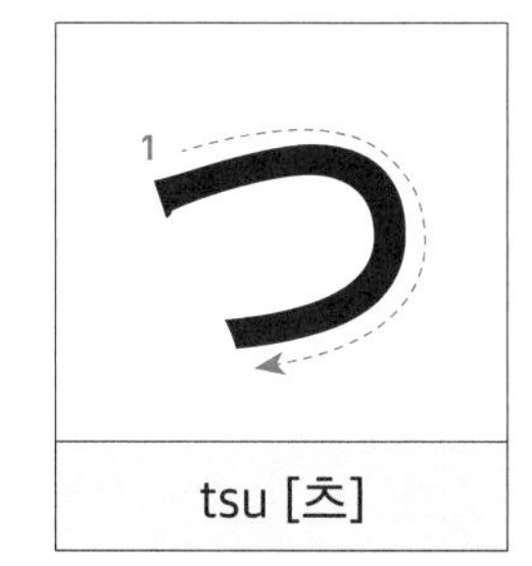

tsu [츠]

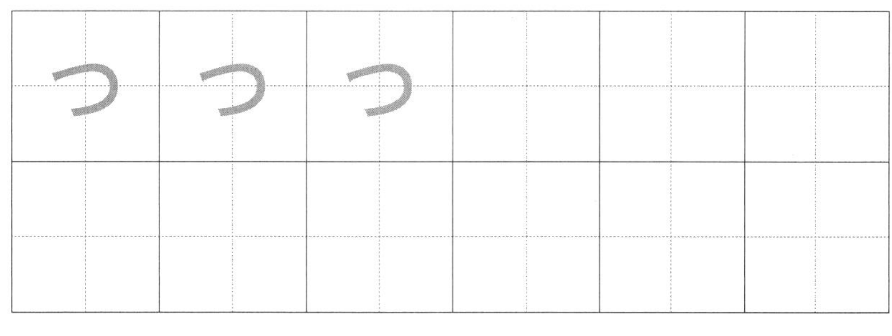

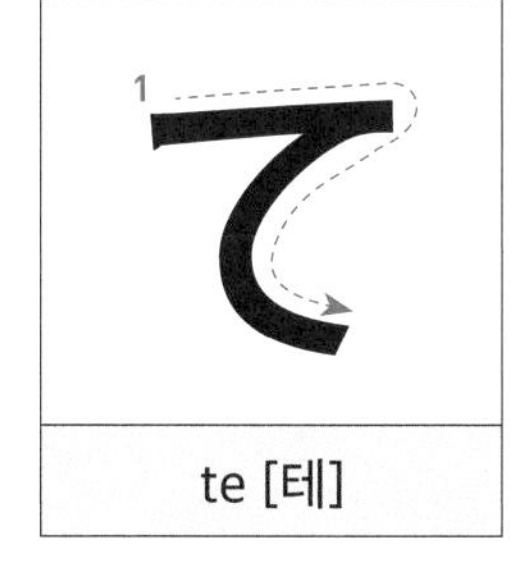

te [테]

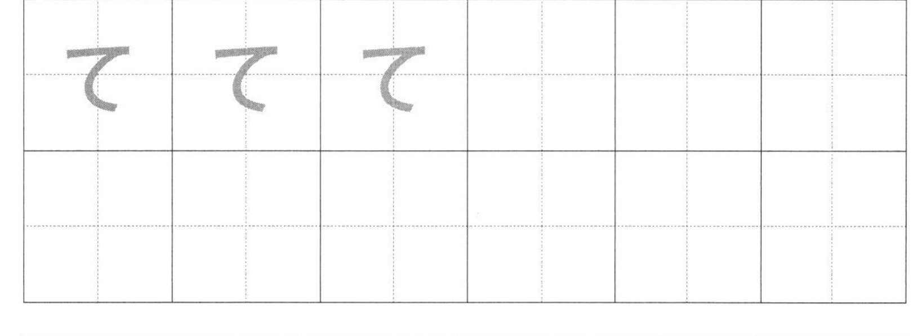

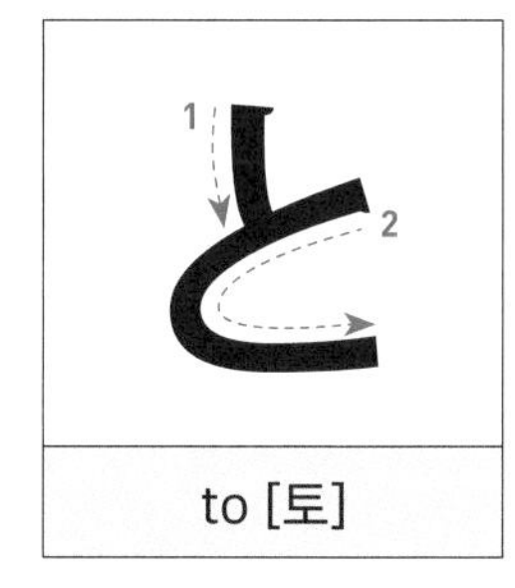

to [토]

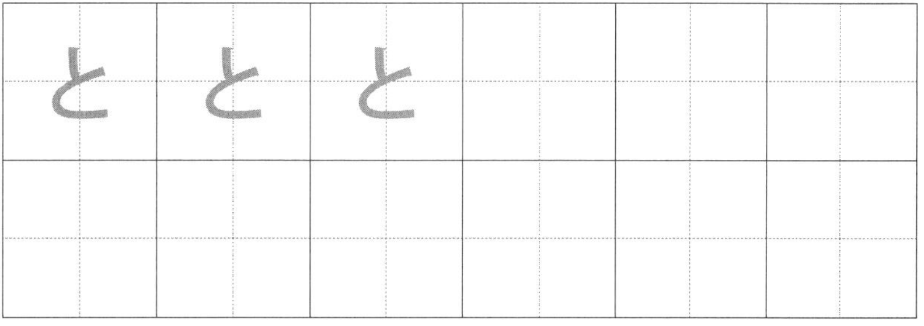

<해커스 일본어 첫걸음> 어플을 활용하여 더 여러 번 써보면서 재미있게 학습하세요.

な행

▼ 획순에 맞춰, 먼저 옅게 쓰인 글자를 따라 써본 다음 빈칸에 스스로 써보세요.

na [나]

な な な

ni [니]

に に に

nu [누]

ぬ ぬ ぬ

ne [네]

ね ね ね

no [노]

の の の

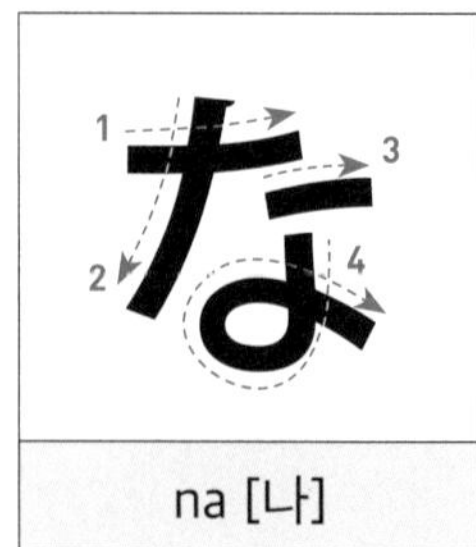

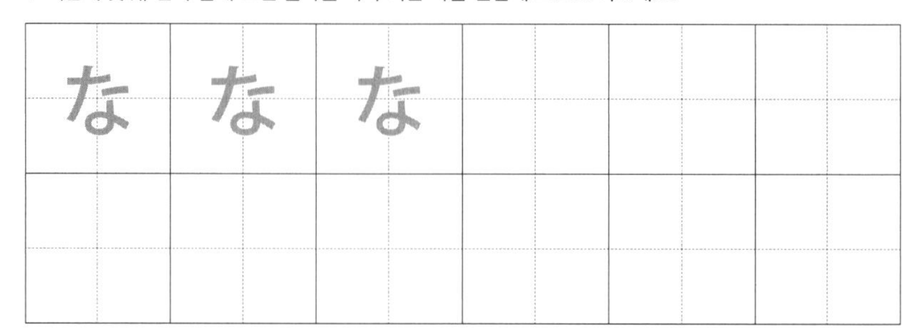

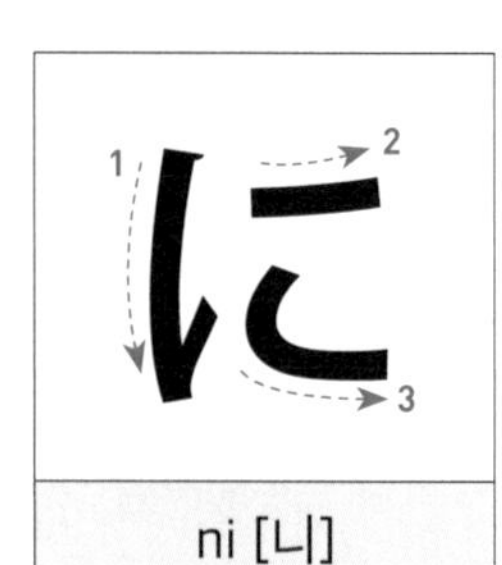

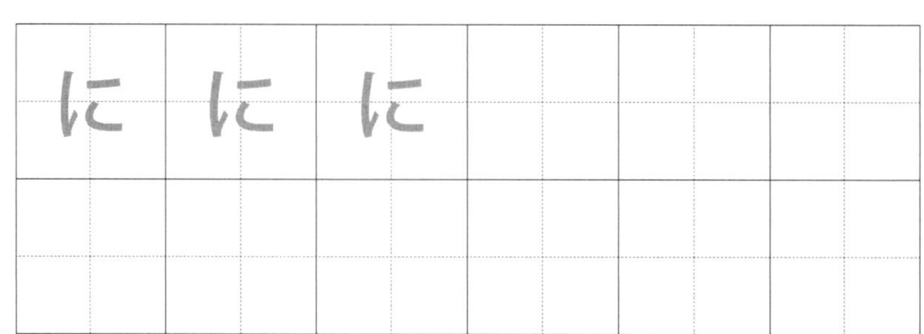

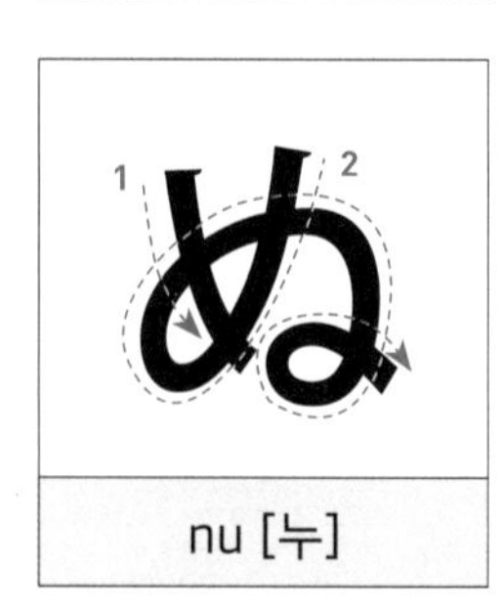

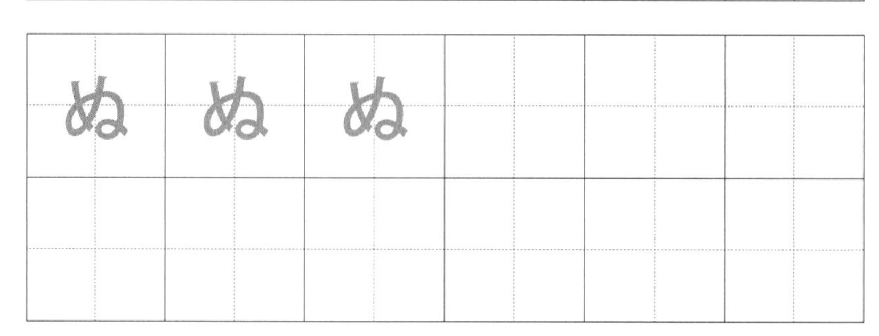

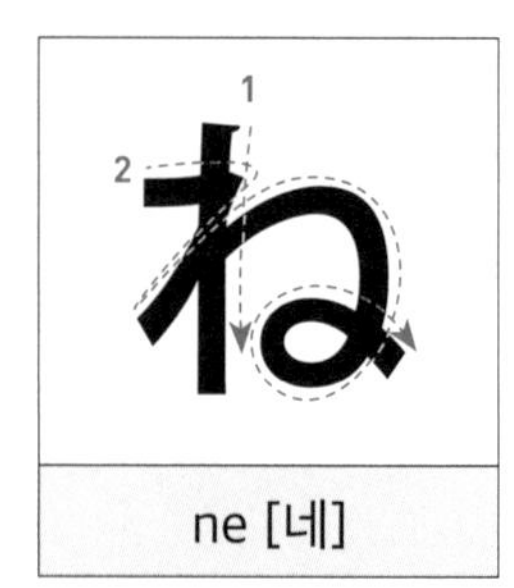

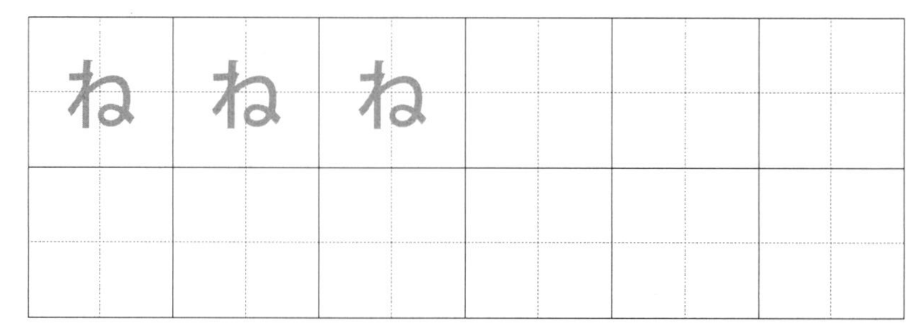

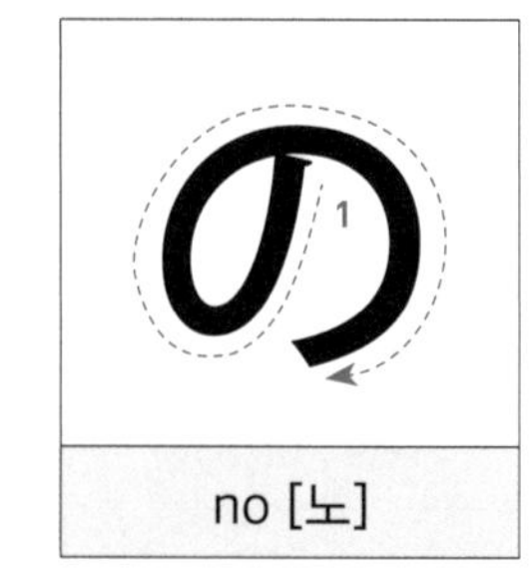

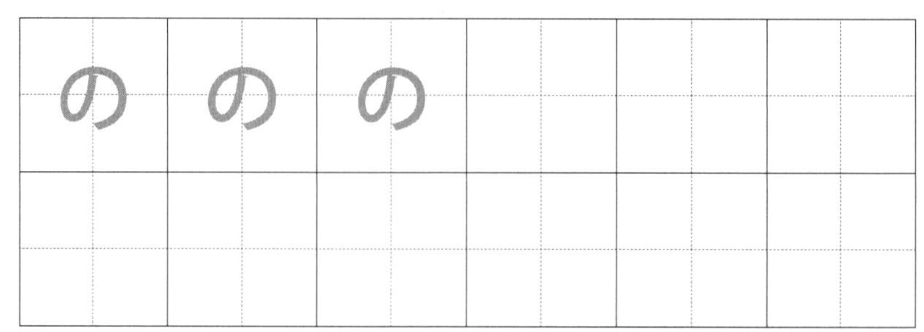

は행

▼ 획순에 맞춰, 먼저 옅게 쓰인 글자를 따라 써본 다음 빈칸에 스스로 써보세요.

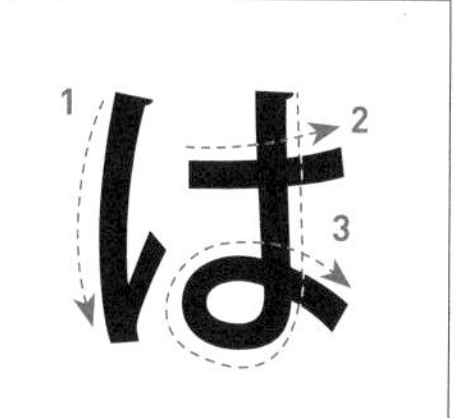

ha [하]

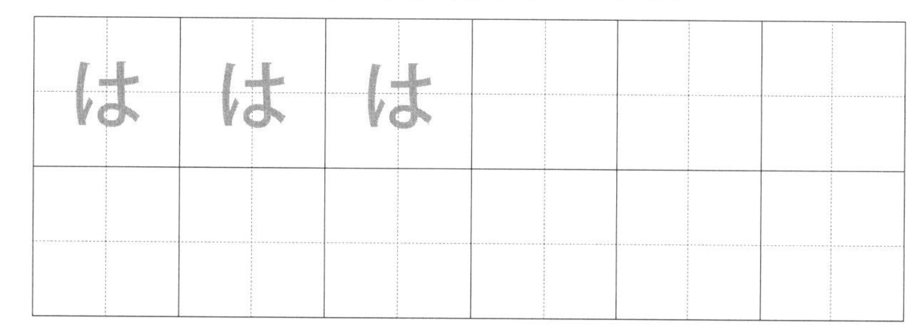

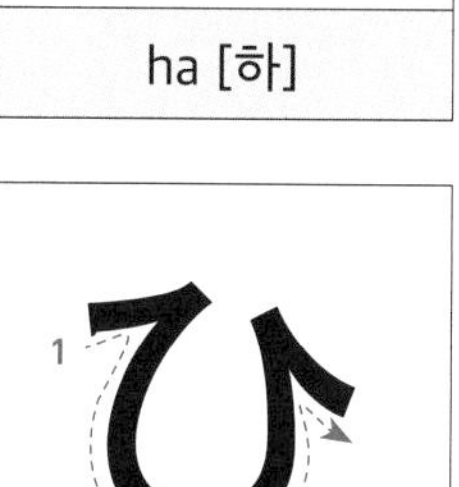

hi [히]

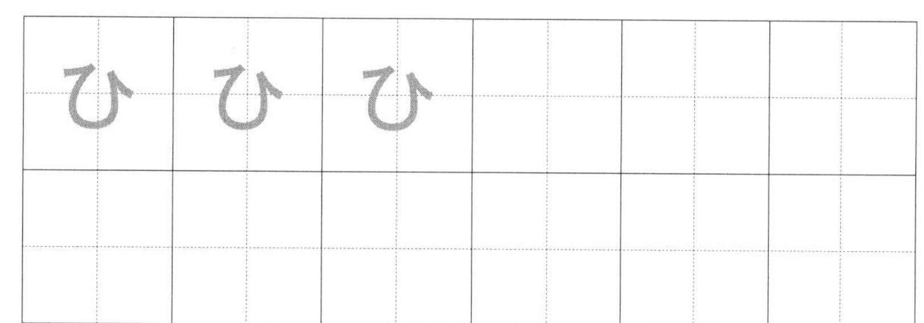

fu [후]

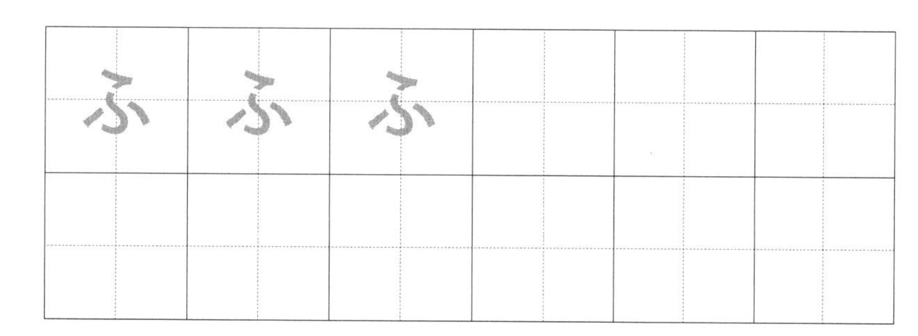

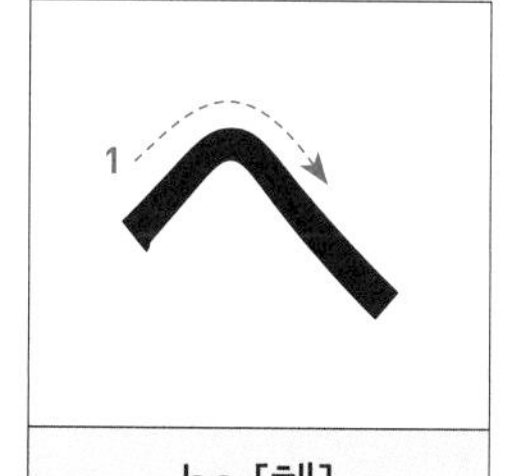

he [헤]

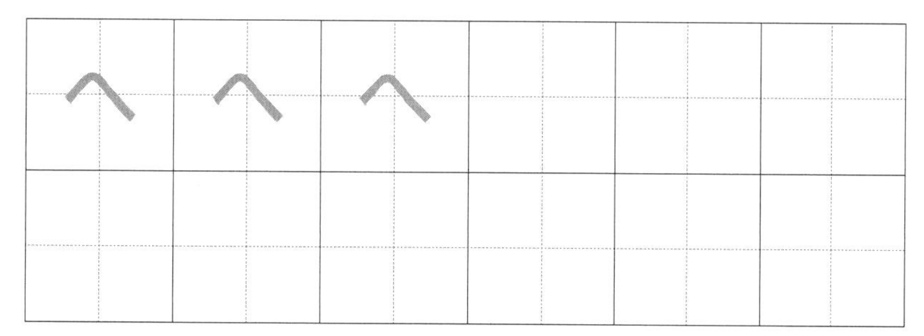

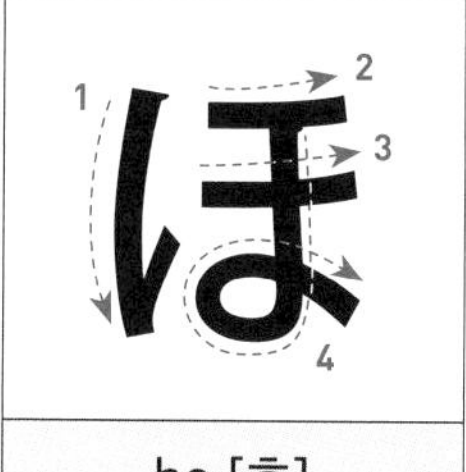

ho [호]

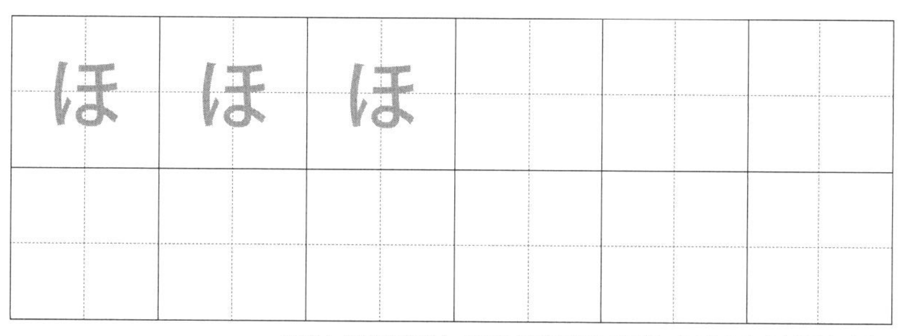

<해커스 일본어 첫걸음> 어플을 활용하여 더 여러 번 써보면서 재미있게 학습하세요.

ま행

▼ 획순에 맞춰, 먼저 옅게 쓰인 글자를 따라 써본 다음 빈칸에 스스로 써보세요.

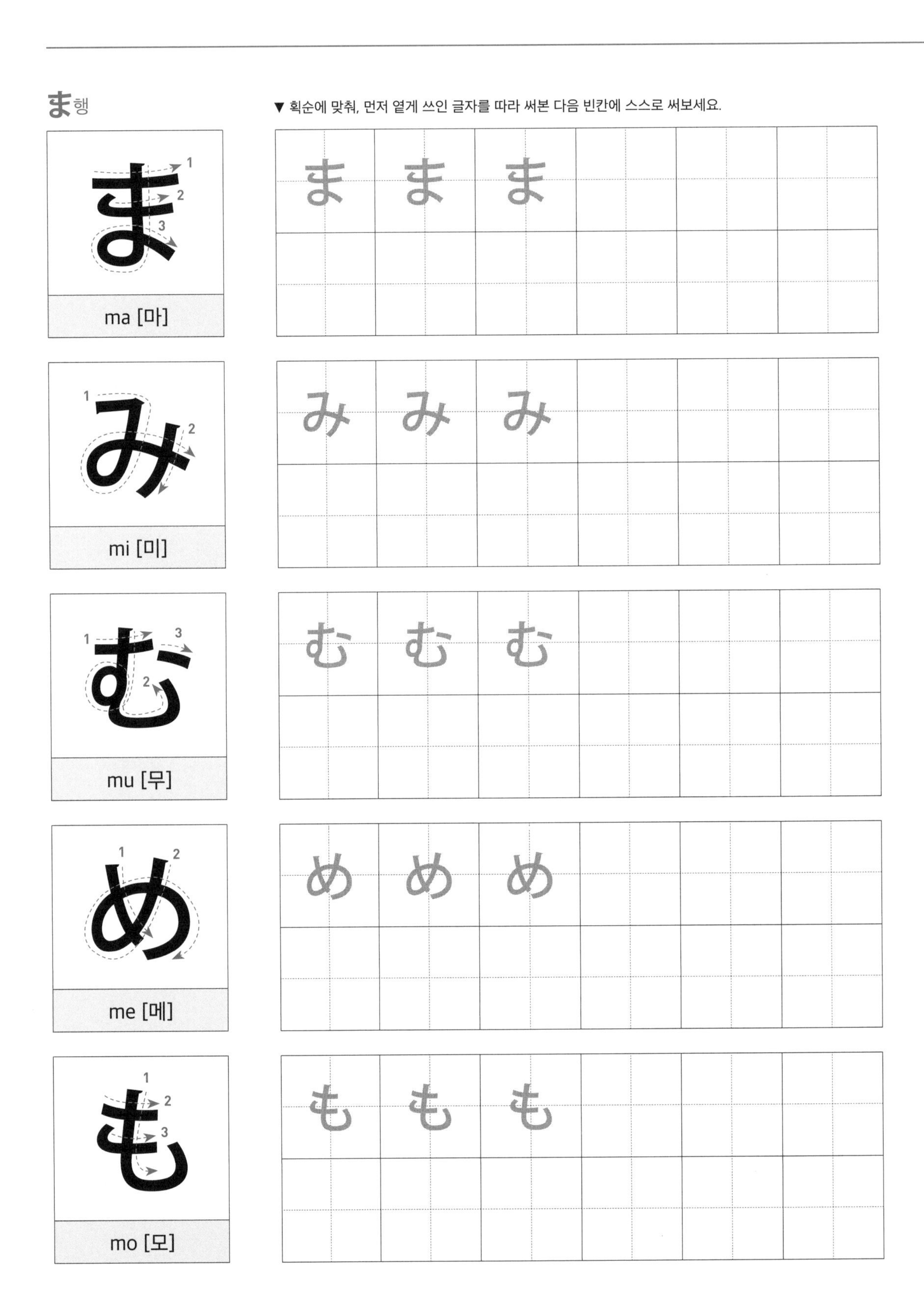

や행

▼ 획순에 맞춰, 먼저 옅게 쓰인 글자를 따라 써본 다음 빈칸에 스스로 써보세요.

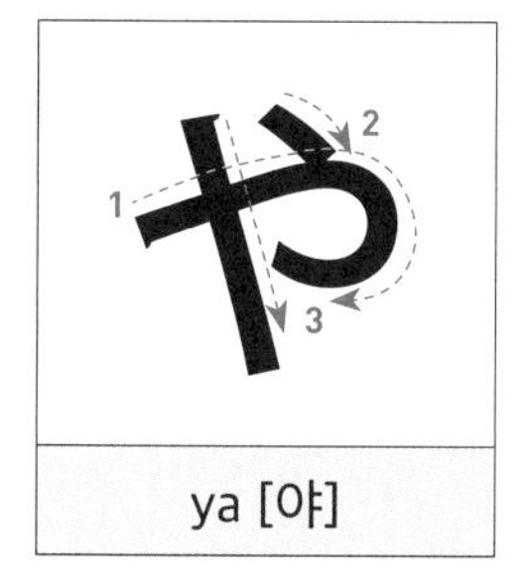

ya [야]

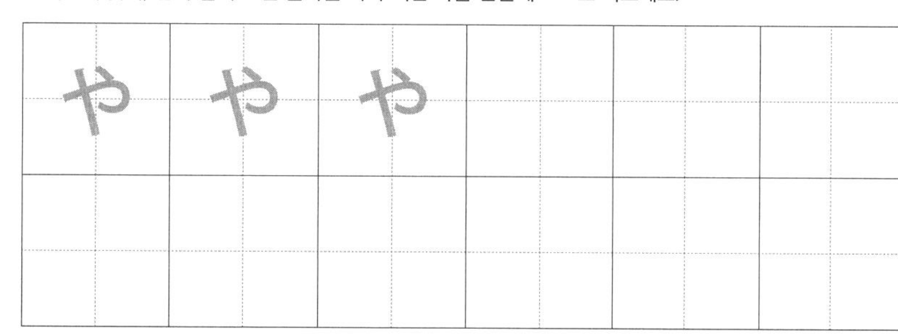

yu [유]

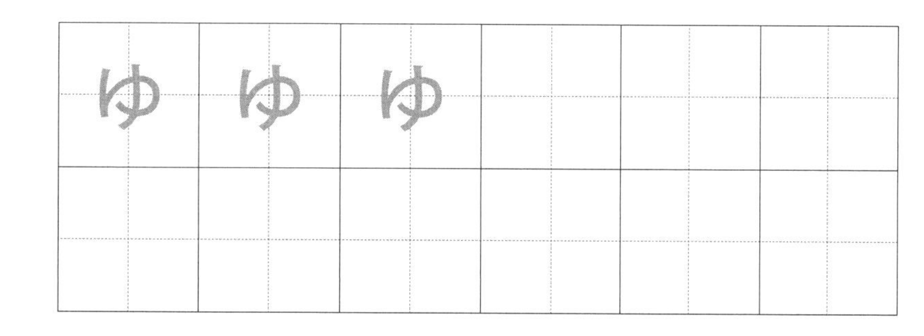

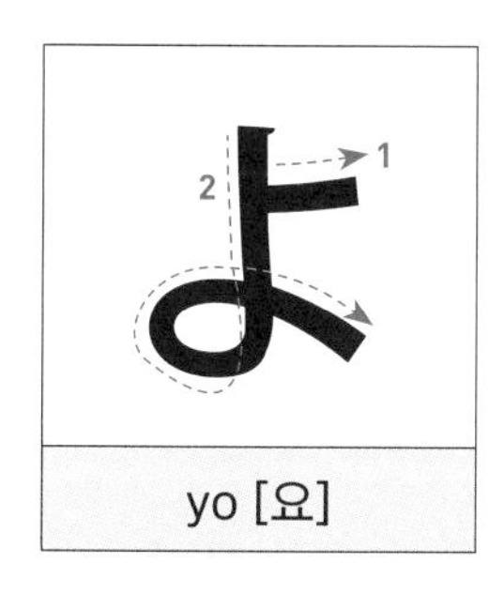

yo [요]

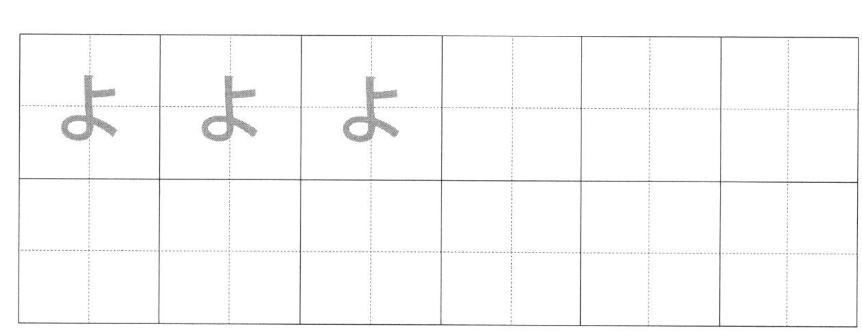

<해커스 일본어 첫걸음> 어플을 활용하여 더 여러 번 써보면서 재미있게 학습하세요.

ら행

▼ 획순에 맞춰, 먼저 옅게 쓰인 글자를 따라 써본 다음 빈칸에 스스로 써보세요.

ら
ra [라]

ら ら ら

り
ri [리]

り り り

る
ru [루]

る る る

れ
re [레]

れ れ れ

ろ
ro [로]

ろ ろ ろ

わ·ん행

▼ 획순에 맞춰, 먼저 옅게 쓰인 글자를 따라 써본 다음 빈칸에 스스로 써보세요.

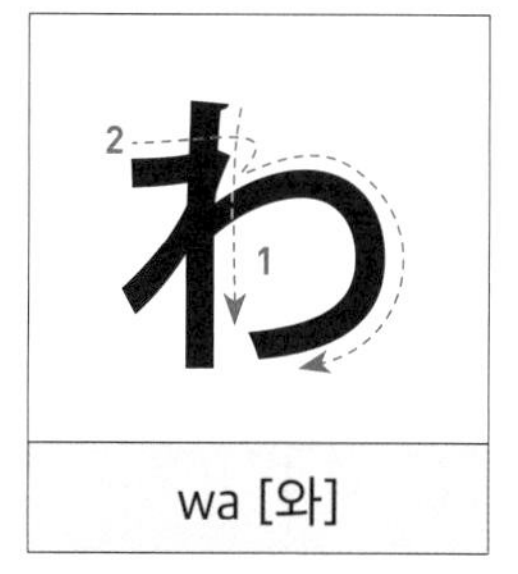

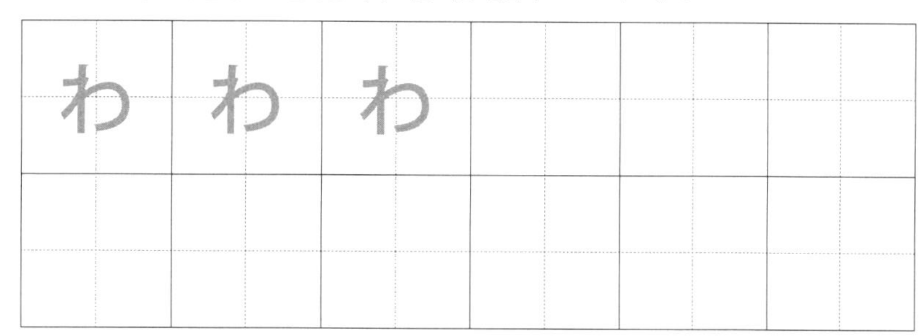

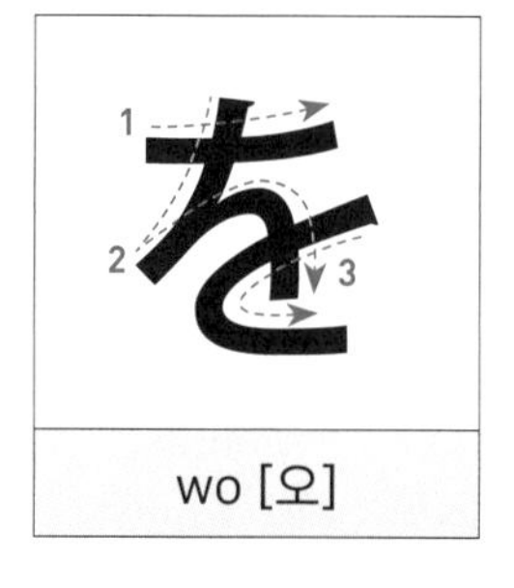

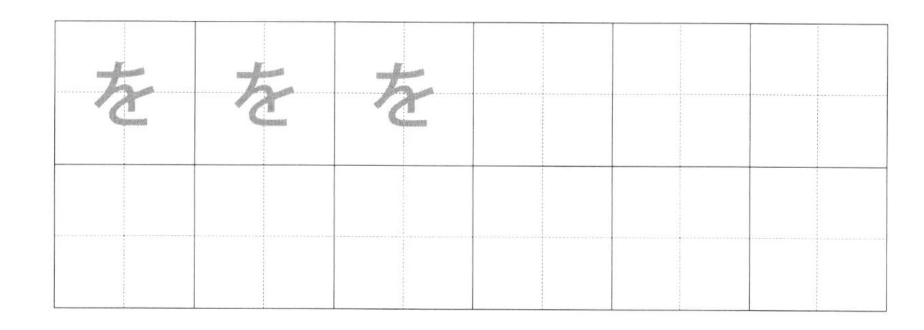

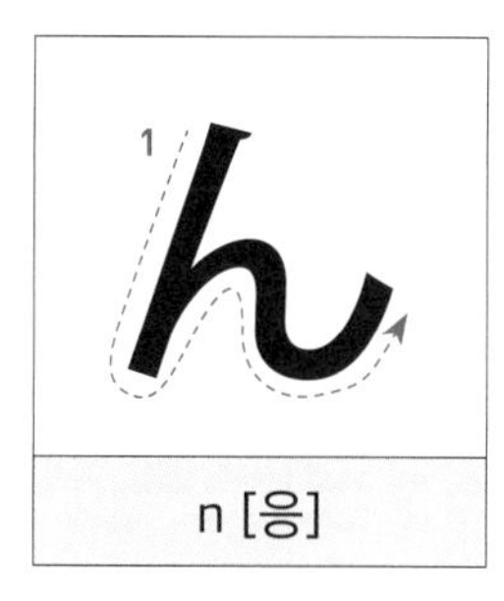

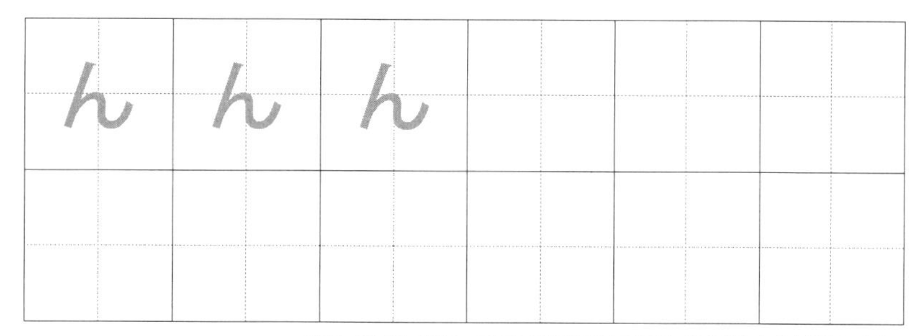

<해커스 일본어 첫걸음> 어플을 활용하여 더 여러 번 써보면서 재미있게 학습하세요.

탁음·반탁음 쓰면서 익히기

が행

▼ 한 글자 한 글자 예쁘게 따라 쓰면서 익혀보세요.

ざ행

▼ 한 글자 한 글자 예쁘게 따라 쓰면서 익혀보세요.

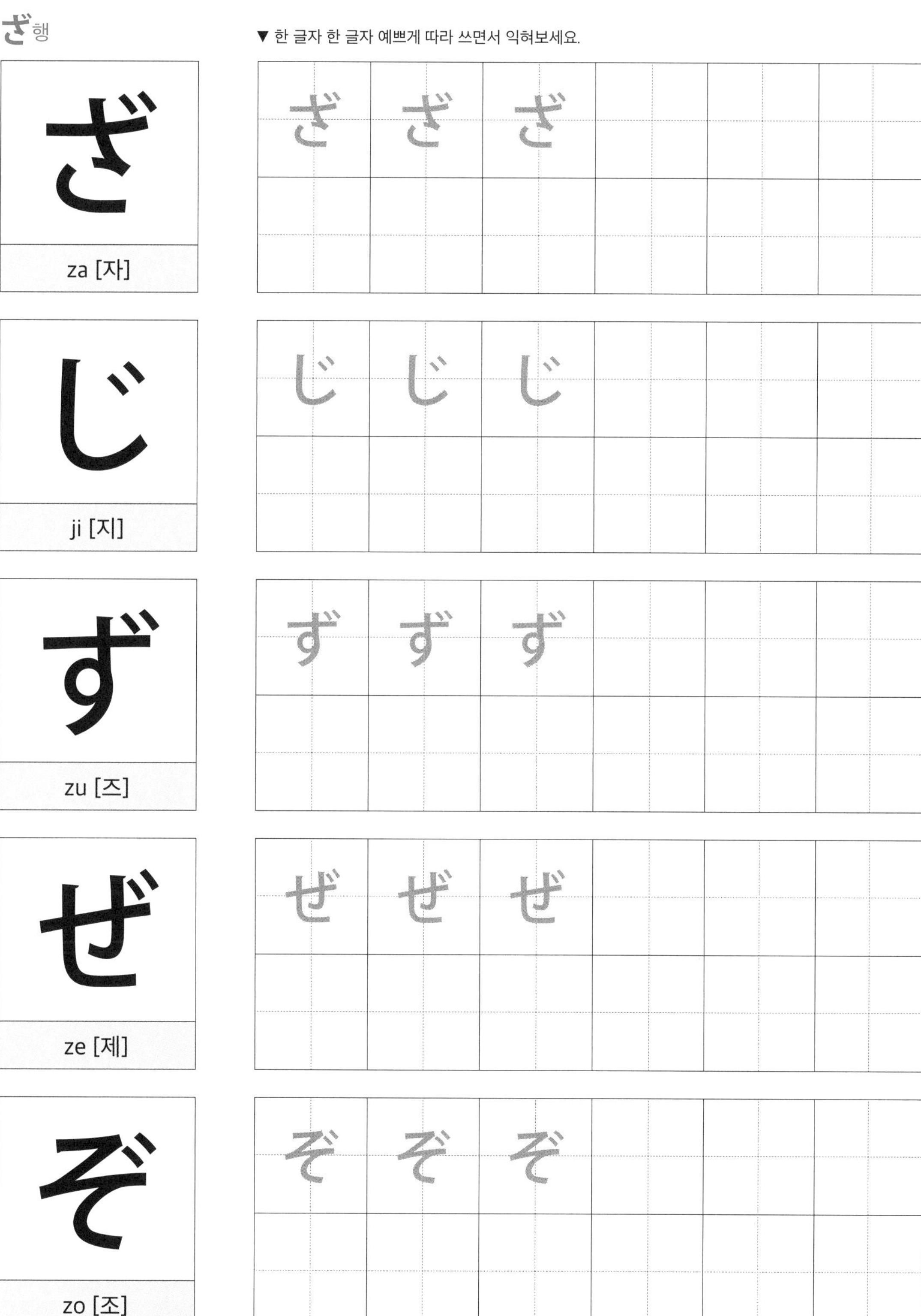

<해커스 일본어 첫걸음> 어플을 활용하여 더 여러 번 써보면서 재미있게 학습하세요.

だ행

▼ 한 글자 한 글자 예쁘게 따라 쓰면서 익혀보세요.

だ da [다]	だ	だ	だ			
ぢ ji [지]	ぢ	ぢ	ぢ			
づ zu [즈]	づ	づ	づ			
で de [데]	で	で	で			
ど do [도]	ど	ど	ど			

ば행

▼ 한 글자 한 글자 예쁘게 따라 쓰면서 익혀보세요.

ba [바]

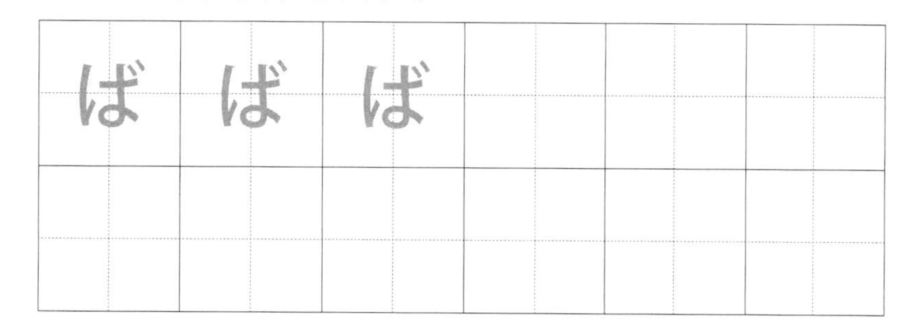

bi [비]

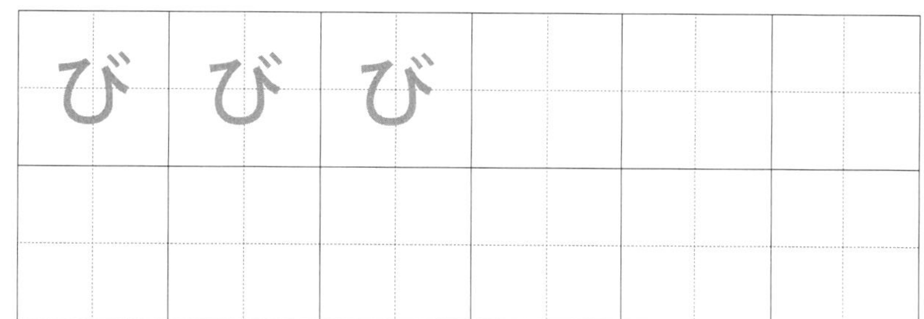

bu [부]

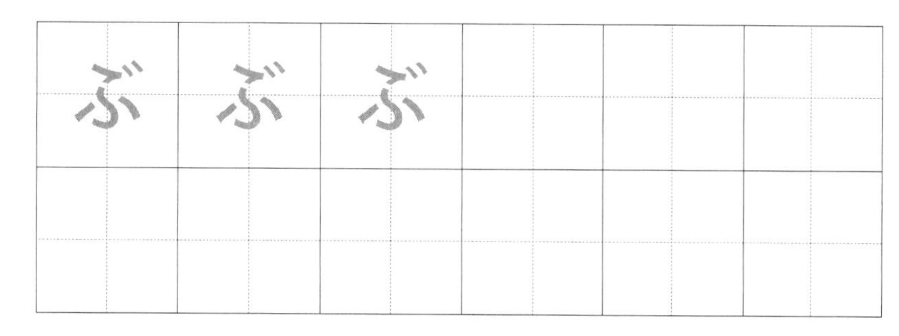

be [베]

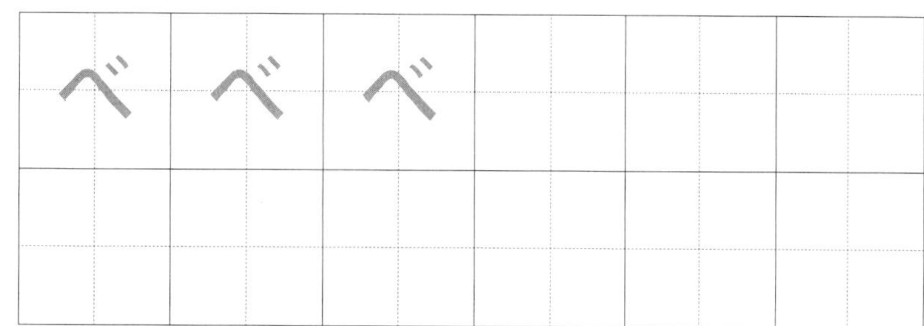

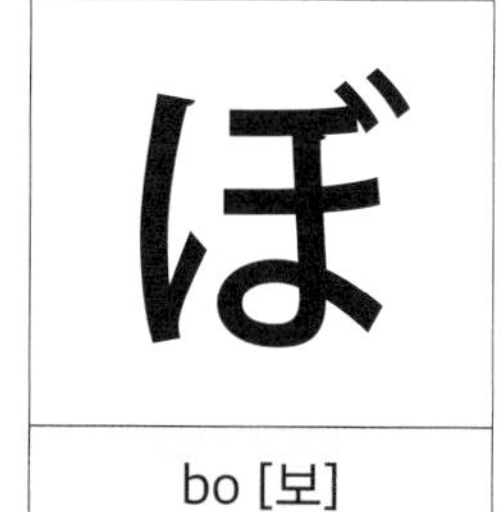

bo [보]

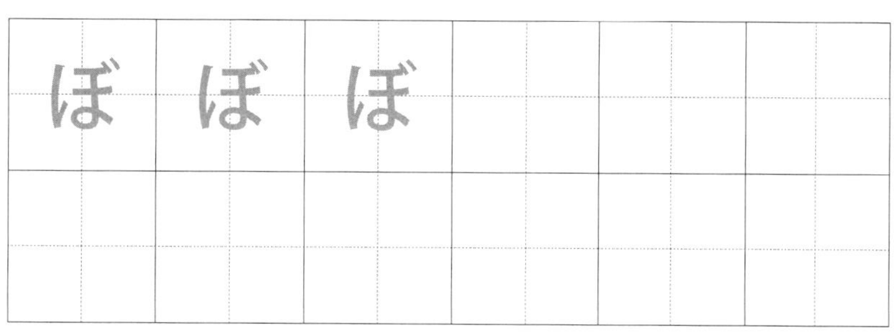

<해커스 일본어 첫걸음> 어플을 활용하여 더 여러 번 써보면서 재미있게 학습하세요.

히라가나 | 가타카나 | 기초 단어 | 쓰면서 익히기 | 해커스 일본어 첫걸음

ぱ행

▼ 한 글자 한 글자 예쁘게 따라 쓰면서 익혀보세요.

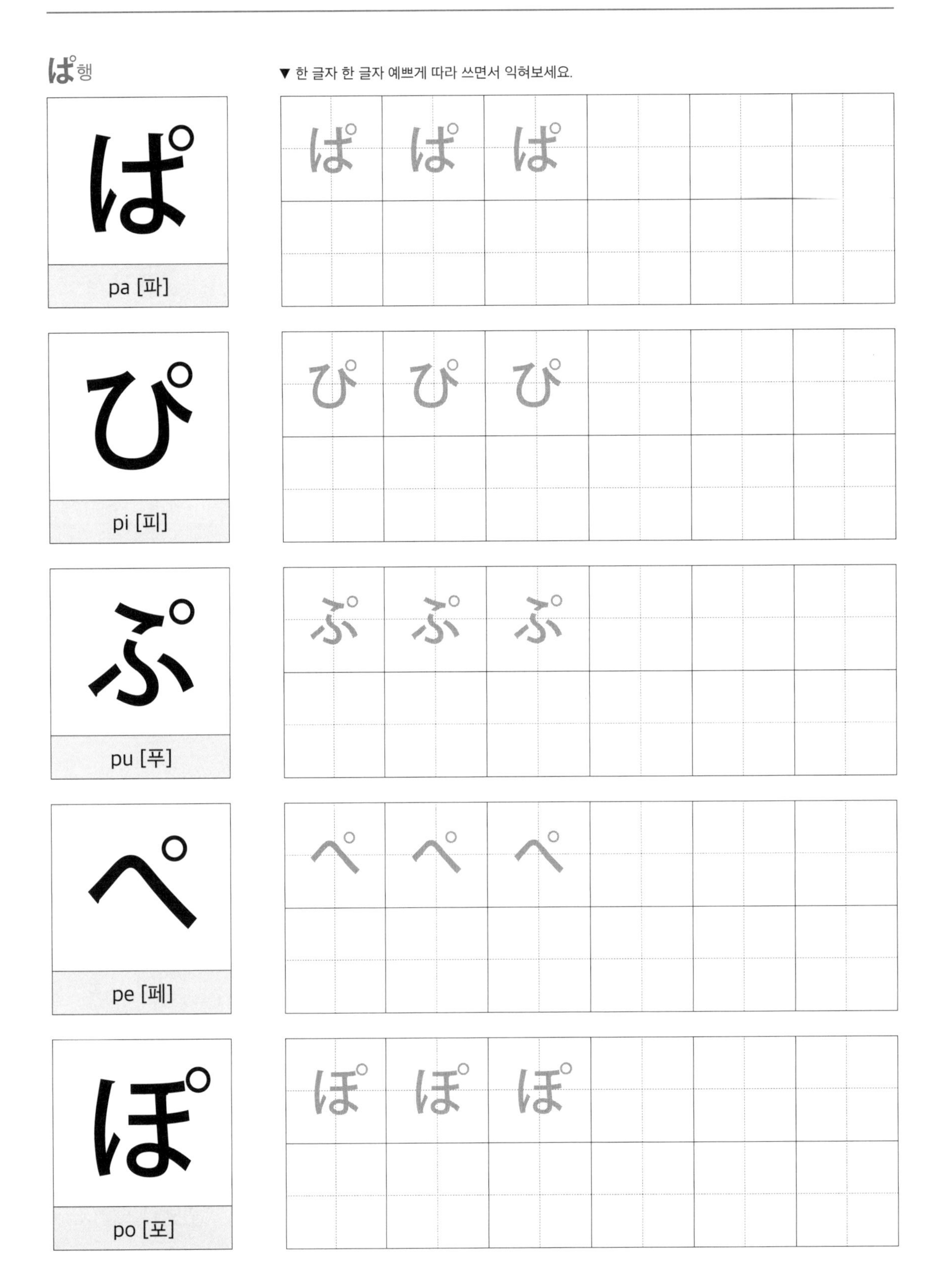

요음 쓰면서 익히기

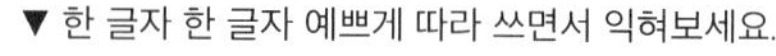

▼ 한 글자 한 글자 예쁘게 따라 쓰면서 익혀보세요.

kya [캬]

kyu [큐]

kyo [쿄]

gya [갸]

gyu [규]

gyo [교]

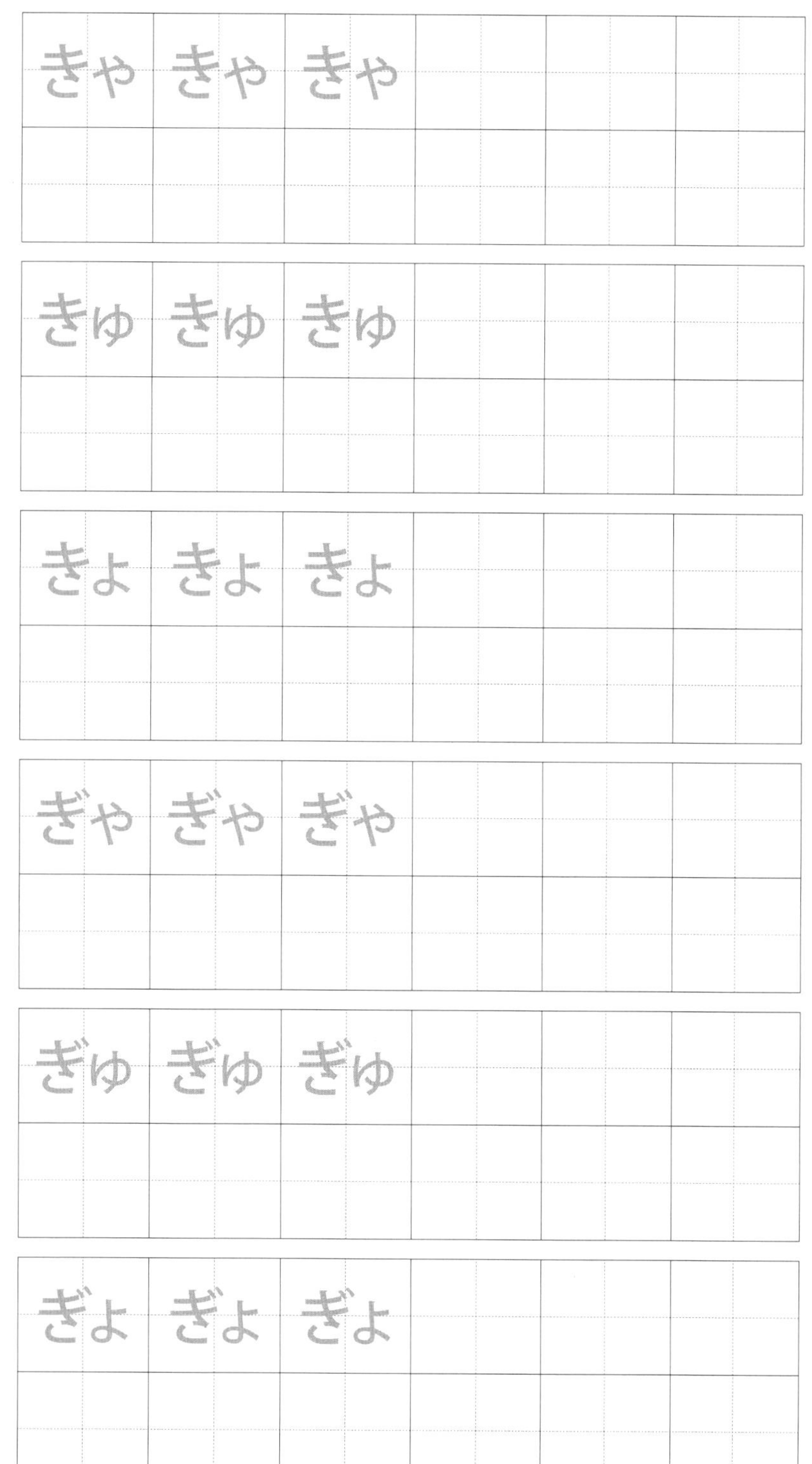

きゃ きゃ きゃ
きゅ きゅ きゅ
きょ きょ きょ
ぎゃ ぎゃ ぎゃ
ぎゅ ぎゅ ぎゅ
ぎょ ぎょ ぎょ

<해커스 일본어 첫걸음> 어플을 활용하여 더 여러 번 써보면서 재미있게 학습하세요.

▼ 한 글자 한 글자 예쁘게 따라 쓰면서 익혀보세요.

しゃ
sha [샤]

しゃ しゃ しゃ

しゅ
shu [슈]

しゅ しゅ しゅ

しょ
sho [쇼]

しょ しょ しょ

じゃ
ja [쟈]

じゃ じゃ じゃ

じゅ
ju [쥬]

じゅ じゅ じゅ

じょ
jo [죠]

じょ じょ じょ

▼ 한 글자 한 글자 예쁘게 따라 쓰면서 익혀보세요.

ちゃ

cha [챠]

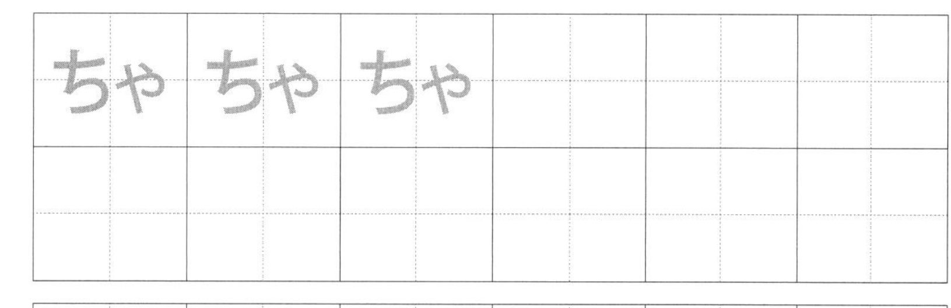

ちゅ

chu [츄]

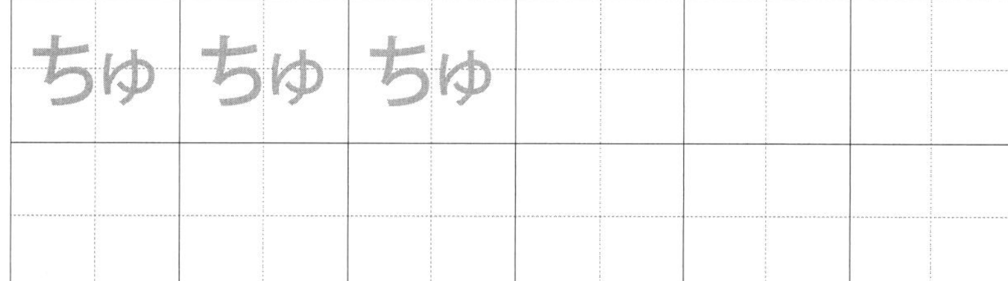

ちょ

cho [쵸]

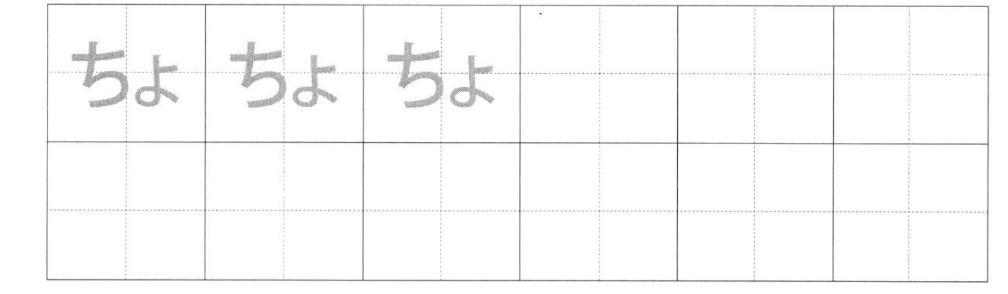

nya [냐]

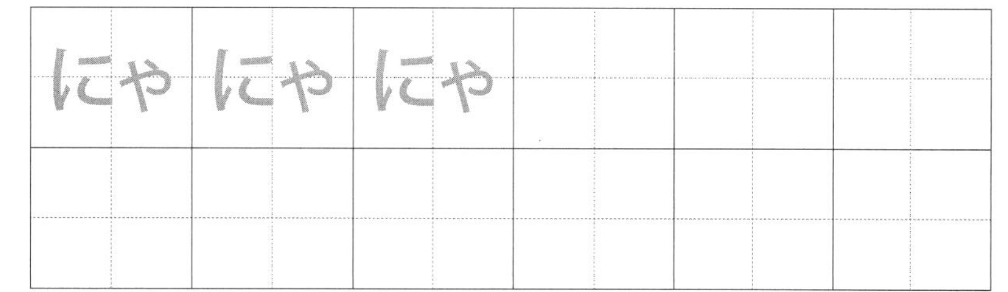

nyu [뉴]

nyo [뇨]

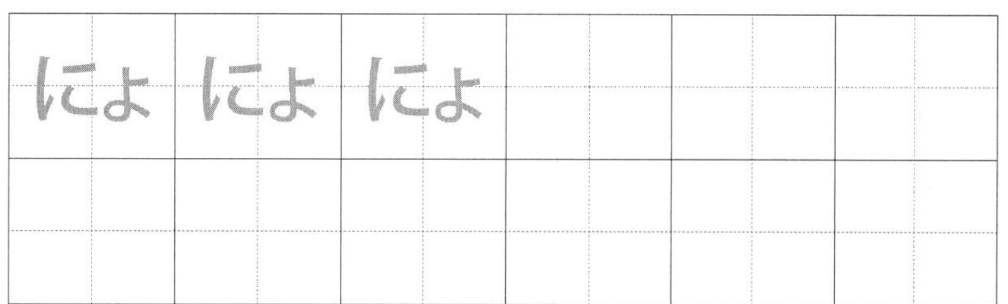

<해커스 일본어 첫걸음> 어플을 활용하여 더 여러 번 써보면서 재미있게 학습하세요.

▼ 한 글자 한 글자 예쁘게 따라 쓰면서 익혀보세요.

ひゃ

hya [햐]

ひゅ

hyu [휴]

ひょ

hyo [효]

びゃ

bya [뱌]

びゅ

byu [뷰]

びょ

byo [뵤]

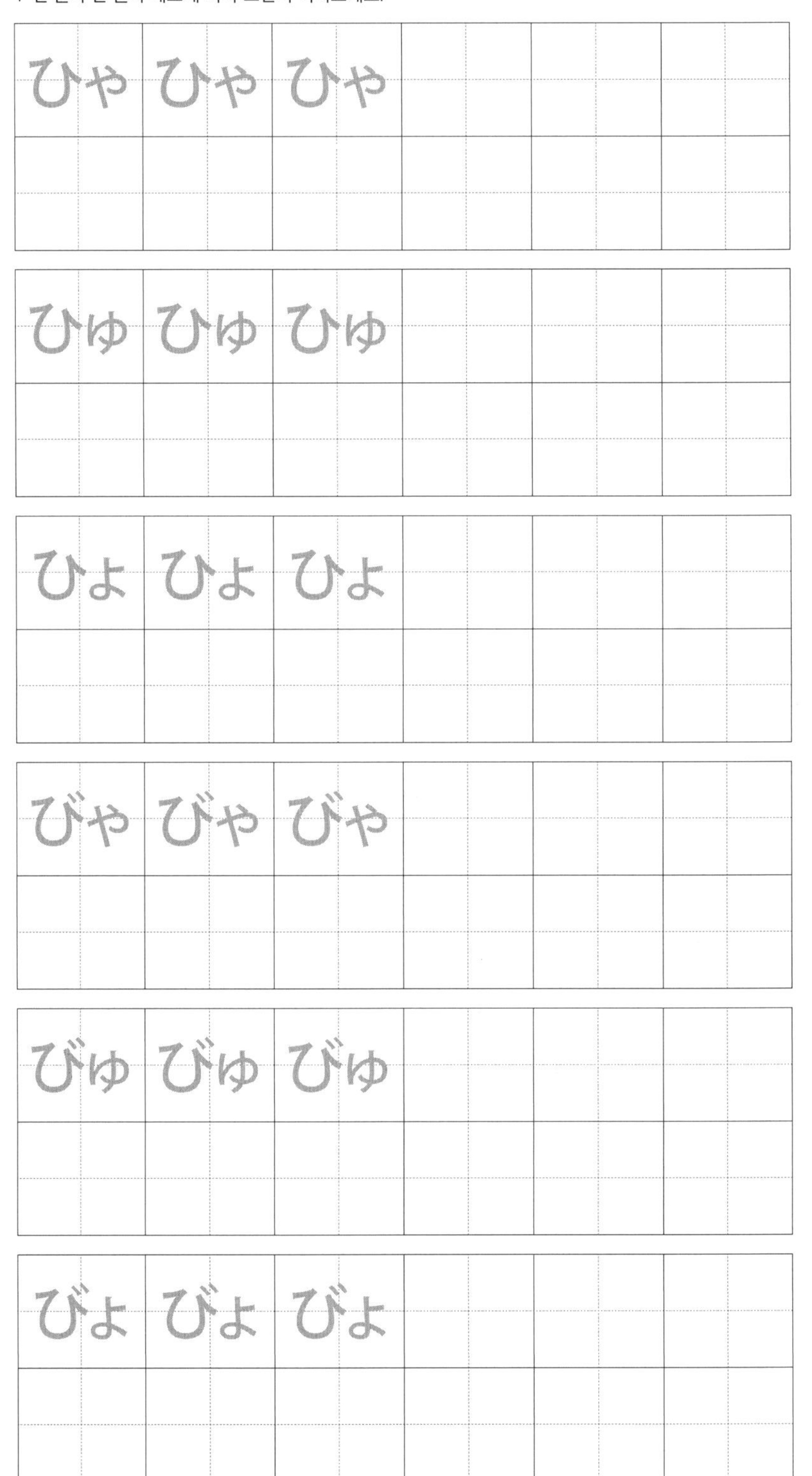

ひゃ ひゃ ひゃ
ひゅ ひゅ ひゅ
ひょ ひょ ひょ
びゃ びゃ びゃ
びゅ びゅ びゅ
びょ びょ びょ

▼ 한 글자 한 글자 예쁘게 따라 쓰면서 익혀보세요.

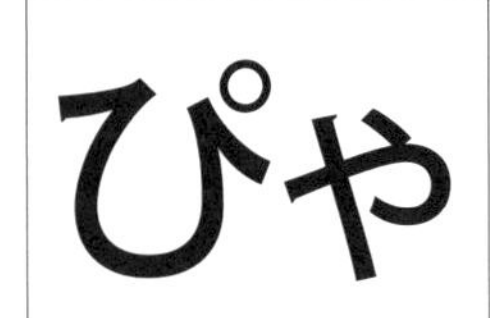

pya [퍄]

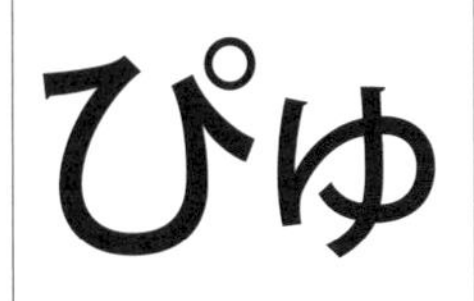

pyu [퓨]

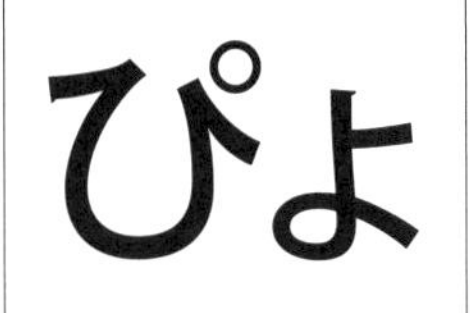

pyo [표]

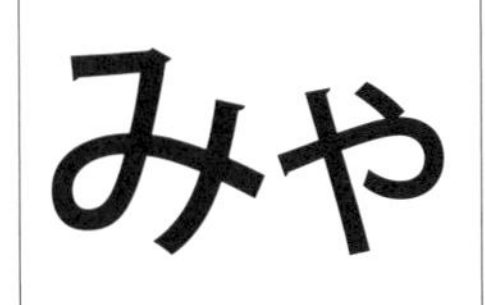

mya [먀]

myu [뮤]

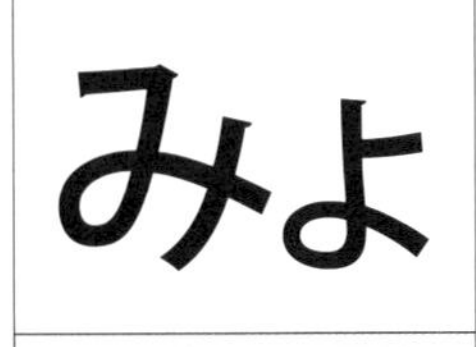

myo [묘]

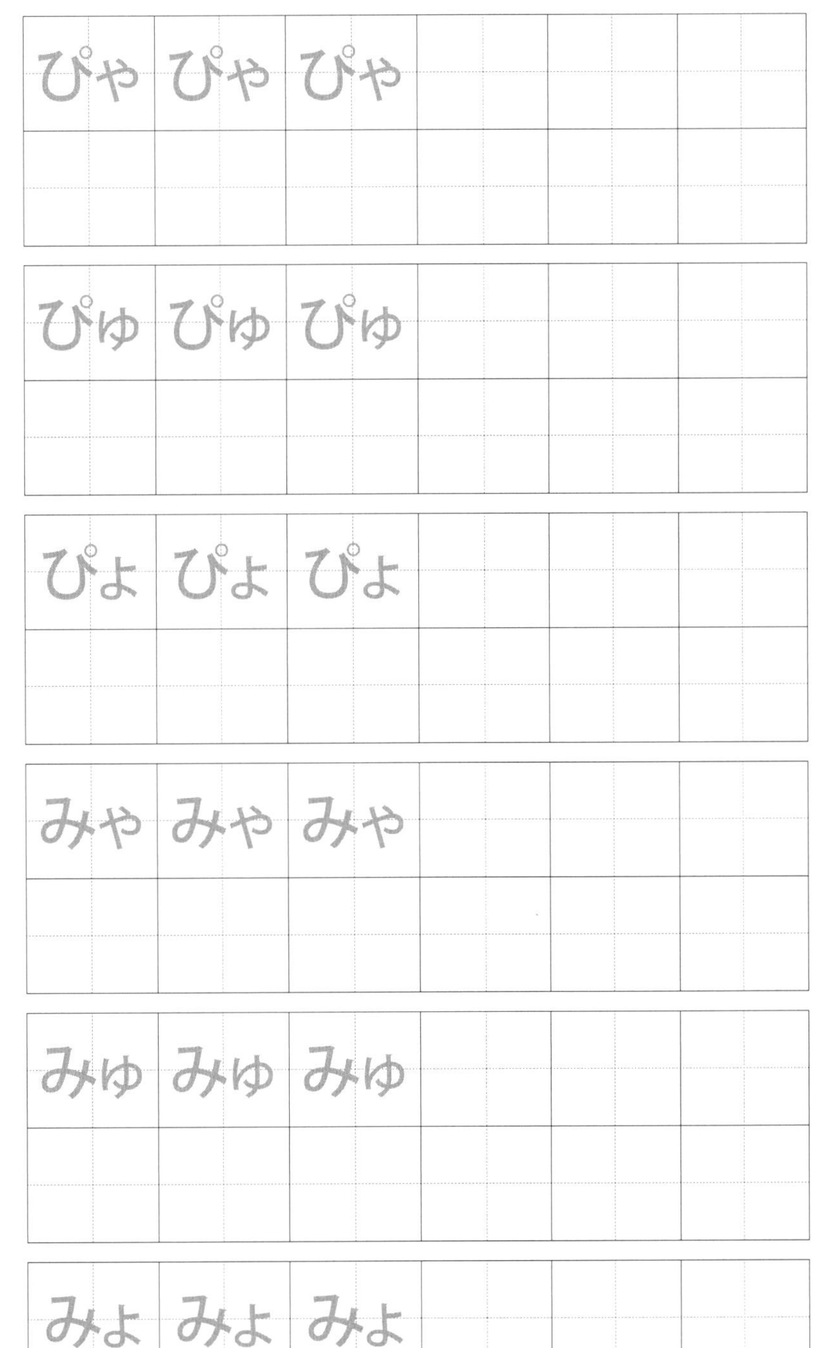

ぴゃ ぴゃ ぴゃ
ぴゅ ぴゅ ぴゅ
ぴょ ぴょ ぴょ
みゃ みゃ みゃ
みゅ みゅ みゅ
みょ みょ みょ

히라가나
가타카나
기초 단어
쓰면서 익히기 | 해커스 일본어 첫걸음

<해커스 일본어 첫걸음> 어플을 활용하여 더 여러 번 써보면서 재미있게 학습하세요.

▼ 한 글자 한 글자 예쁘게 따라 쓰면서 익혀보세요.

<해커스 일본어 첫걸음> 어플을 활용하여 더 여러 번 써보면서 재미있게 학습하세요.

해커스일본어
japan.Hackers.com

가타카나 쓰면서 익히기

가타카나 한 눈에 보기

청음

	ア단	イ단	ウ단	エ단	オ단
ア행	ア a 아	イ i 이	ウ u 우	エ e 에	オ o 오
カ행	カ ka 카	キ ki 키	ク ku 쿠	ケ ke 케	コ ko 코
サ행	サ sa 사	シ shi 시	ス su 스	セ se 세	ソ so 소
タ행	タ ta 타	チ chi 치	ツ tsu 츠	テ te 테	ト to 토
ナ행	ナ na 나	ニ ni 니	ヌ nu 누	ネ ne 네	ノ no 노
ハ행	ハ ha 하	ヒ hi 히	フ fu 후	ヘ he 헤	ホ ho 호
マ행	マ ma 마	ミ mi 미	ム mu 무	メ me 메	モ mo 모
ヤ행	ヤ ya 야		ユ yu 유		ヨ yo 요
ラ행	ラ ra 라	リ ri 리	ル ru 루	レ re 레	ロ ro 로
ワ행	ワ wa 와				ヲ wo 오
			ン n 응		

탁음·반탁음

	ア단	イ단	ウ단	エ단	オ단
ガ행	ガ ga 가	ギ gi 기	グ gu 구	ゲ ge 게	ゴ go 고
ザ행	ザ za 자	ジ ji 지	ズ zu 즈	ゼ ze 제	ゾ zo 조
ダ행	ダ da 다	ヂ ji 지	ヅ zu 즈	デ de 데	ド do 도
バ행	バ ba 바	ビ bi 비	ブ bu 부	ベ be 베	ボ bo 보
パ행	パ pa 파	ピ pi 피	プ pu 푸	ペ pe 페	ポ po 포

요음

	ャ	ュ	ョ	ャ	ュ	ョ
カ·ガ	キャ kya 캬	キュ kyu 큐	キョ kyo 쿄	ギャ gya 갸	ギュ gyu 규	ギョ gyo 교
サ·ザ	シャ sha 샤	シュ shu 슈	ショ sho 쇼	ジャ ja 쟈	ジュ ju 쥬	ジョ jo 죠
タ·ナ	チャ cha 챠	チュ chu 츄	チョ cho 쵸	ニャ nya 냐	ニュ nyu 뉴	ニョ nyo 뇨
ハ·バ	ヒャ hya 햐	ヒュ hyu 휴	ヒョ hyo 효	ビャ bya 뱌	ビュ byu 뷰	ビョ byo 뵤
パ·マ	ピャ pya 퍄	ピュ pyu 퓨	ピョ pyo 표	ミャ mya 먀	ミュ myu 뮤	ミョ myo 묘
ラ	リャ rya 랴	リュ ryu 류	リョ ryo 료			

청음 쓰면서 익히기

ア행

▼ 획순에 맞춰, 먼저 옅게 쓰인 글자를 따라 써본 다음 빈칸에 스스로 써보세요.

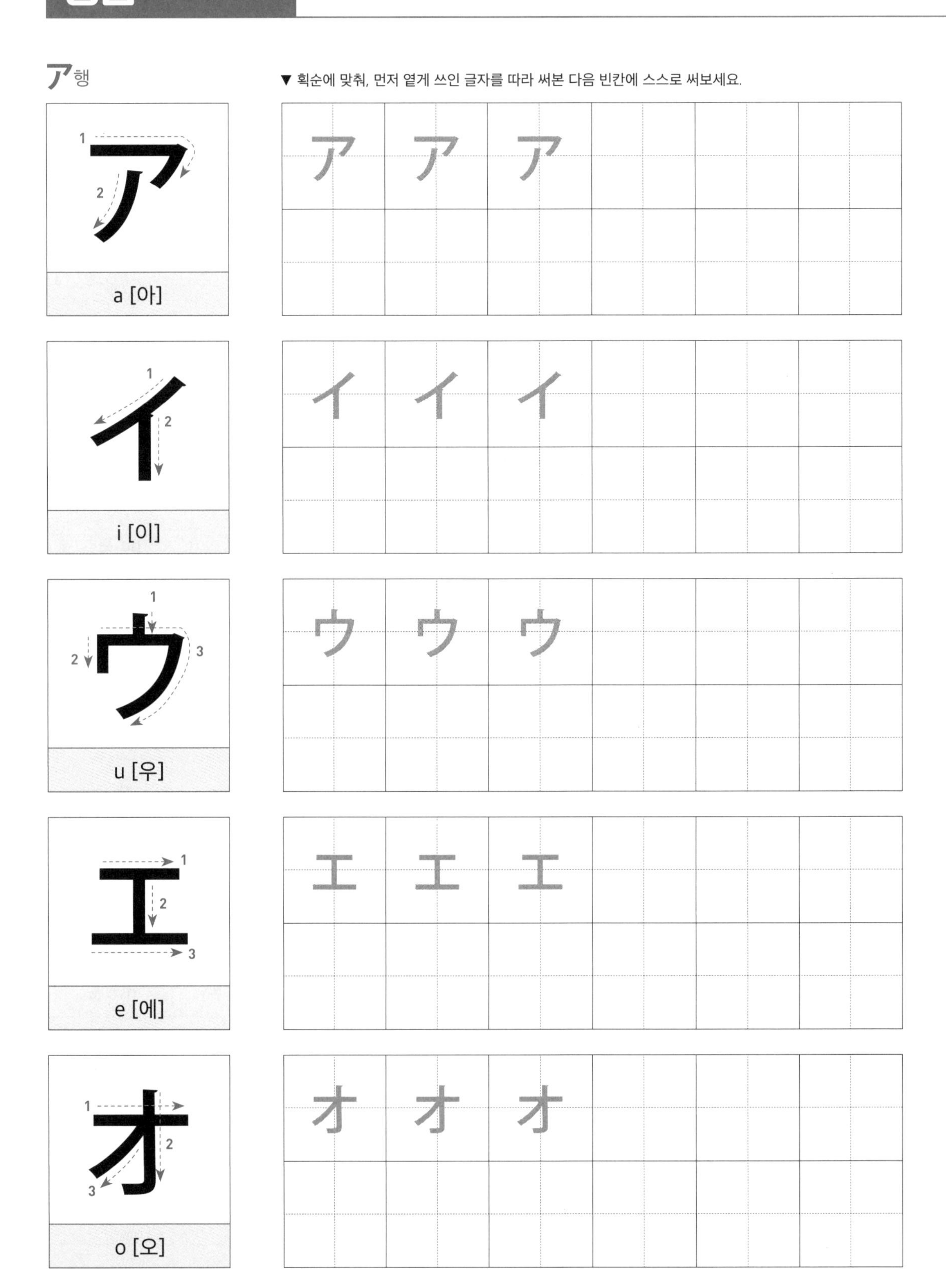

행

▼ 획순에 맞춰, 먼저 옅게 쓰인 글자를 따라 써본 다음 빈칸에 스스로 써보세요.

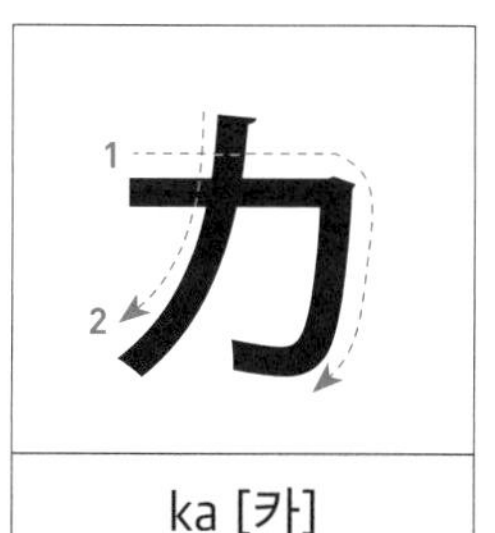
ka [카]

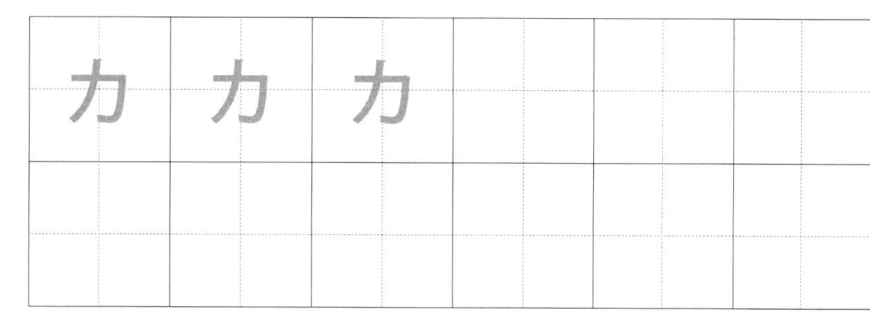

キ

ki [키]

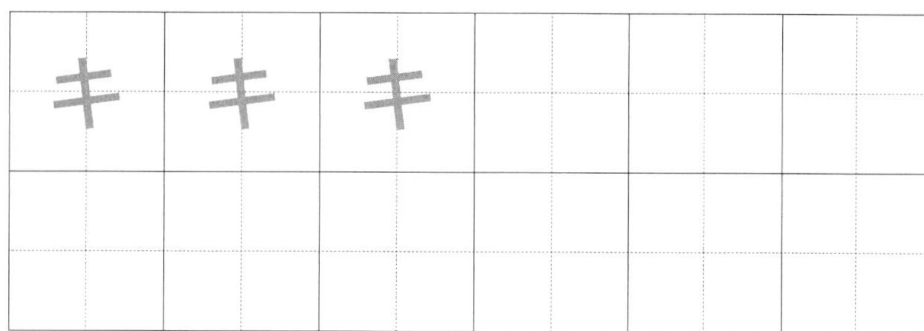

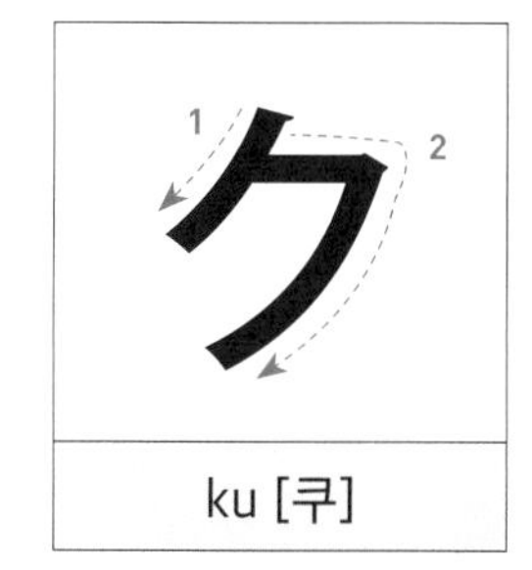
ku [쿠]

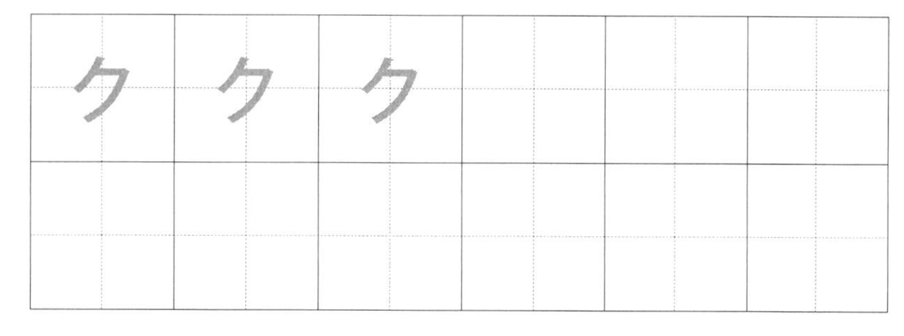

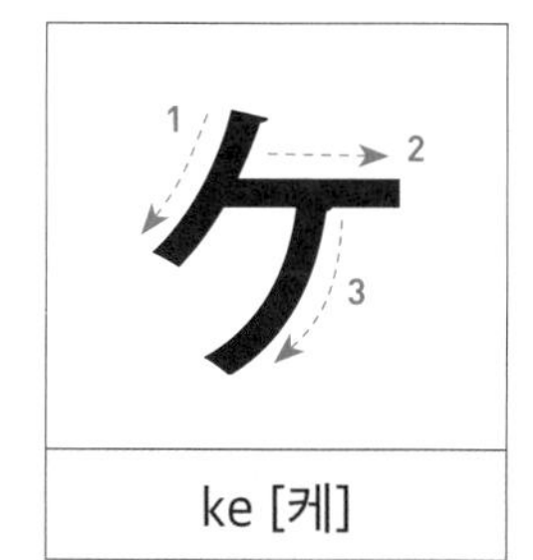
ke [케]

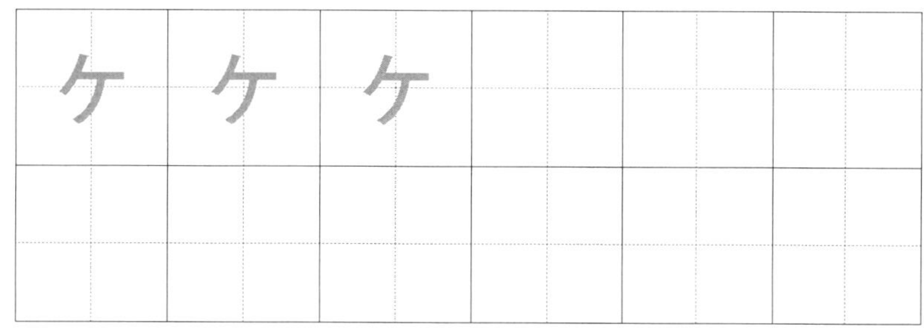

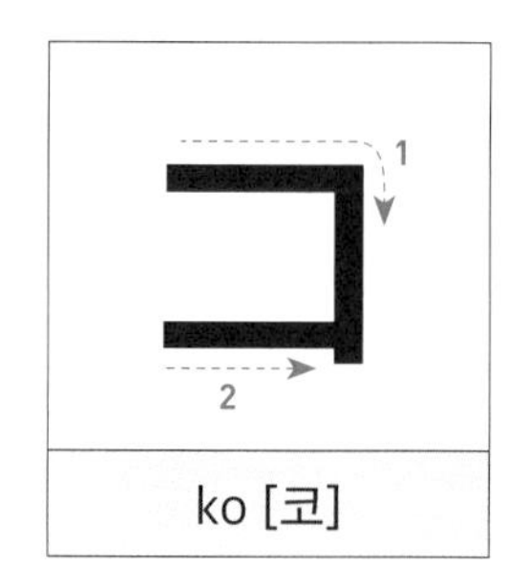
ko [코]

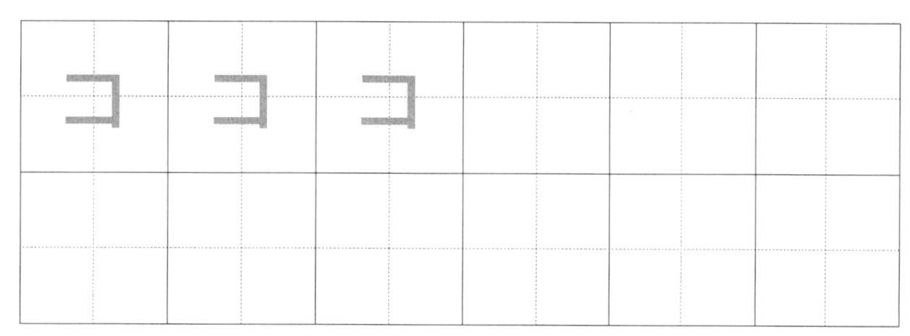

<해커스 일본어 첫걸음> 어플을 활용하여 더 여러 번 써보면서 재미있게 학습하세요.

サ행

▼ 획순에 맞춰, 먼저 옅게 쓰인 글자를 따라 써본 다음 빈칸에 스스로 써보세요.

タ행

▼ 획순에 맞춰, 먼저 옅게 쓰인 글자를 따라 써본 다음 빈칸에 스스로 써보세요.

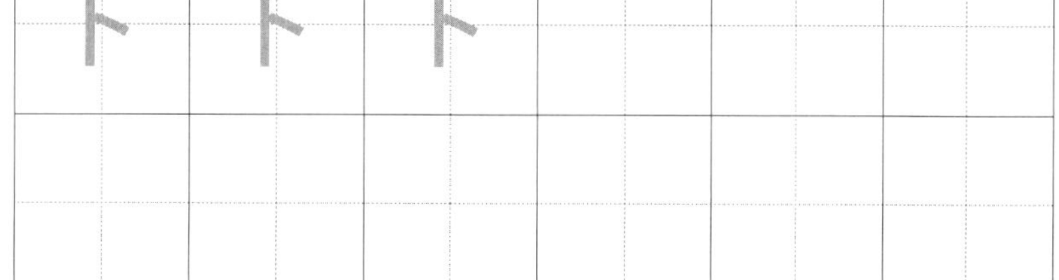

<해커스 일본어 첫걸음> 어플을 활용하여 더 여러 번 써보면서 재미있게 학습하세요.

ナ행

▼ 획순에 맞춰, 먼저 옅게 쓰인 글자를 따라 써본 다음 빈칸에 스스로 써보세요.

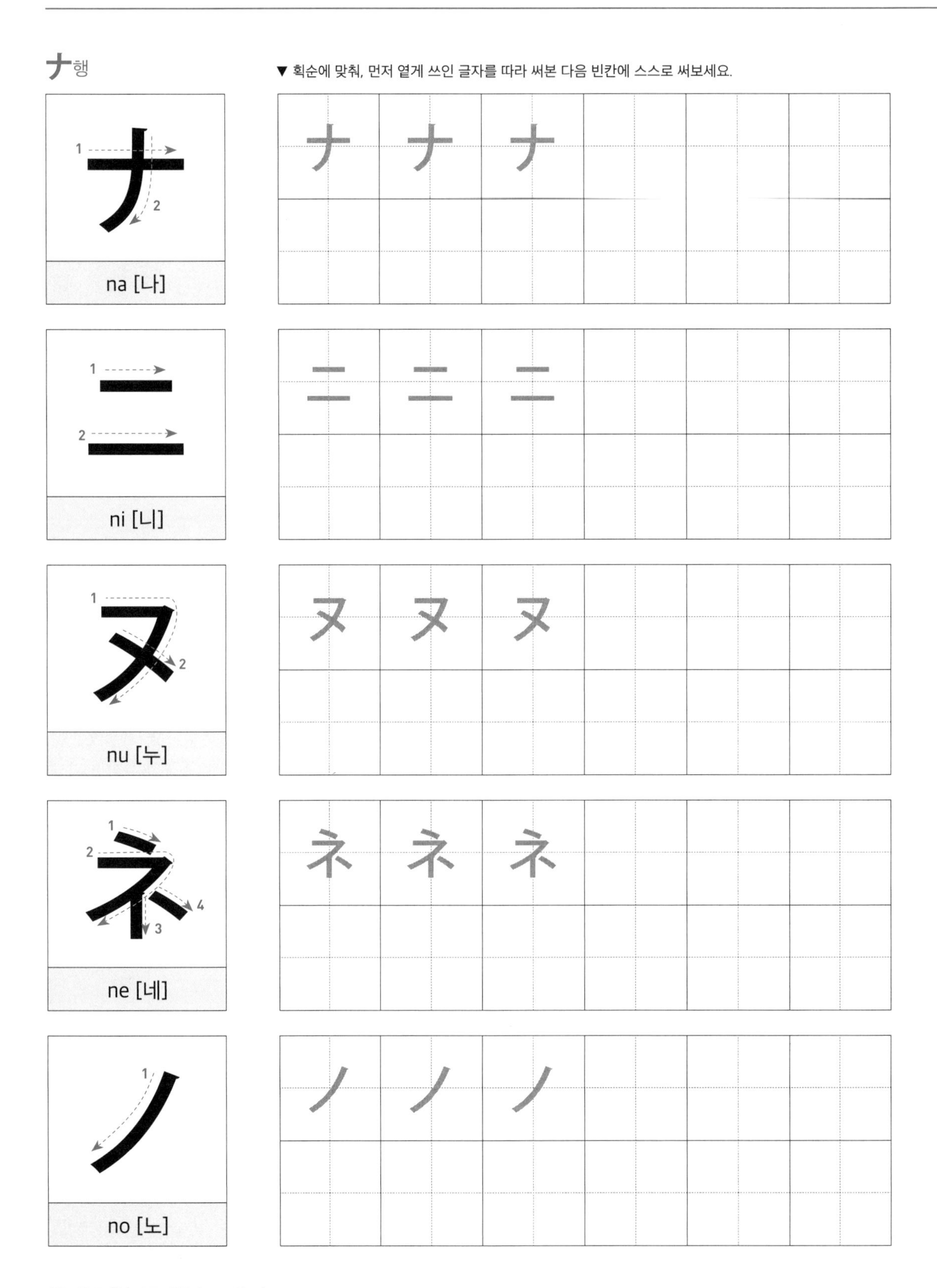

행

▼ 획순에 맞춰, 먼저 옅게 쓰인 글자를 따라 써본 다음 빈칸에 스스로 써보세요.

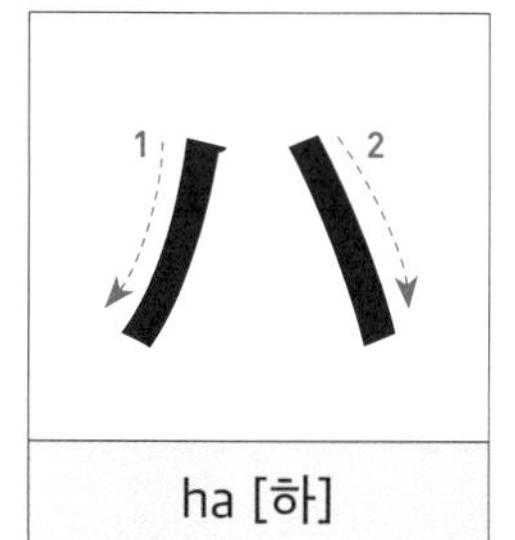

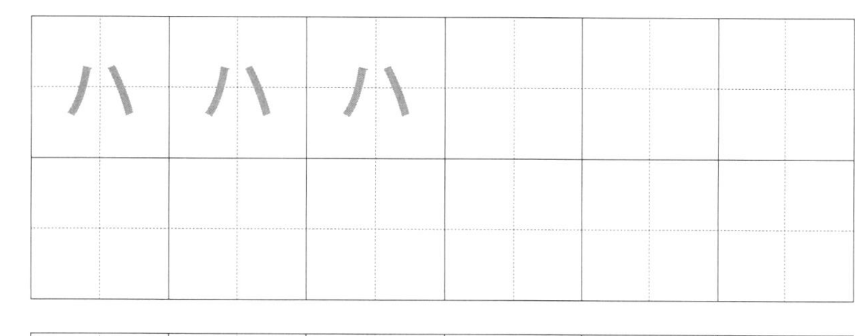

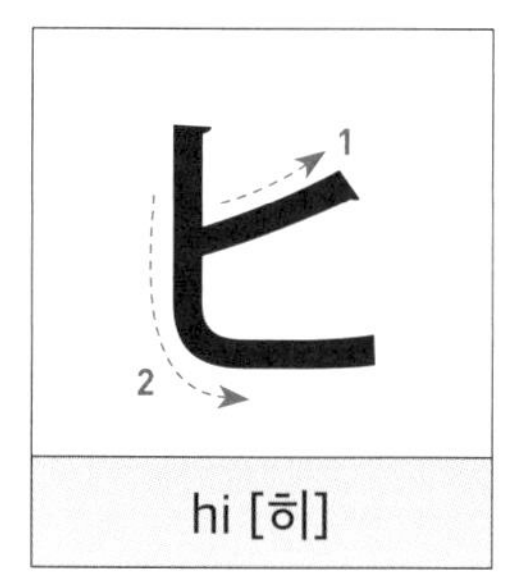

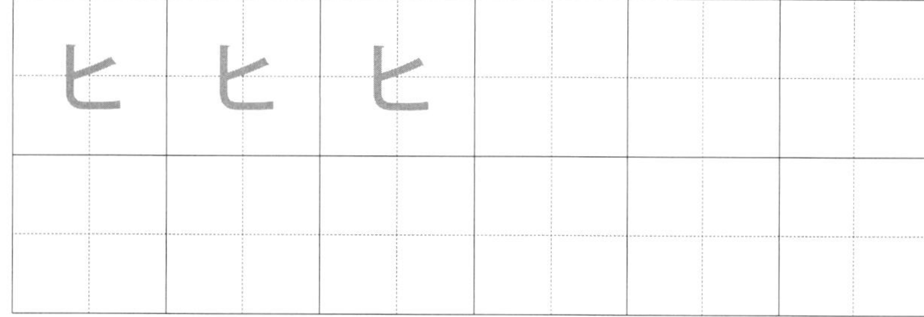

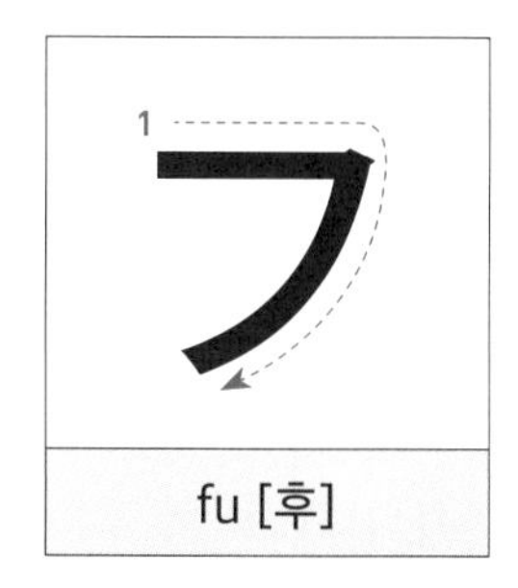

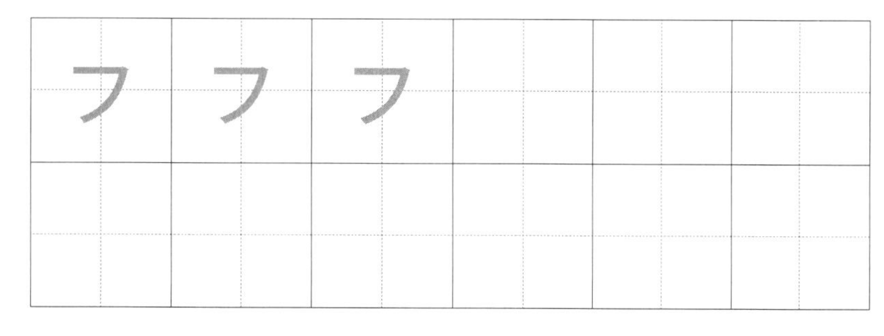

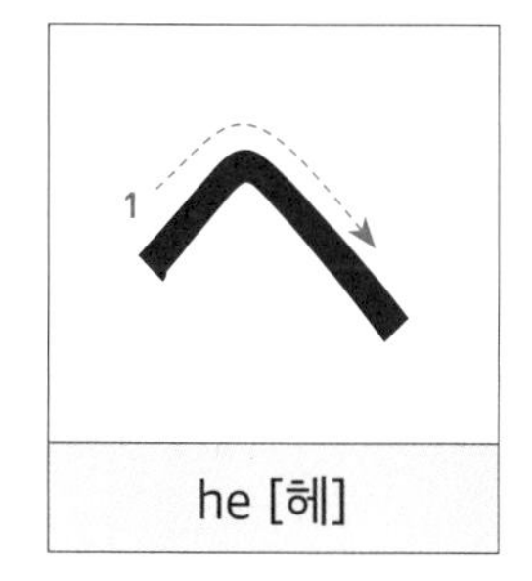

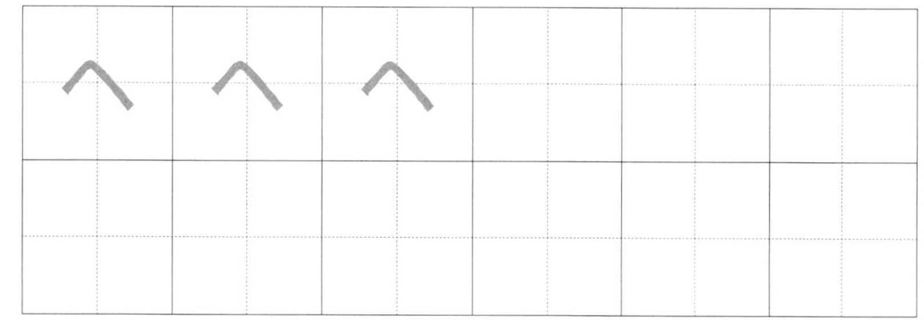

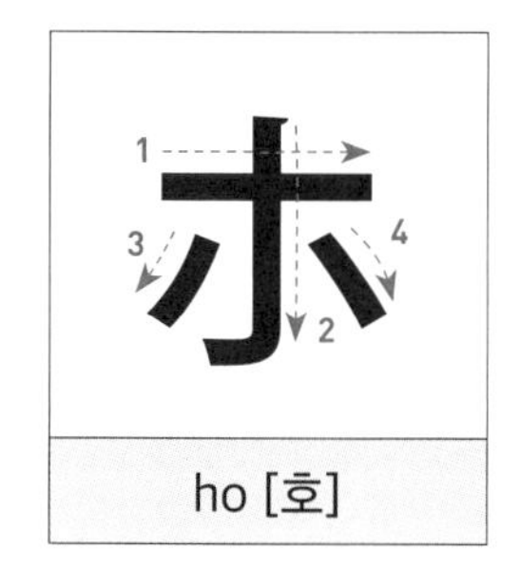

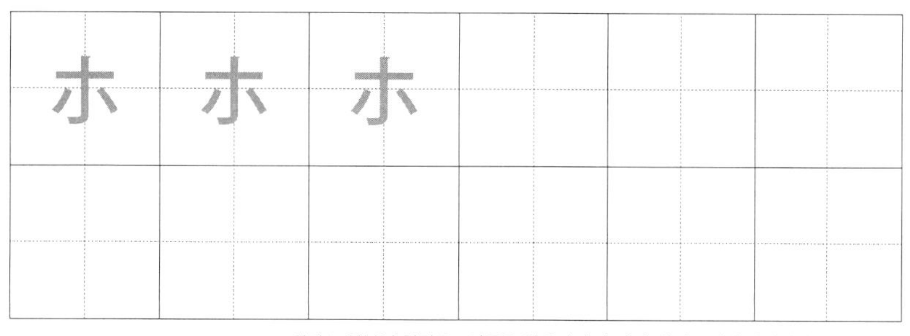

<해커스 일본어 첫걸음> 어플을 활용하여 더 여러 번 써보면서 재미있게 학습하세요.

マ행

▼ 획순에 맞춰, 먼저 옅게 쓰인 글자를 따라 써본 다음 빈칸에 스스로 써보세요.

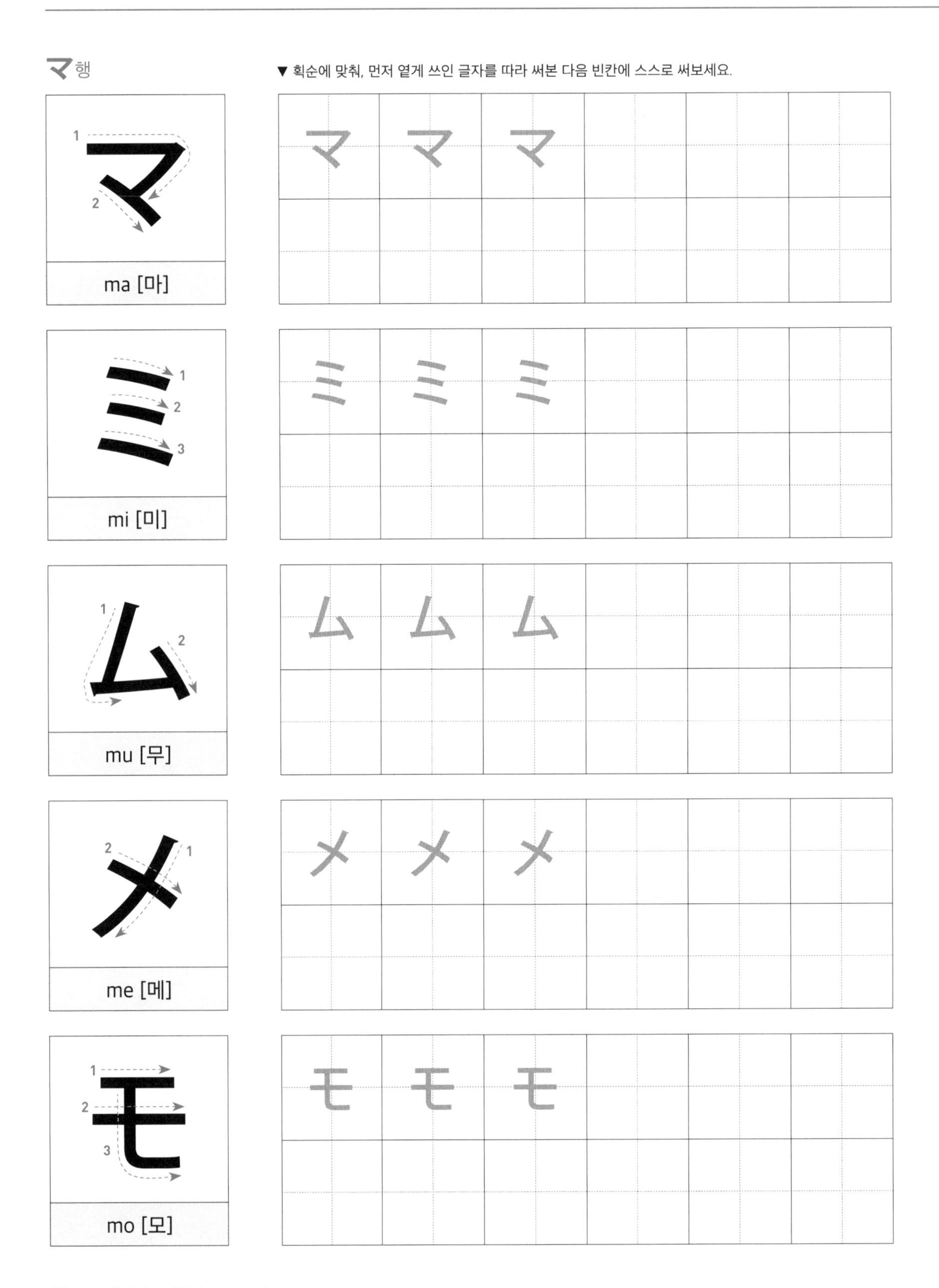

ヤ행

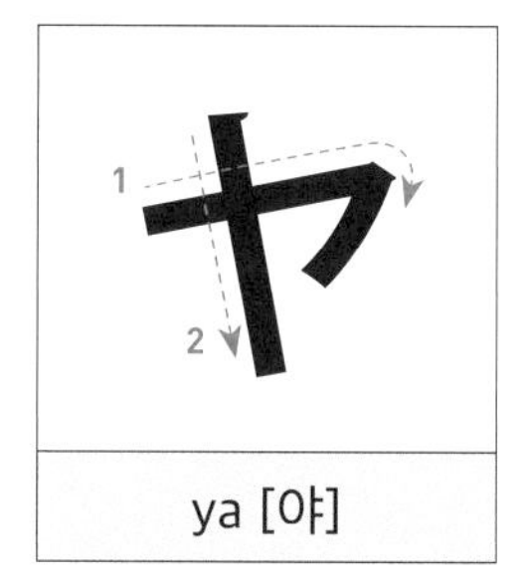
ya [야]

▼ 획순에 맞춰, 먼저 옅게 쓰인 글자를 따라 써본 다음 빈칸에 스스로 써보세요.

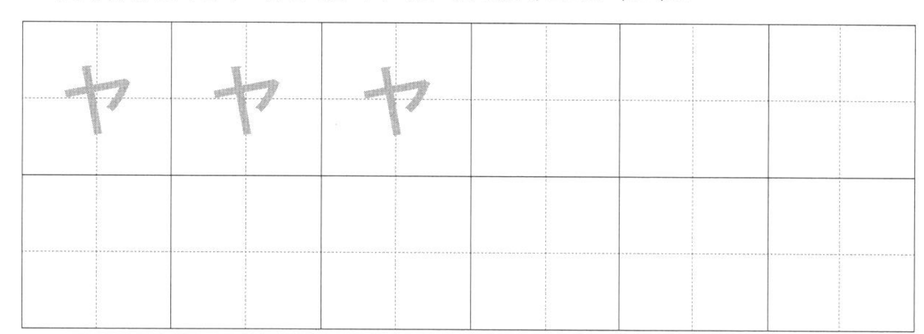

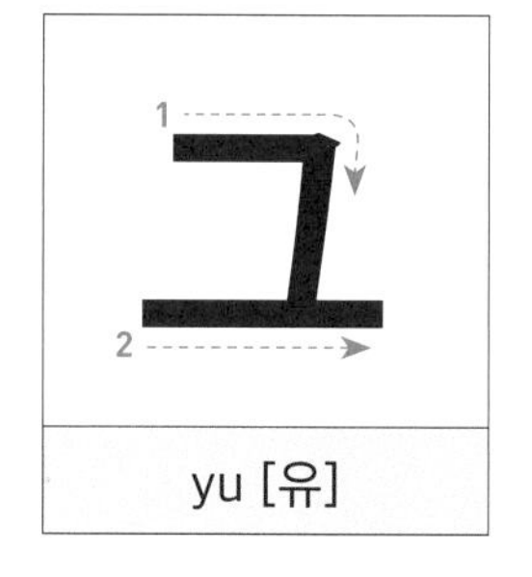
yu [유]

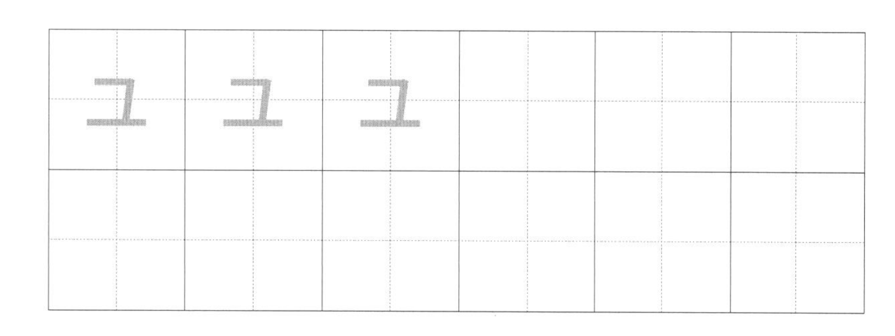

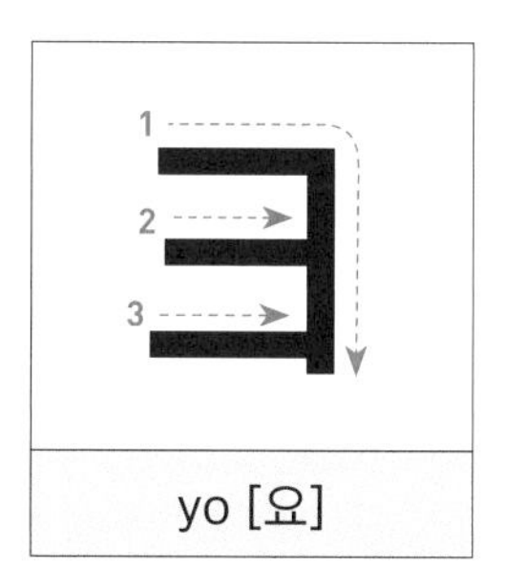
yo [요]

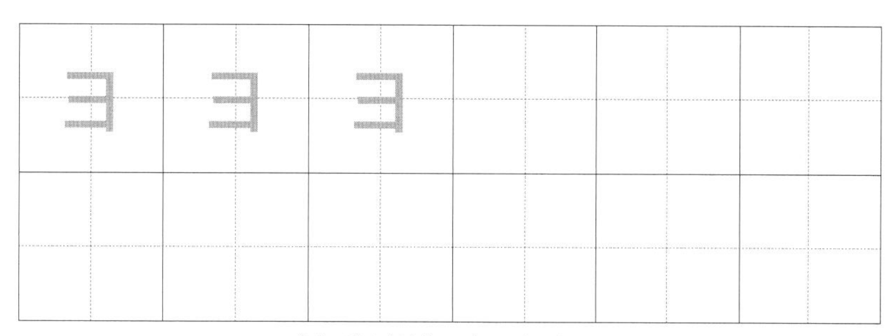

<해커스 일본어 첫걸음> 어플을 활용하여 더 여러 번 써보면서 재미있게 학습하세요.

ラ행

▼ 획순에 맞춰, 먼저 옅게 쓰인 글자를 따라 써본 다음 빈칸에 스스로 써보세요.

ラ
ra [라]

ラ	ラ	ラ			

リ
ri [리]

リ	リ	リ			

ル
ru [루]

ル	ル	ル			

レ
re [레]

レ	レ	レ			

ロ
ro [로]

ロ	ロ	ロ			

ワ·ン행

▼ 획순에 맞춰, 먼저 옅게 쓰인 글자를 따라 써본 다음 빈칸에 스스로 써보세요.

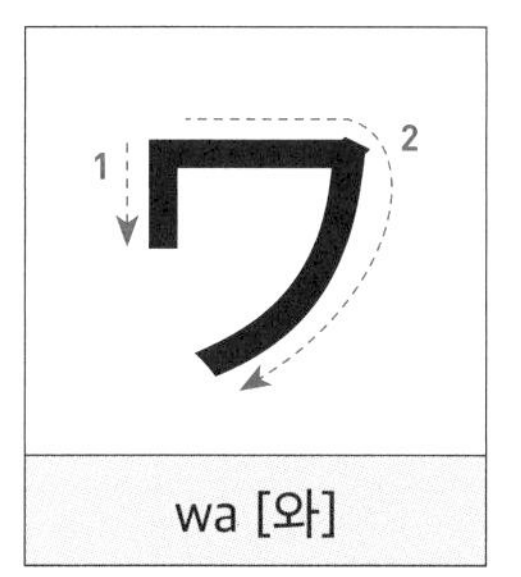

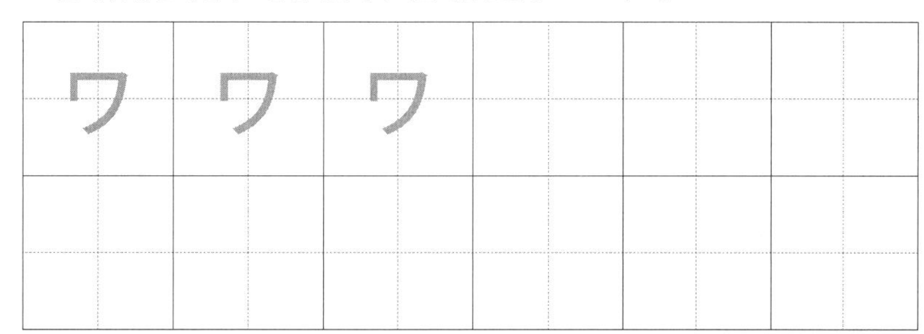

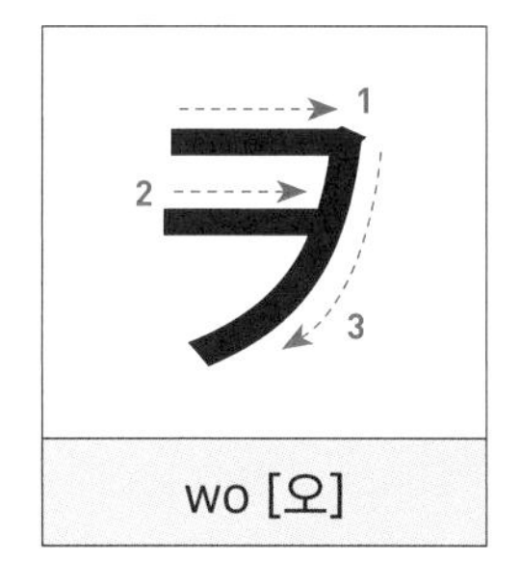

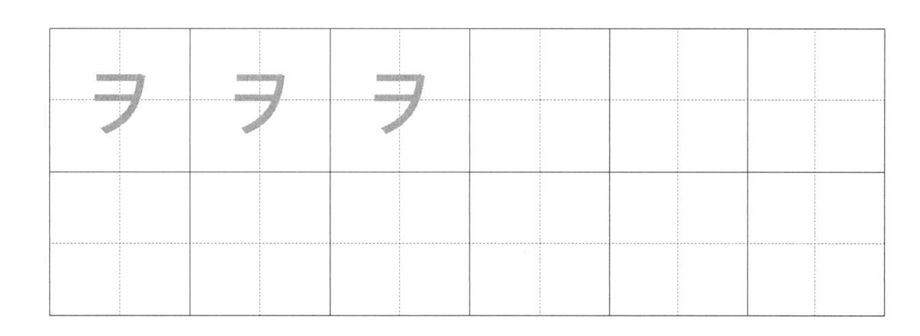

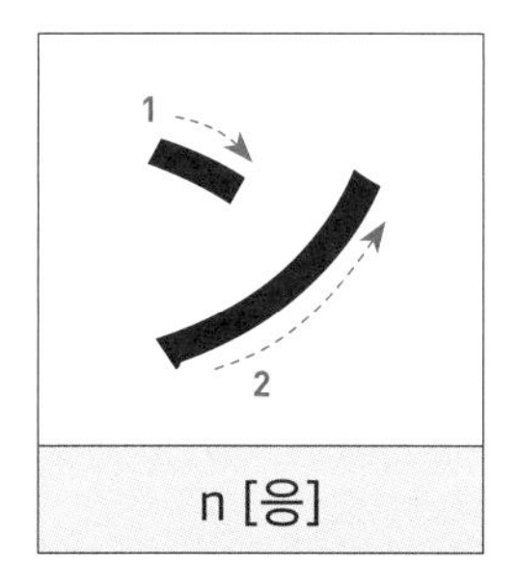

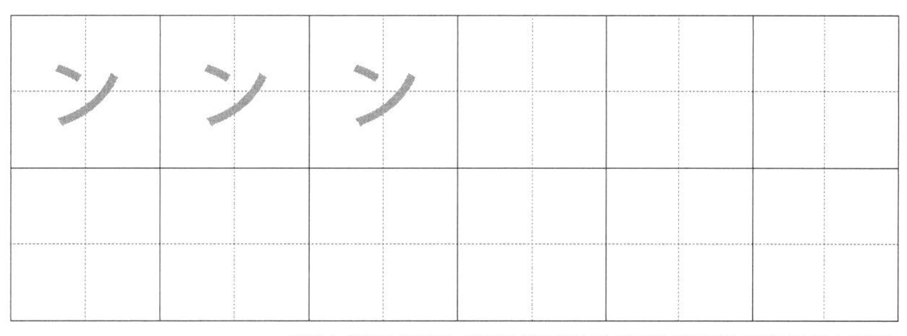

<해커스 일본어 첫걸음> 어플을 활용하여 더 여러 번 써보면서 재미있게 학습하세요.

탁음·반탁음 쓰면서 익히기

ガ행

▼ 한 글자 한 글자 예쁘게 따라 쓰면서 익혀보세요.

ガ
ga [가]

ガ ガ ガ

ギ
gi [기]

ギ ギ ギ

グ
gu [구]

グ グ グ

ゲ
ge [게]

ゲ ゲ ゲ

ゴ
go [고]

ゴ ゴ ゴ

행

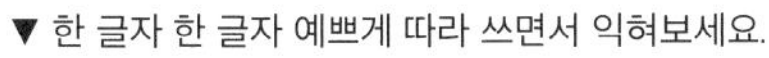
▼ 한 글자 한 글자 예쁘게 따라 쓰면서 익혀보세요.

za [자]

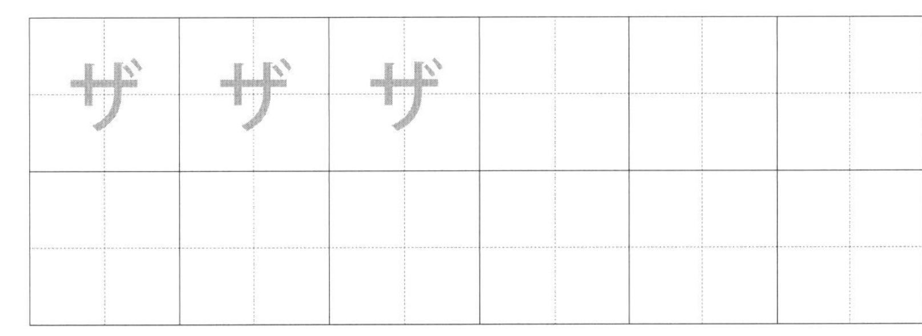

ji [지]

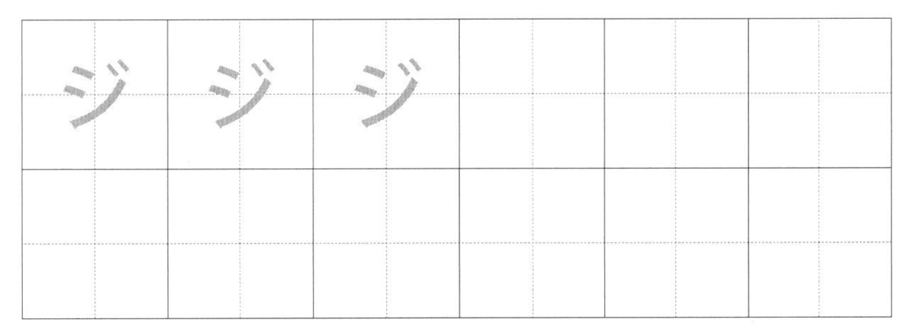

zu [즈]

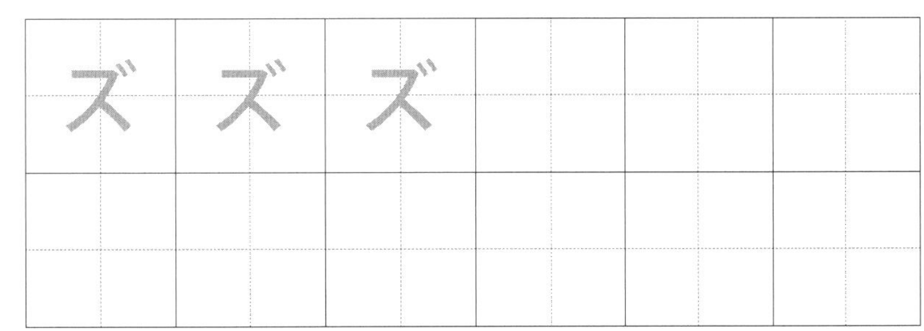

ze [제]

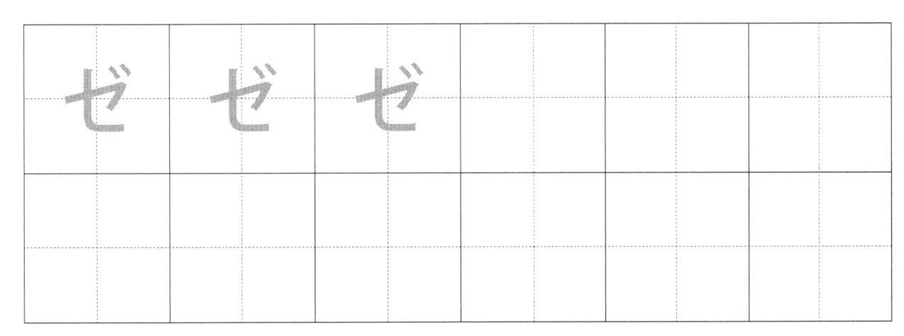

ゾ
zo [조]

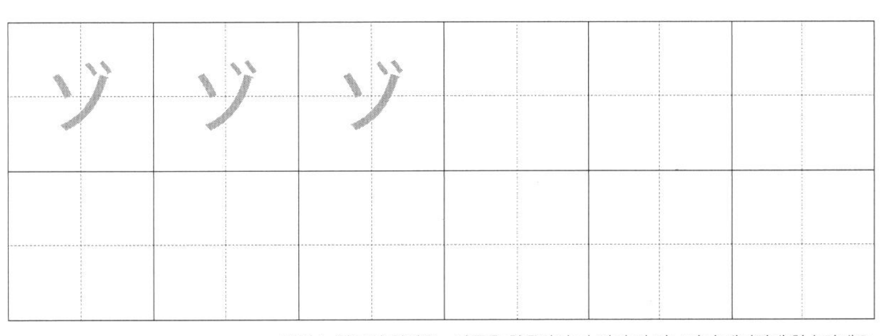

<해커스 일본어 첫걸음> 어플을 활용하여 더 여러 번 써보면서 재미있게 학습하세요.

ダ행

▼ 한 글자 한 글자 예쁘게 따라 쓰면서 익혀보세요.

ダ
da [다]

ダ ダ ダ

ヂ
ji [지]

ヂ ヂ ヂ

ヅ
zu [즈]

ヅ ヅ ヅ

デ
de [데]

デ デ デ

ド
do [도]

ド ド ド

バ행

▼ 한 글자 한 글자 예쁘게 따라 쓰면서 익혀보세요.

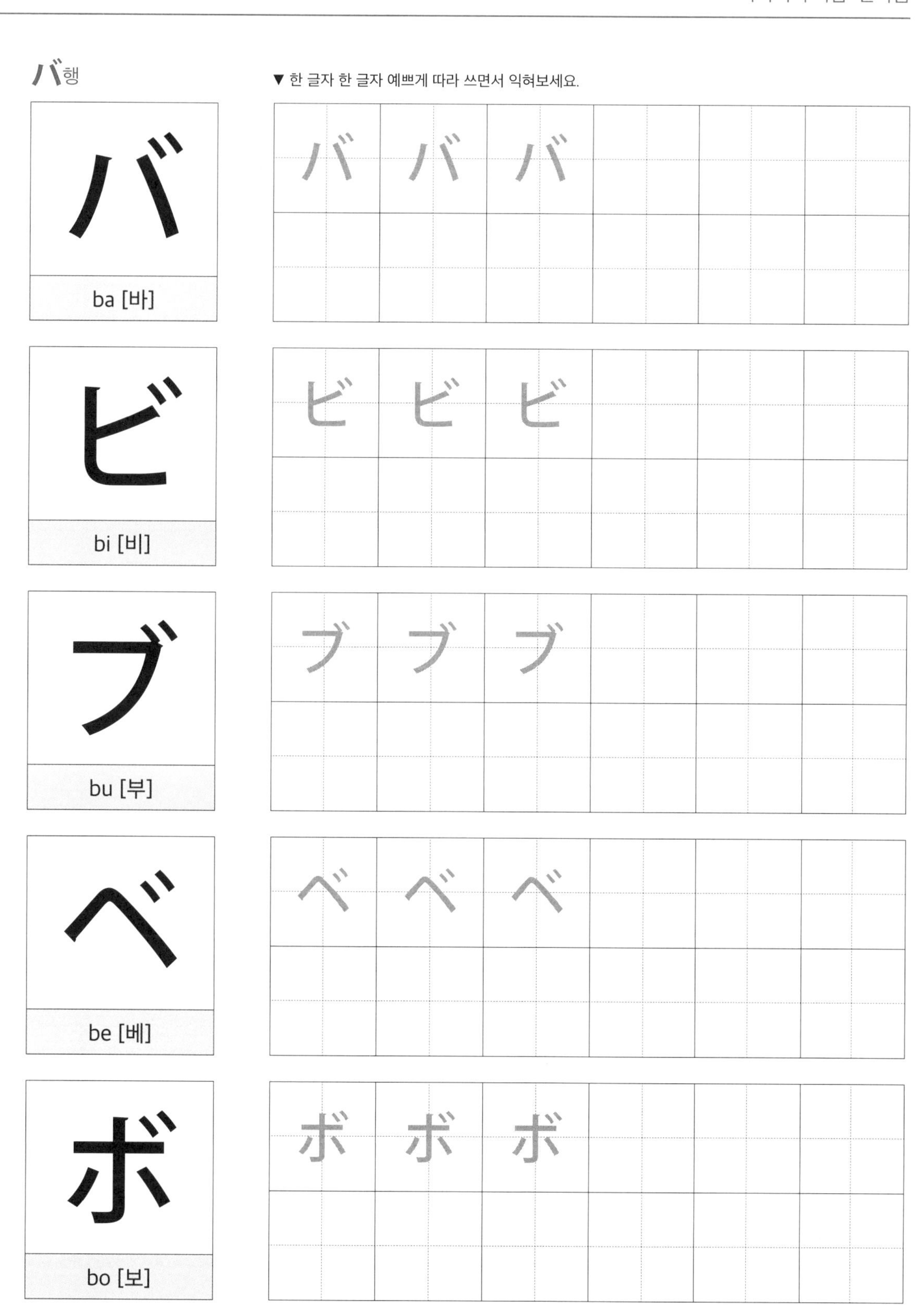

<해커스 일본어 첫걸음> 어플을 활용하여 더 여러 번 써보면서 재미있게 학습하세요.

パ행

▼ 한 글자 한 글자 예쁘게 따라 쓰면서 익혀보세요.

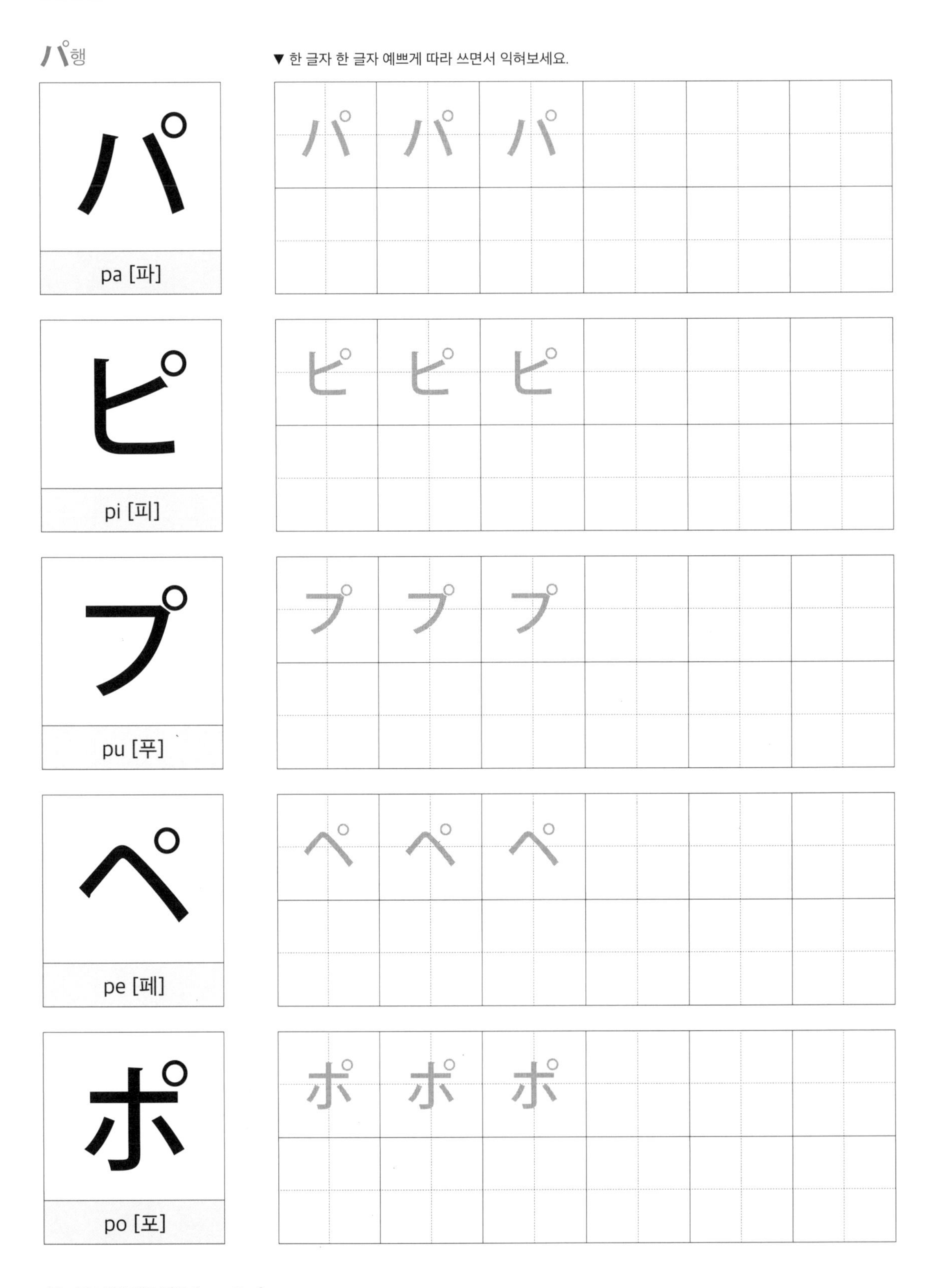

요음 쓰면서 익히기

▼ 한 글자 한 글자 예쁘게 따라 쓰면서 익혀보세요.

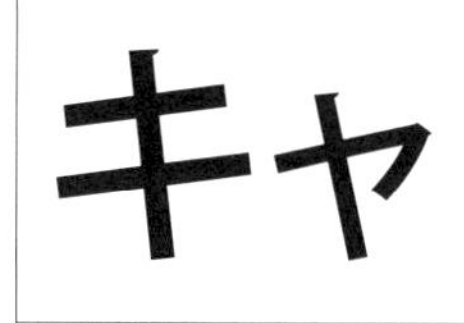

kya [캬]

kyu [큐]

kyo [쿄]

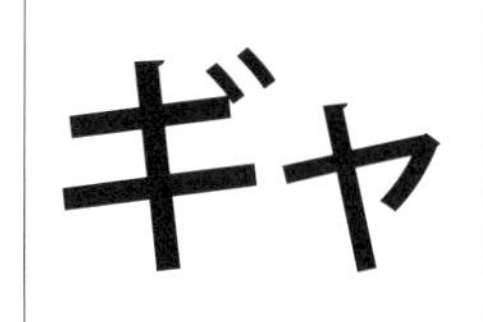

gya [갸]

gyu [규]

gyo [교]

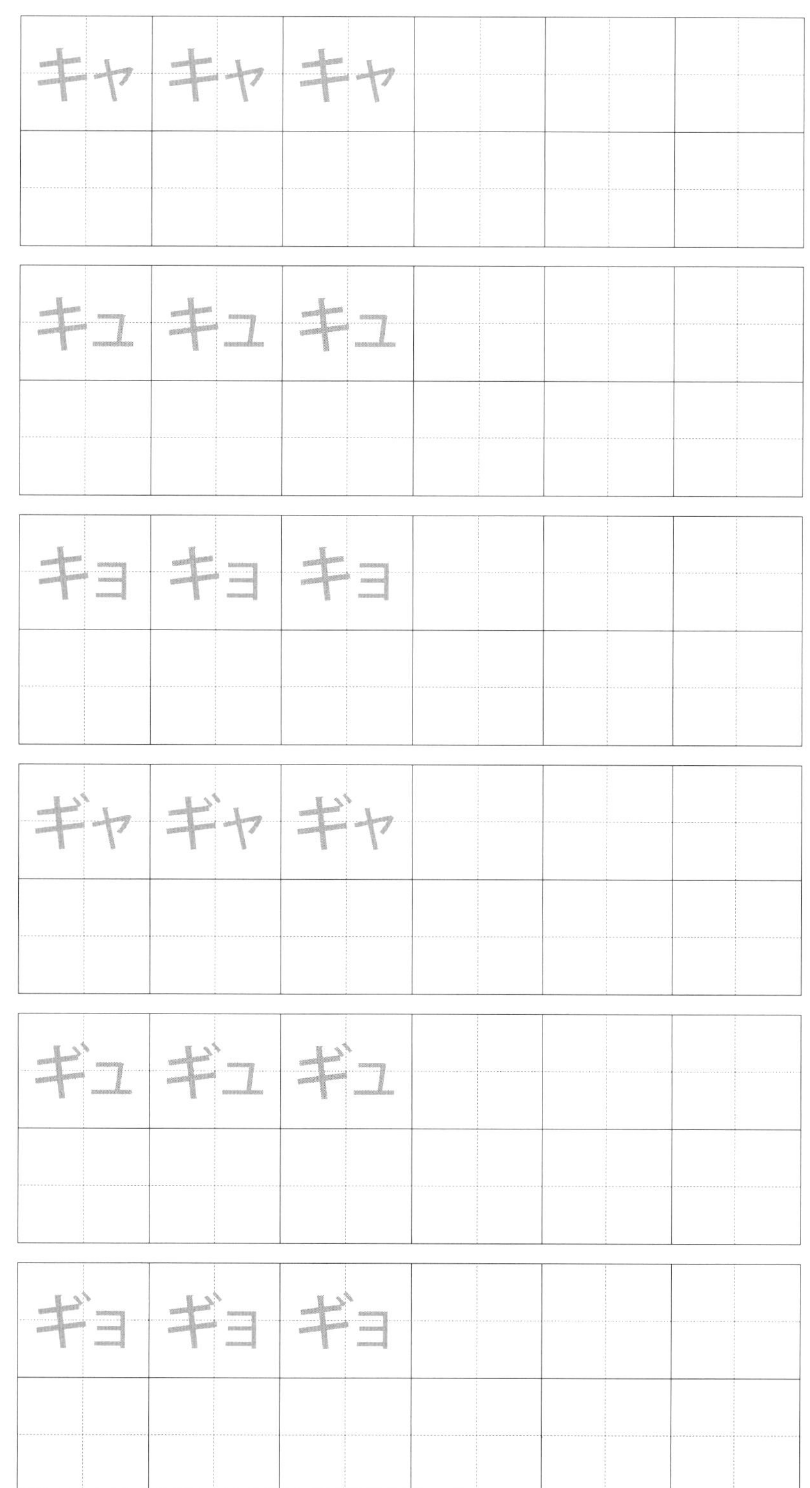

<해커스 일본어 첫걸음> 어플을 활용하여 더 여러 번 써보면서 재미있게 학습하세요.

▼ 한 글자 한 글자 예쁘게 따라 쓰면서 익혀보세요.

▼ 한 글자 한 글자 예쁘게 따라 쓰면서 익혀보세요.

cha [챠]

chu [츄]

cho [쵸]

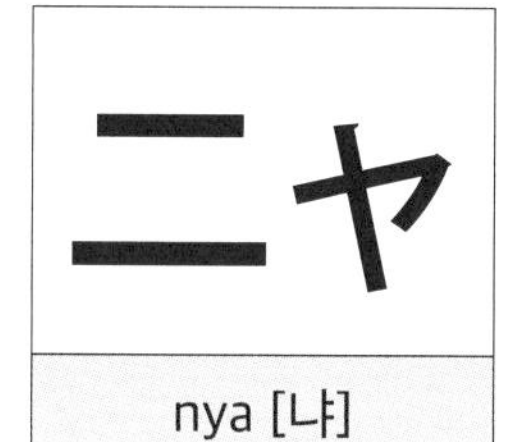
nya [냐]

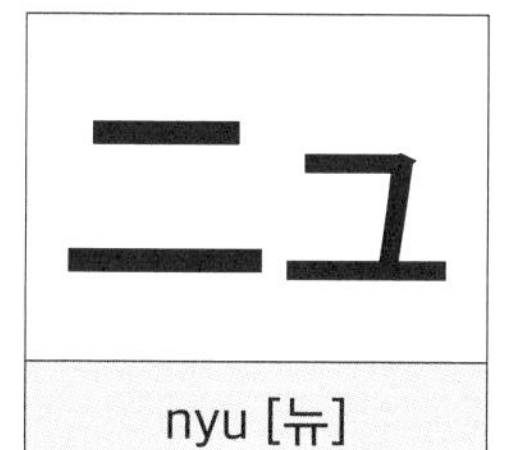
nyu [뉴]

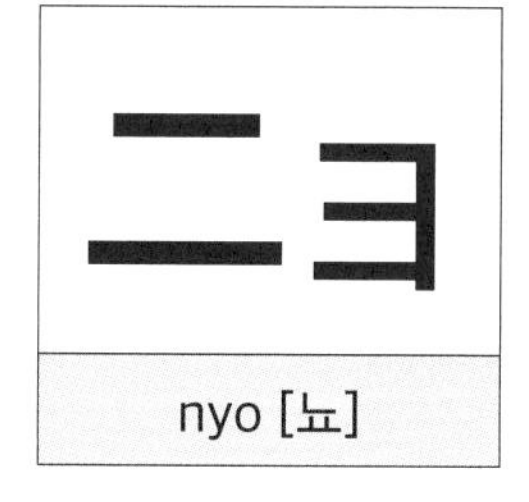
nyo [뇨]

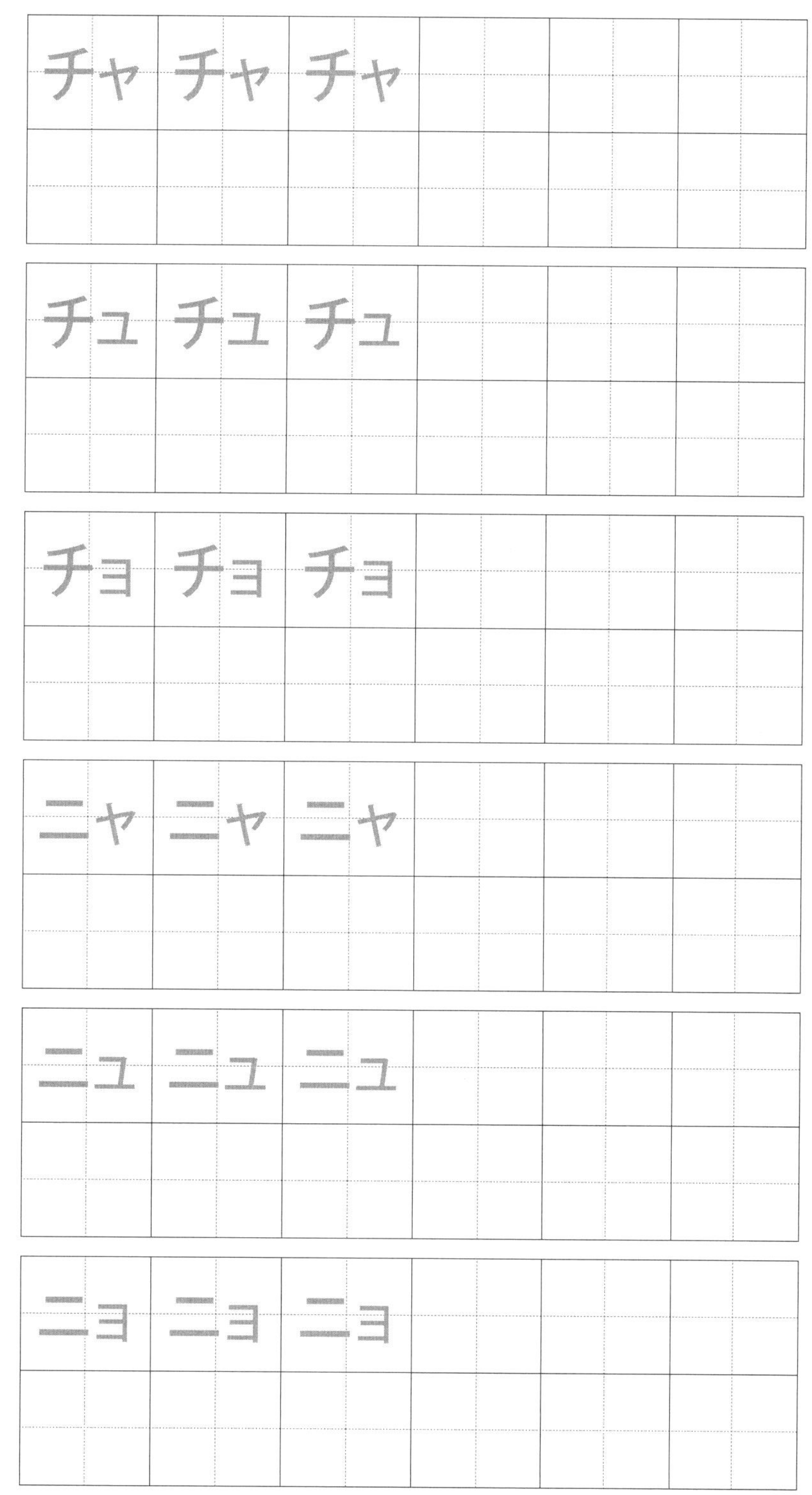

<해커스 일본어 첫걸음> 어플을 활용하여 더 여러 번 써보면서 재미있게 학습하세요.

▼ 한 글자 한 글자 예쁘게 따라 쓰면서 익혀보세요.

ヒャ	ヒャ ヒャ ヒャ
hya [햐]	
ヒュ	ヒュ ヒュ ヒュ
hyu [휴]	
ヒョ	ヒョ ヒョ ヒョ
hyo [효]	
ビャ	ビャ ビャ ビャ
bya [뱌]	
ビュ	ビュ ビュ ビュ
byu [뷰]	
ビョ	ビョ ビョ ビョ
byo [뵤]	

▼ 한 글자 한 글자 예쁘게 따라 쓰면서 익혀보세요.

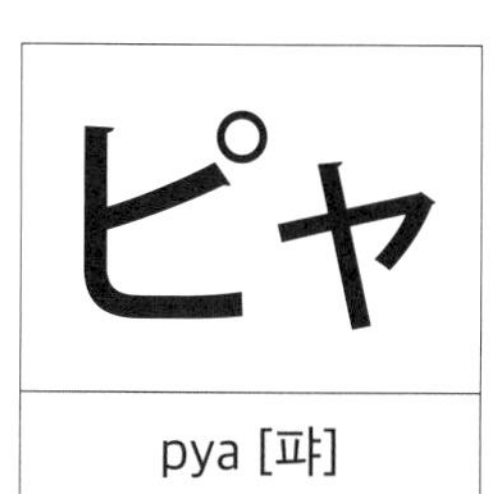

pya [퍄]

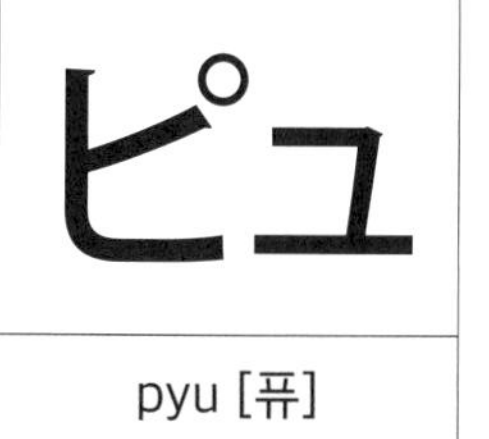

pyu [퓨]

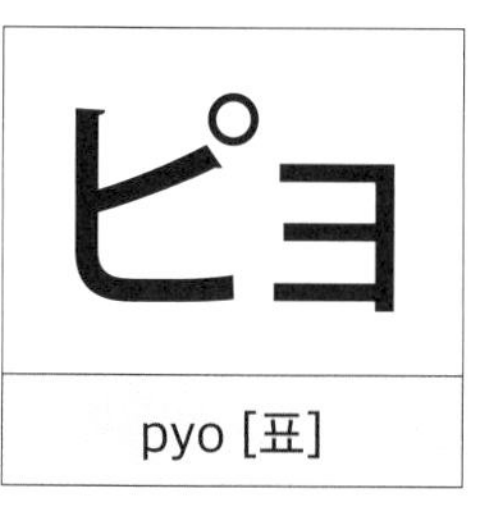

pyo [표]

mya [먀]

myu [뮤]

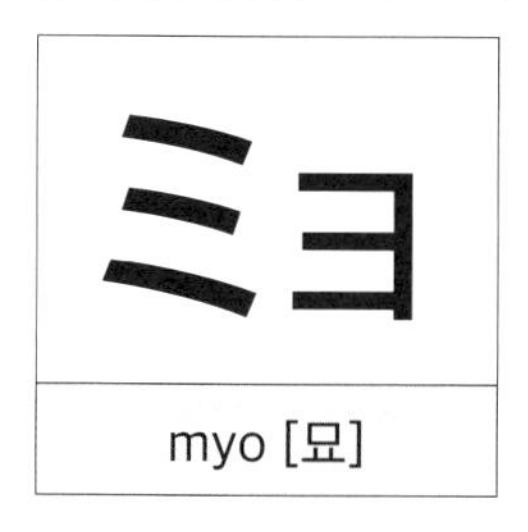

myo [묘]

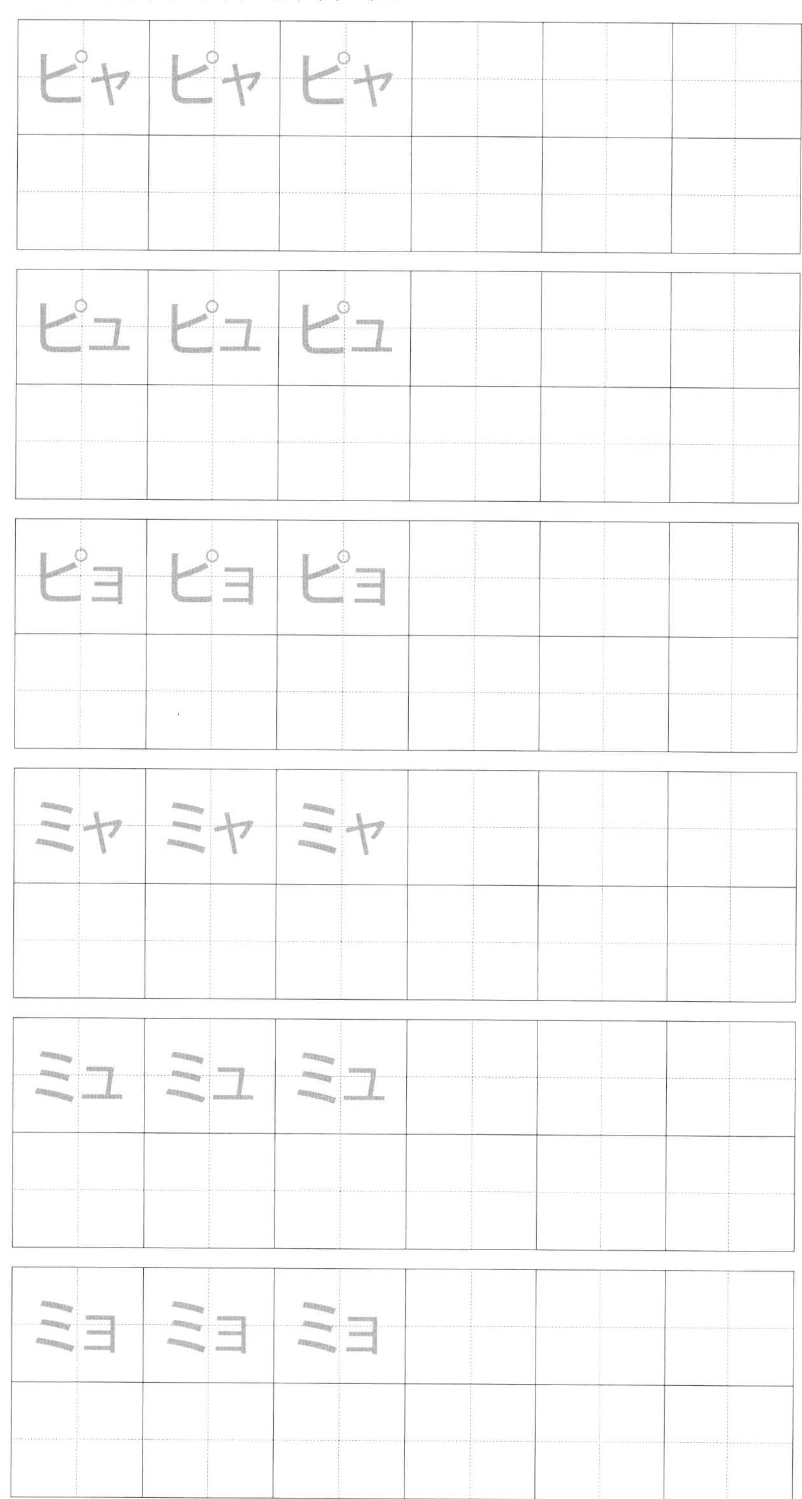

<해커스 일본어 첫걸음> 어플을 활용하여 더 여러 번 써보면서 재미있게 학습하세요.

▼ 한 글자 한 글자 예쁘게 따라 쓰면서 익혀보세요.

リャ

rya [랴]

リャ	リャ	リャ			

リュ

ryu [류]

リュ	リュ	リュ			

リョ

ryo [료]

リョ	リョ	リョ			

<해커스 일본어 첫걸음> 어플을 활용하여 더 여러 번 써보면서 재미있게 학습하세요.

기초 단어 쓰면서 익히기

기초 단어 한 눈에 보기

명사	わたし 나, 저	友達(ともだち) 친구	こいびと 애인, 연인	しりあい 아는 사람 지인,
	どうりょう 동료	先生(せんせい) 선생님	がくせい 학생	かいしゃいん 회사원
	べんごし 변호사	いしゃ 의사	げつようび 월요일	かようび 화요일
	すいようび 수요일	もくようび 목요일	きんようび 금요일	デパート 백화점
	コーヒー 커피	パソコン 컴퓨터	ギター 기타	ピアノ 피아노
な형용사	好(す)きだ 좋아하다	大丈夫(だいじょうぶ)だ 괜찮다	しあわせだ 행복하다	不安(ふあん)だ 불안하다
	しんせつだ 친절하다	きれいだ 예쁘다	しずかだ 조용하다	にぎやかだ 떠들썩하다
	かんたんだ 간단하다	ふくざつだ 복잡하다		

い형용사	たかい 비싸다, 높다	やすい 싸다	おおきい 크다	おもい 무겁다
	むずかしい 어렵다	あかるい 밝다	あつい 덥다	さむい 춥다
	あたたかい 따뜻하다	すずしい 선선하다		
동사	い 行く 가다	ある 歩く 걷다	み 見る 보다	よ 読む 읽다
	き 聞く 듣다, 묻다	か 書く 쓰다	た 食べる 먹다	の 飲む 마시다
	お 起きる 일어나다	つ 着く 도착하다	はたら 働く 일하다	やす 休む 쉬다
	か 買う 사다, 구입하다	つか 使う 사용하다	つく 作る 만들다	わ 分かる 알다
	わす 忘れる 잊다	おし 教える 가르치다	する 하다	くる 오다

기초 명사 쓰면서 익히기

▼ 단어를 스스로 소리 내어 읽어본 뒤, 빈칸에 쓰면서 익혀보세요.

わたし
나, 저

와따시

友達
친구

토모다찌

こいびと
애인, 연인

코이비또

しりあい
아는 사람, 지인

시리아이

どうりょう
동료

도-료-

▼ 단어를 스스로 소리 내어 읽어본 뒤, 빈칸에 쓰면서 익혀보세요.

先生
선생님

센세-

がくせい
학생

각세-

かいしゃいん
회사원

카이샤잉

べんごし
변호사

벵고시

いしゃ
의사

이샤

▼ 단어를 스스로 소리 내어 읽어본 뒤, 빈칸에 쓰면서 익혀보세요.

げつようび
월요일

게쯔요-비

かようび
화요일

카요-비

すいようび
수요일

스이요-비

もくようび
목요일

모꾸요-비

きんようび
금요일

킹요-비

▼ 단어를 스스로 소리 내어 읽어본 뒤, 빈칸에 쓰면서 익혀보세요.

デパート
백화점

데파-또

コーヒー
커피

코-히-

パソコン
컴퓨터

파소콩

ギター
기타

기타-

ピアノ
피아노

피아노

기초 な형용사 쓰면서 익히기

▼ 단어를 스스로 소리 내어 읽어본 뒤, 빈칸에 쓰면서 익혀보세요.

好きだ
좋아하다

스키다

大丈夫だ
괜찮다

다이죠-부다

しあわせだ
행복하다

시아와세다

不安だ
불안하다

후안다

しんせつだ
친절하다

신세쯔다

▼ 단어를 스스로 소리 내어 읽어본 뒤, 빈칸에 쓰면서 익혀보세요.

きれいだ
예쁘다

키레-다

しずかだ
조용하다

시즈카다

にぎやかだ
떠들썩하다

니기야까다

かんたんだ
간단하다

칸탄다

ふくざつだ
복잡하다

후꾸자쯔다

기초 い형용사 쓰면서 익히기

▼ 단어를 스스로 소리 내어 읽어본 뒤, 빈칸에 쓰면서 익혀보세요.

たかい
비싸다, 높다

타까이

やすい
싸다

야스이

おおきい
크다

오-키-

おもい
무겁다

오모이

むずかしい
어렵다

무즈까시-

▼ 단어를 스스로 소리 내어 읽어본 뒤, 빈칸에 쓰면서 익혀보세요.

あかるい
밝다

아카루이

あつい
덥다

아쯔이

さむい
춥다

사무이

あたたかい
따뜻하다

아타따카이

すずしい
선선하다

스즈시-

기초 동사 쓰면서 익히기

▼ 단어를 스스로 소리 내어 읽어본 뒤, 빈칸에 쓰면서 익혀보세요.

行く
가다

이꾸

歩く
걷다

아루꾸

見る
보다

미루

読む
읽다

요무

聞く
듣다, 묻다

키꾸

▼ 단어를 스스로 소리 내어 읽어본 뒤, 빈칸에 쓰면서 익혀보세요.

書く
쓰다

카꾸

食べる
먹다

타베루

飲む
마시다

노무

起きる
일어나다

오키루

着く
도착하다

츠쿠

▼ 단어를 스스로 소리 내어 읽어본 뒤, 빈칸에 쓰면서 익혀보세요.

働く
일하다

하타라꾸

休む
쉬다

야스무

買う
사다, 구입하다

카우

使う
사용하다

츠카우

作る
만들다

츠꾸루

▼ 단어를 스스로 소리 내어 읽어본 뒤, 빈칸에 쓰면서 익혀보세요.

分かる
알다

와까루

忘れる
잊다

와스레루

教える
가르치다

오시에루

する
하다

스루

くる
오다

쿠루

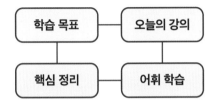

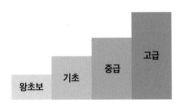

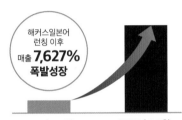

해커스

일본어 첫걸음

기본 문형 입에 붙이기

워크북

해커스 어학연구소

기본 문형 입에 붙이기

워크북

교재에 수록된 모든 명사, な형용사, い형용사, 동사 문형을 한 번에 학습해요.

해커스 어학연구소

1 명사 문형 입에 붙이기

바로 듣고 따라하기

■ 단어 **わたし**(저/나)를 사용하여 명사 문형이 입에 붙을 때까지 큰 소리로 따라 읽어 보세요!

명사 01.mp3

わたし 저/나

わたしです。 저입니다.

わたしですか。 저입니까?

わたしじゃないです。 제가 아닙니다.

わたしじゃないですか。 제가 아닙니까?

わたしでした。 저였습니다.

わたしでしたか。 저였습니까?

わたしじゃなかったです。 제가 아니었습니다.

わたしじゃなかったですか。 제가 아니었습니까?

■ 단어 **てんちょう**(점장(님))를 사용하여 명사 문형이 입에 붙을 때까지 큰 소리로 따라 읽어 보세요!

명사 02.mp3

てんちょう 점장(님)

てんちょう です。 **점장(님)입니다.**

てんちょう ですか。 **점장(님)입니까?**

てんちょう じゃないです。 **점장(님)이 아닙니다.**

てんちょう じゃないですか。 **점장(님)이 아닙니까?**

てんちょう でした。 **점장(님)이었습니다.**

てんちょう でしたか。 **점장(님)이었습니까?**

てんちょう じゃなかったです。 **점장(님)이 아니었습니다.**

てんちょう じゃなかったですか。 **점장(님)이 아니었습니까?**

■ 단어 **ともだち**(친구)를 사용하여 명사 문형이 입에 붙을 때까지 큰 소리로 따라 읽어 보세요!

명사 03.mp3

ともだち 친구

ともだち です。 친구입니다.

ともだち ですか。 친구입니까?

ともだち じゃないです。 친구가 아닙니다.

ともだち じゃないですか。 친구가 아닙니까?

ともだち でした。 친구였습니다.

ともだち でしたか。 친구였습니까?

ともだち じゃなかったです。 친구가 아니었습니다.

ともだち じゃなかったですか。 친구가 아니었습니까?

■ 단어 **おかあさん**(엄마)을 사용하여 명사 문형이 입에 붙을 때까지 큰 소리로 따라 읽어 보세요!

명사 04.mp3

おかあさん 엄마

おかあさん です。 엄마입니다.

おかあさん ですか。 엄마입니까?

おかあさん じゃないです。 엄마가 아닙니다.

おかあさん じゃないですか。 엄마가 아닙니까?

おかあさん でした。 엄마였습니다.

おかあさん でしたか。 엄마였습니까?

おかあさん じゃなかったです。 엄마가 아니었습니다.

おかあさん じゃなかったですか。 엄마가 아니었습니까?

■ 단어 **きょう**(오늘)를 사용하여 명사 문형이 입에 붙을 때까지 큰 소리로 따라 읽어 보세요!

명사 05.mp3

きょう 오늘

きょうです。 오늘입니다.

きょうですか。 오늘입니까?

きょうじゃないです。 오늘이 아닙니다.

きょうじゃないですか。 오늘이 아닙니까?

きょうでした。 오늘이었습니다.

きょうでしたか。 오늘이었습니까?

きょうじゃなかったです。 오늘이 아니었습니다.

きょうじゃなかったですか。 오늘이 아니었습니까?

■ 단어 **はれ**(맑음)를 사용하여 명사 문형이 입에 붙을 때까지 큰 소리로 따라 읽어 보세요!

명사 06.mp3

はれ 맑음

はれ です。 맑음입니다.

はれ ですか。 맑음입니까?

はれ じゃないです。 맑음이 아닙니다.

はれ じゃないですか。 맑음이 아닙니까?

はれ でした。 맑음이었습니다.

はれ でしたか。 맑음이었습니까?

はれ じゃなかったです。 맑음이 아니었습니다.

はれ じゃなかったですか。 맑음이 아니었습니까?

■ 단어 **のみかい**(회식)를 사용하여 명사 문형이 입에 붙을 때까지 큰 소리로 따라 읽어 보세요!

명사 07.mp3

のみかい 회식

のみかいです。 회식입니다.

のみかいですか。 회식입니까?

のみかいじゃないです。 회식이 아닙니다.

のみかいじゃないですか。 회식이 아닙니까?

のみかいでした。 회식이었습니다.

のみかいでしたか。 회식이었습니까?

のみかいじゃなかったです。 회식이 아니었습니다.

のみかいじゃなかったですか。 회식이 아니었습니까?

■ 단어 **コーヒー**(커피)를 사용하여 명사 문형이 입에 붙을 때까지 큰 소리로 따라 읽어 보세요!

명사 08.mp3

コーヒー 커피

コーヒーです。 커피입니다.

コーヒーですか。 커피입니까?

コーヒーじゃないです。 커피가 아닙니다.

コーヒーじゃないですか。 커피가 아닙니까?

コーヒーでした。 커피였습니다.

コーヒーでしたか。 커피였습니까?

コーヒーじゃなかったです。 커피가 아니었습니다.

コーヒーじゃなかったですか。 커피가 아니었습니까?

■ 단어 **トイレ**(화장실)를 사용하여 명사 문형이 입에 붙을 때까지 큰 소리로 따라 읽어 보세요!

명사 09.mp3

トイレ 화장실

トイレ です。 화장실입니다.

トイレ ですか。 화장실입니까?

トイレ じゃないです。 화장실이 아닙니다.

トイレ じゃないですか。 화장실이 아닙니까?

トイレ でした。 화장실이었습니다.

トイレ でしたか。 화장실이었습니까?

トイレ じゃなかったです。 화장실이 아니었습니다.

トイレ じゃなかったですか。 화장실이 아니었습니까?

■ 단어 **しお**(소금)를 사용하여 명사 문형이 입에 붙을 때까지 큰 소리로 따라 읽어 보세요!

명사 10.mp3

しお 소금

しおです。 소금입니다.

しおですか。 소금입니까?

しおじゃないです。 소금이 아닙니다.

しおじゃないですか。 소금이 아닙니까?

しおでした。 소금이었습니다.

しおでしたか。 소금이었습니까?

しおじゃなかったです。 소금이 아니었습니다.

しおじゃなかったですか。 소금이 아니었습니까?

2 な형용사 문형 입에 붙이기

바로 듣고 따라하기

■ 단어 **だいすきだ**(매우 좋아하다)를 사용하여 な형용사 문형이 입에 붙을 때까지 큰 소리로 따라 읽어 보세요!

な형용사 01.mp3

だいすきだ 매우 좋아하다

だいすき です。 매우 좋아합니다.

だいすき ですか。 매우 좋아합니까?

だいすき じゃないです。 매우 좋아하지 않습니다.

だいすき じゃないですか。 매우 좋아하지 않습니까?

だいすき でした。 매우 좋아했습니다.

だいすき でしたか。 매우 좋아했습니까?

だいすき じゃなかったです。 매우 좋아하지 않았습니다.

だいすき じゃなかったですか。 매우 좋아하지 않았습니까?

■ 단어 **きれいだ**(예쁘다)를 사용하여 な형용사 문형이 입에 붙을 때까지 큰 소리로 따라 읽어 보세요!

🎧 な형용사 02.mp3

きれいだ 예쁘다
きれい です。 예쁩니다.
きれい ですか。 예쁩니까?
きれい じゃないです。 예쁘지 않습니다.
きれい じゃないですか。 예쁘지 않습니까?
きれい でした。 예뻤습니다.
きれい でしたか。 예뻤습니까?
きれい じゃなかったです。 예쁘지 않았습니다.
きれい じゃなかったですか。 예쁘지 않았습니까?

■ 단어 **まじめだ**(성실하다)를 사용하여 な형용사 문형이 입에 붙을 때까지 큰 소리로 따라 읽어 보세요!

な형용사 03.mp3

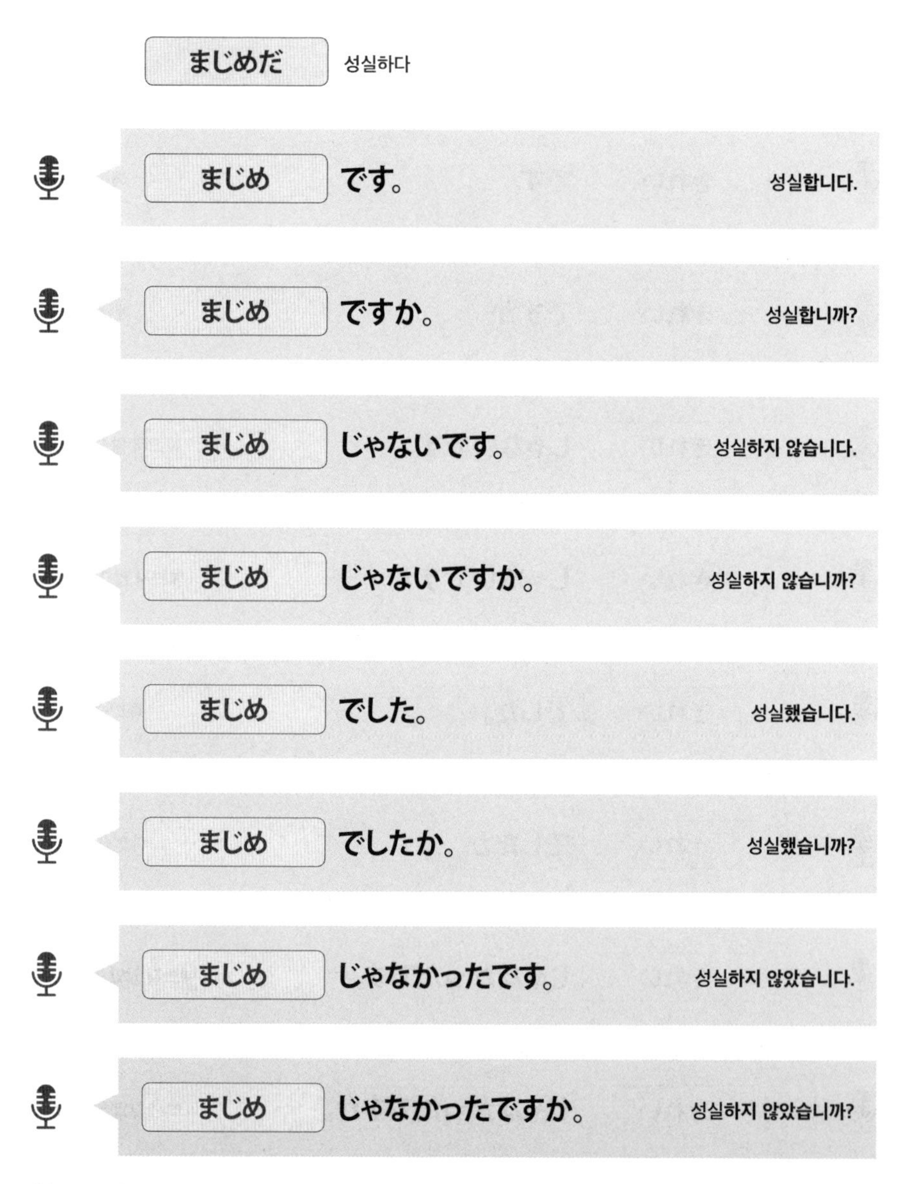

まじめだ 성실하다
まじめ です。 성실합니다.
まじめ ですか。 성실합니까?
まじめ じゃないです。 성실하지 않습니다.
まじめ じゃないですか。 성실하지 않습니까?
まじめ でした。 성실했습니다.
まじめ でしたか。 성실했습니까?
まじめ じゃなかったです。 성실하지 않았습니다.
まじめ じゃなかったですか。 성실하지 않았습니까?

■ 단어 **ふあんだ**(불안하다)를 사용하여 な형용사 문형이 입에 붙을 때까지 큰 소리로 따라 읽어 보세요!

な형용사 04.mp3

ふあんだ 불안하다
ふあん です。 불안합니다.
ふあん ですか。 불안합니까?
ふあん じゃないです。 불안하지 않습니다.
ふあん じゃないですか。 불안하지 않습니까?
ふあん でした。 불안했습니다.
ふあん でしたか。 불안했습니까?
ふあん じゃなかったです。 불안하지 않았습니다.
ふあん じゃなかったですか。 불안하지 않았습니까?

■ 단어 **ざんねんだ**(아쉽다)를 사용하여 な형용사 문형이 입에 붙을 때까지 큰 소리로 따라 읽어 보세요!

な형용사 05.mp3

ざんねんだ 아쉽다

ざんねんです。 아쉽습니다.

ざんねんですか。 아쉽습니까?

ざんねんじゃないです。 아쉽지 않습니다.

ざんねんじゃないですか。 아쉽지 않습니까?

ざんねんでした。 아쉬웠습니다.

ざんねんでしたか。 아쉬웠습니까?

ざんねんじゃなかったです。 아쉽지 않았습니다.

ざんねんじゃなかったですか。 아쉽지 않았습니까?

■ 단어 **ひまだ**(한가하다)를 사용하여 な형용사 문형이 입에 붙을 때까지 큰 소리로 따라 읽어 보세요!

な형용사 06.mp3

ひまだ	한가하다
ひま です。	한가합니다.
ひま ですか。	한가합니까?
ひま じゃないです。	한가하지 않습니다.
ひま じゃないですか。	한가하지 않습니까?
ひま でした。	한가했습니다.
ひま でしたか。	한가했습니까?
ひま じゃなかったです。	한가하지 않았습니다.
ひま じゃなかったですか。	한가하지 않았습니까?

■ 단어 **べんりだ**(편리하다)를 사용하여 な형용사 문형이 입에 붙을 때까지 큰 소리로 따라 읽어 보세요!

な형용사 07.mp3

べんりだ 편리하다
べんり です。 편리합니다.
べんり ですか。 편리합니까?
べんり じゃないです。 편리하지 않습니다.
べんり じゃないですか。 편리하지 않습니까?
べんり でした。 편리했습니다.
べんり でしたか。 편리했습니까?
べんり じゃなかったです。 편리하지 않았습니다.
べんり じゃなかったですか。 편리하지 않았습니까?

■ 단어 **はでだ**(화려하다)를 사용하여 な형용사 문형이 입에 붙을 때까지 큰 소리로 따라 읽어 보세요!

な형용사 08.mp3

はでだ 화려하다
はで です。 화려합니다.
はで ですか。 화려합니까?
はで じゃないです。 화려하지 않습니다.
はで じゃないですか。 화려하지 않습니까?
はで でした。 화려했습니다.
はで でしたか。 화려했습니까?
はで じゃなかったです。 화려하지 않았습니다.
はで じゃなかったですか。 화려하지 않았습니까?

■ 단어 **すてきだ**(근사하다)를 사용하여 な형용사 문형이 입에 붙을 때까지 큰 소리로 따라 읽어 보세요!

な형용사 09.mp3

すてきだ 근사하다
すてき です。 근사합니다.
すてき ですか。 근사합니까?
すてき じゃないです。 근사하지 않습니다.
すてき じゃないですか。 근사하지 않습니까?
すてき でした。 근사했습니다.
すてき でしたか。 근사했습니까?
すてき じゃなかったです。 근사하지 않았습니다.
すてき じゃなかったですか。 근사하지 않았습니까?

■ 단어 ***げんきだ***(활기차다)를 사용하여 な형용사 문형이 입에 붙을 때까지 큰 소리로 따라 읽어 보세요!

なㅎ형용사 10.mp3

げんきだ 활기차다

げんき です。 활기찹니다.

げんき ですか。 활기찹니까?

げんき じゃないです。 활기차지 않습니다.

げんき じゃないですか。 활기차지 않습니까?

げんき でした。 활기찼습니다.

げんき でしたか。 활기찼습니까?

げんき じゃなかったです。 활기차지 않았습니다.

げんき じゃなかったですか。 활기차지 않았습니까?

3 い형용사 문형 입에 붙이기

바로 듣고 따라하기

■ 단어 **やさしい**(상냥하다)를 사용하여 い형용사 문형이 입에 붙을 때까지 큰 소리로 따라 읽어 보세요!

い형용사 01.mp3

やさしい 상냥하다

やさしいです。 상냥합니다.

やさしいですか。 상냥합니까?

やさしくないです。 상냥하지 않습니다.

やさしくないですか。 상냥하지 않습니까?

やさしかったです。 상냥했습니다.

やさしかったですか。 상냥했습니까?

やさしくなかったです。 상냥하지 않았습니다.

やさしくなかったですか。 상냥하지 않았습니까?

■ 단어 **さびしい**(외롭다)를 사용하여 い형용사 문형이 입에 붙을 때까지 큰 소리로 따라 읽어 보세요!

い형용사 02.mp3

さびしい 외롭다

さびしい です。 외롭습니다.

さびしい ですか。 외롭습니까?

さびし くないです。 외롭지 않습니다.

さびし くないですか。 외롭지 않습니까?

さびし かったです。 외로웠습니다.

さびし かったですか。 외로웠습니까?

さびし くなかったです。 외롭지 않았습니다.

さびし くなかったですか。 외롭지 않았습니까?

■ 단어 **たのしい**(즐겁다)를 사용하여 い형용사 문형이 입에 붙을 때까지 큰 소리로 따라 읽어 보세요!

🎧 い형용사 03.mp3

たのしい 즐겁다
たのしいです。 즐겁습니다.
たのしいですか。 즐겁습니까?
たのしくないです。 즐겁지 않습니다.
たのしくないですか。 즐겁지 않습니까?
たのしかったです。 즐거웠습니다.
たのしかったですか。 즐거웠습니까?
たのしくなかったです。 즐겁지 않았습니다.
たのしくなかったですか。 즐겁지 않았습니까?

■ 단어 **いい**(좋다)를 사용하여 い형용사 문형이 입에 붙을 때까지 큰 소리로 따라 읽어 보세요!

い형용사 04.mp3

いい 좋다
いい です。 좋습니다.
いい ですか。 좋습니까?
よ くないです。 좋지 않습니다.
よ くないですか。 좋지 않습니까?
よ かったです。 좋았습니다.
よ かったですか。 좋았습니까?
よ くなかったです。 좋지 않았습니다.
よ くなかったですか。 좋지 않았습니까?

■ 단어 **わるい**(나쁘다)를 사용하여 い형용사 문형이 입에 붙을 때까지 큰 소리로 따라 읽어 보세요!

い형용사 05.mp3

わるい 나쁘다

わるい です。 나쁩니다.

わるい ですか。 나쁩니까?

わる くないです。 나쁘지 않습니다.

わる くないですか。 나쁘지 않습니까?

わる かったです。 나빴습니다.

わる かったですか。 나빴습니까?

わる くなかったです。 나쁘지 않았습니다.

わる くなかったですか。 나쁘지 않았습니까?

■ 단어 **かわいい**(귀엽다)를 사용하여 い형용사 문형이 입에 붙을 때까지 큰 소리로 따라 읽어 보세요!

い형용사 06.mp3

かわいい 귀엽다

かわいい です。 귀엽습니다.

かわいい ですか。 귀엽습니까?

かわい くないです。 귀엽지 않습니다.

かわい くないですか。 귀엽지 않습니까?

かわい かったです。 귀여웠습니다.

かわい かったですか。 귀여웠습니까?

かわい くなかったです。 귀엽지 않았습니다.

かわい くなかったですか。 귀엽지 않았습니까?

■ 단어 **うつくしい**(아름답다)를 사용하여 い형용사 문형이 입에 붙을 때까지 큰 소리로 따라 읽어 보세요!

い형용사 07.mp3

うつくしい 아름답다

うつくしい です。 아름답습니다.

うつくしい ですか。 아름답습니까?

うつくし くないです。 아름답지 않습니다.

うつくし くないですか。 아름답지 않습니까?

うつくし かったです。 아름다웠습니다.

うつくし かったですか。 아름다웠습니까?

うつくし くなかったです。 아름답지 않았습니다.

うつくし くなかったですか。 아름답지 않았습니까?

■ 단어 **おいしい**(맛있다)를 사용하여 い형용사 문형이 입에 붙을 때까지 큰 소리로 따라 읽어 보세요!

い형용사 08.mp3

おいしい 맛있다

おいしい です。 맛있습니다.

おいしい ですか。 맛있습니까?

おいし くないです。 맛있지 않습니다.

おいし くないですか。 맛있지 않습니까?

おいし かったです。 맛있었습니다.

おいし かったですか。 맛있었습니까?

おいし くなかったです。 맛있지 않았습니다.

おいし くなかったですか。 맛있지 않았습니까?

■ 단어 **みじかい**(짧다)를 사용하여 い형용사 문형이 입에 붙을 때까지 큰 소리로 따라 읽어 보세요!

い형용사 09.mp3

みじかい 짧다
みじかい です。 짧습니다.
みじかい ですか。 짧습니까?
みじか くないです。 짧지 않습니다.
みじか くないですか。 짧지 않습니까?
みじか かったです。 짧았습니다.
みじか かったですか。 짧았습니까?
みじか くなかったです。 짧지 않았습니다.
みじか くなかったですか。 짧지 않았습니까?

■ 단어 **せまい**(좁다)를 사용하여 い형용사 문형이 입에 붙을 때까지 큰 소리로 따라 읽어 보세요!

い형용사 10.mp3

せまい 좁다

せまいです。 좁습니다.

せまいですか。 좁습니까?

せまくないです。 좁지 않습니다.

せまくないですか。 좁지 않습니까?

せまかったです。 좁았습니다.

せまかったですか。 좁았습니까?

せまくなかったです。 좁지 않았습니다.

せまくなかったですか。 좁지 않았습니까?

4 동사 문형 입에 붙이기

바로 듣고 따라하기

■ 단어 **会う**(만나다)를 사용하여 동사 문형이 입에 붙을 때까지 큰 소리로 따라 읽어 보세요!

동사 01.mp3

会う(あ) [1그룹] 만나다

会い(あ)ます。 만납니다.

会い(あ)ません。 만나지 않습니다.

会っ(あ)てください。 만나 주세요.

会っ(あ)てみます。 만나 보겠습니다.

会っ(あ)たことがあります。 만난 적이 있습니다.

会っ(あ)たばかりです。 막 만났습니다.

会わ(あ)ないです。 만나지 않습니다.

会わ(あ)なければなりません。 만나지 않으면 안 됩니다.

■ 단어 **習う**(익히다/배우다)를 사용하여 동사 문형이 입에 붙을 때까지 큰 소리로 따라 읽어 보세요!

동사 02.mp3

習う(なら) [1그룹] 익히다/배우다

習(なら)い ます。 익힙니다.

習(なら)い ません。 익히지 않습니다.

習(なら)っ てください。 익혀 주세요.

習(なら)っ てみます。 익혀 보겠습니다.

習(なら)っ たことがあります。 익힌 적이 있습니다.

習(なら)っ たばかりです。 막 익혔습니다.

習(なら)わ ないです。 익히지 않습니다.

習(なら)わ なければなりません。 익히지 않으면 안 됩니다.

■ 단어 **遊ぶ**(놀다)를 사용하여 동사 문형이 입에 붙을 때까지 큰 소리로 따라 읽어 보세요!

동사 03.mp3

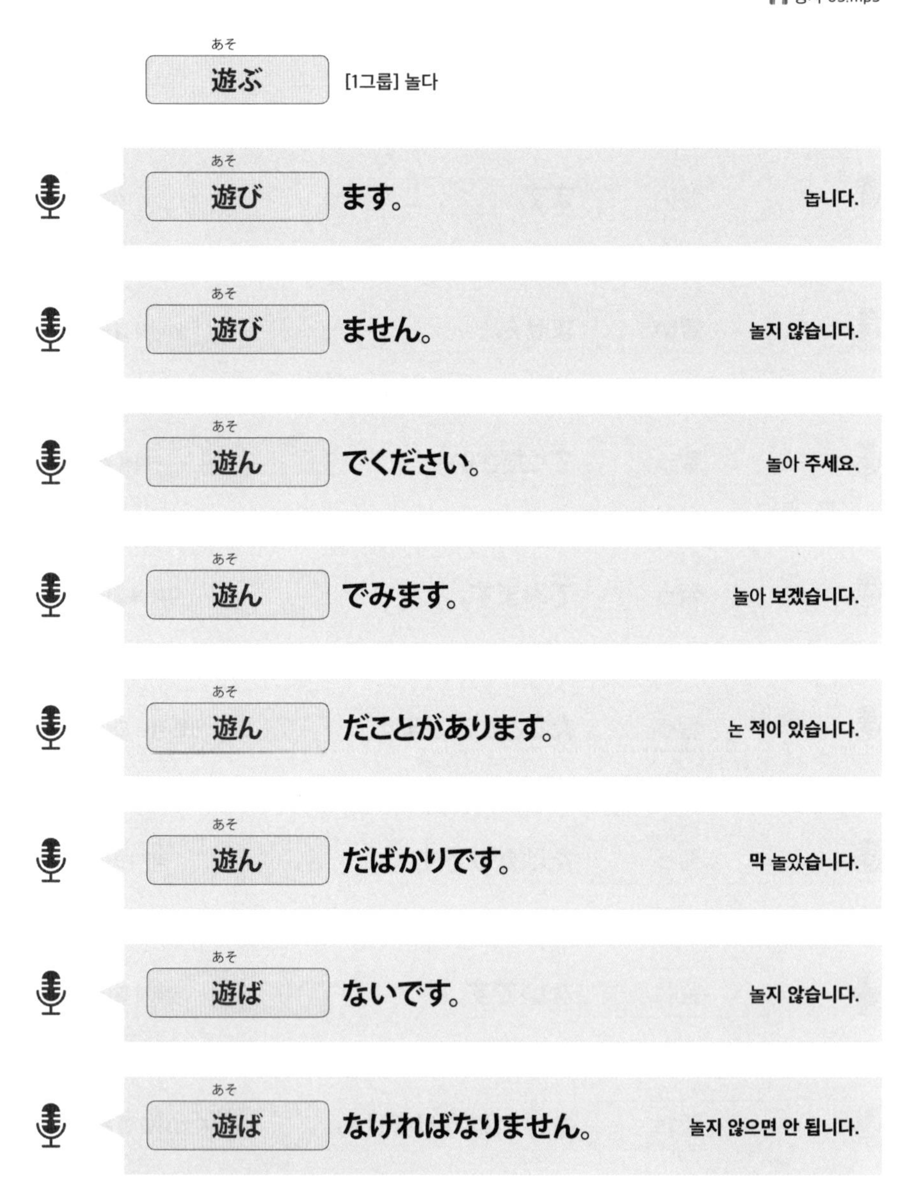

あそ
遊ぶ [1그룹] 놀다
あそ
遊びます。 놉니다.
あそ
遊びません。 놀지 않습니다.
あそ
遊んでください。 놀아 주세요.
あそ
遊んでみます。 놀아 보겠습니다.
あそ
遊んだことがあります。 논 적이 있습니다.
あそ
遊んだばかりです。 막 놀았습니다.
あそ
遊ばないです。 놀지 않습니다.
あそ
遊ばなければなりません。 놀지 않으면 안 됩니다.

■ 단어 **学ぶ**(배우다)를 사용하여 동사 문형이 입에 붙을 때까지 큰 소리로 따라 읽어 보세요!

동사 04.mp3

学ぶ(まな) [1그룹] 배우다

学び(まな) ます。 배웁니다.

学び(まな) ません。 배우지 않습니다.

学ん(まな) でください。 배워 주세요.

学ん(まな) でみます。 배워 보겠습니다.

学ん(まな) だことがあります。 배운 적이 있습니다.

学ん(まな) だばかりです。 막 배웠습니다.

学ば(まな) ないです。 배우지 않습니다.

学ば(まな) なければなりません。 배우지 않으면 안 됩니다.

■ 단어 **読む**(읽다)를 사용하여 동사 문형이 입에 붙을 때까지 큰 소리로 따라 읽어 보세요!

동사 05.mp3

読む(よ) [1그룹] 읽다

読み(よ)ます。 읽습니다.

読み(よ)ません。 읽지 않습니다.

読ん(よ)でください。 읽어 주세요.

読ん(よ)でみます。 읽어 보겠습니다.

読ん(よ)だことがあります。 읽은 적이 있습니다.

読ん(よ)だばかりです。 막 읽었습니다

読ま(よ)ないです。 읽지 않습니다.

読ま(よ)なければなりません。 읽지 않으면 안 됩니다.

■ 단어 **飲む**(마시다)를 사용하여 동사 문형이 입에 붙을 때까지 큰 소리로 따라 읽어 보세요!

동사 06.mp3

の
飲む [1그룹] 마시다

飲み(の)ます。 마십니다.

飲み(の)ません。 마시지 않습니다.

飲ん(の)でください。 마셔 주세요.

飲ん(の)でみます。 마셔 보겠습니다.

飲ん(の)だことがあります。 마신 적이 있습니다.

飲ん(の)だばかりです。 막 마셨습니다.

飲ま(の)ないです。 마시지 않습니다.

飲ま(の)なければなりません。 마시지 않으면 안 됩니다.

■ 단어 **話す**(얘기하다)를 사용하여 동사 문형이 입에 붙을 때까지 큰 소리로 따라 읽어 보세요!

동사 07.mp3

はな
話す [1그룹] 얘기하다
はな
話します。 얘기합니다.
はな
話しません。 얘기하지 않습니다.
はな
話してください。 얘기해 주세요.
はな
話してみます。 얘기해 보겠습니다.
はな
話したことがあります。 얘기한 적이 있습니다.
はな
話したばかりです。 막 얘기했습니다.
はな
話さないです。 얘기하지 않습니다.
はな
話さなければなりません。 얘기하지 않으면 안 됩니다.

■ 단어 **消す**(지우다)를 사용하여 동사 문형이 입에 붙을 때까지 큰 소리로 따라 읽어 보세요!

동사 08.mp3

消す(け) [1그룹] 지우다

消し(け) ます。 지웁니다.

消し(け) ません。 지우지 않습니다.

消し(け) てください。 지워 주세요.

消し(け) てみます。 지워 보겠습니다.

消し(け) たことがあります。 지운 적이 있습니다.

消し(け) たばかりです。 막 지웠습니다.

消さ(け) ないです。 지우지 않습니다.

消さ(け) なければなりません。 지우지 않으면 안 됩니다.

■ 단어 **引く**(뽑다)를 사용하여 동사 문형이 입에 붙을 때까지 큰 소리로 따라 읽어 보세요!

동사 09.mp3

ひ
引く [1그룹] 뽑다
ひ
引きます。 뽑습니다.
ひ
引きません。 뽑지 않습니다.
ひ
引いてください。 뽑아 주세요.
ひ
引いてみます。 뽑아 보겠습니다.
ひ
引いたことがあります。 뽑은 적이 있습니다.
ひ
引いたばかりです。 막 뽑았습니다
ひ
引かないです。 뽑지 않습니다.
ひ
引かなければなりません。 뽑지 않으면 안 됩니다.

■ 단어 **働く**(일하다)를 사용하여 동사 문형이 입에 붙을 때까지 큰 소리로 따라 읽어 보세요!

동사 10.mp3

働く(はたら) [1그룹] 일하다

働き(はたら) ます。 일합니다.

働き(はたら) ません。 일하지 않습니다.

働い(はたら) てください。 일해 주세요.

働い(はたら) てみます。 일해 보겠습니다.

働い(はたら) たことがあります。 일한 적이 있습니다.

働い(はたら) たばかりです。 막 일했습니다.

働か(はたら) ないです。 일하지 않습니다.

働か(はたら) なければなりません。 일하지 않으면 안 됩니다.

■ 단어 **乗る**(타다)를 사용하여 동사 문형이 입에 붙을 때까지 큰 소리로 따라 읽어 보세요!

동사 11.mp3

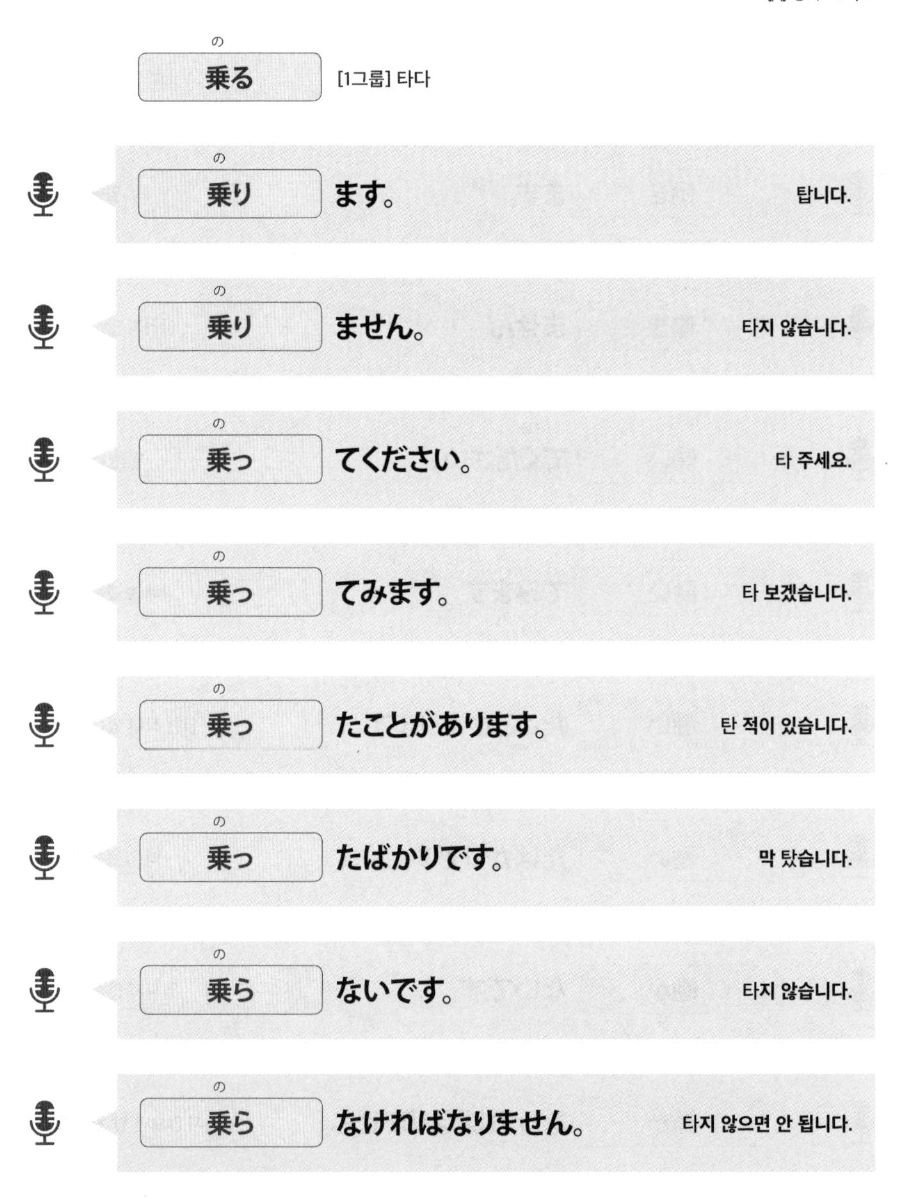

の
乗る [1그룹] 타다
乗ります。 탑니다.
乗りません。 타지 않습니다.
乗ってください。 타 주세요.
乗ってみます。 타 보겠습니다.
乗ったことがあります。 탄 적이 있습니다.
乗ったばかりです。 막 탔습니다.
乗らないです。 타지 않습니다.
乗らなければなりません。 타지 않으면 안 됩니다.

■ 단어 **撮る**(찍다)를 사용하여 동사 문형이 입에 붙을 때까지 큰 소리로 따라 읽어 보세요!

동사 12.mp3

撮(と)る [1그룹] (사진을) 찍다

撮(と)ります。 (사진을) 찍습니다.

撮(と)りません。 (사진을) 찍지 않습니다.

撮(と)ってください。 (사진을) 찍어 주세요.

撮(と)ってみます。 (사진을) 찍어 보겠습니다.

撮(と)ったことがあります。 (사진을) 찍은 적이 있습니다.

撮(と)ったばかりです。 막 (사진을) 찍었습니다.

撮(と)らないです。 (사진을) 찍지 않습니다.

撮(と)らなければなりません。 (사진을) 찍지 않으면 안 됩니다.

■ 단어 **食べる**(먹다)를 사용하여 동사 문형이 입에 붙을 때까지 큰 소리로 따라 읽어 보세요!

동사 13.mp3

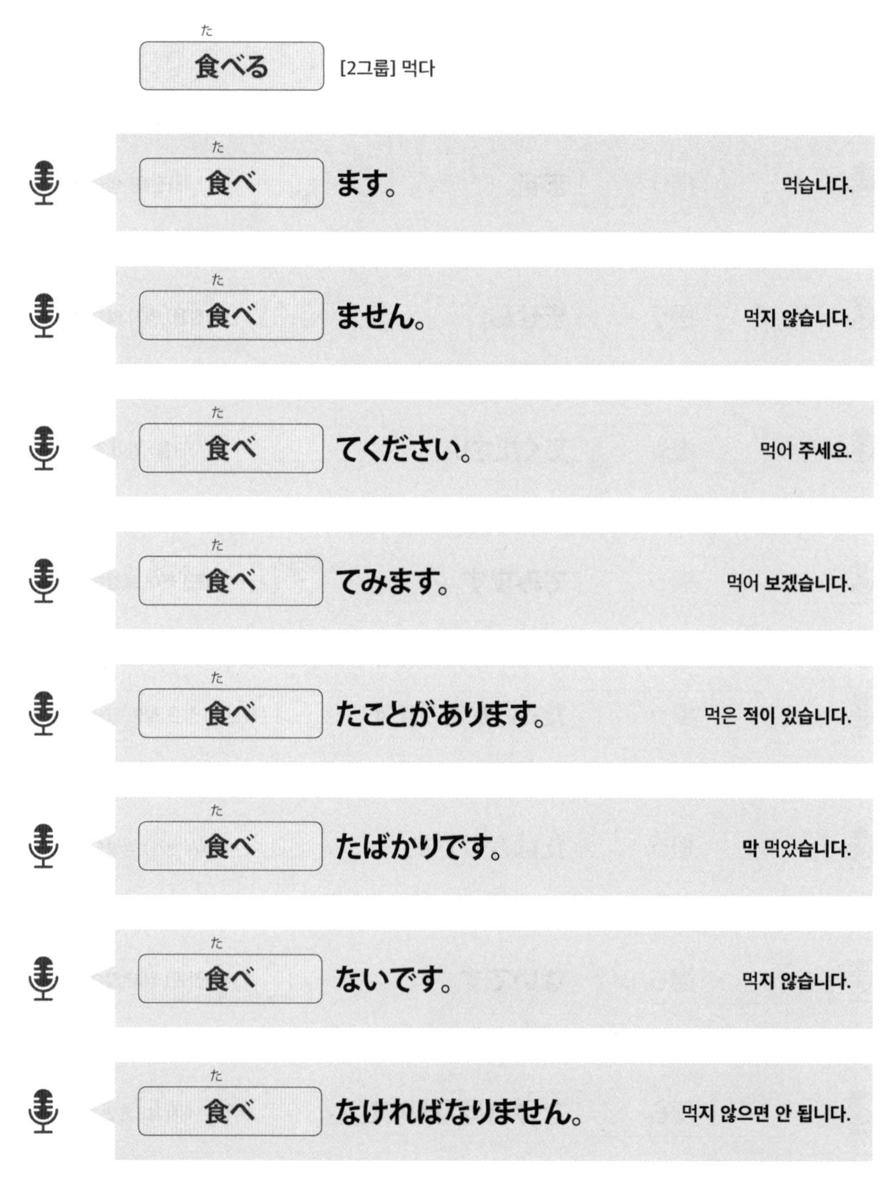

た
食べる [2그룹] 먹다
食べます。 먹습니다.
食べません。 먹지 않습니다.
食べてください。 먹어 주세요.
食べてみます。 먹어 보겠습니다.
食べたことがあります。 먹은 적이 있습니다.
食べたばかりです。 막 먹었습니다.
食べないです。 먹지 않습니다.
食べなければなりません。 먹지 않으면 안 됩니다.

■ 단어 **起きる**(일어나다)를 사용하여 동사 문형이 입에 붙을 때까지 큰 소리로 따라 읽어 보세요!

동사 14.mp3

おき **起きる** [2그룹] 일어나다

起き(お) **ます。**	일어납니다.
起き(お) **ません。**	일어나지 않습니다.
起き(お) **てください。**	일어나 주세요.
起き(お) **てみます。**	일어나 보겠습니다.
起き(お) **たことがあります。**	일어난 적이 있습니다.
起き(お) **たばかりです。**	막 일어났습니다.
起き(お) **ないです。**	일어나지 않습니다.
起き(お) **なければなりません。**	일어나지 않으면 안 됩니다.

■ 단어 **寝る**(자다)를 사용하여 동사 문형이 입에 붙을 때까지 큰 소리로 따라 읽어 보세요!

동사 15.mp3

ね
寝る [2그룹] 자다

ね
寝ます。 잡니다.

ね
寝ません。 자지 않습니다.

ね
寝てください。 자 주세요.

ね
寝てみます。 자 보겠습니다.

ね
寝たことがあります。 잔 적이 있습니다.

ね
寝たばかりです。 막 잤습니다.

ね
寝ないです。 자지 않습니다.

ね
寝なければなりません。 자지 않으면 안 됩니다.

■ 단어 **別れる**(헤어지다)를 사용하여 동사 문형이 입에 붙을 때까지 큰 소리로 따라 읽어 보세요!

동사 16.mp3

わか
別れる [2그룹] 헤어지다

わか
別れ ます。 헤어집니다.

わか
別れ ません。 헤어지지 않습니다.

わか
別れ てください。 헤어져 주세요.

わか
別れ てみます。 헤어져 보겠습니다.

わか
別れ たことがあります。 헤어진 적이 있습니다.

わか
別れ たばかりです。 막 헤어졌습니다.

わか
別れ ないです。 헤어지지 않습니다.

わか
別れ なければなりません。 헤어지지 않으면 안 됩니다.

■ 단어 **開ける**(열다)를 사용하여 동사 문형이 입에 붙을 때까지 큰 소리로 따라 읽어 보세요!

동사 17.mp3

あ
開ける
[2그룹] 열다
あ
開けます。
엽니다.
あ
開けません。
열지 않습니다.
あ
開けてください。
열어 주세요.
あ
開けてみます。
열어 보겠습니다.
あ
開けたことがあります。
연 적이 있습니다.
あ
開けたばかりです。
막 열었습니다
あ
開けないです。
열지 않습니다.
あ
開けなければなりません。
열지 않으면 안 됩니다.

■ 단어 **教える**(가르치다)를 사용하여 동사 문형이 입에 붙을 때까지 큰 소리로 따라 읽어 보세요!

동사 18.mp3

おし
教える [2그룹] 가르치다

おし
教え ます。 가르칩니다.

おし
教え ません。 가르치지 않습니다.

おし
教え てください。 가르쳐 주세요.

おし
教え てみます。 가르쳐 보겠습니다.

おし
教え たことがあります。 가르친 적이 있습니다.

おし
教え たばかりです。 막 가르쳤습니다.

おし
教え ないです。 가르치지 않습니다.

おし
教え なければなりません。 가르치지 않으면 안 됩니다.

■ 단어 **勉強する**(공부하다)를 사용하여 동사 문형이 입에 붙을 때까지 큰 소리로 따라 읽어 보세요!

동사 19.mp3

勉強(べんきょう)する [3그룹] 공부하다

勉強(べんきょう)し ます。 공부합니다.

勉強(べんきょう)し ません。 공부하지 않습니다.

勉強(べんきょう)し てください。 공부해 주세요.

勉強(べんきょう)し てみます。 공부해 보겠습니다.

勉強(べんきょう)し たことがあります。 공부한 적이 있습니다.

勉強(べんきょう)し たばかりです。 막 공부했습니다.

勉強(べんきょう)し ないです。 공부하지 않습니다.

勉強(べんきょう)し なければなりません。 공부하지 않으면 안 됩니다.

■ 단어 **運動する**(운동하다)를 사용하여 동사 문형이 입에 붙을 때까지 큰 소리로 따라 읽어 보세요!

동사 20.mp3

うんどう
運動する [3그룹] 운동하다

うんどう
運動し ます。 운동합니다.

うんどう
運動し ません。 운동하지 않습니다.

うんどう
運動し てください。 운동해 주세요.

うんどう
運動し てみます。 운동해 보겠습니다.

うんどう
運動し たことがあります。 운동한 적이 있습니다.

うんどう
運動し たばかりです。 막 운동했습니다.

うんどう
運動し ないです。 운동하지 않습니다.

うんどう
運動し なければなりません。 운동하지 않으면 안 됩니다.

해커스 일본어 첫걸음

기본 문형 입에 붙이기

워크북